本书由国家社科基金西部项目（23XMZ001）、国家民委人文社会科学重点研究基地共同现代化研究中心、北方民族大学中央高校基本科研业务费专项资金（2023SHKX02）资助出版。

北方民族大学文库

共同富裕目标下
巩固脱贫攻坚成果研究

刘七军　李昭楠　著

目　录

Contents

第一章

绪论篇

第一节　研究背景与意义

一　研究背景

当今世界正处于百年未有之大变局，国际局势动荡，部分国家收入不平等问题愈发严重。与此同时，随着我国2020年脱贫攻坚战取得全面胜利，我国经济建设迈上了新的台阶，中国特色社会主义进入新的发展阶段。我国社会的主要矛盾已由人民日益增长的物质文化需要同落后的社会生产之间的矛盾，转化为人民日益增长的美好生活需要和不平衡不充分的发展之间的矛盾，人民群众对实现共同富裕目标的期待更加迫切。党的十九大报告也明确强调，要以共同富裕为目标，在全国范围内实现覆盖面更广、效果更好的全民共建共享。长期以来，我国经济取得了长足的发展，城镇化和工业化进程加快，农村生产生活条件得到了根本性改善，人民生活水平得到了显著提高。但区域发展不协调、城乡发展不平衡、农村发展不充分的现状依然存在，我们长期追求的共同富裕目标尚未实现。习近平总书记在中央财经委员会第十次会议上指出，共同富裕是社会主义的本质要求，是中国式现代化的重要特征[①]。共同富裕也是中国共产党人百年来奋斗的目标。

要实现共同富裕这一宏伟目标首先面临脱贫攻坚的艰巨任务。为此，党的十八大以来，以习近平同志为核心的党中央高度重视贫困治理工作，截至2020年，我国现行标准下农村贫困人口全部脱贫，贫困县全部摘帽，区域性整体贫困得到解决，消除绝对贫困的艰巨任务顺利完成，全面建成小康社会的阶段性目标得以实现。但脱贫攻坚任务的完成并不意味着贫困问题就此消失。党的十九届四中全会提出，要坚决打赢脱贫攻坚战，建立

① 《习近平：共同富裕是社会主义的本质要求，是中国式现代化的重要特征》，求是网，http：//www.qstheory.cn/2022-09/15/c_1129003978.htm。

解决相对贫困的长效机制。尤其是要通过巩固脱贫攻坚成果构建起相对贫困治理的长效机制。2020年的中央一号文件也提出：扶贫工作重心转向解决相对贫困，扶贫工作方式由集中作战调整为常态推进。加强解决相对贫困问题顶层设计，纳入实施乡村振兴战略统筹安排。党和国家高度重视巩固脱贫攻坚成果工作，专门设立了巩固拓展脱贫攻坚成果的五年过渡期，过渡期内继续实行“四个不摘”的政策，将防范深度贫困地区和深度贫困人口返贫作为巩固脱贫攻坚成果工作的重点。

巩固脱贫攻坚成果是我国实现共同富裕目标的基础和前提，是我国实现共同富裕道路上的关键的一步。当前面临的最大挑战和困难就是如何防止出现大规模返贫现象、如何提高低收入人群的自身发展能力。这就需要在“后扶贫时代”的贫困治理中正确把握工作重心的转移，工作重心要从“攻克深度贫困地区的贫困难题”向“巩固深度贫困地区取得的脱贫成果”转移，也要从“单一物质标准”向“多维要素标准”变化，多方面提升巩固脱贫攻坚成果工作的质量，从而为实现共同富裕打下坚实基础。

二　研究意义

1. 现实意义

首先，在推动实现共同富裕目标背景下巩固脱贫攻坚成果是化解我国当前社会主要矛盾的基础，当前我国社会的主要矛盾已经转变为人民日益增长的美好生活需要和不平衡不充分的发展之间的矛盾。随着主要矛盾的转变，人民群众对共同富裕的期盼也愈发迫切。巩固脱贫攻坚成果是实现共同富裕目标的基础，要求我国在新的阶段继续将注意力集中于农村等存在较高返贫风险的地区。只有守住我国脱贫攻坚所取得的伟大成果，才能在将来实现社会主义共同富裕的目标，这也是以人民为中心的价值理念的体现。此外，巩固脱贫攻坚成果有助于缩小我国城乡之间的收入差距，从而促进共同富裕的实现。改革开放40多年以来，我国在经济社会快速发展的同时，也因分配体制的不够完善形成了不同阶层及城乡之间收入不平衡的局面。收入不平等程度与经济持续增长时间呈负相关关系，收入不平等程度加剧会导致经济持续增长时间缩短。因此，缩小收入差距是社会发展必须面对和解决的问题，也是当今中国社会稳定发展的前提与保障。国家统计局数据显示，近年来中国基尼系数均高于0.4的国际警戒线。在推动实现共同富裕目标背景下，巩固脱贫攻坚成果，有助于解决我国社会当前收入和财富差距较大的问题，保证经济持续健康发展。

其次，在推动实现共同富裕目标的背景下巩固脱贫攻坚成果，有助于构建“双循环”新发展格局。即在中国现阶段，保证低收入人群的基本收入、巩固脱贫攻坚成果不仅可以提高人民的有效需求，拉动国内经济增长，而且可以促进以国内大循环为主体、国内国际双循环相互促进的新发展格局的快速建设，扎实推进共同富裕进程，为我国成功跨越“中等收入陷阱”提供有力保证。第二次世界大战之后，许多发展中国家不同程度地遇到过经济发展危机，从低收入或中等收入行列进入高收入行列的经济体的共同点是在发展过程中把贫富差距控制在一定范围内，而长期停留在低收入或者中等收入行列的大部分经济体，贫富差距非常大。因此，巩固脱贫攻坚成果是我国缩小贫富差距、迈向共同富裕的必然举措。

再次，在推动实现共同富裕目标背景下巩固脱贫攻坚成果为全世界提供了消除绝对贫困后防止返贫的中国范式。马克思为无产阶级和人类解放奋斗终身，中国共产党作为马克思主义执政党，不仅是为中国人民奋斗的政党，而且是为整个人类进步事业而奋斗的政党。构建人类命运共同体被写进了党章和宪法也表明了中国共产党的决心和历史使命感。中国消除了绝对贫困、全面建成小康社会的历史伟业，为世界上发展中国家解决贫困问题提供了中国方案，极大地增进了全人类的福祉。

最后，推动实现共同富裕目标背景下巩固脱贫攻坚成果的相关研究，可以为各级政府部门制定相关政策和战略提供依据。2021年，中国共产党成立一百周年，在党的领导下我国成功实现了“两个一百年”奋斗目标中的第一个百年奋斗目标，全面建成小康社会，消除绝对贫困，这一重要成就为我国实现第二个百年奋斗目标提供了物质基础和条件，在脱贫攻坚战中形成的理论思想和制度也为推进乡村振兴提供了理论指导和借鉴。习近平总书记在2021年全国两会期间参加内蒙古代表团审议时强调，脱贫摘帽不是终点，而是新生活、新奋斗的起点[①]。因此，研究如何在共同富裕背景下巩固好脱贫攻坚成果，对做好新时代的“三农”工作具有承上启下、继往开来的重要实践意义。本书通过梳理我国在脱贫攻坚战中所取得的显著成就，对脱贫攻坚成果进行了系统、深入研究，有助于全面准确了解现阶段贫困治理工作的现状以及存在的问题。针对这些问题本书提出一些对策性研究建议，希望可以为政府和相关部门制定巩固脱贫攻坚成果的相关政策提供借鉴。

2. 理论意义

《乡村振兴战略规划（2018–2022年）》明确提出，要推动脱贫攻坚与乡村振兴有机结合相互促进；2020年通过的《中共中央关于制定国民经济和社会发展第十四个五年规划和二〇三五年远景目标的建议》提到，要实现巩固拓展脱贫攻坚成果同乡村振兴有效衔接；2021年中央一号文件强调，要实现巩固拓展脱贫攻坚成果同乡村振兴有效衔接，健全防止返贫动态监测和帮扶机制；2022年中央一号文件再次提出，要推动脱贫地区更多依靠发展来巩固拓展脱贫攻坚成果；2023年中央一号文件进一步指出，要巩固拓展脱贫攻坚成果，坚决守住不发生规模性返贫底线。可见，巩固脱贫攻坚成果依然是我国当前及今后“三农”工作的重点之一，对我国农村后续开展各项工作意义重大。为此，学界就如何实现脱贫攻坚成果巩固同乡村振兴的有效衔接等问题进行了重点探讨。本书以推动实现共同富裕目标为时代背景，以巩固脱贫攻坚成果为研究出发点，阐释巩固脱贫攻坚成果面临的挑战和“短板”，提出构建巩固脱贫攻坚成果长效机制的实施方案，解析构建巩固脱贫攻坚成果长效机制的基本思路，在一定程度上丰富了中国巩固脱贫攻坚成果的理论研究体系。

① 《“脱贫摘帽不是终点，而是新生活、新奋斗的起点”——落实习近平总书记两会嘱托一年回顾》，《农民日报》2022年3月4日。

第二节　新时代的共同富裕

共同富裕是无产阶级与马克思主义政党追求的崇高理想，是社会发展的美好蓝图和中国共产党人矢志不渝的奋斗目标。马克思主义自诞生以来，就为探寻人民的美好生活而不断努力。新中国成立以来，毛泽东同志指出，要通过发展生产力和优化分配方式，逐步摆脱国家的贫穷落后现状，进而实现社会的共同富裕[①]。改革开放时期，邓小平同志在尊重我国国情和系统地分析区域及个体差异的前提下，提出了“先富带后富”的路径构想，对共同富裕的物质前提、战略部署和政治保证等多方面内容做出重要论述，擘画了共同富裕的远景目标和未来图景。中国特色社会主义进入新时代之后，共同富裕成为党和国家治国理政的重要时代课题，事关党的执政基础和社会的安定。习近平总书记在党的二十大报告中明确指出，“从现在起，中国共产党的中心任务就是团结带领全国各族人民全面建成社会主义现代化强国、实现第二个百年奋斗目标，以中国式现代化全面推进中华民族伟大复兴”[②]，并在新时代新征程的历史背景下对扎实推进共同富裕等重大问题做出深刻阐述。共同富裕是一种思想，也是全体人民的美好理想；共同富裕是中国共产党人初心使命的重要体现，也是过去一代又一代中国共产党人前赴后继的奋斗目标。随着脱贫攻坚的成功和小康社会的全面建成，共同富裕的价值和作用越来越凸显，实现共同富裕成为新时代的关键性任务之一。因此，立足理论基础深刻阐述和全面剖析新时代共同富裕的生成逻辑，系统解读新时代共同富裕的科学内涵，全面把握和深刻认识共同富裕的实质，进一步推动全体群众自觉投身于实现共同富裕目标，对于贯彻新发展理念、在高质量发展中促进共同富裕具有重大意义和价值。

---

① 吴小妮：《毛泽东关于解决贫困问题的思考与探索》，《光明日报》2020年9月16日。

② 习近平：《高举中国特色社会主义伟大旗帜 为全面建设社会主义现代化国家而团结奋斗——在中国共产党第二十次全国代表大会上的报告》，人民出版社，2022。

一 新时代共同富裕的渊源

中国共产党始终将实现全体人民共同富裕作为奋斗目标，并且坚定不移地推进这一目标，在民族复兴的道路上践行自己的初心和使命。随着中国特色社会主义进入新时代，共同富裕被赋予了更多的内涵，具有鲜明的时代特征，其内容也更加丰富多样。在推动实现共同富裕的过程中，需要深刻理解共同富裕所具有的丰富内涵，并牢牢把握其核心要义。对于共同富裕的内涵解读，可以从两个角度入手。第一，从“共同”一词来看，其范围应当覆盖全体人民，从涉及内容来看是全面富裕；第二，从“富裕”一词来看，此处的富裕是一个渐进式的发展过程。推动新时代共同富裕的实现，需要深度把握其理论来源，以科学理论引导伟大实践，努力使人民群众过上幸福美好的生活，进而实现中华民族的伟大复兴。

（一）理论基础：对马克思和恩格斯共同富裕的思想的创新与继承

共同富裕的思想起源于马克思和恩格斯的思想，蕴含着无产阶级与广大劳动人民寻求和创造幸福生活的智慧，体现了人类社会的进步和发展。

马克思和恩格斯共同富裕的思想是对前人理论成果吸收和升华的产物，它的形成是人类思想史上的历史性飞跃。马克思和恩格斯以辩证唯物论和历史唯物论原理为基础，深刻分析了资本主义私有制所造成的资本与劳动不可调和的矛盾以及劳动的异化和贫富分化，他们对私有制的实质和造成的后果有着深刻的认识和洞察。在《共产党宣言》中，他们指出共产党人的理论可以概括为一句话——消除私有制[①]，并从这一基础出发，提出了建立全体成员共同富裕的共产主义思想。在社会主义公有制下，生产资料归全体成员共同占有，劳动者成为推动社会生产力发展的主导力量，整个社会生产朝着有序的方向迈进，从追逐剩余价值的行为变成将精力放在提升社会整体福利上，从而使实现“还富于民”和“藏富于民”的目标成为可能。

① 中共中央马克思恩格斯列宁斯大林著作编译局编译《马克思恩格斯文集（第二卷）》，人民出版社，2009，第45页。

在《政治经济学批判（1857–1858年手稿）》中，马克思指出，随着社会生产力的不断提高，生产将以所有的人富裕为目的[①]，即生产力发展带来的财富将惠及全体成员。马克思和恩格斯虽然没有直接使用“共同富裕”这一术语，但他们提出了“所有的人富裕”和“以所有的人富裕为目的”的理念，认为在未来的共产主义社会中，可以通过共同的、有计划的生产促进各个成员的富裕和社会的繁荣，这种思想为共同富裕的发展提供了理论基础。

（二）思想高度凝练：中国共产党人的思想结晶

1.社会主义革命和建设时期：独创性地提出了共同富裕的观点

中国共产党的成立标志着历经磨难和苦难的中国人民开启了崭新的历史征程。中国共产党深刻认识到，要想实现国家的繁荣富强和人民的共同富裕，必须首先实现民族的独立和人民的解放这一历史任务，如果不解决各族人民的独立和全体人民的解放问题，国家走向繁荣富强和人民共同富裕相当于“纸上谈兵”。对此，陈独秀主张，只有集中全国民主主义的分子组织强大的政党，对内倾覆封建的军阀，建设民主政治的全国统一政府，对外反抗国际帝国主义，使中国成为真正的独立国家，才是扶危定乱的唯一方法[②]。在新民主主义革命时期，以毛泽东同志为代表的中国共产党人全面概括和系统阐述了中国革命的对象、任务、动力、性质和前途等方面的内容，深刻认识到我们不仅要善于破坏一个旧世界，还将善于建设一个新世界[③]。

革命年代，在作战的过程中中国共产党深刻认识到没有工业，便没有巩固的国防，便没有人民的福利，国家就不会变得富强，而要工业发展，就必须有一个独立、自由、民主和统一的中国[④]。新中国成立后，在确保国民经济恢复的前提下，中国共产党提出了过渡时期总路线，该路线要求对农业、手工业和资本主义工商业进行社会主义改造，以逐渐达到共同富裕

① 中共中央马克思恩格斯列宁斯大林著作编译局编译《马克思恩格斯文集（第八卷）》，人民出版社，2009，第200页。

② 陈独秀：《陈独秀文集（第二卷）》，人民出版社，2013，第271页。

③ 《毛泽东选集（第四卷）》，人民出版社，1991，第1439页。

④ 《毛泽东选集（第三卷）》，人民出版社，1991，第1080页。

的目标，并奠定了中国最终过渡到社会主义的制度基础。“共同富裕”的概念首次在中共中央1953年12月发布的《中国共产党中央委员会关于发展农业生产合作社的决议》中被提出，该决议强调通过农业的社会主义改造使农民能够逐步完全摆脱贫困的状况而取得共同富裕和普遍繁荣的生活[①]。毛泽东同志在资本主义工商业社会主义改造问题座谈会上，对共同富裕的概念做了更深入的阐释，强调实行社会主义制度是能够让人民群众通过一年一年的艰苦努力走向更富更强的，且这个富是共同的富，这个强是共同的强，大家都有份[②]，把实现共同富裕的目标引领与循序渐进的阶段努力有机结合了起来。以毛泽东同志为主要代表的中国共产党人，在探索社会主义现代化道路方面做出了积极的努力，他们根据中国的国情和实践，不断探索适合中国的发展模式，推动中国的科技、经济和社会文明快速发展，他们深刻认识到社会主义现代化是一个长期而复杂的过程，他们在探索的过程中不断总结和调整，在革命和建设的实践中不断丰富和发展共同富裕的理论，通过深入思考如何推动全体人民共同富裕，提出了一系列独具创新性的观点和理念。

2. 改革开放和社会主义市场经济体制确立时期：共同富裕思想的推动期

以邓小平同志为主要代表的中国共产党人，做出了改革开放的重大决策，明确了我国处于社会主义初级阶段的历史特征和未来发展方向，并对共同富裕这一问题进行了深刻的思考。邓小平同志指出社会主义的目的就是要全体人民共同富裕，不是两极分化[③]，社会主义最大的优越性就是共同富裕，这是体现社会主义本质的一个东西[④]。邓小平同志指出，社会主义的本质是解放生产力，发展生产力，消灭剥削，消除两极分化，最终达到共同富裕[⑤]，这一论断对社会主义的本质进行了成熟的表达，使共同富裕在

① 中共中央文献研究室编《建国以来重要文献选编（第四册）》，中央文献出版社，1993，第662页。

② 中共中央文献研究室编《毛泽东文集（第六卷）》，人民出版社，1999，第495页。

③ 邓小平：《邓小平文选（第三卷）》，人民出版社，1993，第110～111页。

④ 邓小平：《邓小平文选（第三卷）》，人民出版社，1993，第364页。

⑤ 邓小平：《邓小平文选（第三卷）》，人民出版社，1993，第372页。

社会主义本质的高度上得到确立。中国共产党第十三次全国代表大会明确了我国处于社会主义初级阶段，并提出了“一个中心、两个基本点”的总路线，其中“一个中心”为共同富裕的实现提供根本的物质保障，“两个基本点”为共同富裕的实现提供根本的政治保障。为加快推进我国社会主义现代化，党领导人民进行经济、政治、文化、社会和军事建设，国民经济保持持续快速健康发展，综合国力和国际竞争力显著提高。这一时期取得了一系列重大成就，推动中华民族实现从“站起来”到“富起来”的伟大飞跃。为更好地实现共同富裕，党和政府提出了不同地区和人民从非均衡差异发展到“先富”带“后富”，最终实现共同富裕目标的美好图景①。这些论述将共产主义的基本原则与共同富裕理念有机地结合在一起，为中国人民捋清了逐步实现全体人民共同富裕的正确路径。

3. 20世纪末：共同富裕的思想的明确期

随着国内外形势的重大变化，以江泽民同志为核心的党的第三代中央领导集体坚持和完善社会主义制度，在新的历史阶段找到了逐步实现全体人民共同富裕的正确道路。江泽民同志指出，实现共同富裕是绝不能动摇的社会主义的根本原则，同时还强调既鼓励先进、促进效率、合理拉开收入差距，又要防止两极分化，逐步实现共同富裕②。江泽民同志进一步把实现共同富裕视为社会主义的根本原则和本质特征③，提出要用历史的辩证的观点认识和处理地区差距问题，兼顾群众利益，用加快协调发展的办法解决实现共同富裕过程中遇到的各种问题。与此同时，他还明确指出，共同富裕包括物质富裕和精神富裕两个方面，只有物质和精神都富有，一个民族才能成为一个有强大生命力和凝聚力的民族④，这一时期共同富裕被提到了一个新的认识高度。

---

① 邓小平：《邓小平文选（第三卷）》，人民出版社，2006，第373~374页。

② 江泽民：《江泽民文选（第一卷）》，人民出版社，2006，第466页。

③ 中共中央文献研究室编《江泽民论有中国特色社会主义（专题摘编）》，中央文献出版社，2002，第382页。

④ 江泽民：《江泽民文选（第一卷）》，人民出版社，2006，第227页。

4.21世纪：共同富裕的思想的深化期

在我国社会主义现代化建设面临新情况和新问题的关键期，以胡锦涛同志为主要代表的中国共产党人对于如何推进共同富裕进行了新的探索，提出了让发展成果惠及全体人民的共享发展，城乡互动、工农互促的协调发展，正确反映和兼顾不同方面群众利益的和谐发展，不断增强人们精神力量、不断丰富人们精神世界的文化发展以及使全体人民共享改革发展成果的公正发展[①]。在科学发展观的基础上，胡锦涛同志还指出，在促进发展的同时，要把维护社会公平放到更加突出的位置，综合运用多种手段使全体人民共享改革发展成果，使全体人民朝着共同富裕的方向稳步前进[②]。共同富裕的精神内涵得到了拓展，党的十七大报告指出，丰富精神文化生活越来越成为我国人民的热切愿望，应着力提高国家文化软实力，使人民的基本文化权益得到更好保障，使社会文化生活更加丰富多彩，使人民精神风貌更加昂扬向上。

综上可知，共同富裕的思想是中国共产党坚持马克思主义基本原理、结合中国国情和人民群众迫切需求的集中体现，反映了中国共产党人的深入探索和实践，是在推动中国特色社会主义现代化建设的过程中逐步形成和不断完善的。共同富裕是一个在社会实践中不断丰富和发展的综合性概念，涉及经济、社会、文化、法律等多个领域和多个方面的内容，其内涵并非单一、一成不变的，很难用某种具体的指标来衡量，要在实践当中不断予以丰富和拓展。

二 新时代共同富裕的科学内涵

共同富裕是全体人民的富裕，是人民群众物质生活和精神生活都富裕，不是少数人的富裕，也不是整齐划一的平均主义，要分阶段促进共同富裕[③]。

---

① 胡锦涛：《胡锦涛文选（第二卷）》，人民出版社，2016，第167页。
② 胡锦涛：《胡锦涛文选（第二卷）》，人民出版社，2016，第639页。
③ 习近平：《扎实推动共同富裕》，《求是》2021年第20期。

从习近平总书记的多次重要讲话可以看出，共同富裕是全体人民的共同富裕，是全面发展的共同富裕，是循序渐进实现的共同富裕，是全体人民共建共享的共同富裕。

（一）共同富裕是全体人民的共同富裕

中国共产党从来不代表任何利益集团、任何权势团体、任何特权阶层的利益[①]。中国特色社会主义的本质和中国共产党人的初心在于最大限度地保障人民的权利和利益，创造更加公正和可持续的社会制度。共同富裕是中国特色社会主义的本质要求，也是中国共产党的历史使命。马克思在《政治经济学批判（1857–1858年手稿）》中指出，生产将以所有的人富裕为目的[②]。毛泽东同志在新中国成立初期使用“共同的富”“共同的强”指向共同富裕“大家都有份”。[③]习近平总书记进一步指出，我们追求的富裕是全体人民共同富裕[④]。全体人民的共同富裕是发达的生产力与先进生产关系有机统一的共同富裕[⑤]。

第一，需要明确“共同”和“富裕”两大概念。“共同富裕”当中的“富裕”反映的是经济社会发展水平，体现着物质丰富、精神富足和生活宽裕的程度；“共同”体现的是让发展成果更多、更公平惠及全体人民[⑥]。第二，我们必须深入理解和认识“人民”的概念，这个概念既属于历史范畴也属于政治范畴，在不同的历史时期，人民的内涵也有所变化，在当前阶段，人民应该包含工人、农民、知识分子、新的社会阶层等各个方面的人群，是指最广大、最基础的民众群体。全体人民共同富裕是指社会各个阶层间的互惠互利、普遍受益，而不是指少数人富裕，更不是

---

① 习近平：《在庆祝中国共产党成立100周年大会上的讲话》，人民出版社，2021。

② 中共中央马克思恩格斯列宁斯大林著作编译局编译《马克思恩格斯文集（第八卷）》，人民出版社，2009，第200页。

③ 中共中央文献研究室编《毛泽东文集（第六卷）》，人民出版社，1999。

④ 中共中央文献研究室编《习近平关于社会主义经济建设论述摘编》，中央文献出版社，2017。

⑤ 谭壮：《新时代扎实推动共同富裕的逻辑阐释、科学内涵和实践路径》，《甘肃理论学刊》2022年第2期。

⑥ 李毅：《理解共同富裕的丰富内涵和目标任务》，《人民日报》2021年11月11日。

指建立在多数人利益受损之上的少数人富裕[①]。新时代推动共同富裕是在党的领导下保障最广大人民群众的根本利益，这里的“人民”绝不是指少数人、少数地区的人民，更不是指极少的权势团体的人民，而是指包含各行各业、各个阶层劳动者的全体人民，他们不仅是“生产蛋糕”的劳动者，更是“分享蛋糕”的受益者。

（二）共同富裕是全面发展的共同富裕

共同富裕是一个多维度、多层面的概念，不仅仅涵盖了物质层面，也涉及精神、文化、社会等多个方面。马克思指出，人类的生产首先是生活资料即食物、衣服、住房以及为此所必需的工具的生产[②]，换言之，对富裕的理解是与物质资料的丰富及匮乏相对应的。中国特色社会主义进入新时代，人民的生活水平和生活质量大幅提高，人民在享受充裕物质资料的同时，也对精神生活的发展提出更高要求，比如参与政治、优美的生态、宜居的生存环境和富足的精神等。人民所追求的共同富裕不是一个功利化和物欲化的经济目标，而是一个更为美好、更为丰富、更为幸福的社会，能够满足人民不断提高的精神文化需求。因此，共同富裕不仅要带来物质的富足，还需要提供丰富的精神食粮，满足人民更高层次的对美好生活的追求。其中，共同富裕的物质层面是指要为所有人提供平等的物质条件和基本的公共服务，这包括但不限于以下四个方面的内容：一是完善公共服务体系方面，主要指提供良好的教育环境、更稳定的就业环境、更可靠的社会保障体系等，对于公共服务体系需制定完善的标准；二是人均预期寿命、人均受教育年限等人类发展方面的水平要达到国际高水平标准；三是制定和完善最低工资标准，努力向发达国家看齐；四是完善生活保障体系，努力达到发达国家最低生活保障标准的水平。共同富裕的精神层面包含以下两个层面：从国家层面而言，要发挥公益或市场的作用为个体提供

---

① 吴忠民：《论“共同富裕社会”的主要依据及内涵》，《马克思主义研究》2021年第6期。

② 中共中央马克思恩格斯列宁斯大林著作编译局编译《马克思恩格斯文集（第四卷）》，人民出版社，2009，第15～16页。

相对公平的精神文化资源，尽可能满足社会成员对精神文化的合理需求，必须创造出更多更好、能满足人民精神需求的文化产品，以满足人民对精神富有的追求，使人民在心理上获得满足感；从个人层面来说，要使个人享有正当的文化权利，平等地享受文化精神领域的获得感和参与感，并且在拥有文化精神财富的基础上发挥精神财富再创造能力，为扎实推进共同富裕贡献力量。共同富裕所追求的不仅仅是物质上的富裕，更包括精神上的富足。实现全面发展的共同富裕，对人民来说不仅是实现“财富盈箱”式的物质富裕，更是实现“雅道高风”式的精神富足。这意味着不仅要满足人民基本的物质需求，更要激发人民的创造力、促进人的全面发展，使得每个人在物质与精神层面都能够实现平衡发展。共同富裕的实现需要平衡物质和精神两个方面的发展，不能偏重其中一个方面，不能只追求物质层面的富裕，忽视精神层面的需求和发展，更不能把精神层面的共同富裕与物质层面对立起来。如果只追求一方面的发展而忽略另一方面，就不能真正实现共同富裕的目标。换句话说，只有物质和精神双重富裕，才能让人民获得更加全面和健康的成长与发展，推动整个社会不断进步。

（三）共同富裕是循序渐进实现的共同富裕

共同富裕是一个长远目标，需要一个过程，不可能一蹴而就[①]，要实现共同富裕目标，需要充分认识到它的实现是一个漫长、艰巨且复杂的过程，需要付出大量的成本和资源，所以必须对此做好充分的理解和准备。邓小平指出，共同富裕决不等于也不可能是所有社会成员在同一时间以同等速度富裕起来，如果把共同富裕理解为完全平均和同步富裕，不但做不到，而且势必导致共同贫穷[②]，应当让一部分地区有条件先发展起来，一部分地区发展慢点，先发展起来的地区带动后发展的地区[③]，从而使整个国民

---

① 习近平：《扎实推动共同富裕》，《求是》2021年第20期。
② 中共中央文献研究室编《十二大以来重要文献选编（中）》，人民出版社，1986，第578页。
③ 邓小平：《邓小平文选（第三卷）》，人民出版社，1993，第374页。

经济不断波浪式地向前发展，使全国各族人民都能比较快地富裕起来[①]。习近平总书记也指出，我国要实现14亿人共同富裕，不是所有人都同时富裕，也不是所有地区同时达到一个富裕水准，不同人群不仅实现富裕的程度有高有低，时间上也会有先有后，不同地区的富裕程度还会存在一定差异，不可能齐头并进[②]。同时，共同富裕也不等于同等富裕，既不要搞平均主义，也不能“杀富济贫”。邓小平同志指出，平均发展是不可能的，过去搞平均主义，吃“大锅饭”，实际上是共同落后，共同贫穷，我们就是吃了这个亏[③]。与此同时，习近平总书记也指出，要正确处理效率与公平的关系[④]，既要合理拉开收入差距，保证效率，又要防止两极分化，体现公平，反对实行“杀富济贫”的做法，否则不仅会打消劳动强者生产的积极性，同时也是对劳动者进行变相的剥夺，不利于社会公平。共同富裕是一个历史性的过程。习近平总书记指出，发展社会主义不仅是一个长期的历史性过程，而且是需要划分为不同历史阶段的过程[⑤]。现阶段，我国社会发展的不平衡不充分问题仍然突出，因此，实现共同富裕是一项长期的任务，不能急于求成。习近平总书记强调，我们不能做超越阶段的事情，但也不是说在逐步实现共同富裕方面就无所作为，而是要根据现有条件把能做的事情尽量做起来，积小胜为大胜，不断朝着全体人民共同富裕的目标前进[⑥]。为此，我国制定了实现共同富裕的路线图和时间表：到“十四五”时期末，全体人民共同富裕迈出坚实步伐；到2035年，全体人民共同富裕取得更为明显的实质性进展；到21世纪中叶，全体人民共同富裕基本实现。总之，实现共同富裕是一项长久性的工程，必须脚踏实地，一步一个脚印，向着这个目标做出不懈的努力。

---

① 邓小平：《邓小平文选（第二卷）》，人民出版社，1994，第152页。
② 习近平：《习近平谈治国理政（第四卷）》，外文出版社，2022，第146~147页。
③ 邓小平：《邓小平文选（第三卷）》，人民出版社，1993，第155页。
④ 习近平：《扎实推动共同富裕》，《求是》2021年第20期。
⑤ 习近平：《把握新发展阶段，贯彻新发展理念，构建新发展格局》，《求是》2021年第9期。
⑥ 习近平：《习近平谈治国理政（第二卷）》，外文出版社，2017，第214~215页。

（四）共同富裕是全体人民共建共享的共同富裕

全体人民共建共享是共同富裕的实现路径。一方面，共建是共享的基础。共同富裕的美好生活需要建立在高度发达的生产力之上，要实现“全民共享”首先要进行“全民共建”。因而，只有积极参与共建才能实现有效共享，才有共享的资格。马克思强调在未来的理想社会，每一个生产者，在作了各项扣除以后，从社会领回的，正好是他给予社会的，他给予社会的，就是他个人的劳动量[①]。恩格斯指出在人人都必须劳动的条件下，人人也都将同等地、愈益丰富地得到生活资料、享受资料、发展和表现一切体力和智力所需要的资料[②]。列宁则指出不劳动者不得食、对等量劳动给予等量产品是体现社会主义的两个基本原则[③]。另一方面，要深化体制机制改革，激发广大人民参与共建和共享的积极性、主动性和创造性。

共同富裕的实现需要全体人民群众的努力，不能仅依靠国家“接济”。如果没有社会成员的自觉行动，全体人民共建共享的共同富裕犹如在不断地“画饼”，“靠着墙根晒太阳、等着别人送富裕”“干部干、群众看”“躺平”等消极心态将成为推动共同富裕道路上的思想阻碍。幸福生活都是奋斗出来的，共同富裕要靠勤劳智慧来创造[④]。脱贫攻坚中的坚持调动广大贫困群众的积极性、主动性、创造性，激发脱贫内生动力的经验同样适用于扎实推动共同富裕的实践。各类市场主体需引导贫困群众树立“宁愿苦干，不愿苦熬”的思想观点，鼓足“只要有信心，黄土变成金”的干劲，激发群众尤其是弱势群体“弱鸟先飞，水滴石穿”的韧劲，充分挖掘个体的潜能与发展空间，使其积极参与到创新性的劳动之中；党和政府需充分发扬民主、广泛聚集民智，最大限度地激发群众的生产能力，把劳动作为

① 中共中央马克思恩格斯列宁斯大林著作编译局编《马克思恩格斯选集（第三卷）》，人民出版社，1995，第304页。

② 中共中央马克思恩格斯列宁斯大林著作编译局编译《马克思恩格斯文集（第一卷）》，人民出版社，2009，第710页。

③ 中共中央马克思恩格斯列宁斯大林著作编译局编《列宁专题文集：论社会主义》，人民出版社，2009，第34页。

④ 习近平：《习近平谈治国理政（第四卷）》，外文出版社，2022，第142页。

推动共同富裕的“第一精神”，以促进最广大人民群众根本利益的实现、维护和发展，这将为广大群众提供实现人生出彩的机会，也将为实现全体人民共建共享的共同富裕提供动力。只有激发群众创造力和积极性，让广大人民群众成为共同富裕的参与者和受益者，才能持续推动共同富裕的实现。

综上可知，共同富裕是社会主义现代化的一个重要目标，同时也是全体人民群众的热切期盼和追求。共同富裕的思想在不断发展壮大的同时，也需要不断地适应新的历史环境和实践需求，与时俱进。党的十八大以来，以习近平同志为核心的党中央统筹中华民族伟大复兴战略全局，立足世界百年未有之大变局，不断在实践中对共同富裕的理念进行深化和完善，提出了一系列新认识、新要求和新举措。这回应了时代的发展需求，并且与时俱进，为实现共同富裕提供了强有力的思想支持。在实践中，共同富裕的思想不断丰富和完善，在为人民群众提供更优质的生活环境和公共服务体系、推动经济高质量发展、构建良好生态环境、提升民众获得感等方面发挥了重要作用。同时，新时代共同富裕的思想逐渐形成，成为推动社会发展的强劲力量。新时代共同富裕的思想蕴含着对中国现代化道路的深刻洞悉和精准把握，彰显了理论与实践相结合、认识论与方法论相统一的特征。

幸福是通过自己的双手创造出来的，一分部署，九分落实，共同富裕的实现需要一步一个深深的脚印，扎实推进。共同富裕的实现需要符合我国当下的国情，尊重事物发展的客观规律，依靠人民群众。共同富裕的实现需要坚持中国共产党的坚强领导，广泛吸收人民群众的智慧，汇集全体社会成员力量，将发展的力量拧成一股绳，形成发展的合力，在高质量发展中不断增进民生福祉，不断促进人的全面发展，使全体人民群众朝着更加美好的幸福生活迈进。在全面建设社会主义现代化国家的新征程中，我们应当以习近平新时代中国特色社会主义思想为指导，并充分认识共同富裕，不断推进共同富裕的实践，让共同富裕的理念深入人心。

第三节　巩固脱贫攻坚成果的要义

一　巩固脱贫攻坚成果的必然性

中国共产党作为始终为人民谋福利的政党，一直以来高度重视农村贫困问题，多措并举开展脱贫攻坚工作。2020年底，在现行标准下我国9899万农村贫困人口全部脱贫，832个贫困县全部摘帽，绝对贫困和区域性整体贫困问题历史性地得到解决[①]，我国也因此踏上了全面建设社会主义现代化国家的新征程。脱贫攻坚战取得全面胜利，是彪炳史册的人间奇迹，是中国人民、中国共产党、中华民族的伟大光荣，其相关理论与实践在中国特色社会主义建设的非凡历程中具有里程碑意义。脱贫成果的取得不是一时之为，当下的脱贫也不意味着永久脱贫，正如习近平总书记所说，保障和改善民生没有终点，只有连续不断的新起点[②]。脱贫的胜利是我们追梦之旅中的一个里程碑，而巩固脱贫攻坚成果既是超越过去的新航向，也是铸就未来的新出发点。在实施脱贫攻坚战略的过程中，巩固脱贫攻坚成果成为保障脱贫成果持久的重要举措，具有十分重要的意义。

（一）有效防止脱贫人口大规模返贫之需

贫困问题具有复杂性、系统性和反复性的特征。我国脱贫攻坚战虽取得了决定性胜利，但是从贫困的发生发展规律、我国所处的发展阶段、全球减贫实践经验来看，脱贫人口返贫的风险依然很大，相对贫困问题还将长期存在。而巩固脱贫攻坚成果能有效防止脱贫人口大规模返贫和新增贫困人口。巩固脱贫攻坚成果能够维持贫困户稳定的脱贫状态。巩固脱贫攻坚成果能够通过加强对已经脱贫的贫困户的帮扶和支持，维持他们脱贫后

① 中华人民共和国国务院新闻办公室：《人类减贫的中国实践》，人民出版社，2021。

② 《持续改善民生　增进人民福祉》，《人民日报》2022年7月20日。

的生活水平，同时为他们提供就业发展机会，进而提高农村群众的收入水平和生产能力，降低农村家庭返贫的风险。巩固脱贫攻坚成果能够有效提高农村群众脱贫内生动力。巩固脱贫攻坚成果可以提高贫困户和村庄的自我发展能力，同时扩大扶贫政策的受益面，为农村群众提供技能培训和产业技术创新支持，促进农村群众自我发展和产业转型升级，从源头上避免返贫问题。巩固脱贫攻坚成果能够完善可持续的贫困防控机制。巩固脱贫攻坚成果能够通过完善社会保障、救助体系和扩大覆盖范围，使贫困户在生产和生活中遇到不时之需的时候能够得到及时补助和救助，从而降低其因一些意外情况而发生返贫的风险。巩固脱贫攻坚成果对于防止大规模返贫的意义非凡，关系到脱贫的成色和中国式现代化目标的实现。

（二）深入推进乡村振兴战略之要

党的十九大明确提出了实施乡村振兴战略的目标和产业兴旺、生态宜居、乡风文明、治理有效、生活富裕的总要求。2020年发布的《中共中央 国务院关于实现巩固拓展脱贫攻坚成果同乡村振兴有效衔接的意见》明确提出，在打赢脱贫攻坚战之后，到2025年要实现脱贫攻坚成果巩固拓展。推动巩固脱贫攻坚成果同乡村振兴有效衔接是当前“三农”工作的重要任务。从发展经济学的相关理论来看，脱贫攻坚和乡村振兴战略是一脉相承的，二者理论依据同源、目标指引一致、政策内容连续。巩固脱贫攻坚成果是实现乡村振兴的基本前提，乡村振兴是巩固脱贫攻坚成果的根本保障[①]。巩固脱贫攻坚成果可以有效推动乡村产业发展，提高农业生产和农村经济水平，促进产业升级和转型，支持乡村产业聚集发展和规模化经营。巩固脱贫攻坚成果不仅有助于实现乡村产业振兴，还可以为乡村产业中的小企业和个人提供稳定的市场环境。巩固脱贫攻坚成果能够有效提升农村基础设施和公共服务水平，而乡村振兴战略的实施恰好依赖于基础设

① 王介勇、戴纯、刘正佳等：《巩固脱贫攻坚成果，推动乡村振兴的政策思考及建议》，《中国科学院院刊》2020年第10期。

施和公共服务体系的建设与提升。巩固脱贫攻坚成果需要着重解决农村地区的水电、交通、卫生、教育和文化设施短缺问题，加大对乡村公共服务和基础设施的投入力度，这将为全面推进乡村振兴奠定坚实基础。巩固脱贫攻坚成果能有效助力乡村治理工作，更重要的是能够提高农村群众参与治理的积极性和自治水平。巩固脱贫攻坚成果有助于乡村治理形成一个有结构、有效和群众广泛参与的工作体系，为乡村振兴提供有力的支撑和帮助。总之，巩固脱贫攻坚成果能有效促进乡村产业发展，提升农村基础设施和公共服务，助力乡村治理工作，为乡村振兴战略的顺利实施提供重要基础和保障。

（三）更好实现共同富裕目标之基

共同富裕是社会主义的本质要求，是中国共产党初心和使命的体现。目前，相对贫困问题依然存在，巩固脱贫攻坚成果，不仅是降低家庭贫困脆弱性和建立相对贫困长效治理机制的重要举措，更是助力全体人民共同富裕目标实现的关键。巩固脱贫攻坚成果是实现脱贫地区基本民生保障的基础，着眼于解决脱贫后民众的生产和生活遇到的困难和问题，着重关注原贫困地区的基础设施提升和社会福利事业发展，致力于解决原贫困地区群众基本生活和基本医疗保障等方面的问题，确保这些脱贫后区域的群众能够享受到基本的医疗公共服务，为实现共同富裕的目标夯实基础。实现共同富裕的关键环节之一是推动社会公平，而巩固脱贫攻坚成果恰好对推动社会公平具有重要作用。在巩固脱贫攻坚成果过程中，我国始终致力于提高弱势群体的基本生活保障水平，以促进脱贫地区的高质量发展，带动脱贫户发展内生动力的培育，这有助于社会公平的实现，进而有助于提早实现共同富裕目标。同时，巩固脱贫攻坚成果是促进经济高质量发展的基础，可以提高产业发展水平和人力素质，培养特色产业和农产品，提升经济竞争力和居民收入水平，进而加快整体经济发展进程、促进共同富裕的实现。此外，实现共同富裕需要保持社会稳定，而巩固脱贫攻坚成果可以为保持社会稳定打下坚实的基础。巩固脱贫攻坚成果有助于增强脱贫群众的获得感、幸福感和安全感，减少社会矛盾和不和谐因素，是社会稳定的重要保障。因此，必须充分发挥巩固脱贫攻坚成果的效用，使巩固脱贫攻坚成果成为实现中国特色社会主义奋斗目标的重要支撑。

（四）全面提升国家形象和软实力之本

巩固脱贫攻坚成果可以提升国家的形象和软实力。我国脱贫攻坚战的伟大胜利，展现了我国对贫困问题的高度重视和解决贫困问题的决心，彰显了我国政府治理能力的现代化和人民福祉的提升。这不仅会使得国际社会对中国予以钦佩和赞赏，提升中国的国际地位，还可以作为一种示范和参考，为其他发展中国家解决贫困问题提供中国方案，促进国际合作和交流。巩固脱贫攻坚成果体现的是人民福祉至上的重要理念，更体现了以人民为中心的发展思想。脱贫攻坚战的胜利，巩固脱贫攻坚成果长效机制的构建，无不体现着党和政府为增强人民群众的获得感、幸福感、安全感，以及提高人民群众生活水平和质量而做出的不懈努力。这为全球减贫事业做出了中国贡献，增强了中国的国际影响力和领导力，树立了中国作为负责任大国的良好形象。

二　民族脱贫片区巩固脱贫攻坚成果的特殊性

党的十八大以来，以习近平同志为核心的党中央高度重视贫困问题，十分关心“老少边穷地区”，包括民族地区。我国是一个多民族国家，多元的民族和文化是我国的优势，但在脱贫攻坚时期民族贫困地区却是最难啃的“硬骨头”。因为民族贫困地区往往是我国贫困程度相对较深、贫困持续时间较长、生态环境脆弱、自然条件严酷、发展基础薄弱的欠发达区域，这种独特性和复杂性大大增加了其脱贫后巩固脱贫攻坚成果的难度。虽然民族贫困地区脱贫了，但其自我发展的基础还很弱，稍有不慎便面临着大规模返贫的风险。因此，巩固现阶段民族脱贫片区的脱贫攻坚成果对于我国经济高质量发展和实现全体人民共同富裕至关重要，这些地区仍然是实现高质量发展和中国式现代化的短板区域。

从经济发展看，尽管民族地区经济取得了长足发展，但其与全国的差距依然较大。数据显示，少数民族聚居的八省区GDP占全国GDP的比重由1997年的9.6%增至2020年的10.3%，尽管有所增加，但增幅较小，在23年的时间里仅增加了0.7个百分点。与此同时，民族地区高质量发展的支撑基础还不牢固，制造业层次偏低，特色优势发挥不够，科技、教育、人才对产业发展的支撑力不足，市场发育程度低，市场化水平不高等制约因素依然突出。从社会发展看，民族地区的民生保障还存在短板弱项，要实现高水平的基本公共服务均等化目标还有很长的路要走。尽管“十三五”以来，少数民族聚居的八省区用于民生事业的财政支出的平均水平超过了70%，特别是在中央财政转移支付、东西部协作以及对口帮扶等外力因素支持下，民族地区在基础性、普惠性、兜底性的民生建设方面持续加强，并且取得了显著成效，但当前民族地区基本公共服务体系依然存在短板弱项，增进民生福祉仍有诸多工作要做。比如与东部、中部地区相比，民族地区的城乡之间的基本公共服务资源配置还不够均衡，其中部分地区基本公共服务水平的差距甚至有扩大的态势。

此外，由于民族地区地形地貌复杂，境内沟壑纵横，土壤贫瘠，干旱少雨，山、川、塬并存，沟、峁、墚相间，同时脱贫人口自身发展能力及市场发展情况较差，民族脱贫片区是规模性返贫的易发区和典型的脆弱区。

三 巩固脱贫攻坚成果的可行性

脱贫攻坚任务完成后党中央的一项重要决策部署就是巩固脱贫攻坚成果，并设立了五年过渡期，保证过渡期内主要帮扶政策总体稳定，这为巩固脱贫攻坚成果提供了根本遵循。同时，民族地区也具备了一定的巩固脱贫攻坚成果的可行因素。

从巩固机制看，国家明确要求在过渡期内，在保持现有主要帮扶政策的基础上，保持帮扶资源、帮扶力量总体稳定。在过渡期内继续实行“四个不摘”，即摘帽不摘责任、摘帽不摘政策、摘帽不摘帮扶、摘帽不摘监管，这为巩固脱贫攻坚成果提供了制度保障。

从帮扶举措看，在民族脱贫片区已经脱贫摘帽的县中再选择一部分相对困难的县，对其在推进乡村振兴方面予以全面支持。而且，加大对脱贫县群众的就业帮扶和技能培训力度。

从金融创新看，不断创新农村普惠金融机制，发展金融科技，采用金融科技手段，如移动支付、互联网金融平台等，为民族脱贫片区提供更加便捷的金融服务。同时，引导和鼓励金融机构及社会资本积极参与民族脱贫片区的发展，利用互联网、大数据、人工智能等先进技术，开发符合民族脱贫片区特点的金融产品和服务，提高民族脱贫片区的金融资源获取能力。

从特色产业发展看，目前，民族脱贫片区在因地制宜发展主导产业方面初见成效，未来需要进一步培育壮大经营主体，加大对各类新型经营主体的扶持力度，并健全联农带农机制，将新型经营主体扶持与联农带农效果紧密挂钩，更好地带动民族脱贫片区群众稳定增收、逐步致富。

从治理能力提升看，民族脱贫片区基层治理体系不断完善，乡村治理能力加强，村民自主管理权扩大，促进了社区自治，建立并完善了居民议事机制，加强了基层社会管理体系建设等。下一步需要深入推进治理信息化，利用大数据、互联网技术等先进技术，推动信息服务向系统化、规范化、精准化方向发展。

从生态治理看，民族脱贫片区不断加大生态保护和修复力度。从源头上预防破坏，控制对土地、林业和水资源的利用；加强环境治理和生态修复工作，出台生态修复计划和措施，开展水土保持工程、退耕还林还草、水库和水系治理等，逐步修复地区生态环境，提升乡村生态环境质量和景观价值。

第四节 巩固脱贫攻坚成果与共同富裕的内在关联

习近平总书记在2021年2月25日召开的全国脱贫攻坚总结表彰大会上指出，脱贫攻坚战的全面胜利，标志着我们党在团结带领人民创造美好生活、实现共同富裕的道路上迈出了坚实的一大步。同时，脱贫摘帽不是终点，而是新生活、新奋斗的起点。解决发展不平衡不充分问题、缩小城乡区域发展差距、实现人的全面发展和全体人民共同富裕仍然任重道远[①]。2020年出台的《中共中央 国务院关于实现巩固拓展脱贫攻坚成果同乡村振兴有效衔接的意见》中也提出，在脱贫攻坚目标任务完成后设立五年过渡期，并给予更多后续帮扶支持，对脱贫县、脱贫村、脱贫人口“扶上马送一程”。《中共中央 国务院关于做好2023年全面推进乡村振兴重点工作的意见》指出，坚决守住不发生规模性返贫底线，压紧压实各级巩固拓展脱贫攻坚成果责任，确保不松劲、不跑偏。这些重要论述表明，我国脱贫攻坚任务取得了重大成果，历史性地解决了绝对贫困问题，但是在全面建成小康社会、开启全面建设社会主义现代化国家新征程的历史性时点，脱贫人口面临极易返贫的问题，巩固脱贫攻坚成果刻不容缓。同时，脱贫攻坚的伟大成就为共同富裕奠定了基础，实现巩固拓展脱贫攻坚成果同乡村振兴有效衔接、推进高质量乡村振兴促进共同富裕是全面建设社会主义现代化国家的历史性任务。

党的二十大报告提出，到2035年全体人民共同富裕取得更为明显的实质性进展，并明确指出，中国式现代化是全体人民共同富裕的现代化，共同富裕是中国特色社会主义的本质要求，要坚持把实现人民对美好生活的向往作为现代化建设的出发点和落脚点，着力维护和促进社会公平正义，着力促进全体人民共同富裕，坚决防止两极分化。从国家角度看，当绝对贫困问题已经解决，不平衡不充分发展问题更加凸显之后，乡村振兴战略的基本出发点便向实现共同富裕的伟大目标转变。共同富裕作为城乡、区域均衡发展的结果，不仅是经济问题，更是重大的政治问题、社会问题，是中华民族赓续发展、持续繁荣的标志。因此，有必要阐释和准确把握巩固脱贫攻坚成果与共同富裕的内在关联。

① 习近平：《在全国脱贫攻坚总结表彰大会上的讲话》，人民出版社，2021。

一 巩固脱贫攻坚成果与共同富裕的理论逻辑

1.巩固脱贫攻坚成果是实现共同富裕的必然要求

只有解决贫困问题，让每个个体都享受到经济、社会、文化等多个领域的发展成果，才能让所有人都过上幸福美好的生活。巩固脱贫攻坚成果是实现共同富裕的前提和基础。如果不巩固脱贫攻坚成果，扶贫所取得的成绩就可能会发生逆转，一些脱贫人口就可能会再次陷入贫困。因此，必须通过构建稳固的巩固脱贫攻坚成果长效机制，通过政策的持续、稳定施行，确保脱贫攻坚成果得到很好的巩固，为实现共同富裕打下坚实的基础。

2.巩固脱贫攻坚成果是实现共同富裕目标的重点和难点

巩固脱贫攻坚成果是一项复杂而艰巨的任务，当前我国经济发展不平衡、不充分的问题依然存在，区域之间、城乡之间发展差距过大的现象仍未得到根本遏制，缩小发展差距对未来实现共同富裕起着重要的决定性作用。要解决这些问题，巩固脱贫攻坚成果是关键。要巩固脱贫攻坚成果，需要加大对社会保障和公共服务的投入力度，完善社会保障体系和公共服务体系，确保每个人都能享受到基本的社会福利。而巩固脱贫攻坚成果也需要推动经济发展方式的转变和产业结构的调整。随着科技进步和产业升级，一些传统产业可能会衰退，而新兴产业和高技术产业的发展还需要时间和资源，这就要求加强全社会的创新能力，积极推动产业转型升级，为人们提供更多的就业机会和创业机会。

3.共同富裕是巩固脱贫攻坚成果的行动指引

共同富裕与脱贫攻坚的本质相一致，就是要让各地区、各民族、各阶层的人民都能够享受社会发展带来的成果，实现更高水平、更广范围的共同富裕，既要让贫困人口脱贫，也要让中等收入、高收入人群进一步增收。只有共同富裕，才能让每个人过上更加安定、富足、幸福的生活。

4.共同富裕和脱贫攻坚是影响中国经济可持续发展的关键因素

共同富裕和脱贫攻坚，一方面可以提高贫困人口的消费能力，带动市场需求的增长，促进国内产品和服务的生产与销售；另一方面也可以促进社会财富的公平分配，提高全民收入水平，促进消费潜力的不断释放和扩大，促进经济持续增长。具体来说，共同富裕和脱贫攻坚对中国经济可持续发展的影响有以下几个方面。

（1）促进消费结构升级。共同富裕和脱贫攻坚，使得贫困人口的消费能力得以提高，促进了消费结构的升级。民众对教育、医疗、文化等消费领域的需求不断增加，使得相关服务业对劳动力的需求不断扩大，也为产业结构升级提供了动力。

（2）夯实创新发展的基础。共同富裕和脱贫攻坚为中国经济的创新发展夯实了基础。产业扶贫和精准扶贫等政策能够有效促进企业履行社会责任，并使企业加大对创新发展、绿色发展以及科技进步的投入力度，推动中国新兴产业、高新技术产业和创新型经济发展，为可持续发展提供新动力。

（3）促进经济社会平衡协调发展。共同富裕和脱贫攻坚对经济社会平衡协调发展产生重要影响。通过政策扶持和资源优化配置，可以实现城乡发展、区域发展、经济文化发展等多维度的平衡协调，促进各地区的经济和社会协调发展。

（4）推进生态文明建设。共同富裕和脱贫攻坚与生态文明建设紧密相连。为了治理环境污染和促进生态保护，政府必须通过支持农村产业的发展、实施生态修复等措施，促进经济、社会和环境的协同振兴，推进绿色低碳、循环经济发展，而这也为中国经济可持续发展提供了必要的支持。

二　巩固脱贫攻坚成果与共同富裕的历史逻辑

共同富裕是中国共产党的奋斗目标，也是社会主义的本质要求。在马克思主义中国化的进程中，从毛泽东思想到邓小平理论，从“三个代表”重要思想到科学发展观，再到习近平新时代中国特色社会主义思想，共同富裕的思想具有一脉相承的特点，这体现了实现共同富裕既是理论不断创新的过程，也是实践不断探索的过程。中国共产党在领导人民进行革命、建设和改革的过程中，坚持以中华民族伟大复兴为总目标，始终坚持共同富裕的理念，通过理论和实践两个方面的不断探索，成功开辟了一条具有鲜明中国特色的共同富裕之路。

在新民主主义革命时期，党的早期领导人李大钊在对未来社会主义进行构想时指出，“社会主义是要富的，不是要穷的”，要使“人人均能享受平均的供给，得最大的幸福”。[①]从中国当时的国情看，农民占据了全国人口的绝大多数。因此，如何让广大农民尽快摆脱贫困和解决他们的温饱和富裕问题成为当时亟待完成的任务。正是基于这一考量，无论是在井冈山时期、延安时期还是西柏坡时期，我们党都将“打土豪、分田地”作为实现农民富裕的主要策略之一，并将“耕者有其田”视为实现农民富裕的必要条件。通过这些手段，我们党努力确保农民拥有自己的土地并从中获得稳定的收入，促进农民生活富裕。毛泽东同志对如何实现人民富裕和国家富强作过多次重要论述，他指出没有独立、自由、民主和统一，就不可能建设真正大规模的工业，没有工业，便没有巩固的国防，便没有人民的福利，便没有国家的富强。[②]

在社会主义革命和建设时期，中国共产党团结、带领全国人民进行社会主义革命，消灭在中国延续几千年的封建剥削压迫制度，确立社会主义基本制度，推进社会主义建设，战胜帝国主义、霸权主义的颠覆破坏和武装挑衅，实现了中华民族有史以来最为广泛而深刻的社会变革，为实现全体人民的共同富裕铺平了道路。1953年12月，中共中央通过的《关于发展农业生产合作社的决议》提出，党在农村工作中的最根本的任务，就是使农民能够逐步完全摆脱贫困的状况而取得共同富裕和普遍繁荣的生活。1955年10月，毛泽东同志在资本主义工商业社会主义改造问题座谈会上明确提出：“现在我们实行这么一种制度，这么一种计划，是可以一年一年走向更富更强的，一年一年可以看到更富更强些。而这个富，是共同的

① 韩振峰：《中国共产党探索共同富裕的历程及经验启示》，《光明日报》2022年3月2日。
② 韩振峰：《中国共产党探索共同富裕的历程及经验启示》，《光明日报》2022年3月2日。

富，这个强，是共同的强，大家都有份。”[①]1955年7月，毛泽东同志在党的七届六中全会上作的《关于农业合作化问题》的报告中指出，要巩固工农联盟，就得领导农民走社会主义道路，使农民群众共同富裕起来。

在改革开放时期，以邓小平同志为主要代表的中国共产党人紧紧围绕“什么是社会主义，怎样建设社会主义”这一重大问题，坚持解放思想、实事求是的思想路线，对共同富裕问题在理论和实践方面做了积极探索。邓小平同志提出一系列有关共同富裕的理论：社会主义的目的就是要全国人民共同富裕，不是两极分化；一个公有制占主体，一个共同富裕，这是我们必须坚持的社会主义的根本原则；社会主义的本质，是解放生产力，发展生产力，消灭剥削，消除两极分化，最终达到共同富裕；一部分地区、一部分人可以先富起来，带动和帮助其他地区、其他的人，逐步达到共同富裕；社会主义不是少数人富起来、大多数人穷，不是那个样子，社会主义最大的优越性就是共同富裕，这是体现社会主义本质的一个东西[②]。这些理论和实践深刻改变了中国经济社会的面貌，使国家走向了富强，人民实现了富裕。在社会主义现代化建设新时期，江泽民同志强调实现共同富裕是社会主义的根本原则和本质特征，必须以共同富裕为目标，扩大中等收入者比重，提高低收入者收入水平[③]。党的十六大以后，胡锦涛同志提出坚持以人为本、全面协调可持续的科学发展观，着力保障和改善民生，促进社会公平正义，强调必须把提高效率同促进社会公平结合起来，把维护社会公平放到更加突出的位置，使全体人民共享改革发展的成果，使全体人民朝着共同富裕的方向稳步前进[④]。

进入中国特色社会主义新时代，习近平总书记在党的十九大报告中提出，到2035年全体人民共同富裕迈出坚实步伐，到21世纪中叶全体人民共同富裕基本实现，我国人民将享有更加幸福安康的生活。习近平总书

① 中共中央文献研究室编《毛泽东文集（第六卷）》，人民出版社，1999，第495页。

② 《论邓小平坚持改革的社会主义方向思想》，人民网，2017年2月22日，http://theory.people.com.cn/big5/n1/2017/0222/c40537-29099611.html。

③ 韩振峰：《中国共产党探索共同富裕的历程及经验启示》，《光明日报》2022年3月2日。

④ 韩振峰：《中国共产党探索共同富裕的历程及经验启示》，《光明日报》2022年3月2日。

记在中央财经委员会第十次会议上的讲话指出，我们说的共同富裕是全体人民共同富裕，是人民群众物质生活和精神生活都富裕，不是少数人的富裕，也不是整齐划一的平均主义[①]。党的十九届五中全会对实现共同富裕提出了更为具体的目标要求，强调到2035年人均国内生产总值达到中等发达国家水平，中等收入群体显著扩大，基本公共服务实现均等化，城乡区域发展差距和居民生活水平差距显著缩小，并实现人的全面发展，全体人民共同富裕取得更为明显的实质性进展。

中国共产党对共同富裕的理论与实践进行了积极的探索，形成了中国特色社会主义共同富裕理论体系。巩固拓展脱贫攻坚成果对实现第二个百年奋斗目标具有重要的战略意义。

① 习近平:《习近平著作选读（第二卷）》，人民出版社，2023。

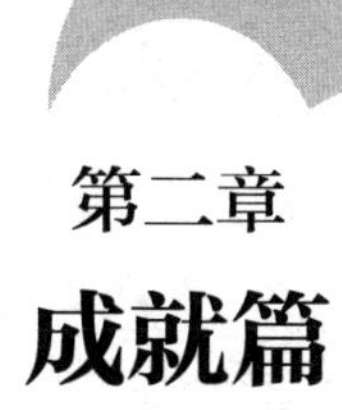

第二章

成就篇

第一节 我国脱贫攻坚的伟大成就

反贫困始终是古今中外治国安邦的一件大事。一部中国史，就是一部中华民族同贫困作斗争的历史。党的十八届五中全会明确提出“到2020年我国现行标准下农村贫困人口实现脱贫、贫困县全部摘帽、解决区域性整体贫困”的目标要求。党的十八大以来，党中央把脱贫攻坚始终摆在治国理政的突出位置，把脱贫攻坚作为全面建成小康社会的底线任务，举全党全国全社会之力于2020年底如期完成脱贫攻坚收官任务并取得重大历史性成就，现行标准下9899万农村贫困人口全部脱贫，832个贫困县全部摘帽，12.8万个贫困村全部出列，区域性整体贫困得到解决，绝对贫困全面消除。这不仅对全面建设社会主义现代化国家，实现第二个百年奋斗目标具有重要的里程碑意义，而且为全球减贫事业做出了重大贡献。

一 农村地区减贫成效由数量型向质量型跨越

（一）农村贫困人口全部脱贫，贫困县全部摘帽

我国的扶贫开发始于改革开放期间，历经1978～1985年的以体制改革推动农村扶贫开发阶段，1986～1993年的针对性扶贫开发阶段，1994～2000年的“八七扶贫攻坚计划”阶段，2001～2010年的综合扶贫开发阶段，以及2011~2020年的精准扶贫阶段，中国的减贫事业取得了举世瞩目的成就。根据现行农村贫困标准，自1978年起累计约7.7亿中国农村贫困人口成功脱贫，中国农村贫困发生率从1978年的97.5%降至2020年底的0。其中，自实施精准扶贫以来，我国2012年统计的9899万农村贫困人口全部摆脱绝对贫困，年均减少1237万人，农村贫困发生率下降了10.2个百分点，年均下降1.3个百分点（见表2–1）；2012年统计的832个贫困县全部摘帽（见表2–2）。从减贫数量来看，农村人口在40多年间从普遍贫困走向整体消除绝对贫困。由于我国特殊国情和多民族特点，脱

贫攻坚难点和重点主要集中在革命老区、少数民族聚居区以及边境地区。2016～2020年，我国内蒙古、广西、新疆、西藏和宁夏传统少数民族聚居地区和西南部云南、贵州、青海三个多民族省份的贫困人口累计减少1560万人，创造了人类减贫史上的中国奇迹。

表2-1　2012~2020年中国农村减贫情况

年份	贫困标准（元/人）	贫困发生率（%）	贫困规模（万人）
2012	2625	10.2	9899
2013	2736	8.5	8249
2014	2800	7.2	7017
2015	2855	5.7	5575
2016	2952	4.5	7017
2017	2952	3.1	3046
2018	2995	1.7	1660
2019	3218	0.6	551
2020	4000	全部脱贫	全部脱贫

资料来源：《中国农村统计年鉴（2021）》。

表2-2　2012~2020年贫困县数量

年份	2012	2013	2014	2015	2016	2017	2018	2019	2020
贫困县数量（个）	832	832	832	832	804	679	396	52	全部摘帽

资料来源：《中国农村统计年鉴（2021）》。

（二）贫困人口生活水平显著提升

中国贫困人口的80%集中在广大农村，农村贫困人口具有持续性、规模性和代际传递性特征。自进入精准扶贫阶段以来，中国减贫成效由量变向质变转变，在经济增长和财富创造效应的拉动下，农村贫困人口收入水平大幅度提高，收入结构不断优化。贫困地区农村居民人均可支配收入2012年为5212元，2020年突破1万元大关，达到12588元（见表2-3），年均增长

11.7%。其中，2020年贫困人口规模较大的广西、四川、贵州、云南、甘肃、宁夏以及新疆7个省份的农村居民人均可支配收入名义增速高于全国农村居民人均可支配收入增速0.2～1.7个百分点。全国建档立卡贫困户人均纯收入由2015年的3416元增加到2019年的9808元，年均增长30.2%。与此同时，贫困地区居民财产性收入和转移性收入占可支配收入的比重不断提高，收入结构不断优化。

表2-3 2012~2020年贫困地区农村居民人均可支配收入

年份	2012	2013	2014	2015	2016	2017	2018	2019	2020
人均可支配收入（元）	5212	6079	6852	7653	8452	9377	10371	11567	12588

资料来源：《中国农村统计年鉴（2021）》。

生活水平是衡量贫困与否的重要指标之一，与贫困群众自身福利效应息息相关。贫困地区居民生活水平的改善主要表现为贫困群众“不愁吃、不愁穿”目标的实现，农村地区住房安全、义务教育以及基本医疗得到了基本保障。精准扶贫政策的实施，一方面提升了贫困地区群众“两不愁”的质量水平，另一方面彻底解决了“三保障”的突出问题，贫困地区群众行路难、用水难、用电难、上学难、就医难、通信难等长期没有解决的“老大难”问题得到历史性解决，既满足了贫困地区群众的基本生存需求，也为其后续发展奠定了物质基础。具体表现：自党的十八大以来，具备条件的乡镇和建制村全部实现了通硬化路、通客车、通邮路；村村都有卫生室和村医，医疗服务资源最大限度地向贫困地区倾斜，通过基本医疗保险、大病保险、医疗救助三大措施，建立覆盖面高达99.9%的新型农村合作医疗制度，最大限度地保障贫困群体看病有地方、有医生、有医疗保险；10.8万所义务教育薄弱学校的办学条件得到改善，义务教育阶段建档立卡贫困家庭辍学学生实现动态清零，贫困地区学生接受义务教育的机会明显增加，教育水平明显提升，避免贫困地区家庭陷入因学致贫困境；贫困地区农网供电可靠率达到99%，大电网覆盖范围内贫困村通动力电比例达到100%，深度贫困地区贫困村通光纤和4G的比例均达到98%；960多万贫困人口通过易地扶贫搬迁摆脱了“一方水土养活不了一方人”的困境，在新环境中因地制宜谋求发展；790万户2568万名贫困群众的危房得到改造，累计建成集中安置区3.5万个、安置住房266万套。

（三）贫困人口精神面貌焕然一新，自主脱贫能力凸显

精神扶贫同样是脱贫攻坚的重要任务之一。传统的扶贫方式更注重物质帮扶，主要通过资金、政策、产业等最大限度地帮扶贫困地区发展经济，帮助贫困群体摆脱贫困，解决其基本生活困难，保障其基本生存发展，这种帮扶思路很容易使贫困人口产生“等、靠、要”的错误思想。尤其是对于那些只在物质上脱贫而在精神上并没有脱贫的人来说，如果不能尽快补齐他们精神层面的短板，他们便极易因自我内生动力不足而重新陷入贫困或造成新的贫困问题。因此为了克服农村贫困地区精神扶持不足的问题，自党的十八大以来，党中央持续聚焦农村地区的脱贫工作，同时将扶贫的重点转向精神层面。正如习近平总书记所言，真正的社会主义不能仅仅体现为生产力的高度发展，还必须有高度发展的文明，一方面要让人民过上比较富足的生活，另一方面要提高人民的思想道德水平和科学文化水平，这才是真正意义上的脱贫致富①。随着农村居民生活条件和生活环境的明显改善、农村公共服务水平的不断提高以及农村居民生活质量的全面提升，贫困群众的精神面貌在脱贫攻坚战中也得到了改善和提升。国家通过大力推动贫困地区校园环境、设施建设，为师生创造了安全舒适的学习环境，推动学生德智体美劳全面发展；贫困地区的村庄积极响应文化惠民工程，建设文化广场、电子阅览室、农家书屋等场所，满足了民众日常文化生活需求，丰富了群众文化活动，同时互联网的普及开阔了农民视野；村民议事会、扶贫理事会等机构的建立，激发了村民参与基层组织事务的兴趣，使落后的村风民风得到极大改善，推动了乡风文明建设；为了增强贫困群众脱贫信心，一些村庄开设了“励志超市”，根据群众在环境治理、家风建设、教育培训等方面的表现给予其可用来兑换商品的积分，改

① 习近平：《摆脱贫困》，福建人民出版社，1992。

变简单给钱、给物、给牛羊的帮扶方法，采用生产奖补、劳务补助、以工代赈等机制来鼓励民众主动弘扬家庭美德和改善家庭环境，教育和引导广大群众用自己的辛勤劳动实现脱贫致富，真正实现了扶贫同扶智、扶志相结合。

（四）特殊困难群体的生存发展权利得到有效保障

长期以来，我国一直将特殊困难群体的生存和发展视为脱贫攻坚最基本、最重要的底线之一，如何充分挖掘并提升特殊困难群体的内在潜能，保障该群体顺利脱贫、实现永续发展对于实现全面脱贫具有重大的现实意义。

国家通过制定颁布《中国妇女发展纲要（2011–2020年）》《中国儿童发展纲要（2011–2020年）》《国家贫困地区儿童发展规划（2014–2020年）》等纲领性、指导性文件，保障农村贫困地区妇女、青少年以及儿童等弱势群体的生存发展。截至2020年，累计有1120万名贫困儿童享受到儿童营养改善福利；国家拨付4.7亿元救助先天性结构畸形、部分遗传代谢病等贫困患病儿童，累计救助患儿4.1万名；投入5.4亿元实施农村孤儿圆梦助学工程。通过有针对性地开展农村妇女产业技能培训，使其获得转移就业机会，实现500多万名农村贫困妇女创收增收能力的提升。

此外，随着工业化、城镇化的不断推进，大量农村青壮年劳动力不断涌向城市，村庄“空心化”现象严重，“空巢”老人成为农村常态。宏观层面，中国仍存在城乡发展差距、社会福利分层现象，中国现有的农村养老机制、养老政策尚不健全，农村老年人的医疗、护理、康复等保障与服务体系发展严重滞后，加上农村老年人多患有慢性疾病或身体残疾，与青年人口相比，农村老年人增收困难，难以通过改变自身禀赋条件和所处环境摆脱贫困。因此，自脱贫攻坚以来，国家高度重视对贫困地区老年人生活水平和健康状况的改善，注重对农村养老金、农村合作医疗等农村保障工作的提高和完善，对特殊困难的老年人进一步加大救助倾斜力度，将2018年11月30日前年满60周岁的贫困超龄人员直接纳入城乡居民基本养老保险制度覆盖范围，让贫困老年人老有所养、老有所依。截至2020年底，为3689万名经济困难的高龄、失能老人发放养老补贴和养老金，组织59万余人次家庭医生为62.7万名失能贫困老人服务。

（五）贫困地区生产条件明显改善，经济社会全面发展

制约贫困地区经济社会稳定发展的主要因素是基础设施不完善、公共文化服务发展水平相对滞后、经济发展劲头不足以及生态环境脆弱等，而以产业扶贫为核心、以公共服务体系建设为支撑、加强生态文明建设的减贫理念很好地回应了上述问题，同时也为脱贫成果的巩固指明了方向。

2001年，“产业化扶贫”的概念被国务院首次提出，产业化扶贫作为新的扶贫模式得到了重点关注。2016年，中共中央、国务院印发的《“十三五”脱贫攻坚规划》明确了“产业扶贫”的概念，要求以市场为导向，立足贫困地区的资源禀赋，充分发挥作为市场主体的农民合作组织以及龙头企业的作用，建立健全精准扶贫机制，每个贫困县建成一批具有很强脱贫带动能力的特色产业，每个贫困乡、村形成特色拳头产品，对贫困人口的劳动技能进行培训，稳定提高贫困户的财产性收入、经营性收入。产业扶贫的优势在于，其能够通过政府政策引导，将资金、技术与贫困地区的资源和劳动力连接起来，在一定程度上克服市场机制无法自动惠及贫困人口的弊端。而且，产业扶贫有利于提高贫困户的技能，使贫困户可以就近就业，增加贫困户的直观经济收入。扶贫车间是立足于内源性发展实现减贫脱贫的一种综合扶贫模式，涵盖就业扶贫、产业扶贫和电商扶贫等扶贫理念，体现了精准扶贫时期我国贫困治理主体和手段的多元性。产业扶贫提高了贫困户的组织化程度，增强了贫困群体的自我发展能力，调动起贫困群体通过产业发展实现减贫目标的主观能动性，有助于减贫成效的提升和减贫成果的巩固。以宁夏产业扶贫取得的成就为例，宁夏为了有效解决劳务移民和农村贫困群众创业就业难题，围绕脱贫富民目标发展特色优势产业，按照“政府+企业+车间+贫困户”的产业扶贫模式建设扶贫车间，培育了一批优秀的管理人员和产业工人，为贫困群众建设了一个可以实现自我价值和获得满足感的“致富车间”。截至2019年，闽宁两省（区）共建产业园区10个、扶贫车间185个，在宁夏投资的闽籍企业商户达5700多家，带动宁夏贫困地区就业10

万多人；宁夏贫困家庭80%以上的收入来自扶贫产业，全区共建成扶贫车间306个，提供了近千个就业岗位，带动上万名群众脱贫致富。

教育、医疗、社会保障等关系国计民生的重要公共服务体系的建设和完善，能够满足贫困地区人口的基本生活和发展需求，是促使贫困群体稳步脱贫的关键。"十三五"时期，我国社会保障体系建设取得了重要进展，有效保障和改善了民生，促进了经济社会发展，为反贫事业做出了重要贡献，在覆盖人数、保障水平、管理服务、制度建设等方面均取得了显著成就。在覆盖面方面，基本养老保险、基本医疗保险接近全覆盖，2020年末我国参加基本养老保险的人数达到9.98亿人。整体而言，我国城乡居民基本养老保险制度待遇平均水平已经从2012年的880元/年上升到2020年的2040元/年，年均养老金收入占农村居民可支配收入的比例从11.11%上升到12.51%。在党的带领下，教育脱贫攻坚力度之大、影响之深前所未有。在较短时间内，我们历史性地解决了因贫辍学问题，确保实现义务教育有保障，有效阻断了贫困的代际传递。

生态扶贫作为具有创新性的减贫模式，实现了在"一个战场"同时打赢脱贫攻坚和生态治理"两场战役"的目标，有效解决了我国生态功能区、生态脆弱区与贫困地区重叠的发展困境。从生态扶贫政策层面来看，2015年11月，针对生态建设与经济社会融合的问题，中共中央、国务院发布了《关于打赢脱贫攻坚战的决定》，强调要把生态保护放在优先位置，不能以牺牲生态为代价进行扶贫开发；2018年1月，《生态扶贫工作方案》提出推进实施国土绿化扶贫、生态补偿扶贫、生态产业扶贫三大举措，形成较为完善的生态扶贫政策系统。环境保护、生态建设、易地扶贫搬迁等方式显著改善了贫困地区的生态环境，使贫困人口获得了优良的生存和发展空间。以宁夏生态移民搬迁成就为例，过去宁夏中部干旱带和南部山区的自然条件极差，生态环境脆弱，经济社会开发建设所需的能源短缺，交通落后，并且人口密度超过临界值数倍，人口超载问题严重，已达到必须迁出一部分人口的程度。1982年，国家做出开展"三西"地区（甘肃河西、定西，宁夏西海固）农业建设的重大决策。宁夏自1983年实施吊庄移民以来共计开展过六次大规模移民，每一次都是结合当时经济社会发展情况，重新配置自然资源、整合各类发展要素、扩大群众发展空间、壮大群众发展能力的壮举，共有123万移民搬迁群众重获新生。同时宁夏加大了对迁出区的生态修复力度，通过实施六盘山水土保持生态安全屏障建设、中部干旱风沙区水土保持生态保护治理等重大生态工程建设，使当地生态环境得到极大改善。根据宁夏林业和草原局提供的数据，通过造林种草宁夏已完成生态移民迁出区生态修复230万亩，迁出区森林覆盖率达到16%。生态环境的修复也为留守群众脱贫致富创造了资本，使留守群众无论是在物质生活上还是在精神面貌上都发生了巨大变化。

二　区域性整体脱贫成效显著

农村贫困通常具有空间依赖性，呈空间聚集分布。受自然条件、生态环境、资源禀赋、历史文化、制度质量等诸多因素影响，我国贫困人口主要集中在西部地区，贫困问题具有显著的地域特征。

自20世纪80年代以来，我国一方面努力推动区域经济均衡发展，另一方面加大对贫困地区的区域性扶贫政策倾斜力度，推进区域间协作扶贫，东部帮西部，先富帮后富，鼓励企业、社会组织、个人共同参与扶贫，使得区域性整体脱贫成效显著。我国区域性整体脱贫的显著成效主要体现在中西部贫困地区、集中连片特殊困难地区（简称“集中连片特困地区”）、国家扶贫开发工作重点县、民族八省区等。自实施精准扶贫以来，截至2020年底，集中连片特困地区农村贫困人口累计减少5067万人，国家扶贫开发工作重点县农村贫困人口累计减少5105万人。以宁夏区域扶贫协作取得的成就为例，1996年中央扶贫开发工作会议决定在全国开展东西部扶贫协作，福建和宁夏被确定为对口扶贫协作帮扶关系，成为东西部协作扶贫典型案例。“闽宁协作”坚持把产业带动作为关键，打造专项扶贫、行业扶贫和社会扶贫相互融合的大扶贫格局。在宁夏，两省（区）共建10个闽宁合作产业园区、185个扶贫车间，5700多家闽籍企业商户在宁夏投资建厂，并基于宁夏特色，发展了枸杞、马铃薯、中草药、葡萄种植、肉牛养殖、双孢菇栽培等特色产业，带动宁夏贫困地区就业10万多人，使得贫困家庭80%以上的收入来自扶贫产业。此外，福建累计为宁夏培训劳务人员18.9万人，每年帮助宁夏转移劳动力75万余人，目前稳定在福建的宁夏贫困劳动力达8万余人，平均年创收10亿元。在产业帮扶的带动下，教育、医疗、文化等领域的对口帮扶协作也不断深化。福建通过援建一批乡镇卫生所、劳务培训中心、学校等公共事业实现长期性帮扶，使宁夏贫困人口在互助中习得技术、增强才干、改变思想观念，真正实现了物质和精神扶贫深度结合。

三　形成中国特色脱贫攻坚制度体系

自新中国成立以来，全国各族人民在中国共产党的领导下开展了一系列有组织、有计划、大规模的扶贫开发实践，大致经历了改革开放前的救济减贫阶段（1949～1978年）、以体制改革推动农村扶贫开发阶段（1979～1985年）、针对性扶贫开发阶段（1986～1993年）、“八七扶贫攻坚计划”阶段（1994～2000年）、综合扶贫开发阶段（2001～2010年）、精准扶贫阶段（2011～2020年）。需要特别注意的是，改革开放以后，“广泛脱贫”与“精准扶贫”两种重要模式使中国的脱贫攻坚实现了量变向质变的跨越，形成了中国特色脱贫攻坚制度体系。

习近平总书记关于扶贫工作的重要论述，是习近平新时代中国特色社会主义思想的重要组成部分，是打赢脱贫攻坚战的重要指南，是中国新时代最重要的脱贫攻坚理论成果，其主要包括以下五个方面的内容。一是坚持加大投入力度，强化资金支持。强调要发挥政府投入的主体和主导作用，增加金融资金对脱贫攻坚的投放，完善财政专项扶贫资金管理办法，提高资金使用精准度。二是因势利导，坚持根据不同时期形势任务的变化与时俱进，及时调整反贫困策略，在不同历史时期确定不同的贫困标准，采取不同的扶贫策略，因地制宜、因时制宜实施不同的帮扶措施，适时开发脱贫攻坚新途径，实施了通过发展生产脱贫一批、通过易地搬迁脱贫一批、通过生态补偿脱贫一批、通过发展教育脱贫一批、通过社会保障兜底一批的“五个一批”工程。三是充分利用市场在资源配置方面的高效性和灵敏性，为贫困人口提供更多的就业机会和减贫增收渠道。在产业发展方面，通过坚持市场导向把握好供需关系，推动东部产业向西部梯度转移，让东部地区在带动西部贫困地区发展的同时也能拓展自身产业发展空间，实现互利双赢、共同发展。四是聚焦“六个精准”，坚持精准施策方略，切实提高脱贫实效。“六个精准”包括扶持对象精准、项目安排精准、资金使用精准、措施到户精准、因村派人精准、脱贫成效精准。不能搞大水漫灌，坚持精准滴灌的策略，因村因户因人施策，确保扶贫扶到点上、扶到根上。五是坚持以人民为中心的发展理念，激发困难群众的内生动力。始终坚持以人民为中心、尊重人民群众的主体地位是马克思主义的根本立场，也是中国共产党领导中国人民在反贫困斗争中一直坚持的基本原则。尤其是进入脱贫攻坚战决胜阶段以来，我们党坚持以人民为中心，充分发挥贫困群众的主动性和创造性，从“输血”式扶贫转向“造血”式扶贫，不断激发困难群众脱贫致富的内生动力，正确处理外部帮扶和贫困群众自身努力的关系，培育贫困群众自力更生意识，提高他们的生产和劳务技能，组织、引导、支持他们实现勤劳致富，最终取得脱贫攻坚战的伟大胜利。

中国的脱贫攻坚历程表现出了中国特色的减贫智慧和减贫实力，尤其是党的十八大以来精准扶贫和精准脱贫基本方略的实施，为全球减贫事业提供了中国经验。中国还积极援助其他发展中国家的减贫事业，为共建没有贫困的人类命运共同体而努力。

第二节　六盘山片区脱贫攻坚的巨大成就

一　六盘山片区脱贫攻坚概要

（一）六盘山片区基本情况

集中连片特困地区，是指因历史、自然、政治、民族、社会等原因，一般经济增长不能带动、常规扶贫手段难以奏效、扶贫开发周期较长的集中连片贫困地区和连片特殊贫困地区。[①]六盘山片区即六盘山集中连片特困地区，跨陕西桥山西部地区、甘肃中东部地区、青海海东地区、宁夏西海固地区，共61个县（区），是回族主要聚集区，也包括很多革命老区，面积为15.27万平方千米，涉及人口2000余万，是国家脱贫攻坚主战场之一，在《中国农村扶贫开发纲要（2011-2020年）》中被列为14个集中连片特困地区之一。[②]

2010年，六盘山片区总人口占全国人口的1.6%，乡村人口达1835万；地区生产总值为1769亿元，仅占全国的0.4%；地方预算内财政收入为54.3亿元，占全国的0.07%；农民人均纯收入在3000元左右，仅为全国平均水平的1/2；城乡居民储蓄存款余额为1325亿元，占全国的0.44%[③]。截至2012年，六盘山片区的贫困发生率为28.9%，超出全国10.2%的贫困发生率18.7个百分点。2014年，六盘山片区的贫困发生率为19.2%，贫困人口为349万，占全国14个集中连片特困地区农村贫困人口的9.9%，减贫脱贫难度较大[④]。

（二）简要背景

2016年7月，习近平总书记在宁夏考察时指出，就像六盘山是当年红军长征要翻越的最后一座高山一样，只有翻越“六盘山”这座山，扶贫开发的万里长征才能够取得最后的胜利[⑤]。可见，在脱贫攻坚任务目标的完成、消除绝对贫困目标的实现过程中，六盘山片区的脱贫攻坚任务尤为艰

① 华中师范大学、中国国际扶贫办：《中国反贫困发展报告（2012）》，华中科技大学出版社，2013。

② 《国家扶贫攻坚主战场之一：六盘山集中连片特困地区》，宁夏民族事务委员会网站，2020年4月27日，https：//mzzj.nx.gov.cn/ztzl/ssjnxqxqmxkxzc/zyghhxdssbfp/202004/t20200427_2049971.html。

③ 国家统计局住户调查办公室编《中国农村贫困监测报告（2011）》，中国统计出版社，2012。

④ 国家统计局住户调查办公室编《中国农村贫困监测报告（2015）》，中国统计出版社，2015。

⑤ 《尽锐决战 翻越脱贫路上六盘山》，人民网，2020年6月9日，http：//nx.people.com.cn/GB/n2/2020/0609/c192482-34072535.html。

巨。2020年，我国如期完成脱贫攻坚任务，实现了贫困县全部摘帽，消除了绝对贫困，其中，六盘山片区所做出的努力和贡献具有极其重大的意义。因此，对六盘山片区脱贫攻坚的巨大成就进行分析，可以为不断推进的减贫进程提供经验，为深入推进西部大开发、区域协调发展提供动力，也可以为其他国家和地区的减贫脱贫提供借鉴。

二　六盘山片区贫困成因及扶贫制约因素

本部分对六盘山片区贫困成因的分析是基于脱贫攻坚战打响之前的当地情况，以及原国务院扶贫办、国家发展改革委发行的《六盘山片区区域发展与扶贫攻坚规划（2011–2020年）》中对六盘山片区情况的总结展开的。

（一）生态环境脆弱

六盘山片区位于我国黄土高原中西部和青藏高原过渡地带，为温带大陆性干旱半干旱气候，涵盖了我国西北的主要干旱地区。片区内无霜期短，昼夜温差大；地形破碎，沟壑纵横，植被稀疏，森林覆盖率不到20%，水土流失问题十分严重；干旱、泥石流、洪涝等自然灾害和地质灾害频发；降水量较少，年平均降水量小于400毫米，部分地区年蒸发量达到年平均降水量的5倍，干旱问题严重，灌溉量严重不足。因此六盘山片区适合耕种的土地资源较少，农民面临低产甚至绝收的情况较多，当地的贫困程度较深。

（二）基础设施薄弱

六盘山片区水资源总量不足、年降水量较少、用水短缺。习近平总书记在2016年到宁夏泾源县视察扶贫工作时，尤其留意村民家中的淋浴设施，询问村民家中的小男孩是否经常洗澡。习近平总书记之所以对洗澡这件事如此关心，是因为福建是宁夏的对口帮扶省份，担任福建省委副书记时，习近平总书记曾到宁夏西海固地区进行实地考察，对当时当地干旱贫困的状况极为震撼，当时有相当一部分当地贫困人口面临饮水、用水短缺且不安全的问题。居民生活用水、城镇工业建设用水、农业耕作用水、牲畜养殖用水都极为缺乏，用水短缺问题不仅导致群众生活质量低，也制约了贫困人口收入的增加及区域经济的发展。水利设施薄弱、水利工程老化是六盘山片区必须要加快解决的问题。

六盘山片区的交通运输基础设施薄弱，跨省通道、高铁运输线路、旅游专用道路尚未通达，存在很多断头路且总通车里程远远低于全国的平均水平，交通互联互通水平较低，便利程度低。

六盘山片区的水、电、房、网等基础设施虽然在不断完善，但完善程度、覆盖率仍然较低，成为制约大多数贫困人口脱贫的重要因素。

此外，贫困地区学前教育覆盖范围较小，学校教学设施配备标准较低；村镇卫生所设施配备标准较低，合格的卫生室数量不足，仍然存在看病难、看病贵问题，医疗卫生情况、医疗保障改善空间较大；村镇公共服务设施、文化宣传设施及场所不足。这些都是开展脱贫攻坚工作必须要解决的问题。

（三）经济发展滞后

六盘山片区工业发展薄弱、龙头企业较少且带动能力较差，贫困人口的经济收入仍以农业、养殖业等传统产业为主，产业结构不合理。贫困人口的市场意识比较淡薄，经营性收入占家庭总收入的比重很小，农民增收空间较小，要实现稳定脱贫具有较大难度。六盘山片区产业加工转化水平、品牌营销水平滞后，且面临项目少、发展机会少、基础薄弱、抗压能力不足的问题，产业竞争力较弱且对群众增收的带动能力不足[①]。

由于工资收入占人均收入的比例过低，六盘山片区居民的收入增长面临较大压力。六盘山片区人均GDP、人均收入均居全国14个集中连片特困地区的末位，2010年六盘山片区内农民的人均纯收入仅为3037元，是全国水平

① 党一：《六盘山连片特困地区农村脱贫攻坚调研与分析——以定西市安定区为例》，《甘肃农业》2018年第9期。

的1/2左右，2013年六盘山片区内农村常住居民人均可支配收入为4930元，与全国14个集中连片特困地区的平均水平5956元相比，低1026元[①]。

（四）投入和支持不足

六盘山片区的各项投入较为欠缺。其中，专项扶贫、行业扶贫的资金较少，难以满足增加收入、发展经济、脱贫攻坚的需要。金融领域的资金规模、专业人员的素质水平、产品的更新适应能力难以满足经济发展的需要；金融支持力度不够，中小微企业仍面临融资难、融资贵的问题，中小微企业的发展受到限制，贫困人口发展生产的积极性也因此受到较大影响。另外，缺乏大项目、大产业的带动支持，社会对固定资产的投资量较低，投资对经济发展的拉动能力不足[②]。

（五）劳动力素质较低且脱贫动力不足

六盘山片区人力资源开发水平较低，人均受教育年限相对于全国平均水平来说较低，具备先进知识及技术水平的人才较少；劳动力素质相对较低，大部分贫困人口依靠传统作业方式；片区内部分群众沿袭陈旧陋习，思想封闭，迷信攀比，注重白事、红事排场，存在“一婚穷十年”的状况。

由于知识文化水平较低、故步自封、不求突破，部分贫困群众仍习惯保持自然经济状态，“等、靠、要”思想严重，他们宁愿收入较低、领取社会补助，也不愿积极主动找方法求进步，甚至嫌送上门的工作收入太低。有相当一部分的贫困群众摆脱贫困的动力不足。

三　六盘山片区脱贫攻坚的伟大成就

在党的坚强领导下，陕西、甘肃、宁夏、青海四省（区）对六盘山片区

① 国家统计局住户调查办公室编《中国农村贫困监测报告（2020）》，中国统计出版社，2020。

② 王平：《六盘山集中连片特困区跨域精准扶贫研究》，硕士学位论文，宁夏大学，2018。

贫困问题进行了协同讨论、联合提案、通力合作，六盘山片区在很大程度上解决了自身在交通、教育、经济、水利等方面存在的一系列阻碍社会发展的问题，在2020年如期打赢脱贫攻坚战并取得巨大成就，为全国的脱贫攻坚进程提供了强大助力。

（一）贫困人口数量及贫困发生率

截至2011年，六盘山片区的贫困人口高达642万，贫困发生率高达35%，超过全国农村贫困发生率近13个百分点。如图2-1所示，2011~2020年，六盘山片区贫困人口累计减少600多万，实现“两不愁、三保障”目标，贫困发生率下降速度高于全国平均水平，最终在2020年如期消除了绝对贫困，使贫困发生率降低了35个百分点，六盘山片区的脱贫攻坚工作取得显著成效。

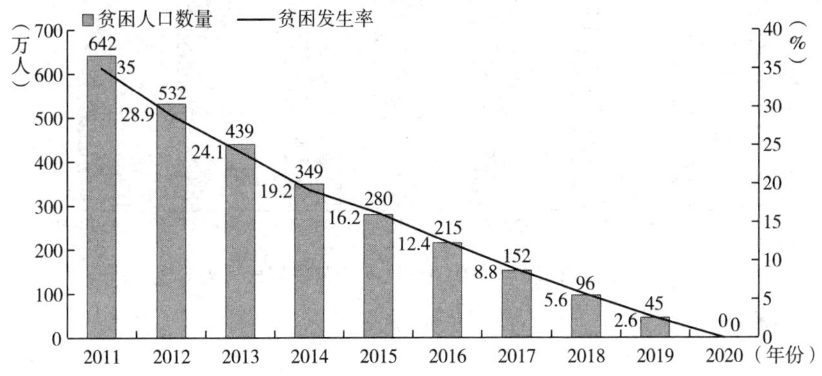

图2-1　2011~2020年六盘山片区贫困人口数量及贫困发生率

资料来源：国家统计局住户收支与生活状况调查。

（二）贫困人口收支状况

1.六盘山片区农村居民人均收入状况

截至2019年，六盘山片区农村常住居民人均可支配收入提升至9370元，与2013年的4930元相比接近翻番，如图2-2所示，2013~2019年六盘山片区农村常住居民人均可支配收入一直保持着较快的增长速度，2019年六盘山片区农村常住居民人均可支配收入增速达到11.2%，高于全国全部连片特困地区[①]的平均水平。

2. 六盘山片区农村居民人均消费支出状况

如图2-2所示，2013～2019年六盘山片区农村常住居民的消费水平得到很大提升。2019年，六盘山片区农村常住居民人均消费支出提升至8446元，较2013年的4677元增长了接近4000元，比2018年的7623元增加823元，增速为10.8%。从消费结构来看，六盘山片区内农村居民食品烟酒消费支出比重最大，高于全国全部连片特困地区农村居民消费支出的平均水平，自开展脱贫攻坚以来，六盘山片区居民恩格尔系数不断降低。

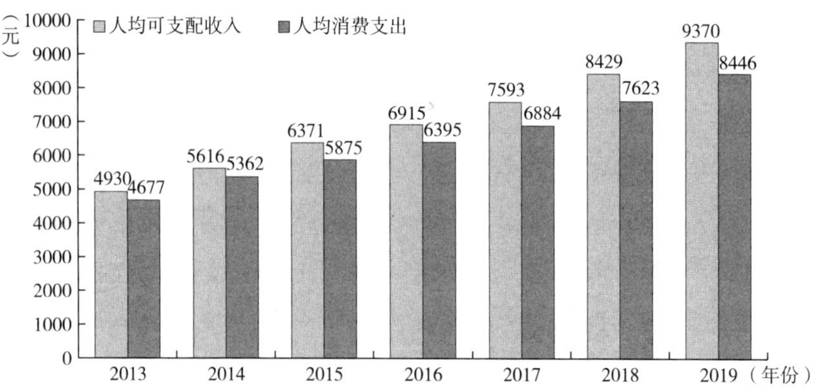

图2-2　2013～2019年六盘山片区农村常住居民人均收支状况

资料来源：国家统计局住户收支与生活状况调查。

（三）居民生活状况

1. 生活居住条件

六盘山片区内农户的生活居住环境得到明显改善，截至2019年，六盘山片区内居住竹草土坯房的农户比重不到3%，超过90%的农户使用管道

① 根据2011年发布的《中国农村扶贫开发纲要（2011-2020年）》第十条，全国连片特困地区包括六盘山区、秦巴山区、武陵山区、乌蒙山区、滇桂黔石漠化区、滇西边境山区、大兴安岭南麓山区、燕山-太行山区、吕梁山区、大别山区、罗霄山区等区域的连片特困地区和已明确实施特殊政策的西藏、四省藏区、新疆南疆三地州。

供水，接近80%的农户能够用上经过净化后的自来水，几乎全部的农户都拥有独立厕所，几乎全部的建制村都拥有了沥青（水泥）地面，使用柴草煮饭的农户比重仅占30%，低于全国全部连片特困地区的平均水平。贫困群众的生活质量明显提高，生活幸福感得到了很大的提升，贫困群众摆脱贫困的积极性越来越高。

2. 耐用品消费状况

深度贫困地区由于受到自身基础及经济发展的限制，贫困群众对于消费品的消费需求提升速度相对较慢，但是随着脱贫攻坚的不断深入，贫困群众的消费需求存在很大的发展空间。如图2–3所示，2019年，六盘山片区内贫困群众生活质量得到显著提升，每百户农户拥有汽车23.0辆，拥有洗衣机97.8台，拥有电冰箱86.0台，拥有移动电话295.7部，拥有计算机17.4台。其中，汽车、洗衣机、移动电话、计算机的拥有量均高于全国全部连片特困地区的平均水平。

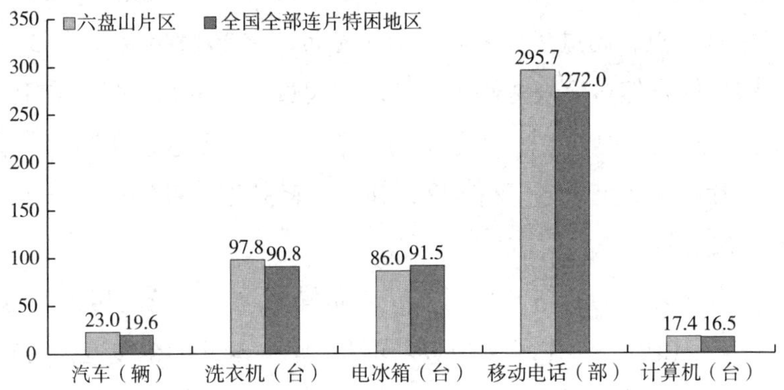

图2–3 2019年六盘山片区及全国全部连片特困地区每百户农户耐用消费品拥有量

资料来源：国家统计局住户收支与生活状况调查。

3. 交通运输条件

党的十八大以来，为支持六盘山片区交通运输发展、完善交通运输网络、打破因交通闭塞造成的发展阻碍，政府部门累计投入超过1260亿元中央补助资金，支援六盘山片区建设超过2100公里的国家高速公路、4800多公里的普通国省道和3.86万公里的农村公路。同时，六盘山片区所属的陕、甘、宁、青四省（区）不断加快“外通内联、通村畅乡、客车到村、安全便捷”的交通运输网络建设步伐，努力实现具备条件的乡镇和建制村通硬化路、通客车，如期完成“两通”的目标，逐步消除制约发展的交通瓶颈问题[①]。此外，随着交通运输网络的不断完善，“交通+”产业也得到不断拓展，比如“交通+快递”“交通+电商”等，交通的完善为经济发展提供了强大的动力支持。此外，在逐渐完善的交通运输体系的支持下，我国的西部大开发战略也得到了更好的实施，能源、服务、商贸、民族特需产品的流通更加顺畅，我国与亚洲、欧洲等地的经贸合作更加紧密，更好地开拓了国际市场。

4.基础设施条件及公共服务

脱贫攻坚期间，陕、甘、宁、青四省（区）花费了较大的人力、物力、财力，使得六盘山片区的农村基础设施得到不断完善，并取得了显著的成效。截至2019年，六盘山片区内自然村已全部实现通公路、通电话、接收有线电视信号；99%的自然村进村主干道路实现了硬化，比2014年提升了34个百分点；超过97%的村庄通了宽带，比2014年提升了53个百分分点；近87%的自然村垃圾能够集中处理，超过89%的自然村拥有卫生站；能够让农户儿童方便地上小学的村庄超过93%、方便地上幼儿园的村庄超过90%[②]。片区内居民生活便利程度得到了显著提升，拥有了更好的、更便利的条件来发展生产。

六盘山片区内的农村学校基本完成布局调整；学校危房得到全面消除；实现了乡镇中心幼儿园及2000人以上行政村幼儿园全覆盖；义务教育“两免一补”政策得到全面落实；贫困家庭学生可以全面享受15年免费教育政策。城乡低保应保尽保，使贫困群众的基本生活得到保障。农村合作医疗参合率达到100%，极大地降低了民众因病致贫、返贫的风险。城乡就业空间得到拓展，就业岗位显著增加，新增就业人数不断提高，失业率被严格控制在最小范围内。

① 《六盘山交通扶贫立高峰》，新浪财经，2019年4月3日，https://finance.sina.com.cn/roll/2019-04-03/doc-ihtxyzsm2760534.shtml。

② 国家统计局住户调查办公室编《中国农村贫困监测报告（2020）》，中国统计出版社，2020。

四 六盘山片区脱贫攻坚具体措施

六盘山片区作为脱贫攻坚的难中之难、重中之重，能够取得如此重大的成就，靠的是党的领导，正确方针政策的制定，以及社会各界对方针政策的坚决执行、努力奋斗。《六盘山片区区域发展与扶贫攻坚规划（2011-2020年）》提出，将六盘山片区发展成为“现代旱作农业示范区、循环经济创新区、文化旅游重要目的地、国家向西开放重要枢纽、黄河流域生态修复重点区与民族团结进步示范区”。为了实现这一目标、打赢脱贫攻坚战，党带领人民艰苦奋斗，做出了巨大的努力，主要体现在如下几方面。

（一）坚持区域协同发展

国家设立集中连片特困地区的目的在于集中社会各方面力量协同合作，开展一系列扶持活动，实现脱贫攻坚的伟大目标。六盘山片区是陕西、甘肃、宁夏、青海四省（区）乃至全国的贫中之贫地区，致贫因素复杂，返贫风险较大，单靠一省一地的“单兵种”作战取得成功的难度较大，只有开展一场“多兵种”联合行动、立体化推进的现代攻坚战，才能够如期完成目标[①]。

2012年新时代脱贫攻坚工作启动，党中央、国务院将交通运输部确定为六盘山片区脱贫攻坚的牵头联系单位，并建立健全相关的工作机制，构建部省联动的“大扶贫”格局。六盘山片区所属四省（区）的党委和政府高度重视，将脱贫攻坚作为推动省（区）全面建成小康社会的一项重要任务。四省（区）创新工作方式，探索脱贫攻坚新方法，建立片区部际联席会议制度，成立脱贫攻坚小组，密切联系，协同合作，为六盘山片区的脱贫攻坚提供了坚实的基础。陕甘宁青四省（区）政协六盘山片区精准扶贫交流推进会多次在四省（区）举行，在会议上，脱贫攻坚的重大问题与需求得到了很好的沟通交流与协调。经过四省（区）的共同努力，各级政府

① 《陕甘宁青四省区“合力” 六盘山片区300万人脱贫》，中国新闻网，2016年8月2日，https：//www.chinanews.com.cn/sh/2016/08-02/7959902.shtml。

部门合力攻坚，六盘山片区的脱贫攻坚工作机制不断得到完善，为如期打赢脱贫攻坚战提供了有力的支持。

（二）加快进行绿色减贫

绿色减贫指的是一种兼顾经济效益和社会效益的减贫路径，通过产业绿色化和绿色产业化，帮助贫困地区贫困人口摆脱贫困、增加收入，是“造血式”扶贫的类型之一。由于六盘山片区生态系统脆弱、自然灾害频发，经济发展面临很大的障碍，所以要想推动当地经济发展、改善贫困人口生活质量，必须坚持绿色发展理念，进行绿色减贫。

四省（区）长期坚持经济发展与生态保护并举，相继开展了多项有利于生态恢复的工程，包括退耕还林还草，继续实施“三北”防护林、封山育林育草、防风固沙等项目①，建立森林生态效益补偿金制度和清洁发展机制（CDM）。经过先试点再全面开展以及不断优化调整，各项工程项目的实施使得各项措施更好地发挥了作用。六盘山片区内具有良好的生态资源禀赋，形成了坚实的绿色发展基础，有助于推动经济在良好生态环境下得到更好发展。六盘山片区将旅游开发、森林经济、水利开发、绿色食品产业相结合，坚持走生态与产业相互结合、相互促进的道路，让很多村民当上护林员，在拓展贫困人口收入来源的同时，使贫困群众的集体责任感和保护生态、努力脱贫的积极性也得到了显著提升。生态环境的优化使得片区内的农业结构得到优化调整、农产品产量不断提升、农民收入增加，脱贫步伐不断加快。

（三）完善基础设施

1.水利基础设施

干旱缺水是制约六盘山片区发展的重要因素之一。按照中央脱贫攻坚战略的部署，水利部门积极响应并出台相关政策措施，全力推进六盘山片

① 杨玉锋：《宁夏六盘山集中连片特困地区绿色扶贫路径研究》，硕士学位论文，宁夏大学，2015。

区的水利设施修建，促进脱贫攻坚任务的完成。水利部门根据实际情况，编制建设水利设施的目标及任务，了解六盘山片区内的重点流域及水资源的情况，对节水供水水利设施、水利工程进行细致规划，推进水利设施工程建设，完成了宁夏固原市东山坡引水工程、宁夏中南部城乡饮水安全工程、甘肃引洮供水工程、青海湟水北干渠扶贫灌溉工程等。不断加大对六盘山片区水利基础设施建设的财政支持力度，2016年，中央共投资38.28亿元，用于六盘山片区69个县（市、区）的水利工程建设[①]。将水利工程、水利设施建设作为持续性的工作不断加以完善，使贫困群众的生活、生产用水情况得到极大改善，饮水安全性得到显著提升。在群众生活质量提高的同时，群众生产收入也有了极大提升。

2. 交通运输基础设施

推进国家铁路、高速公路等重点项目建设，规划建设“两纵、两横、两联”交通运输主干道，推动地区机场的完善、扩建，加强地区之间的互联互通能力；完善区域内交通运输网络，建立多个重要的交通运输枢纽，加快推进“村村通”工程，形成布局科学、干支结合、结构合理的区域综合交通运输网络。

3. 能源供应系统

六盘山片区拥有丰富的能源，包括煤炭、石油、天然气等，且风能、太阳能、水能等新能源的开发潜力较大，石灰岩、岩盐等矿产资源也十分丰富。为了使能源结构进一步优化，同时改善气候环境，对能源供应基础设施进行完善是非常必要的。在脱贫攻坚期间，片区内有序推进水能的梯级开发，加大对石油、煤炭等资源的勘探力度，积极开发风能、太阳能等新能源，推进天然气及清洁能源的使用。完善石油、天然气管道网络的建设，使资源的输送能力进一步加强，推动资源的跨地区流动。不断推进农村电网巩固提升，包括升级用电网络、提升用电智能化水平、增加和扩大配送站的数量和覆盖范围，保障贫困地区群众的日常用电，使贫困地区的

---

① 《水利部全力推进六盘山片区扶贫攻坚》，中华人民共和国水利部网站，2017年2月16日，http：//www.mwr.gov.cn/zw/ghjh/201704/t20170420_918330.html。

群众能够普遍将电运用到生活、生产中，在提升群众生活便利度的同时也提高了生产的机械化程度。

（四）促进区域经济发展

1.发展特色农业

根据六盘山片区特殊的自然资源、气候条件，因地制宜发展适合在六盘山片区发展的农业，根据当地干旱的特点大力推进旱作节水农业发展，在适合耕作的地方耕作、适合放牧的地方放牧、适合发展林业的地方种植树木，使农业产业结构得到不断完善。发挥当地特色，积极进行马铃薯、中药材、苜蓿、西瓜、葡萄、苹果等地方优势农产品的种植，不断提升农业机械化、科技化水平，发展一批现代化的农产品种植基地，使农产品的产量、质量得到不断提升，有效盘活了贫困地区的特色资源。

2.发展农产品加工业

依靠当地不断完善的特色农产品种植基地，加大创新力度，积极发展以农产品为原材料的初加工、深加工产业，延长产业链。发展了一批特色农产品加工业，促进了淀粉、果干果脯、中药材饮品药包、清真牛羊肉等产品的生产。

六盘山片区以促进物流中心、综合市场、专业市场、电商体系协同发展为重点，建设大型农产品批发市场，大力推动建设以定西为重点的全国马铃薯交易中心、以兰州为重点的高原夏菜交易中心、以陇西为重点的中药材交易中心、以静宁为重点的苹果交易中心，并不断推动配套物流、包装、电商、质检的完善发展，创建综合性的农产品和农产品加工品的销售加工中心①。

3.发展特色旅游业

六盘山片区是革命老区聚集地，因此其红色旅游产业得到了很好的发展，建立起了一批红色旅游景点，比如六盘山红军长征纪念馆、陕甘边区苏

① 《甘肃省着力构建六盘山片区现代农业产业体系》，中国政府网，2017年7月30日，https：//www.gov.cn/xinwen/2017-07/30/content_5214745.htm。

维埃政府旧址、会宁红军会师旧址等。六盘山片区也是少数民族聚居地，以此为基础并结合各民族的传统文化及民族节日，六盘山片区推动民族文化旅游产业不断发展，依靠当地特色丝路文化、始祖文化、河湟文化等，利用多种途径拓展文化旅游产业的发展通道。片区内旅游业的发展带动了旅游景区、酒店行业、餐饮行业的共同繁荣，特色旅游产业链不断延伸，贫困群众的收入来源得到拓展、收入水平得到提升。

对于实在不适合生产发展、群众居住的村庄实行整体搬迁，同时坚持群众自愿原则，加大财政投入力度，加快新村址公共服务设施的建设与完善，并帮助村民顺利进行后续生产，确保“搬得出、稳得住、有利于生产发展、能帮助群众脱贫致富”。

（五）加大脱贫攻坚支持力度

1.财政支持

“十二五”时期，国家财政专项扶贫资金向六盘山片区拨出超过300亿元，较“十一五”时期大幅增加，且超过全国的平均拨付水平；国家对六盘山片区脱贫攻坚工作的支持力度不断增大，不断加强相关政策的倾斜，推进片区内脱贫攻坚的进程[①]。加大农村医疗保障、农村医疗保险的保障力度，提高交通运输项目建设及危房改造等的补助标准，适当提升彩票等公益性资金的倾斜力度，增加农业基础设施改造资金，不断提升六盘山片区医疗卫生人员、教育工作者、政府工作人员、技术人才的工资水平。

2.金融政策支持

加大金融产品的创新力度，促进金融机构不断发展完善，制定相关的优惠政策引导金融机构为六盘山片区的贫困群众、中小微企业提供更加优惠的贷款，努力满足贫困群众、中小微企业发展的资金需求。拓展融资渠道，协助片区内符合要求的企业通过发行债券、票据、股票等融集资金，给予企业技术和专业知识上的支持。加强金融基础设施建设，增加银行、

① 王建兵：《六盘山集中连片特困区精准扶贫研究》，载王福生、马廷旭、董积生主编《中国西北发展报告（2018）》，社会科学文献出版社，2018，第180～191页。

保险机构的经营网点，不断向群众普及金融知识，提升群众的理财意识并降低其遭到金融诈骗的风险，提高群众的生活便利度。

3.税收政策支持

政府部门加大力度支持、鼓励六盘山片区内企业的发展，不断发挥企业的经济拉动作用。政府对片区内的企业税收实行15%的优惠，其中符合规定的企业可以享受“三免三减半”的优惠政策，即前3年免缴企业所得税、第4~6年减半缴纳企业所得税的优惠政策，使得片区内企业的发展积极性不断提升、企业对经济的拉动作用不断增强、产业结构不断优化。

（六）提升劳动者素质

为了提升劳动力素质和职业技术水平，相关部门根据目前的市场需求、科技水平不断改进相关教育课程的内容，对劳动者进行定期培训，包括对农村干部、基层劳动力、职业课程讲师进行全方位培训，并定期组织相关的职业院校讲师进行交流，提升他们的教学能力，不断拓展他们的教学思路。加大对职业技术培训的宣传力度，使得职业教育能够被更多人接受、获得更高的社会认可度，同时鼓励、支持更多的学生、农民接受职业教育，提升六盘山片区经济发展的内生动力。

（七）提升贫困群众生活质量

在脱贫攻坚过程中，群众的生活环境、生活质量是衡量地区脱贫情况的重要标准。六盘山片区在脱贫攻坚战中不断从各个方面改善贫困群众的生活环境，提升贫困群众的生活质量，加快脱贫攻坚战的进程。全面推进实施水、电、路、气、房和环境保护“六到农家”工程，加快建设、改善农村电网，修建供水设施，推动农村改厕工程，逐步提高农村硬化道路的覆盖率，积极推广清洁能源，提升群众的饮水安全，不断加大危房改造力度，全方位改善贫困人口的居住环境。同时，不断完善农村社区公共服务设施建设，包括提高社区绿化覆盖率、增加垃圾集中处理点、建设社区健身区域、增加村内道路照明设施等，使得农村居民生活环境不断优化、生活幸福感大大提升。

（八）完善社会保障服务

1.教育方面

教育扶贫是阻断贫困代际传递的最本质的方式。积极推动适龄儿童接受教育，普及学前教育，提升学前教育入学率、女童入学率。提升高中教育普及率，加大对职业技术教育的支持力度，优化高等教育办学设施及师资力量，加快完善特殊教育。对贫困家庭学生实行15年免费教育政策，取消学校社会实践及其他校外活动收费，不断提升对深度贫困乡镇贫困大学生及中专生的补助标准，加强对片区内教育设施、办学条件的改善[①]。提高对深度贫困家庭子女受教育问题的关注度，提高义务教育的普及程度。不断推进优质教育资源向贫困地区输入。积极促进教师外派学习和接受培训，提升教师的教学能力，鼓励高校毕业生到片区内农村学校执教并推出多种补助措施，推动更好的教育资源向贫困地区流动。

改善贫困地区学校的办学环境。增建、扩建乡村幼儿园，提升贫困地区儿童接受学前教育的便利程度；积极推动完善学校宿舍、食堂、运动设施，按照国家相关标准，配齐教学所需的图书、仪器、乐器、运动用品等，保证贫困地区儿童享受到与城镇地区儿童一样的教学硬件设施。对于家庭条件贫困无法负担教育费用的儿童，由国家提供相应的助学保障，并不断提升助学保障标准，同时进一步加大对贫困家庭子女教育的资助力度，开拓社会帮扶、助学贷款等多种途径。

2.医疗卫生方面

首先，完善急救、防控、卫生监督等医疗卫生网络，增建、扩建乡村卫生室，并提升卫生室设施配备标准。其次，加强医疗卫生网络建设，做到片区内所有乡村医疗卫生资源全覆盖，确保每个县拥有一所及以上乡级医院，提升医院及卫生院、卫生室的标准化程度。最后，提升医疗卫生工

① 青海省人民政府：《聚焦精准 奋力助推六盘山片区脱贫攻坚——省政协围绕我省六盘山片区脱贫攻坚开展专题协商议政》，新浪网，2018年7月6日，https：//news.sina.com.cn/c/2018-07-06/doc-ihexfcvk3064222.shtml。

作人员的专业化程度及服务水平，增加社区医疗卫生人员的配置比例，优先进行乡村医生的职称评定，提升医疗卫生病历电子化程度，积极促进三甲医院对县级医院进行定点帮扶，提升基层医院、卫生室的专业化程度。

3. 各类社会保障服务

积极推动养老保险、医疗保险、最低生活保障等社会保障服务的普及，不断提升保障标准，做到应保尽保，使所有贫困居民的最低生活要求得到保障。

第三节　我国脱贫攻坚战伟大胜利的历史意义

自货币诞生起，“贫困”一词就一直贯穿于人类社会的发展史中。贫困作为人类社会的顽疾，是人们追求美好生活的严重阻碍，无论古今中外，每个时代都有一个共同的诉求，那就是解决贫困问题，即便是在科技水平不断提升、经济高速发展、生活物资充足的今天，贫困问题也依然是世界各国面临的最大的社会难题之一。正如习近平总书记所说：“贫困是人类社会的顽疾。反贫困始终是古今中外治国安邦的一件大事。”[①] 人类与贫困的对抗从来都是进行时。

2021年2月25日是一个需要被永远铭记的日子，国家主席习近平在全国脱贫攻坚总结表彰大会上向全世界庄严宣告：我国脱贫攻坚战取得了全面胜利，现行标准下9899万农村贫困人口全部脱贫，832个贫困县全部摘帽，12.8万个贫困村全部出列，区域性整体贫困得到解决，完成了消除绝对贫困的艰巨任务，创造了又一个彪炳史册的人间奇迹！这个奇迹是在以习近平同志为核心的党中央坚强领导下实现的，是在中国共产党成立至今一百多年来进行反贫困的顽强斗争中实现的，是在全国各族人民的共同努

① 习近平：《在全国脱贫攻坚总结表彰大会上的讲话》，人民出版社，2021。

力下实现的。中国特色反贫困理论是习近平新时代中国特色社会主义理论体系的重要组成部分，习近平扶贫相关重要论述是中国打赢打好脱贫攻坚战的科学指南和根本遵循。脱贫攻坚战的伟大胜利不仅对改善贫困地区经济社会面貌具有重大意义，也对中国未来的减贫事业以及世界各国特别是发展中国家的减贫进程产生了重大影响。

一 脱贫攻坚战取得伟大胜利的理论指引

消除贫困、改善民生、实现共同富裕，既是社会主义的本质要求，也是中国共产党的重要使命。习近平总书记在马克思主义反贫困理论的基础上，结合中国经济、社会发展的实际情况，形成了关于扶贫工作的重要论述：决胜脱贫攻坚，共享全面小康；坚持党的领导，强化组织保证；坚持精准方略，提高脱贫实效；坚持加大投入，强化资金支持；坚持社会动员，凝聚各方力量；坚持从严要求，促进真抓实干；坚持群众主体，激发内生动力；携手消除贫困，共建人类命运共同体①。实践是理论的基础，理论来源于实践。中国共产党立足于我国国情，经过40多年持之以恒的扶贫开发和8年坚持不懈的精准扶贫实践，形成了中国特色反贫困理论：坚持党的领导，为脱贫攻坚提供坚实的政治和组织保证；坚持以人民为中心的发展思想，坚定不移走共同富裕道路；坚持发挥我国社会主义制度能够集中力量办大事的政治优势，形成脱贫攻坚的共同意志、共同行动；坚持精准扶贫方略，用发展的办法消除贫困根源；坚持调动广大贫困群众的积极性、主动性、创造性，激发其脱贫内生动力；坚持弘扬和衷共济、团结互助美德，营造全社会扶危济困的浓厚氛围；坚持求真务实、较真碰硬，做到“真扶贫、扶真贫、脱真贫”。这“七个坚持”构成了中国特色反贫困理论的核心内容，中国特色反贫困理论的形成基于中国脱贫攻坚的伟大实践，而脱贫攻坚战的全面胜利充分证实了中国特色反贫困理论的严谨性、创新性与科学性，该理论对我国顺利实现第一个百年奋斗目标做出

① 中共中央党史和文献研究院编《习近平扶贫论述摘编》，中央文献出版社，2018。

了重大贡献，坚定了贫困群众减贫脱贫的信心，对改善贫困地区经济社会面貌、助推乡村振兴和实现全体人民共同富裕具有重大指导意义。

习近平总书记在全国脱贫攻坚总结表彰大会上的讲话提到，脱贫攻坚取得举世瞩目的成就，靠的是党的坚强领导，靠的是中华民族自力更生、艰苦奋斗的精神品质，靠的是新中国成立以来特别是改革开放以来积累的坚实物质基础，靠的是一任接着一任干的坚守执着，靠的是全党全国各族人民的团结奋斗[①]。所以，脱贫攻坚战的伟大胜利是中国共产党和中华民族各族人民共同努力的结果，同时，脱贫攻坚战的伟大胜利也加快了中国扶贫减贫工作的历史进程，对中国贫困地区、贫困群众及世界其他国家乃至全人类的减贫进程都有重大的历史意义。

二 脱贫攻坚战取得伟大胜利的历史意义

第一，脱贫攻坚战的伟大胜利为我国如期实现全面建成小康社会的目标做出重要贡献。全面建成小康社会是实现中国梦的关键一步，而消灭贫困是全面建成小康社会的重要环节。脱贫攻坚是实现全面建成小康社会目标的标志性工程和底线任务，习近平总书记多次强调，“小康不小康，关键看老乡”[②]，贫困地区、贫困群众摆脱贫困是实现全面小康的基础，也是实现全面小康的必要条件。党的十八大以来，以习近平同志为核心的党中央在全面建成小康社会的道路上始终秉持“决不能落下一个贫困地区、一个贫困群众”的原则，带领广大人民群众俯下身子、甩开膀子，朝着解决贫困问题和奔小康的目标不懈奋斗。在庆祝中国共产党成立100周年大会上，习近平总书记代表党和人民庄严宣告：我们实现了第一个百年奋斗目标，在中华大地上全面建成了小康社会，历史性地解决了绝对贫困问题，正在意气风发向着全面建成社会主义现代化强国的第二个百年奋斗目标迈

① 习近平：《在全国脱贫攻坚总结表彰大会上的讲话》，人民出版社，2021。

② 《习近平：小康不小康 关键看老乡》，人民网，2015年11月23日，http：//theory.people.com.cn/GB/n1/2017/0608/c40531-29327226.html?ivk_sa=1024320u。

进。这是中华民族的伟大光荣！这是中国人民的伟大光荣！这是中国共产党的伟大光荣！[①]现如今，农村脱贫地区的基础设施建设得到显著完善，农村居民的饮水安全、用电、通信、交通出行、医疗保障等问题得到了历史性解决，人居环境得到显著改善，特色产业的发展为一大批脱贫群众提供了就业机会。脱贫地区可持续发展的内生动力不断增强，贫困地区农村居民人均可支配收入从2013年的6079元增长到2020年的12588元，年均增长11.6%，增长持续快于全国农村[②]。全面建成小康社会既是在经济、政治、文化、社会和生态文明建设方面惠及全领域、全人口的小康，又是覆盖区域全面的、城乡协调共同发展的小康。成功打赢脱贫攻坚战意味着农村贫困人口全部脱贫，脱贫群众的经济生活、居住环境等得到有效改善，城乡发展差距进一步缩小，全国各地区各民族人民携手共同迈进小康社会。因此，脱贫攻坚战的伟大胜利为如期实现全面建成小康社会的目标做出了关键性贡献。

第二，脱贫攻坚战的伟大胜利改善了农村贫困地区和贫困群众的经济面貌，坚定了人民群众彻底摆脱贫困的信心。党中央通过在农村贫困地区实施“产业发展脱贫、转移就业脱贫、易地搬迁脱贫、教育扶贫、健康扶贫、生态保护扶贫、兜底保障和社会扶贫”八大扶贫政策，使贫困地区在基础设施建设、基本生活医疗保障和经济社会发展等方面取得了长足进步，行路难、吃水难、用电难等问题得到了历史性解决。贫困家庭义务教育阶段辍学学生实现动态清零，让每个孩子都享受到接受教育的机会和权利；贫困乡镇的公路、铁路覆盖率增加，贫困村通电、通网问题得到有效解决；对出现生态资源脆弱、生活资源匮乏等状况的深度贫困地区实施“挪穷窝”的易地搬迁政策，让贫困群众摆脱了闭塞落后的生活环境。脱贫攻坚相关政策兼具“输血”功能与“造血”功能，不仅直接改善了贫困群众的人居环境，而且通过资金扶持等手段鼓励贫困群众充分利用地区资

① 习近平：《在庆祝中国共产党成立100周年大会上的讲话》，人民出版社，2021。

② 《〈人类减贫的中国实践〉白皮书》，中国政府网，2021年4月6日，https：//www.gov.cn/zhengce/2021-04/06/content_5597952.htm。

源优势自主创业，增强贫困地区的自主“造血”功能，实现贫困地区社会经济的可持续发展。

习近平总书记在2015减贫与发展高层论坛上指出：“40多年来，我先后在中国县、市、省、中央工作，扶贫始终是我工作的一个重要内容，我花的精力最多。我到过中国绝大部分最贫困的地区，包括陕西、甘肃、宁夏、贵州、云南、广西、西藏、新疆等地。这两年，我又去了十几个贫困地区，到乡亲们家中，同他们聊天。他们的生活存在困难，我感到揪心。他们生活每好一点，我都感到高兴。25年前，我在中国福建省宁德地区工作，我记住了中国古人的一句话：‘善为国者，遇民如父母之爱子，兄之爱弟，闻其饥寒为之哀，见其劳苦为之悲。’至今，这句话依然在我心中。”[①]这短短一席话充分说明让中国14亿人民的生活好起来、富起来始终是习近平总书记的牵挂，更是对中国共产党人初心和使命的完美阐释，中国共产党人正是带着这份牵挂，将扶贫与“扶志”和“扶智”相结合，不仅改善了贫困群众的生活条件，还强化了贫困群众对自身能力的培养，鼓励他们掌握一技之长，加强他们勤劳致富的脱贫信念。在党的全体系、多方位的领导下，农民自我发展的内生动力不断提升、集体意识不断增强，最终，中国共产党不负所望，带领广大人民群众走出了绝对贫困的泥潭漩涡，实现了脱贫攻坚这场持久战争的伟大胜利，这极大地坚定了广大人民群众特别是深度贫困地区人民群众摆脱贫困、过上富裕美好生活的信心。

第三，脱贫攻坚战的伟大胜利向全世界彰显了我国社会主义制度的优越性。脱贫攻坚是一项系统性、长期性和复杂性的工程，涵盖经济、政治、文化、社会等多个领域，正如习近平总书记所强调的，脱贫攻坚取得举世瞩目的成就，靠的是党的坚强领导，靠的是中华民族自力更生、艰苦奋斗的精神品质，靠的是新中国成立以来特别是改革开放以来积累的坚实物质基础，靠的是一任接着一任干的坚守执着，靠的是全党全国各族人民的团

① 习近平：《携手消除贫困 促进共同发展——在2015年减贫与发展高层论坛的主旨演讲》，人民出版社，2015。

结奋斗[1]。在脱贫攻坚的困难时期，党中央通过统一部署、统一领导，将全国上下各级领导干部"拧成一股绳"，集中社会各界力量统一作战，充分调动各种优势资源，加强东部、西部地区扶贫协作，着力推进城乡结对帮扶，实施驻村帮扶、易地搬迁、金融合作、定点帮扶等政策措施，这种集中力量办大事的显著优势，只有在社会主义制度特别是中国特色社会主义制度下才能充分显现。

制度优势主要体现在以下六个方面。一是坚持党的领导。党的十八大以来，习近平总书记多次到中国贫困地区体验民生、考察民情，主持召开中央扶贫工作座谈会7次，开展扶贫调研工作50多次，提出一系列新思想、新观点，确定一系列新策略、新部署，为脱贫攻坚提供了行动指南；实行一把手负责制，22个省区市向党中央立下"军令状"，形成省市县乡村"五级书记抓贫困"的工作格局，同时还采用自上而下与自下而上相结合的工作模式，确保各项脱贫政策有效实施。二是坚持以人民为中心的发展思想。在扶贫开发过程中，中国共产党始终坚持为人民服务的根本宗旨，集结社会多方力量为贫困群众解决问题，针对特殊地区特困群体出台相关政策、措施进行重点帮扶，集中政府人力、物力、财力着重改善贫困群众生活环境，保证脱贫攻坚不落下任何一个人，让全体人民共享经济发展成果。三是坚持精准扶贫方略。习近平总书记多次强调"精准"在扶贫工作中的重要性[2]，将扶持对象精准、项目安排精准、资金使用精准、措施到户精准、因村派人精准、脱贫成效精准的"六个精准"作为精准扶贫的基本要求，并将"五个一批"和"四个问题"作为精准扶贫的根本途径和关键环节。精准扶贫抓住了中国贫困问题的主要矛盾，为脱贫攻坚战的胜利打下了坚实的基础。四是坚持大扶贫格局。扶贫工作涉及环节众多，是一个全方位、系统性的工程，需要秉持使项目从制定、执行到评估、监测、改进等环节形成完整闭环的理念；扶贫工作涉及部门众多，需要上下

---

① 习近平：《在全国脱贫攻坚总结表彰大会上的讲话》，人民出版社，2021。

② 《"精准是要义"——习近平论精准扶贫精准脱贫》，求是网，2020年6月23日，http://www.qstheory.cn/zhuanqu/2020-06/23/c_112614977.htm。

级各部门统一协作，还需要推动社会广大人民群众共同投入农村脱贫工作当中；扶贫工作覆盖区域广，需要实行城乡帮扶、就近帮扶等策略，富裕地区要加大对临近贫困地区的帮扶协作力度。五是坚持调动广大贫困群众的积极性，激发其脱贫内生动力。群众路线始终是党的工作路线，中国共产党在扶贫开发过程中，坚持扶贫与“扶志”和“扶智”相结合，大力发展贫困地区特色产业，加强对贫困群众的职业技能培训，激发贫困群众自主创业能力，增强贫困地区脱贫的内生动力，实现稳定脱贫。六是坚持求真务实的工作作风，实现“真扶贫、扶真贫、脱真贫”。党中央逐步完善扶贫工作绩效考核评估和监督体系，涵盖省级党委和政府扶贫开发工作成效考核、东西部扶贫协作考核和中央单位定点扶贫工作考核，通过成立省际交叉考核工作组、第三方评估组、媒体暗访组、资金绩效实地评价组，针对责任落实情况、政策落实情况和工作落实情况等，采取入户调研、交流座谈、实地考核等手段对脱贫攻坚效果进行考核，对综合考评好的省份予以表扬并发放扶贫专项资金奖励，对综合考评差的省份约谈其党政负责人，对综合考评一般或在某方面存在严重问题的省份，约谈其分管负责人。原国务院扶贫开发领导小组组织的督查和巡查、民主党派监督、社会监督构成了全方位的合作监督体系，保证权力始终运行在正确的轨道上。

第四，脱贫攻坚战的伟大胜利推进了乡村治理体系和治理能力现代化，为乡村全面振兴提供了助力。虽然脱贫攻坚战取得了全面胜利，绝对贫困被历史性消灭，但处在贫困线边缘的人民群众仍存在再次返贫的极大风险，相对贫困现象仍未消除，解决好“三农”问题依然是党中央工作的重中之重。脱贫攻坚战的全面胜利不是终点，而是新的起点，“三农”工作的重心将由脱贫攻坚转向推动乡村全面振兴。

乡村振兴战略是巩固脱贫攻坚成果的行之有效的手段。一方面，脱贫攻坚成果为乡村振兴战略的进一步实施奠定了坚实的基础。脱贫攻坚“两不愁、三保障”等目标的实现极大地改善了贫困地区的教育、医疗、住房和饮水状况，产业扶贫、金融扶贫、生态扶贫等扶贫模式，也有效促进了农村贫困地区产业结构的调整、生态环境的改善和社会经济的发展。脱贫攻坚成果有助于党中央方针政策实现从脱贫攻坚到乡村振兴的平稳过渡。另一方面，脱贫攻坚战的全面胜利充分证实了党中央制定的方针策略的可行性和有效性，所以，脱贫攻坚形成的制度体系和工作经验对乡村振兴战略的实施及巩固脱贫攻坚成果具有重要的理论和实践意义。脱贫攻坚过程中，党中央实行中央统筹、省负总责、市县抓落实的工作机制；执行一把手负责制，保持贫困县党政正职稳定；将以村党组织为核心的基层党组织作为实现脱贫致富的战斗堡垒；选派驻村干部奋战于脱贫一线，进行脱贫攻坚顽强奋斗。这些在脱贫攻坚斗争中形成的领导体系和制度模式，是脱贫攻坚战取得胜利的重要法宝，也为推进乡村振兴战略的有效实施提供了重要借鉴，这些宝贵的理论成果可以被转化应用于乡村振兴的伟大实践中。

三　脱贫攻坚战取得伟大胜利的世界意义

第一，脱贫攻坚战的伟大胜利创造了全球减贫治理的中国样本，为全球减贫事业做出了重大贡献。在2015年的联合国发展峰会上，各国领导人通过了以消灭贫困为首要目标的2030年可持续发展议程。“改革开放以来，按照现行贫困标准计算，我国7.7亿农村贫困人口摆脱贫困；按照世界银行国际贫困标准，我国减贫人口占同期全球减贫人口70%以上。”[①]我国提前10年完成了联合国2030年可持续发展议程设定的减贫目标。联合国秘书长古特雷斯在致2017减贫与发展高层论坛贺信中表示，精准扶贫方略是帮助贫困人口、实现2030年可持续发展议程设定的宏伟目标的唯一途径，中国的经验可以为其他发展中国家提供有益借鉴[②]。在党中央的领导下，我国的扶贫工作模式不断演变发展，经历了救济式扶贫、开发式扶贫、精准扶贫，习近平总书记认为扶贫工作贵在精准、重在精准，成败之举在于精

① 习近平:《在全国脱贫攻坚总结表彰大会上的讲话》，人民出版社，2021。

② 黄发红、李晓宏、杨俊等:《中国减贫经验为发展中国家提供有益借鉴——国际人士积极评价中国脱贫攻坚和持续改善民生》,《人民日报》2019年3月10日。

准[1]，党的十八大以来，习近平总书记反复强调“精准”在扶贫开发工作中的重要性，并提出要解决“扶持谁、谁来扶、怎么扶、如何退”的问题以保证精准扶贫路上全过程的精准，要在“真扶贫、扶真贫、真脱贫”过程中做到精准识别、精准扶持、精准管理和精准考核，不断提高扶贫开发工作的精准度和实效度。作为世界上人口最多的国家，中国在解决贫困问题上面对的阻碍和挑战更多，其减贫理论的发展和减贫事业的成效对世界各国都会产生重要影响，精准扶贫、精准脱贫方略的成功实施有效助推了脱贫攻坚战的胜利，这一胜利不仅在中国各民族发展史上具有里程碑意义，而且为全球其他国家减贫事业的发展提供了借鉴样本。

第二，中国脱贫攻坚战的伟大胜利，增强了世界各国消除贫困的信心。自改革开放以来，按现行贫困标准，中国有7.7亿农村贫困人口摆脱了贫困。通过实施农村饮水安全和巩固提升工程，累计解决2889万贫困人口的饮水安全问题，饮用水量、水质全部达标，3.82亿农村人口从中受益；2013年以来，累计2568万贫困人口告别了破旧的土坯房住上了安全住房；2020年贫困县九年义务教育巩固率达到94.8%；截至2020年底，全国贫困地区新改建公路110万千米，新增铁路里程3.5万千米；通过在贫困村实施通动力电工程，大电网覆盖范围内贫困村通动力电比例达到100%；持续完善乡村医疗卫生服务体系，99.9%以上的贫困人口参加了基本医疗保险；累计对1021万名贫困妇女和妇女骨干进行职业技能培训，500多万名贫困妇女通过电商、家政等方式实现增收脱贫[2]。按世界银行国际贫困标准，中国减贫人口占同期全球减贫人口的70%以上，这充分说明中国是全球减贫速度最快的国家，中国的全面脱贫速度以及脱贫成效将会极大增强世界各国人民消除贫困的信心。

第三，脱贫攻坚战的伟大胜利丰富和发展了马克思主义反贫困理论，为全球贫困治理特别是广大发展中国家减贫事业贡献了中国智慧和中国方

---

① 《习近平总书记在深入湖南省湘西州花垣县排碧乡十八洞村调研》，《人民日报》2013年11月6日。

② 《〈人类减贫的中国实践〉白皮书》，中国政府网，2021年4月6日，https：//www.gov.cn/zhengce/2021-04/06/content_5597952.htm。

案，为世界各国共享发展成果、构建人类命运共同体做出了贡献，展现了中国的大国责任与担当。马克思主义反贫困理论虽然在根本立场和方法路径等方面为贫困治理提供了科学的理论指引，但由于每个国家的国情、根本制度等存在差异，马克思主义反贫困理论始终缺乏现实的成功实践案例。发展中国家大多有被侵略、被殖民统治的经历，在帝国主义、封建主义等的重重压迫下，经济、政治、文化发展缓慢，在这样的历史条件下，扶贫开发如果没有强有力的政府和政党的协调统一领导做保证，难免会出现混乱、落后和失败的局面。中国作为世界上最大的发展中国家，其脱贫攻坚战的胜利是将马克思主义反贫困理论应用于实践的重要案例，习近平总书记关于扶贫工作的重要论述对发展中国家乃至全人类是否能消灭贫困、如何消灭贫困做出了具体回答，丰富了马克思主义反贫困理论的内涵，是马克思主义反贫困理论中国化的最新成果，是新时代脱贫攻坚伟大成就的思想结晶，是习近平新时代中国特色社会主义思想的重要组成部分。在中国共产党的正确领导下，中国从积贫积弱走向繁荣富强、从受援国变为援助国，提出构建人类命运共同体的理念，积极参与共建“一带一路”，让世界各国共享中国脱贫攻坚的胜利果实，为全世界更多人民带去福祉，为世界的和平与发展做出了贡献，并彰显出中国政府与中国人民的责任与担当。

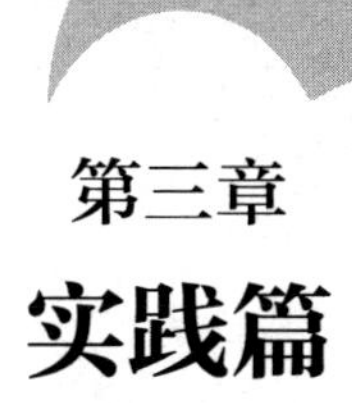

第三章
实践篇

第一节 绿色减贫效应的实践

一 宁夏绿色减贫主要做法

（一）实施退耕还林还草工程

对于先天条件不足、生态环境脆弱的民族地区来说，生态补偿是实现区域减贫和生态环境保护的有效方式。贫困人口往往会因为进行生态环境保护或提供生态服务而产生不同程度的经济损失，政府则会通过生态补偿给予这部分人一定的经济补偿以弥补其利益损失，从而达到绿色减贫的效果。对宁夏来说，退耕还林还草工程是宁夏推动贫困地区减贫的一项举措，也是宁夏保护生态环境的一项重大举措。

1.减贫效益显著

从2000年开始，宁夏为实现贫困地区减贫共计实施了两次退耕还林还草工程。第一次是在2000～2006年，共计实现了面积达3140平方千米的退耕还林还草。2007年我国为巩固减贫成果，决定延长补助周期，对退耕农户每人发放1500元/亩的资金补助，在此背景下宁夏的退耕还林还草工程的减贫效益得到有效提升，农户生计问题也进一步得到解决，同时加速了农村剩余劳动力的有效转移，农户外出务工收入也有了明显提升。第二次是在2015年，宁夏重点在中南部地区实现了面积达306平方千米的退耕还林还草。两次退耕还林还草工程的实施均取得了不错的成绩，从图3-1可以看出，宁夏森林覆盖率在2003～2018年提高了约12个百分点，在2015年后宁夏森林覆盖率继续呈现上升趋势。2003~2018年，宁夏林地、灌木林地和有林地面积也逐渐恢复和扩增（见图3-2）。

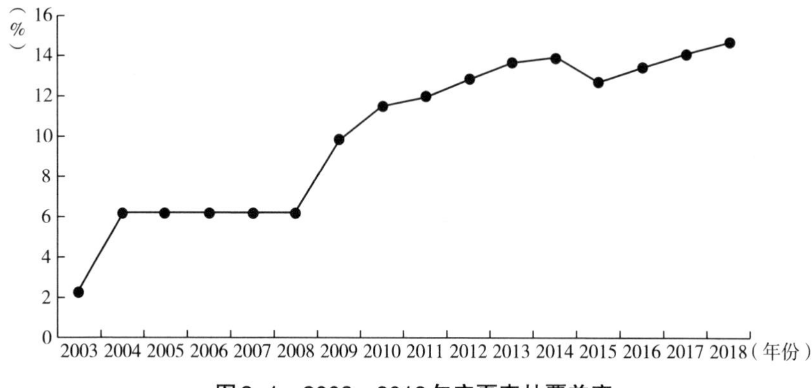

图3-1　2003~2018年宁夏森林覆盖率

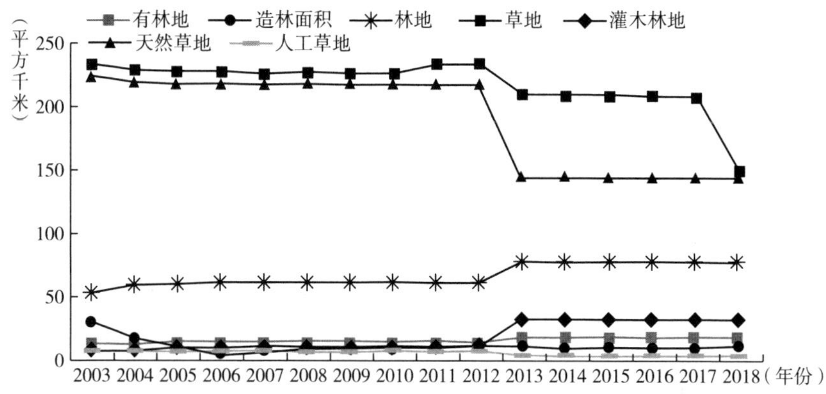

图3-2　2003~2018年宁夏林地和草地面积变化趋势

2. 生态效益明显

退耕还林还草工程使得宁夏中南部地区的生态环境得到了有效改善。两次退耕还林还草工程的实施实现了林草植被的大范围覆盖。在水土流失严重的山区地带，林草树木能够有效保持水土、涵养水源、调节水土平衡、减少土壤表层的沙化及流失。截至2018年底，宁夏有1072平方千米的沙化土地、171平方千米的严重沙化土地得到有效退耕，两种沙化土地退耕面积占总退耕面积的14.38%。退耕还林还草工程加快了宁夏全区的土地绿化进程，改善了贫困区域的生态环境，增强了生态系统服务功能，对宁夏持续提升生态环境效益具有积极影响。

（二）推进实施区域造林绿化工程

宁夏地处西北内陆干旱区，常年干旱少雨、气温变化大、沙漠环绕、沟壑纵横、地形复杂，是典型的生态脆弱区。为了深入贯彻习近平生态文明思想，宁夏坚持把改善生态环境质量、建立生态安全屏障、促进经济社会可持续发展作为区域发展的重要使命。根据宁夏回族自治区林业和草原局的统计结果，截至2018年10月，宁夏计划营造林966.60平方千米，完成营造林880.67平方千米，占计划任务的91.11%。其中重点实施了四大造林工程，从图3-3可以看出，四大造林工程完成营造林面积和完成率都比较高，累计完成营造林530.66平方千米，占总计划的86.06%。在工程实施过程中，由于优先选择建档立卡户家庭的树苗，充分调动了贫困户参与工程的积极性。造林工程带动农户脱贫致富，拓宽了其收入增长渠道，实现了脱贫攻坚和绿色发展的有效结合。

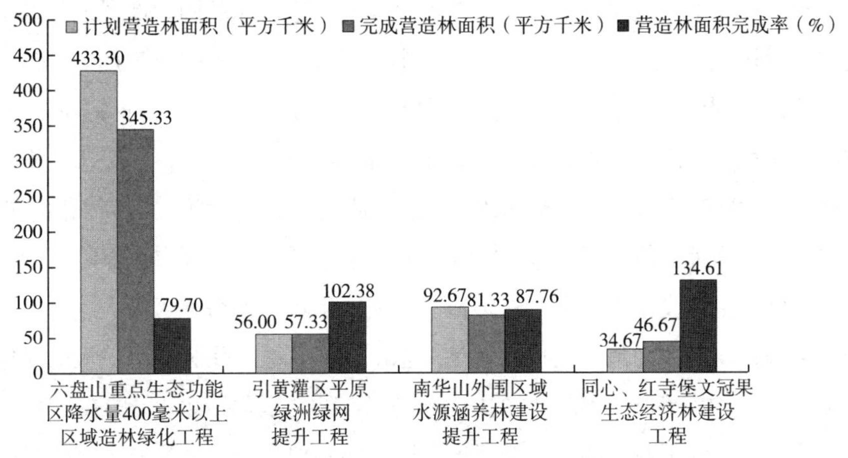

图3-3　宁夏四大造林工程计划与完成营造林情况

宁夏自启动区域造林绿化工程以来，共计实现贫困地区生态环境修复1533.3平方千米，森林资源总量不断增加，生态环境逐渐得到修复。生态移民迁出地主干道绿化面积和植被覆盖面积均有了明显提升，植被覆盖率高达56%。针对宁夏不同区域气候环境特点和降水量的分布规律实施差异化的绿色发展方式和造林绿化工程，实施更精准的区域造林绿化模式。

“三北”防护林体系工程实施后，宁夏绿地面积有了明显提升。首先，活立木蓄积量由工程实施前的217万立方米提高到实施后的1111万立方米，提高了4倍多。其次，林业生产总值占国民生产总值（GNP）的比重也从之前的1.15%提升到5.70%，增长了4.55个百分点。最后，森林覆盖率也从之前的2.4%提高到14.0%，增长了11.6个百分点。随着“三北”防护林体系工程的不断推进，宁夏林业生产总值实现了由实施前的0.15亿元到200多亿元的增长，绿色发展成果显而易见。此外，宁夏也在“三北”防护林体系工程基础上逐渐形成了较为完善的林业体系，进一步推动了区域林业建设和发展。

（三）实施生态移民工程

生态移民能有效促进贫困地区经济发展，改善贫困人口生活质量。首先，对移民地区来说，迁出农户可以有效增加地区人均资源占有量，拓展发展空间，扩大生产规模，这有助于在解决农户温饱问题的同时增强地区经济实力，促进地区经济社会发展。其次，特色优势农业的发展潜力迅速增大。生态移民工程建设，优化了宁夏生产种植结构，推动了节水农业高效发展，创办了绿色生态产业品牌，促进了农业经济快速发展。最后，生态移民推动了社会事业蓬勃发展。部分偏远地区在公共服务、硬件设施、医疗卫生、教育水平等方面都比较落后，移民搬迁后其基本生活可以得到有效保障，搬迁地的基础设施建设得以完善，贫困地区的人民生活水平得到了极大改善。在中小学教育发展方面最为典型的就是吴忠市红寺堡区。作为全国最大的易地生态移民集中安置区，该地区的中小学义务教育入学率稳定保持在99%以上。除了教育水平有所提升，搬迁地的医疗服务机构也逐渐建成，医疗卫生事业不断加强，社会保障体系逐步完善。可见，实施生态移民工程在帮扶贫困户方面起到了重要作用。宁夏不断探索脱贫致富新道路，改变“大水漫灌式”扶贫，不断创新扶贫模式，搭建产业扶贫平台，并安排优秀干部在贫困村驻村“造血”，使扶贫、减贫措施能够覆盖到每个贫困户，实现向“滴灌式”扶贫的转变。在政府的正确引导下，移民群众学会了合理利用当地丰富的生态资源和环境资源发展特色绿色农业，并在此过程中，学到了先进的生产技术，拓宽了收入增长渠道，劳动积极性大大提高，与此同时，贫困户的内生动力得到激发，移民家庭的整体生活水平得以提高。从图3–4可以看出，2014年宁夏生态移民人均可支配收入中占比最高的是工资性收入，占比达68%。可见工资性收入在生态移民人均可支配收入中占据着非常重要的地位，这意味着提高工资性收入在很大程度上能够带动生态移民人均可支配收入的增长。从图3–5可以看出，2014～2018年，宁夏生态移民人均可支配收入从5084元增长到7602元，增幅近50%，且呈逐年上升趋势，而贫困发生率呈逐年下降趋势。农村恩格尔系数从2014年的29.91%降低到2018年的27.34%。宁夏贫困人口数量逐年减少，贫富差距逐步缩小。

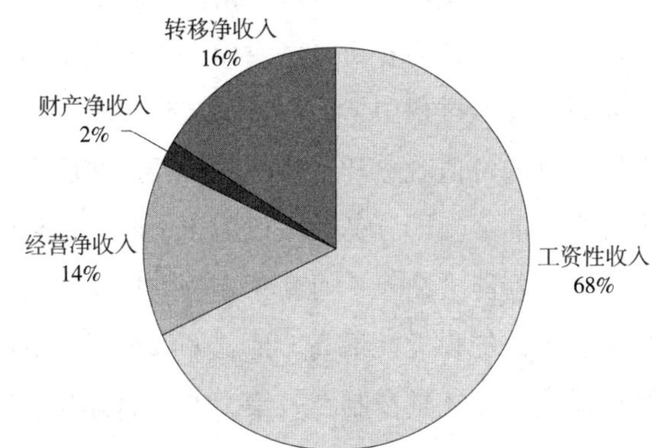

图3–4　2014年宁夏生态移民人均可支配收入结构

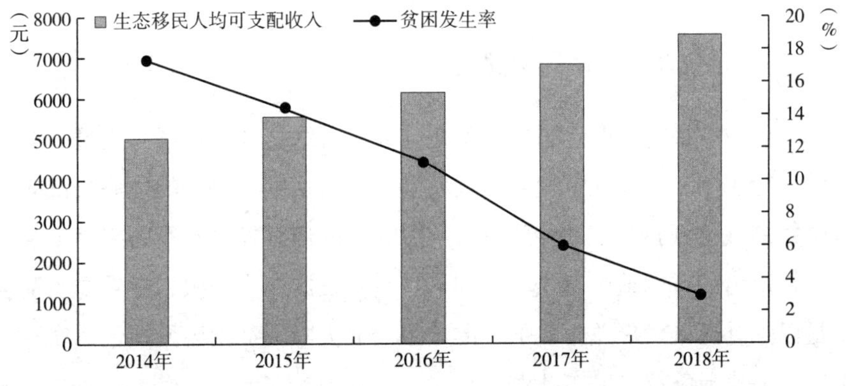

图3–5　2014～2018年宁夏生态移民人均可支配收入及贫困发生率

二 宁夏绿色减贫面临的困境

现阶段，正确处理好经济发展与生态环境保护之间的关系极其重要，尤其是偏远的民族地区更应该坚定不移走以绿色发展为导向的高质量发展道路。

（一）农户绿色减贫意识薄弱

在偏远的民族地区，受硬件设施较差、基础设施不完善、师资力量不足等因素影响，农村居民普遍受教育程度较低，对新事物认知能力有限，缺乏生态环境保护意识。在现阶段发展背景下，仍有部分贫困人口没有意识到绿色发展对于减贫的重要性，更有人保留着传统的生产发展观念，将绿色发展与减贫对立起来，认为农村经济发展必须依靠不断开发生态资源才能实现。在长期历史发展过程中形成的特殊文化以及独特的生产生活方式造就了当地人们独有的价值观念和行为规范，而这些固有的东西很容易与创新的减贫理念产生冲突。部分贫困人口由于不敢尝试新的生产生活方式，思想观念落后，创新能力缺乏，对新鲜事物的接受能力差，脱贫内生动力不足、参与减贫工作的积极性不高。地处偏远地区的贫困地区无论是在经济发展、基础设施方面还是在制度政策力度方面都与发达地区有一定差距，农户所享受的福利待遇也相对较差，导致贫困地区自我发展的主动性不高。在制定民族地区减贫策略时应避免政策通用性，要在把握各地特殊性的基础上对具体问题具体分析，从而提高政策有效性。

（二）绿色减贫机制尚未健全

绿色减贫最有效的推进方式就是建立一种绿色和可持续有机统一的市场化运行机制。政府在制定可持续发展战略时通常会将好的优势政策向人口聚集的城市倾斜，由此导致城市与农村之间经济发展水平的差距逐渐拉大。在落后的贫困地区，虽然贫困人口自身发展能力有限，外界物质资金不足以弥补区域发展差距，但好的政策会大大降低贫困区域绿色减贫工作难度，加速绿色减贫工作进程。

往往在生态环境保护过程中，农村地区扮演着提供最多生态服务也承担最大环境压力的角色，对贫困地区绿色资源利用的限制在一定程度上抑制了农户增收渠道的拓展，加剧了绿色减贫工作中经济发展与生态保护之间的矛盾。宁夏绿色减贫一直处于开发和探索阶段，且采用以生态环境保护为主的模式，缺乏创新，减贫成果不稳固，减贫机制不成熟。当前，仅仅依靠单一的生态减贫模式难以真正带动贫困户实现可持续减贫，绿色减贫不能只维持在理念阶段，必须加快实现向建立机制的阶段转变。

（三）生态补偿激励作用发挥不足

生态补偿以保护环境为出发点，通过平衡参与主体间利益关系，达到促进人与自然和谐共生的目的。在限制开发政策背景下，宁夏南部山区特殊的地理环境和生态环境严重制约了区域经济社会发展，贫困区域难以依靠现有资源进行生产发展。政府在大力推广绿色减贫的同时，对耕地农户资金补偿不到位、补偿标准太低，使得农户参与减贫工作的积极性降低，对土地依赖性大的农户群体的正常生活受到了不利影响，部分地区甚至出现了返贫趋势，阻碍了减贫进程，使脱贫质量难以巩固，影响了生态文明建设目标的实现。对生态环境脆弱的民族地区来说，生态补偿政策落实不到位会导致经济发展落后，贫困区域与周边地区的人民生活水平差距加大。一方面，宁夏将生态补偿资金更多投资于贫困地区基础设施建设和环境维护，生态补偿对减贫的直接正向作用被削弱。另一方面，由于限制开发政策的实施，退耕林木不允许砍伐利用，农民无法对自己退耕的林地进行土地流转，不利于农民收入增长。因此，生态补偿的激励作用无法得到有效发挥，农户减贫积极性减弱、生活条件改善受阻，不利于巩固当前脱贫成果，也不利于维持贫困地区脱贫成效。

（四）绿色减贫内生动力不足

宁夏在绿色减贫发展中存在明显的内生动力不足问题。随着我国工业化进程不断加速、城镇化趋势日渐增强，区域发展的不平衡问题日益凸显。宁夏内部产业发展严重失衡，第一、第二、第三产业融合发展不足，第二、第三产业相对薄弱，缺乏地区发展优势，难以吸引社会资本和引进社会重大扶贫项目，大多数贫困地区仍以经济效益较低的第一产业为主。随着社会发展进步，越来越多的年轻劳动力不愿从事收入水平较低的第一产业，而是逐渐向经济收入较为稳定的第二、第三产业转移，劳动力的跨区域流动减少了原地区的劳动力资源，老人大多因行动不便难以经常进行跨区域流动，儿童则因父母在外务工而留在家中由老人帮忙照顾，所以在大部分农村地区基本只能看到老人和儿童的身影。这在很大程度上限制了区域减贫内生动力的发展。由于农村剩余劳动力普遍年纪较大，长期以来形成的传统发展观念难以根除，他们的绿色发展意识淡薄、生产生活观念陈旧、自我发展能力缺乏。单纯依靠政府“输血”而不进行自身“造血”很难提升贫困人口内生动力，区域绿色减贫工作也难以顺利展开。劳动力的跨区域流动造成贫困地区劳动力资源严重短缺，也使得绿色减贫工作缺乏必要的劳动力支撑。贫困地区长期以来形成的“靠山吃山、靠水吃水”的生活观念，导致贫困地区人口对当地生态资源具有极强的依赖性。贫困地区人口的生产生活需求大部分是通过无限制开发自然资源得到满足的，这使得当地生态环境遭到严重破坏。另外，贫困地区对生活垃圾、废弃物品缺乏有效治理，相应的基础设施建设落后，加剧了生态环境恶化，进一步影响地区内生发展动力。

（五）生态环境保护意识缺乏

宁夏地形以山地为主，农民生存发展主要依靠林业、农业和牧业来带动。由于地形条件特殊、生态环境脆弱、经济发展缓慢、外界援助能力有限，开展脱贫攻坚前大部分贫困人口的温饱问题难以得到有效解决，人们为了扩大生产只能通过毁林毁草的方式扩大耕地面积，而对荒地和植被的大范围开垦造成了生态环境的严重破坏。曾经山水秀丽的美丽景色变成了荒山野岭，对植被的大量砍伐导致土壤肥力下降、水土流失严重。新中国成立后，曾“向荒山要粮，把荒山变粮田”，致使大量草原被破坏。在市场经济背景下，许多人受利益驱动，到草原上乱挖乱采，严重破坏了植被。长期以来，滥垦乱挖造成黄土暴风天气频繁，生态质量严重下降，绿色发展面临危机。气象资料表明，从1950年代到1990年代，宁夏南部山区的降水量呈减少趋势，风沙线、干旱带向南推进了80～100公里，农业生产处于恶性循环之中。同时，宁夏水源污染问题严重。通过对宁夏环境系统的观察可以发现，宁夏“三废”污染加剧了环境污染，其中以工业废水的污染最为严重，进一步加剧了水资源紧张问题。宁夏东部地区工业园区集中，是环境污染的典型区域，工厂废物气体的大量排放，使得空气质量大幅下降，环境污染问题日益凸显，影响了生态文明建设进程。

三 宁夏绿色减贫效应评估指标体系构建

绿色减贫是一种促进贫困地区经济、社会、生态可持续发展的创新型减贫模式，在现阶段发展背景下推进贫困地区走绿色减贫之路无疑是解决区域相对贫困问题的有效方式。受地形、生态、经济条件、基础设施等因素影响，宁夏贫困人口多分布在宁夏南部山区，但贫困的空间差异性较大，因此有必要针对不同区域贫困状况进行科学有效的绿色减贫效应评估。开展绿色减贫效应评估是对区域绿色减贫效应进行测度分析的重要前提，同时也是提高贫困地区绿色减贫工作效率的重要保障。为此，结合宁夏实际发展情况，构建科学合理的绿色减贫效应评估指标体系尤为重要。

（一）绿色减贫效应评估指标体系构建及数据来源

1.指标体系构建原则

为了更客观地反映民族地区绿色减贫效应，更综合地考虑区域内部发展情况，本部分立足于研究区域实际发展状况，并结合当前不同学者关于绿色减贫的研究成果，构建科学有效的绿色减贫效应评估指标体系。指标体系的构建具体遵循以下几项原则。

（1）目的性原则

贫困地区在当前发展背景下，不能单纯追求经济快速增长，还要以巩固当前脱贫成果、提高可持续脱贫成效为发展目标。目的性原则要求绿色减贫效应评估指标体系的每个维度都具备特定的发展目标指向性、都能达到预期的评估目的。

（2）科学性原则

绿色减贫效应评估指标体系不是通过简单的主观臆想构建出来的，而是建立在丰富的理论基础之上的。绿色减贫本身体现的就是多维、综合、可持续的科学减贫发展理念。因此，在指标体系构建过程中尤其要注重内部各个维度的综合发展属性。同时，对数据的处理和运算也要严格、规范，以保证其科学性。

（3）系统性原则

绿色减贫效应评估指标体系的系统性，一方面要求体系内部明确突出总维度与4个分维度、4个分维度与具体指标之间存在的特定关联关系；另一方面要求反映出绿色与减贫的综合发展情况，即通过绿色发展所实现的区域各方面协调发展情况，而并非单一层面的经济增长。立足于系统性原则的两个方面，不仅可以顾及指标体系内部各个维度的发展协调性，也能够进一步增强指标体系的完整性。

（4）可比性原则

从省级、市级、县级3个尺度分别进行绿色减贫效应评估，在不同尺度进行更为科学客观的对比分析，避免测算方法的主观性与随意性。要对所选指标进行量化处理，以方便针对数据结果进行不同方式的对比研究，提升数据说服力及现实应用价值。

（5）实用性原则

绿色减贫效应评估指标体系必须建立在研究区域实际发展状况的基础之上，尤其要注意指标的设置能否突出区域所存在问题。同时，选取的指标也应尽可能为通用指标，避免相似指标的重复设置，以保证指标的实用价值及参考价值。

2.指标选取维度

基于绿色减贫发展理念，对宁夏拟从省级、市级、县级3个尺度出发，结合2014～2018年宁夏实际发展情况及数据可得性，构建区域绿色减贫效应评估指标体系。该体系包含4个一级指标和18个二级指标。其中，经济增长绿化度一级指标下设6个二级指标；资源利用与环境保护程度一级指标下设3个二级指标；社会发展能力一级指标下设6个二级指标；扶贫开发与减贫效果一级指标下设3个二级指标。二级指标选取的都是与一级指标的关联程度较高的指标，总体上包括了反映区域绿色减贫效应所需要的指标。大范围的维度划分与细化选取的比较有代表性的具体指标，不仅展现了多维度共同发展的综合性，也体现了民族地区可持续发展的整体性与协调性，保证了我们能够对宁夏回族自治区及宁夏回族自治区3个地级市、8个县（区）的绿色减贫效应进行科学的评估。

3.研究区域绿色减贫效应评估指标体系构建

在遵循绿色减贫效应评估指标体系构建原则的基础上，本部分结合研究区域实际发展情况，并借鉴现有文献中不同学者对不同区域进行绿色减贫研究所构建的绿色减贫相关指标体系，综合考虑当前宁夏经济发展水平、生态环境特征、社会发展能力、区域贫困问题等，构建了绿色减贫效应评估指标体系（见表3-1）。其中，总维度为研究区域绿色减贫效应，分维度即一级指标有4个，分别为经济增长绿化度、资源利用与环境保护程度、社会发展能力、扶贫开发与减贫效果，反映分维度内部发展情况的具体指标即二级指标有18个。

（1）经济增长绿化度

经济增长绿化度体现的是区域经济的绿色发展水平。该维度包括6个具体指标，其中人均GDP用来反映研究区域经济发展程度；单位GDP能耗用来反映研究区域能源消费水平和节能降耗状况；农业土地产出率用来反映研究区域农业发展程度；第三产业增加值比重用来反映研究区域产业结构的优化程度；单位GDP二氧化硫排放量用来反映研究区域节能减排状况；工业固体废物综合利用率用来体现研究区域环境状况。

（2）资源利用与环境保护程度

资源利用与环境保护程度体现的是研究区域资源利用效率及生产生活对环境的影响程度。该维度主要选取了3个具体指标，其中工业废水排放总量是反映研究区域环境保护程度的重要指标；水土流失综合治理面积是一个地区对于资源环境保护程度的重要体现，该指标数值的变化可以反映研究区域资源保护意识和生态环境建设情况的改变；单位耕地面积化肥施用量体现的是农业生产活动对环境所产生的负效应。

（3）社会发展能力

社会发展能力体现的是社会发展对区域绿色减贫效应的影响程度。该维度包括6个具体指标，其中城乡居民收入比用来衡量研究区域的城乡居民收入差距；通宽带村比重用来反映研究区域宽带网络的普及程度；人均耕地面积用来衡量研究区域平均每人拥有的耕地数量，人均耕地面积对于国民经济、农业生产以及人民生活水平具有重要影响；卫生机构数反映了研究区域基层医疗卫生服务水平；每万人中学生在校人数可以反映研究区域教育发展水平；自来水受益村比重体现了研究区域供水受益人口水平。

（4）扶贫开发与减贫效果

扶贫开发与减贫效果体现的是贫困地区扶贫状况及减贫成效。该维度包含3个具体指标，其中有效灌溉面积占耕地面积比重是反映农田水利建设情况的重要指标；农村农林牧渔业从业人员占比反映的是劳动人口结构变化情况；农村居民人均可支配收入增长率可以衡量研究区域人民生活水平的变化情况。

表3-1　绿色减贫效应评估指标体系

总维度	分维度（一级指标）	具体指标（二级指标）	单位	指标类型
研究区域绿色减贫效应	经济增长绿化度	人均GDP（x_1）	元	+
		单位GDP能耗（x_2）	吨标准煤/万元	–
		农业土地产出率（x_3）	元/米^2	+
		第三产业增加值比重（x_4）	%	+
		单位GDP二氧化硫排放量（x_5）	吨/万元	–
		工业固体废物综合利用率（x_6）	%	+
	资源利用与环境保护程度	工业废水排放总量（x_7）	千克	–
		水土流失综合治理面积（x_8）	平方千米	+
		单位耕地面积化肥施用量（x_9）	吨/千米^2	–
	社会发展能力	城乡居民收入比（x_{10}）	%	–
		通宽带村比重（x_{11}）	%	+
		人均耕地面积（x_{12}）	平方千米	+
		卫生机构数（x_{13}）	个	+

续表

总维度	分维度（一级指标）	具体指标（二级指标）	单位	指标类型
研究区域绿色减贫效应	社会发展能力	每万人中学生在校人数（x_{14}）	人	+
		自来水受益村比重（x_{15}）	%	+
	扶贫开发与减贫效果	有效灌溉面积占耕地面积比重（x_{16}）	%	+
		农村农林牧渔业从业人员占比（x_{17}）	%	+
		农村居民人均可支配收入增长率（x_{18}）	%	+

注：指标类型一列的“+”“-”反映了指标值与绿色减贫效应的关系，“+”代表指标为正向指标，“-”代表指标为负向指标。

4. 数据来源

绿色减贫效应评估所需的宏观数据主要来自2015~2019年《宁夏统计年鉴》、《宁夏回族自治区国民经济和社会发展统计公报》（2014~2018年）、吴忠市人民政府网站、固原市人民政府网站、中卫市人民政府网站、各县域统计年鉴（2015~2019年）以及宁夏回族自治区水利厅网站等。

（二）评价方法

1. 熵值法

确定指标权重通用的两大方法是主观赋权法（AHP）和客观赋权法（熵值法），由于研究区域绿色减贫效应评估指标体系的各维度之间以及不同尺度之间的比较具有差异性，采用主观赋权法所确定的权重难以客观反映研究区域实际情况。因此，为了更好地对区域绿色减贫效应进行评估，使评估结果更具客观性与综合性，本部分运用熵值法来确定评估指标的权重。具体计算过程如下。

首先，利用公式（3-1）计算样本比重。

$$p_{ij}=\frac{x_{ij}}{\sum_{i=1}^{n}x_{ij}},(0\leqslant p_{ij}\leqslant 1)i=1,\cdots n;\ j=1,\cdots,m \qquad 公式（3-1）$$

其次，利用公式（3-2）计算熵值。

$$e_j = -k\sum_{i=1}^{n} p_{ij} \ln p_{ij}, j = 1, \cdots, m$$ 公式（3-2）

其中，$k=1/\ln n>0$，满足$e_j \geqslant 0$。

再次，利用公式（3-3）计算信息熵冗余度。

$$d_j = 1 - e_j, j = 1, \cdots, m$$ 公式（3-3）

复次，利用公式（3-4）计算各项指标的权重。

$$w_j = \frac{d_j}{\sum_{j=1}^{m} d_j}$$ 公式（3-4）

最后，利用公式（3-5）计算各样本综合得分。

$$s_i = \sum_{j=1}^{m} w_j \times p_{ij}$$ 公式（3-5）

2. TOPSIS法

TOPSIS法即优劣解距离法，是针对多项指标或多个方案进行评价的一种综合评价方法，中心思想是通过确定各项指标的正理想解（最优方案）和负理想解（最劣方案），求出各个方案与正负理想解的加权欧氏距离，并以此作为判断评价方案优劣的标准（距离最高分越近，效果评价越好；距离最低分越近，效果评价越差）。该种方法对数据分布及样本量没有限制，同时假设每个指标属性都单调递增或递减。具体计算过程如下。

首先，对指标进行归一化处理，建立矩阵，见公式（3-6）。

$$Z = (X)_{m \times n}$$ 公式（3-6）

其次，确定最优方案Z^+和最劣方案Z^-，即绿色减贫效应的正理想解Z^+和绿色减贫效应的负理想解Z^-。

利用Z中最大的值构成正理想解向量：

$$Z^+ = (\max Z_{i1}, \max Z_{i2}, \cdots, \max Z_{im})$$ 公式（3-7）

利用Z中最小的值构成负理想解向量：

$$Z^- = (\min Z_{i1}, \min Z_{i2}, \cdots, \min Z_{im})$$ 公式（3-8）

然后，利用公式（3-9）、公式（3-10）分别计算Z_i与正理想解Z^+和负理想解Z^-的加权欧氏距离D_i^+和D_i^-。

$$D_i^+ = \sqrt{\sum_{j=1}^{n}(Z^+ - Z_{ij})^2 w_j}$$ 公式（3–9）

$$D_i^- = \sqrt{\sum_{j=1}^{n}(Z^- - Z_{ij})^2 w_j}$$ 公式（3–10）

再次，利用公式（3–11）计算评估对象与Z^+的贴近度C_i。

$$C_i = \frac{D_i^-}{D_i^+ + D_i^-}$$ 公式（3–11）

最后，根据C_i大小进行排序，给出评价结果。

通过上述方法，本部分结合宁夏2014～2018年的面板数据，对研究区域分别进行省级、市级、县级尺度的绿色减贫效应评估。

四　宁夏绿色减贫效应评估

由于经济欠发达地区的自然生态禀赋与经济社会发展程度差异明显，绿色减贫效应也呈现一定的差异。为了全面了解研究区域绿色减贫效应与空间分异特征，本部分根据前文构建的绿色减贫效应评估指标体系，基于宁夏2014～2018年面板数据，分别从省级、市级、县级3个尺度对宁夏进行绿色减贫效应的系统分析和实证评价。

（一）省级尺度的绿色减贫效应评估

1. 指标权重的确定

首先，对原始数据进行标准化处理，计算出宁夏绿色减贫效应评估指标体系的各指标权重，结果如表3–2所示。

表3–2　宁夏绿色减贫效应评估指标体系的各指标权重

指标	权重
x_1	0.0014
x_2	0.1075
x_3	0.0025
x_4	0.0024

续表

指标	权重
x_5	0.1083
x_6	0.0119
x_7	0.1056
x_8	0.2140
x_9	0.2810
x_{10}	0.1411
x_{11}	0.0017
x_{12}	0.0001
x_{13}	0.0001
x_{14}	0.0001
x_{15}	0.0008
x_{16}	0.0001
x_{17}	0.0001
x_{18}	0.0216

注：表中数据为四舍五入后数据，存在误差，未做调整。
资料来源：根据原始数据计算所得。

其次，通过公式（3–7）、公式（3–8）进行正、负理想解的确定，再通过公式（3–9）、公式（3–10）、公式（3–11）得出2014~2018年宁夏绿色减贫效应与正、负理想解的加权欧氏距离、贴近度和排名（见表3–3）。

最后，得出2014~2018年宁夏绿色减贫效应总指数和分维度指数及排名（见表3–4）。

表3–3　2014 ~ 2018年宁夏绿色减贫效应与正、负理想解的加权欧氏距离、贴近度和排名

年份	D_i^-	D_i^+	C_i	排名
2014	0.3609	0.6407	0.360	3
2015	0.3517	0.6212	0.362	2
2016	0.3593	0.6614	0.352	5
2017	0.3526	0.6383	0.356	4
2018	0.6620	0.4222	0.611	1

注：表中数据为四舍五入后数据，计算时采用的是原始数据，存在误差，未做调整，余同。
资料来源：根据2015 ~ 2019年《宁夏统计年鉴》数据计算所得。

表3-4　2014～2018年宁夏绿色减贫效应总指数和分维度指数及排名

年份	绿色减贫效应总指数（总贴近度）	排名	经济增长绿化度指数（贴近度）	排名	资源利用与环境保护程度指数（贴近度）	排名	社会发展能力指数（贴近度）	排名	扶贫开发与减贫效果指数（贴近度）	排名
2014	0.360	3	0.447	4	0.510	2	0.355	3	0.724	1
2015	0.362	2	0.361	5	0.522	1	0.328	4	0.240	4
2016	0.352	5	0.505	3	0.169	5	0.222	5	0.284	2
2017	0.356	4	0.511	2	0.216	4	0.380	2	0.157	5
2018	0.611	1	0.529	1	0.497	3	0.669	1	0.257	3

资料来源：根据2015～2019年《宁夏统计年鉴》数据计算所得。

2.省级尺度绿色减贫效应评析

根据相关研究，从与其他省份的对比分析来看，宁夏的绿色发展水平相对落后且差距较大，2014年宁夏的绿色发展指数为105.58，在30个省份（不包含西藏）中排名第26，低于全国平均值149.31，是发展相对落后的地区。宁夏的绿色发展指数在2015年后增速有所下降，2016年宁夏在30个省份（不包含西藏）中排名第27，由于生态禀赋相对较差，环境质量下降，宁夏的绿色发展水平依旧较低。宁夏由于贫困与生态脆弱性叠加，无论是从主体功能区的规划来看还是从地区经济社会发展状况来看，国土空间治理都处于较低水平。2014~2018年宁夏的绿色发展增速为2.40%，在30个省份（不包含西藏）中排名第23，增速较慢，且绿色发展动态综合评价值在30个省份（不包含西藏）中排名第27。从地区空间分布来看，宁夏的绿色发展效率由东部到西部呈现逐渐递减的特征，东部地区为高效率发展水平，中部地区为中等效率发展水平，西部地区则大多为低效率发展水平，呈现“东—中—西”阶梯式及“北—中—南”对称式递减分布。宁夏的区位条件严重制约了宁夏的社会经济发展，经济发展缓慢导致的贫困落后和生态破坏使得宁夏的绿色发展水平落后于大部分省份。

从本节研究数据来看，宁夏的绿色减贫效应具有以下特征。

（1）绿色减贫水平总体较低，呈现不稳定特征。从总指数来看，2016年水平最低，2018年达到5年来最高水平。从表3–4可以看出，资源利用与环境保护程度指数拉低了2016年总指数水平，不仅在4个分维度中水平最低，在同维度的5年中也是最低的。通过原始数据可知，影响资源利用与环境保护程度较大的2个指标分别是水土流失综合治理面积和单位耕地面积化肥施用量。2016年水土流失综合治理面积为870.8平方千米，比2015年下降了22%，大幅度拉低了指数；2016年单位耕地面积化肥施用量增加，但该指标是负向指标。2018年的总指数最高，且与最低年份的总指数水平差距较大，其中社会发展能力指数的明显提升对总指数水平的影响显著。从原始数据可以看出，2018年宁夏为提升贫困户生活水平在基础设施建设上投入力度较大，通宽带村比重、卫生机构数和自来水受益村比重都达到了5年以来的最高水平。

从影响绿色减贫效应总指数的4个分维度来看，经济增长绿化度指数除2015年外其余年份均呈上升趋势，资源利用与环境保护程度指数呈波动式变化特征。宁夏进一步加大了对水土流失的综合治理力度，单位耕地面积化肥施用量在2018年实现了5年以来的最低水平。社会发展能力指数自2016年后呈现上升趋势，由于2018年加强了基础设施建设，当年的社会发展能力指数达到5年来最高水平。扶贫开发与减贫效果指数也呈波动式变化特征，2014年该指数最高的一个重要原因是宁夏实施了生态移民工程，尤其是西海固地区生态移民成效显著，从而带动了农村居民人均可支配收入的提高，增长率达17.6%。宁夏贫困人口从2013年的51万人减少至2014年的45万人，扶贫成效显著。但在后面的几年中，虽然农村居民人均可支配收入逐年上升，但增幅较小，从而影响了扶贫开发与减贫效果指数。总体来看，4个分维度在不同年份存在的波动差异性在一定程度上导致了宁夏绿色减贫效应总指数的不稳定性。

（2）各维度两极分化现象显著，体现出发展不均衡性。从4个分维度看，经济增长绿化度指数在2015年最低（0.361），在2018年最高（0.529），2018年是2015年的1.47倍。这是因为2015年第三产业增加值比重最低，单位GDP二氧化硫排放量较高，拉低了整体经济增长绿化度指数水平。2018年单位GDP二氧化硫排放量达到最低，在很大程度上提升了宁夏绿色发展水平。资源利用与环境保护程度指数排名第1，在2016年最低（0.169），在2015年最高（0.522），2016年是2015年的3.09倍。原始数据中变动最大的是水土流失综合治理面积。社会发展能力指数在2016年最低（0.222），在2018年最高（0.669），2018年是2016年的3.01倍，因为2016年与2018年在城乡居民收入比和通宽带村比重方面有较大差距。扶贫开发与减贫效果指数在2017年最低（0.157），在2014年最高（0.724），2014年是2017年的4.61倍，这是因为受到农村居民人均可支配收入增长率的变动影响。宁夏在追求经济快速发展时缺乏对生态、社会及民生等方面的关注，对经济领域的资金投入使得其他领域的资金投入受到影响，人民生活质量下降，发展严重失衡，经济社会的可持续发展面临危机。从4个分维度指数的最高与最低水平来看，除经济增长绿化度外，其他3个维度5年内最高与最低水平之间的差距均较大，发展极其不均衡。

（3）绿色减贫在不同年份的侧重点不同。2014年，从4个分维度上可以看出宁夏在资源利用与环境保护程度和扶贫开发与减贫效果方面重视程度较高。宁夏在资源利用与环境保护方面加大了对水土流失的综合治理，2014年治理面积达19598平方千米，治理区域的生态环境明显改善。2014年在扶贫开发与减贫效果方面表现最为显著的指标是农村居民人均可支配收入增长率（17.59%），该指标数值是2016年（7.44%）的2.36倍，是5年中最高水平。农民收入水平的大幅增长除了因为生态移民改善了大部分贫困户的生活水平，还与宁夏不断推进农村土地流转和加速城镇化进程有重要关系。2015年，宁夏依然注重资源利用与环境保护，从原始数据可以看出，2015年宁夏水土流失综合治理面积有明显提升，这与宁夏从源头预防和治理水土流失有重要关系，其他3个分维度指数相对较低，尤其是扶贫开发与减贫效果指数仅是2014年的1/3，说明2015年宁夏在扶贫助贫工作方面略显不足。2016年，宁夏在经济增长绿化度方面有重要突破，从原始数据可以看出变化最为明显的是单位GDP二氧化硫排放量大幅降低。可持续发展要求转变“高投入、高消耗、高污染”的传统生产方式，宁夏积极倡导清洁生产和适度消费，减少对环境的破坏，做到“低投入、高产出”，提高了可持续发展水平。2016年其他3个分维度的指数水平均较低（扶贫开发与减贫效果指数虽排名第2，但指数水平较低）。2017年，宁夏继续在经济增长绿化度方面进行重点突破，其他3个分维度除扶贫开发与减贫效果指数最低外，另外2个分维度指数相较于2016年均有所提升，但增幅较小。2018年，宁夏在提升经济增长绿化度的同时也平衡了社会发展能力，社会发展能力指数是2016年（0.222）的约3倍。从表3–5中可以看出，通宽带村比重、卫生机构数和自来水受益村比重整体呈现增加的趋势，说明宁夏加大了对农村基础设施的投入力度，低收入群体的收入水平和生活质量得到了提升。2018年在资源利用与环境保护程度方面也加强了重视，2018年指数水平是2017年的2.3倍。

表3–5　2014～2018年宁夏通宽带村比重、卫生机构数及自来水受益村比重

年份	通宽带村比重（%）	卫生机构数（个）	自来水受益村比重（%）
2014	68.27	4252	79.12
2015	79.96	4289	81.77
2016	83.57	4256	82.56
2017	90.66	4272	93.36
2018	90.78	4451	93.44

资料来源：根据2015～2019年《宁夏统计年鉴》整理并计算所得。

综合上述分析发现，2014~2018年宁夏的绿色减贫仍处于低水平、不平衡、发展缓慢的阶段；总体水平不稳定，内部4个分维度层面也极其不均衡，虽然总体水平在2018年达到最高，但阶段性的不稳定仍是宁夏存在的一个重要问题。宁夏在绿色减贫中应该注重经济与生态之间的平衡发展，单一追求某一方面的发展必然导致经济与生态失衡。绿色减贫追求的是多维度综合协调发展，尤其注重绿色发展带动的扶贫减贫效应。

（二）市级尺度的绿色减贫效应评估

1. 市级尺度绿色减贫效应

从区域分布上看，研究选取的8个县（区）所属的地级市分别是吴忠市、固原市和中卫市。从宁夏全区发展状况来看，人均GDP排名前两位的地级市分别是银川市和石嘴山市。从地理分布来看，银川市和石嘴山市都属于宁北引黄灌溉区。无论从地区生态环境来说还是从城市经济发展来说，宁北地区都是宁夏的优势区，是带动宁夏经济社会发展的主要地带，而位于中南部地区的吴忠市、固原市和中卫市相对来说经济发展较慢、生态环境更脆弱、贫困人口更集中。本部分主要针对这3个地级市的绿色减贫状况进行研究和分析，市级尺度的测度依然依据前述的赋权与评分相结合的方法，测度结果如表3-6所示。

表3-6　2014～2018年宁夏3个地级市绿色减贫效应总指数和分维度指数及排名

年份	地级市	绿色减贫效应总指数（总贴近度）	排名	经济增长绿化度指数（贴近度）	排名	资源利用与环境保护程度指数（贴近度）	排名	社会发展能力指数（贴近度）	排名	扶贫开发与减贫效果指数（贴近度）	排名
2014	吴忠市	0.5556	1	0.3552	3	0.4946	2	0.6807	1	0.7999	1
	固原市	0.5192	2	0.6007	1	0.6028	1	0.4990	3	0.2844	3
	中卫市	0.4558	3	0.3647	2	0.3583	3	0.5690	2	0.6430	2
2015	吴忠市	0.5869	1	0.3583	3	0.4986	2	0.6910	1	0.8263	1
	固原市	0.4906	2	0.5764	1	0.6150	1	0.5018	3	0.2656	3
	中卫市	0.4644	3	0.4098	2	0.3527	3	0.5498	2	0.7077	2
2016	吴忠市	0.6030	1	0.4367	3	0.4512	2	0.7078	1	0.8447	1
	固原市	0.4880	2	0.6119	1	0.6427	1	0.4975	3	0.2634	3
	中卫市	0.4364	3	0.4619	2	0.3022	3	0.5215	2	0.6925	2
2017	吴忠市	0.5427	1	0.4177	2	0.3727	3	0.7110	1	0.8511	1
	固原市	0.5183	2	0.6083	1	0.6682	1	0.5086	2	0.2763	3
	中卫市	0.3608	3	0.3705	3	0.6040	2	0.4766	3	0.6581	2
2018	吴忠市	0.5678	1	0.4544	3	0.3595	2	0.7087	1	0.8733	1
	固原市	0.5415	2	0.5880	1	0.6837	1	0.5300	2	0.2491	3
	中卫市	0.3919	3	0.4663	2	0.2243	3	0.4842	3	0.6259	2

资料来源：根据2015～2019年《宁夏统计年鉴》整理并计算所得。

2.市级尺度绿色减贫效应评析

（1）分维度绿色减贫状况分析

从2014~2018年数据测算结果可以看出，在绿色减贫效应总指数排名上，吴忠市排名第1，固原市排名第2，中卫市排名第3。吴忠市连续5年排名第1主要受分维度中社会发展能力和扶贫开发与减贫效果影响较大，而经济增长绿化度则略显不足。固原市总指数排名与经济增长绿化度和资源利用与环境保护程度息息相关，虽然固原市的绿色减贫效应在扶贫开发与减贫效果方面表现不佳，但其经济增长绿化度情况较好，拉高了其绿色减贫效应总指数和排名。中卫市总指数排名最后，4个分维度的指数方面，虽然扶贫开发与减贫效果指数比固原市表现好，但资源利用与环境保护程度指数较低，在很大程度上拉低了中卫市绿色减贫效应总指数和排名。

经济增长绿化度方面，5年中固原市稳居第1。首先，从原始数据中可以看出，固原市单位GDP能耗最低。影响单位GDP能耗的因素有许多，除能源消费结构外，产业结构占比也会在很大程度上影响单位GDP能耗。一般来说，工业单位增加值能耗相比其他产业要高得多，也就是说，工业占比越大，单位GDP能耗就相对越高。固原市工业经济并不发达，且工业在三次产业结构中的占比一直以来在3个地级市中都处于最低水平。另外，第三产业增加值比重越大，单位GDP能耗越低。2014 ~ 2018年固原市第三产业增加值比重均保持在50%以上，而其他2个地级市均低于50%，显然高耗能工业占比低和低能耗第三产业占比高这两个因素使得固原市单位GDP能耗最低。其次，固原市第三产业增加值比重高于吴忠市和中卫市，这跟地区政府积极鼓励支持第三产业发展有很大关系。例如，固原市建成老龙潭·中华龙文化博览园和火石寨地质博物馆，须弥山石窟升级为国家4A级景区。固原市商贸流通等传统服务业发展水平也有明显提升，2014年实现第三产业增加值90.23亿元，增长12.5%。最后，固原市连续5年单位GDP二氧化硫排放量最低、工业固体废物综合利用率最高，可见固原市对资源能源的利用效果明显高于其他两个地级市，在经济快速发展的同时固原市对于环境保护也非常注重。吴忠市的经济增长绿化度指数除2017年排名第2外，其余年份排名都是第3。原始数据中单位GDP二氧化硫排放量和单位GDP能耗均较高，说明吴忠市在工业快速发展的同时加速了工业园区环境污染，许多建筑工地、高污染工业企业污染防治措施不到位、环保设施运行不正常，大气中污染气体增多，生态环境遭到破坏，违背了绿色发展原则。

资源利用与环境保护程度方面，5年中固原市稳居第1。3个地级市的指数差距较大，在原始数据中，固原市连续5年工业废水排放总量最低、单位耕地面积化肥施用量最低。以2014年为例，固原市的工业废水排放总量与排名第2的吴忠市相差1793万吨，与排名第3的中卫市相差2557万吨，说明在减排方面固原市的成效更加显著。反观排名最后的中卫市，虽然中卫市是著名的瓜果之乡，但由于地处边远地区的沙漠地带，部分企业秉承着“外地人看不到、不敢管”的态度，存在严重的化工污染问题。化工厂、造纸厂的排污缺乏政府监管，导致化工园区污染严重，同时被污染后的水露天直排进入水库，然后通过漫浇树林渗透到地下，使得中卫市的地下水系遭受严重污染。

社会发展能力方面，吴忠市连续5年排名第1。从原始数据来看，吴忠市城乡居民收入比逐年降低，且低于宁夏全区平均水平。这是由于吴忠市一直以来都极其注重城市与农村之间的发展协调性与公平性，针对民生存在的各种问题积极提出治理对策和解决办法，同时不断优化城乡居民收入分配，努力缩小城市与农村之间的发展差距。在经济发展方面，农村居民收入水平基本呈现逐年增长的趋势，农民收入水平的提高对改善农村生活水平、提高农户生活质量起到了积极作用，通宽带村比重和自来水受益村比重逐年提高也印证了这一点。固原市2014～2016年排名第3，最根本的影响因素在于其城乡居民收入比较高，城乡居民收入差距较大。2018年固原市城乡居民收入差距高达17152元，农村居民可支配收入虽然呈逐年递增趋势，但增幅较小，可见农村经济发展缓慢。同时，2014年固原市通宽带村比重仅为48.06%，虽然5年间稳中有增，但在2018年比重（86.31%）仍低于吴忠市（89.15%）和中卫市（90.59%），由此可以发现固原市在社会发展能力方面进步缓慢。政府应当积极拓宽农民收入渠道，在城镇化进程中，促使更多农民进城并真正成为市民，进一步做好社会保障工作，加大对农民的社保支出力度。

扶贫开发与减贫效果方面，5年来吴忠市排名第1，固原市排名第3。从指数上看两个地级市差距较大，2018年差距最大，吴忠市是固原市的3.5倍，其中最主要的影响指标为有效灌溉面积占耕地面积比重。自2014年起，吴忠市逐年加大对高效节水项目的投资力度，大大提升了农作物灌溉效率，节水灌溉建设工程效果显著。位于中南部干旱区的吴忠市，之前只能通过“靠天吃饭”的方式进行农作物生产发展，而高效节水项目的实施有效促进了吴忠市农作物增产、农户增收，截至2018年底，吴忠市已有近703.7平方千米的区域实现高效节水灌溉。位于南部偏远山区的固原市，除泾源县外，市内其他地区的水资源极其匮乏，且水资源空间分布不均，水资源总量相对较小。固原市耕地面积大，农作物用水需求大，但由于水资源短缺能够得到有效灌溉的耕地非常少，影响了农作物收成，进而影响了农民收入，同时也影响了农业、工业和居民生活，严重阻碍了固原市经济社会发展。

（2）分年度绿色减贫状况分析

吴忠市2016年总指数（0.6030）最高，各分维度虽无明显突出成效，但综合发展水平较高。2017年总指数（0.5427）最低，原始数据中，卫生机构数和有效灌溉面积占耕地面积比重较低，也从侧面反映出2017年吴忠市在减贫工作上有所欠缺，总指数水平与排名有所下降。纵观2014～2018年吴忠市的绿色减贫状况，不难发现，虽然总指数5年以来持续排名第1，但分维度指数之间差异明显，尤其是表征绿色发展的经济增长绿化度指数较低，相对来说，表征减贫发展的扶贫开发与减贫效果指数较高。这说明吴忠市在发展中更注重减贫发展，忽视了绿色发展对城市经济、生态发展的重要性。

固原市2018年总指数（0.5415）最高，资源利用与环境保护程度指数（0.6837）和社会发展能力指数（0.5300）在2018年分别达到5年最大值，从而提升了总指数与排名。2016年总指数（0.4880）最低，虽然经济增长绿化度指数（0.6119）达到5年最高，但社会发展能力指数（0.4975）为5

年最低，拉低了总指数与排名。综合分析2014～2018年固原市的绿色减贫状况，可以看出资源利用与环境保护程度指数均值为0.6425，成为固原市绿色发展的主体指标，反观减贫发展方面，可以看出扶贫开发与减贫效果指数均值为0.2678，前者是后者的近2.4倍，由此可以看出固原市在绿色减贫中更偏向于通过绿色发展来带动区域减贫。

中卫市2015年总指数（0.4644）最高，其中扶贫开发与减贫效果指数（0.7077）达到5年最高；2017年总指数（0.3608）最低，虽然资源利用与环境保护程度指数（0.6040）在2017年达到5年最大值，但社会发展能力指数（0.4766）水平最低，且经济增长绿化度指数（0.3705）也偏低。从2014～2018年中卫市绿色减贫状况来看，分维度之间发展均衡性较好，但水平太低。绿色发展和减贫两方面能力都不足是导致该市总指数排名最后的重要原因。

综合上述横向纵向两方面的对比分析可知，吴忠市绿色减贫总体水平较高，但在绿色发展方面略显不足，在经济发展的同时对生态环境的考虑欠佳。固原市发展水平中等，绿色减贫重点偏向于绿色发展，在减贫方面有待进一步加强完善。中卫市总体水平最低，无论是绿色发展还是减贫都无突出成效。2014～2017年3个地级市的绿色减贫总体水平高于宁夏的省级尺度总体水平，2018年宁夏为实现区域整体脱贫目标加大了在各个维度的综合建设与治理力度，绿色减贫总体水平飞速提升。而这3个地级市的总指数虽然在2017年后呈稳中有增趋势，但对于如何平衡内部绿色发展与减贫的协调关系，不同地级市仍需针对各自的具体发展情况提出合理的路径优化建议。

（三）县级尺度的绿色减贫效应评估

1. 县级尺度绿色减贫效应

宁夏的贫困人口基本分布于相对贫困落后的农村地区，而农村人口大多集中在宁夏中南部的8个县（区）。这些区域生态脆弱叠加经济贫困导致农户脱贫受阻。2018年以前这8个县（区）被列为国家级贫困县（区），探究这些县（区）的绿色减贫状况对于实现贫困地区可持续发展、提升农村可持续脱贫成效有重要意义。县级尺度的测度仍然采用前述的赋权与评分相结合的方法，测度结果如表3-7、表3-8、表3-9、表3-10和表3-11所示。

表3-7 2014～2018年宁夏8个县（区）绿色减贫效应总指数及排名

地区	绿色减贫效应总指数（总贴近度）									
	2014年	排名	2015年	排名	2016年	排名	2017年	排名	2018年	排名
同心县	0.4895	2	0.4672	2	0.4823	2	0.5078	2	0.4631	2
盐池县	0.5195	1	0.5298	1	0.5227	1	0.5507	1	0.5306	1
西吉县	0.3514	7	0.3661	6	0.3505	5	0.4129	4	0.3617	7
原州区	0.4112	4	0.3699	5	0.3604	4	0.4281	3	0.3814	6
隆德县	0.3708	6	0.3302	7	0.3416	7	0.3496	7	0.4182	4
泾源县	0.2917	8	0.2178	8	0.2451	8	0.2250	8	0.2754	8
彭阳县	0.3837	5	0.3832	4	0.3500	6	0.3976	5	0.4133	5
海原县	0.4878	3	0.4469	3	0.4335	3	0.3802	6	0.4473	3

资料来源：根据2015～2019年《宁夏统计年鉴》整理并计算所得。

表3-8 2014～2018年宁夏8个县（区）经济增长绿化度指数及排名

地区	经济增长绿化度指数（贴近度）									
	2014年	排名	2015年	排名	2016年	排名	2017年	排名	2018年	排名
同心县	0.5775	5	0.5473	5	0.5910	4	0.6040	4	0.5086	7
盐池县	0.5359	7	0.5486	4	0.6158	2	0.6120	2	0.5845	3
西吉县	0.5984	3	0.5710	3	0.5998	3	0.6042	3	0.5503	5
原州区	0.6191	2	0.5744	2	0.7024	1	0.7024	1	0.6831	1
隆德县	0.5859	4	0.4591	7	0.4637	8	0.4775	6	0.4736	8
泾源县	0.5134	8	0.3764	8	0.5234	6	0.4197	7	0.5903	2
彭阳县	0.6738	1	0.6945	1	0.5191	7	0.5420	5	0.5540	4
海原县	0.5520	6	0.5094	6	0.5838	5	0.4126	8	0.5360	6

资料来源：根据2015～2019年《宁夏统计年鉴》整理并计算所得。

表3-9　2014～2018年宁夏8个县（区）资源利用与环境保护程度指数及排名

地区	资源利用与环境保护程度指数（贴近度）									
	2014年	排名	2015年	排名	2016年	排名	2017年	排名	2018年	排名
同心县	0.5100	3	0.5366	3	0.5738	2	0.5009	3	0.4833	3
盐池县	0.7238	1	0.7089	1	0.5562	3	0.5632	2	0.5527	2
西吉县	0.3717	6	0.3781	5	0.3609	6	0.3748	5	0.3667	7
原州区	0.4946	4	0.5131	4	0.4521	4	0.4715	4	0.4480	4
隆德县	0.3100	8	0.3226	8	0.3289	8	0.3371	7	0.4120	5
泾源县	0.3753	5	0.3647	7	0.3476	7	0.3129	8	0.3092	8
彭阳县	0.3672	7	0.3716	6	0.3760	5	0.3477	6	0.3981	6
海原县	0.5959	2	0.6252	2	0.6129	1	0.5866	1	0.5693	1

资料来源：根据2015～2019年《宁夏统计年鉴》整理并计算所得。

表3-10　2014～2018年宁夏8个县（区）社会发展能力指数及排名

地区	社会发展能力指数（贴近度）									
	2014年	排名	2015年	排名	2016年	排名	2017年	排名	2018年	排名
同心县	0.4295	3	0.3854	4	0.3881	4	0.3833	5	0.4114	5
盐池县	0.4337	2	0.4380	1	0.4907	1	0.4843	1	0.5050	1
西吉县	0.3219	6	0.4278	2	0.4200	3	0.4343	3	0.4496	3
原州区	0.2910	7	0.3014	7	0.3065	6	0.3242	6	0.3329	6
隆德县	0.4404	1	0.3838	5	0.3815	5	0.4019	4	0.4218	4
泾源县	0.1963	8	0.1986	8	0.1778	8	0.1584	8	0.1725	8
彭阳县	0.3939	4	0.4194	3	0.4204	2	0.4456	2	0.4721	2
海原县	0.3589	5	0.3197	6	0.2908	7	0.2817	7	0.3117	7

资料来源：根据2015～2019年《宁夏统计年鉴》整理并计算所得。

表3-11　2014～2018年宁夏8个县（区）扶贫开发与减贫效果指数及排名

地区	扶贫开发与减贫效果指数（贴近度）									
	2014年	排名	2015年	排名	2016年	排名	2017年	排名	2018年	排名
同心县	0.5696	1	0.5608	1	0.5386	1	0.5594	1	0.5662	1
盐池县	0.4078	3	0.4472	2	0.5029	2	0.5343	2	0.5154	2

续表

地区	扶贫开发与减贫效果指数（贴近度）									
	2014年	排名	2015年	排名	2016年	排名	2017年	排名	2018年	排名
西吉县	0.2151	8	0.2123	8	0.2155	8	0.2266	8	0.1901	8
原州区	0.4416	2	0.4176	3	0.4242	3	0.4269	3	0.3963	3
隆德县	0.3177	4	0.3507	4	0.2488	6	0.2581	6	0.3180	4
泾源县	0.2666	6	0.2532	5	0.2618	5	0.2722	5	0.2311	6
彭阳县	0.2575	7	0.2449	6	0.2671	4	0.2966	4	0.2741	5
海原县	0.2790	5	0.2247	7	0.2325	7	0.2488	7	0.2262	7

资料来源：根据2015～2019年《宁夏统计年鉴》整理并计算所得。

2. 县级尺度绿色减贫效应评析

（1）分维度绿色减贫状况分析

从数据测算结果可以看出，在绿色减贫效应总指数排名上，盐池县连续5年排名第1，泾源县连续5年排名第8，2个县的总指数比值基本保持在2左右，地区发展差异较大。盐池县的分维度指数排名基本都比较靠前，尤其是在资源利用与环境保护程度和社会发展能力方面。泾源县的分维度指数排名基本都比较靠后，尤其是社会发展能力指数连续5年排名最后。从图3-6可以更直观地看出盐池县5年内的绿色减贫效应近乎趋于平稳状态，没有大幅度升高和降低，说明该县非常注重绿色减贫各维度的发展。与之相反的是泾源县，5年以来排名末位，这与泾源县地处宁夏最南端，地理位置偏远闭塞，难以受到政府福利政策直接辐射有很大关系，这些不利因素导致该区域发展艰难、缓慢。其他6个县（区）的绿色减贫水平相当，差异相对较小，无明显优劣势。

经济增长绿化度方面。根据表3-8可以得知，8个县（区）中排名相对稳定的是西吉县。而原州区在2016年降低了单位GDP二氧化硫排放量和单位GDP能耗，同时其第三产业增加值比重上涨近2.4个百分点，所以排名在2015年后上升到第1名。隆德县和海原县该维度的指数水平相对较落后，泾源县除2018年排名靠前外，其他年份排名靠后。彭阳县排名变化较大，由2014年和2015年的第1名下降到2016年的第7名。从原始

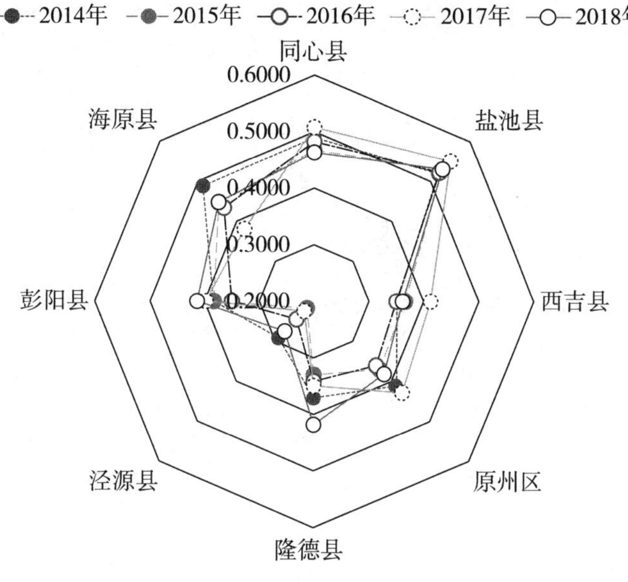

图3-6 2014～2018年宁夏8个县（区）绿色减贫效应总指数变化趋势

数据中可以发现，影响这一结果的重要原因是工业固体废物综合利用率直线下降，该指标从2014年和2015年的100%降低到2016年的14.29%，2017年更是低至5.88%，工业固体废物产生量不断增多，但其利用水平却难以提高，导致利用率大幅降低，进而拉低了彭阳县经济增长绿化度指数的水平和排名。从图3-7可以看出，8个县（区）间经济增长绿化度指数存在显著差异，原州区5年平均水平最高，泾源县和海原县不仅水平相对较低而且年度变动幅度较大，发展不稳定。由此可见，经济增长绿化度指数的地区间差异显著、发展不平衡。

资源利用与环境保护程度方面。综合来看，盐池县和海原县发展较好，隆德县发展最差，其中最明显的差距体现在水土流失综合治理面积指标以及单位耕地面积化肥施用量指标层面。以2014年的水土流失综合治理面积为例，泾源县（367平方千米）仅是盐池县（3790平方千米）的约1/10，是海原县（1922平方千米）的不到1/5；隆德县（405平方千米）也仅是盐池县（3790平方千米）的约1/10，是海原县（1922平方千米）的1/5多点。泾源县和彭阳县的耕地面积在8个县（区）中较小，但化肥施用

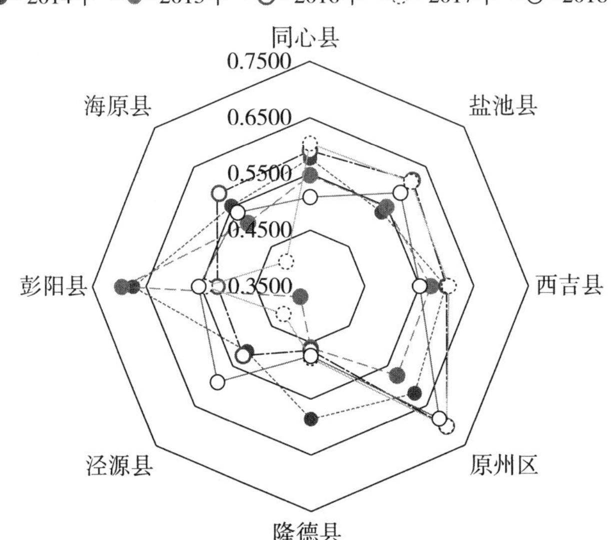

图3-7 2014～2018年宁夏8个县（区）经济增长绿化度指数变化趋势

量较高，从而导致单位耕地面积化肥施用量较高，单位面积化肥施用量过多会导致土壤酸化严重，拉低资源利用与环境保护程度指数。从图3-8可以看出，8个县（区）的资源利用与环境保护程度指数同样存在显著差异。盐池县2014～2015年水平最高，最主要的原因在于2014~2015年盐池县水土流失综合治理面积指标得分较高，但2016年该指标得分明显下降，且在2016～2018年基本保持在同一水平。与经济增长绿化度指数不同，各县（区）资源利用与环境保护程度指数在不同年份相对稳定。

社会发展能力方面。8个县（区）中盐池县排名靠前且最稳定，总体水平较高。彭阳县的排名呈总体上升趋势且得分逐年升高，说明彭阳县的社会发展能力处于稳步上升趋势。泾源县连续5年排名最后，社会发展能力较差且与其他县（区）分数差距大，原始数据中影响最明显的是通宽带村比重指标。泾源县由于地理位置偏僻、山区环绕，通宽带的基本条件差、难度大，2014～2018年的全县通宽带村比重不超过3%。盐池县部分村为自然村，居住人数较少，从而达不到通宽带条件，因此农村宽带覆盖情况也较差，但盐池县从2016年起通宽带村比重明显上升，这可能与地区

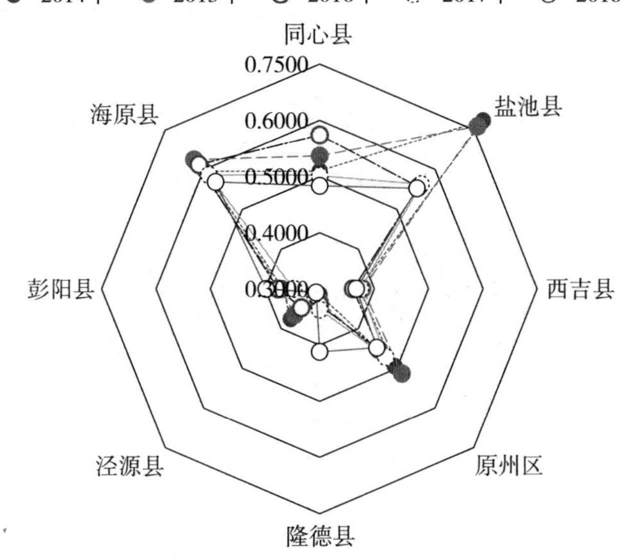

图3-8　2014～2018年宁夏8个县（区）资源利用与环境保护程度指数变化趋势

发展程度和政府的大力支持有关。另外，泾源县人均耕地面积少，南部山区的发展条件进一步阻碍了农村经济发展。从图3-9可以清楚看到，泾源县的社会发展能力指数水平接近中心点，且年度波动幅度较小，维持在低水平上。而盐池县靠近雷达图最外环，可以看出其社会发展能力指数整体呈现增长趋势。2017年盐池县与泾源县的社会发展能力指数差距最大，盐池县是泾源县的约3倍，由此可见，在社会发展能力上地区间差异显著。

扶贫开发与减贫效果方面。同心县连续5年排名第1，西吉县连续5年排名第8，两县水平都比较稳定，但指数差异较大，尤其在2018年同心县指数是西吉县的近3倍。从原始数据可以得知，西吉县在有效灌溉面积占耕地面积比重这一指标上明显落后于其他县（区），该指标是反映农田水利建设的重要指标，从根本上讲受降水量影响最为显著。西吉县地处宁夏南部六盘山西麓，属于温带大陆性气候，处于半湿润半干旱过渡地带，年平均降水量为409.60毫米。气候变暖导致西吉县气温升高，春、夏降水量迅速减少，加上西吉县本身生态环境脆弱、耕地面积大，因此西吉县能够得到有效灌溉的耕地面积少之又少，该指标是拉低西吉县扶贫开发与减贫

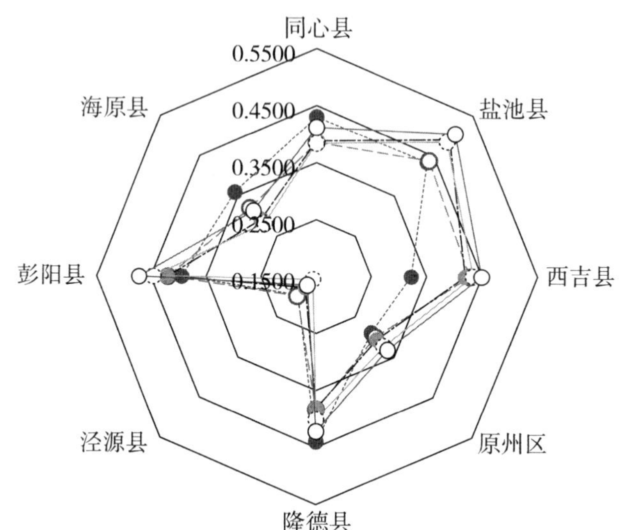

图3-9 2014～2018年宁夏8个县（区）社会发展能力指数变化趋势

效果指数的最主要的指标。其他6个县（区）的扶贫开发与减贫效果也不容乐观，例如彭阳县、泾源县和海原县的指数均在0.3以下。从图3-10可以看出，西吉县、彭阳县、海原县和泾源县的指数基本靠近中心点的位置，指数水平低、发展慢。同心县和盐池县的指数在靠近最外环的位置，指数水平相对较高。这一情况导致8个县（区）在扶贫开发与减贫效果维度上呈现整体水平低、层次低、两极分化严重的特征。造成该现象的主要因素之一就是宁夏地形存在空间差异，指数水平较低的4个县均位于宁夏南部山区地带，而同心县与盐池县地理位置相对较好，受地区经济发展辐射影响较大，扶贫减贫效果较好。

（2）分年度绿色减贫状况分析

综观2014～2018年8个县（区）的绿色减贫状况，可以看出各县（区）对绿色减贫不同维度的重视程度存在差异。同心县2017年总指数（0.5078）最高，2018年总指数（0.4631）最低，5年指数均值为0.4820，整体水平较高，其中在资源利用与环境保护程度和扶贫开发与减贫效果方面投入力度较大，指数水平较高，但对经济增长绿化度和社会发展能力的

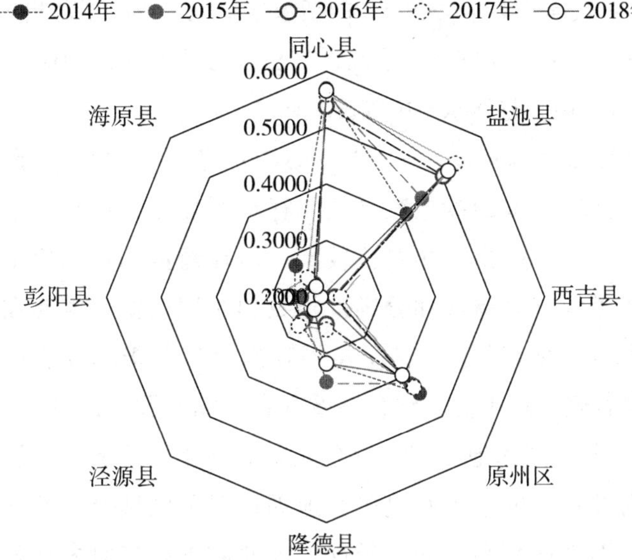

图3-10　2014～2018年宁夏8个县（区）扶贫开发与减贫效果指数变化趋势

关注度相对较低。盐池县2017年总指数（0.5507）最高，2014年总指数（0.5195）最低，5年指数均值为0.5307，指数年度差距较小，整体水平为8个县（区）最高，各维度指数水平基本都较高，但在经济增长绿化度方面呈现一定的波动不稳定状态。西吉县2017年总指数（0.4129）最高，2016年总指数（0.3505）最低，5年指数均值为0.3685，整体水平中等偏下，各维度中扶贫开发与减贫效果维度的指数最低，是拉低总指数的最关键的维度。原州区2017年总指数（0.4281）最高，2016年总指数（0.3604）最低，5年指数均值为0.3902，整体水平居中，在社会发展能力方面略为薄弱。隆德县2018年总指数（0.4182）最高，2015年总指数（0.3302）最低，5年指数均值为0.3621，整体水平较低。泾源县2014年总指数（0.2917）最高，2015年总指数（0.2178）最低，5年指数均值为0.2510，整体水平为8个县（区）最低，在社会发展能力方面尤其落后，经济增长绿化度指数呈现波动式变化，资源利用与环境保护程度指数逐年下降。彭阳县2018年总指数（0.4133）最高，2016年总指数（0.3500）最低，5年指数均值为0.3856，整体水平与原州区接近，经济增长绿化度和社会发展能力维度的指数水平相对较高，其他2个维度的指数水平低，影响了总指数水平。海原县2014年总指数（0.4878）最高，2017年总指数（0.3802）最低，5年指数均值为0.4391，整体水平中等偏上。

通过分维度和分年度对8个县（区）绿色减贫水平进行对比分析，可以看出，县级尺度的绿色减贫效应存在明显差异性和不平衡性。盐池县总指数和分维度指数相对比较高，但在经济增长绿化度方面仍需多加关注；泾源县总指数和分维度指数相对比较低，需要在各维度加大帮扶力度；其他6个县（区）虽不存在极好、极坏发展情况，但由于各自的发展侧重点不同，绿色减贫存在失衡问题。同时，由于8个县（区）分属3个不同的地级市，绿色减贫总体水平受各自所属区域影响较大，但内部各维度水平则更多受地理位置和区域经济发展影响，表现出明显的不平衡性和空间差异性，为此需进一步对内部各维度进行指标平衡性分析和区域综合性分析，从而更好地针对不同区域提出合理的路径选择。

（四）宁夏绿色减贫效应综合评估

1.聚类分析

为更形象地反映8个县（区）的绿色减贫水平，同时对比不同县（区）各维度情况对总贴近度的影响，在熵值法和TOPSIS法基础上运用经典K-means聚类算法对8个县（区）的绿色减贫效应总贴近度进行聚类分析，并结合实际情况对8个县（区）的绿色减贫水平进行分类，将分类结果划分为3个等级，即高等水平、中等水平和低等水平。

（1）区域划分结果

如表3-12所示，以2018年宁夏8个县（区）的绿色减贫效应总指数为样本，采用组间连接与欧氏距离平方方法，运用SPSS23.0软件，生成聚类树状图，如图3-11所示。根据聚类分析结果，综合考虑各县（区）实际情况，将8个县（区）划分为3类区域（见表3-13），各区域类别成员对照如表3-14所示。

表3-12 2018年宁夏8个县（区）绿色减贫效应TOPSIS分析结果

县（区）	D_i^+	D_i^-	C_i
同心县	0.3156	0.2722	0.4631
盐池县	0.2843	0.3214	0.5306
西吉县	0.3649	0.2068	0.3617
原州区	0.3742	0.2308	0.3814
隆德县	0.3455	0.2484	0.4182
泾源县	0.4470	0.1699	0.2754
彭阳县	0.3374	0.2377	0.4133
海原县	0.3503	0.2836	0.4473

资料来源：根据《宁夏统计年鉴2019》整理并计算所得。

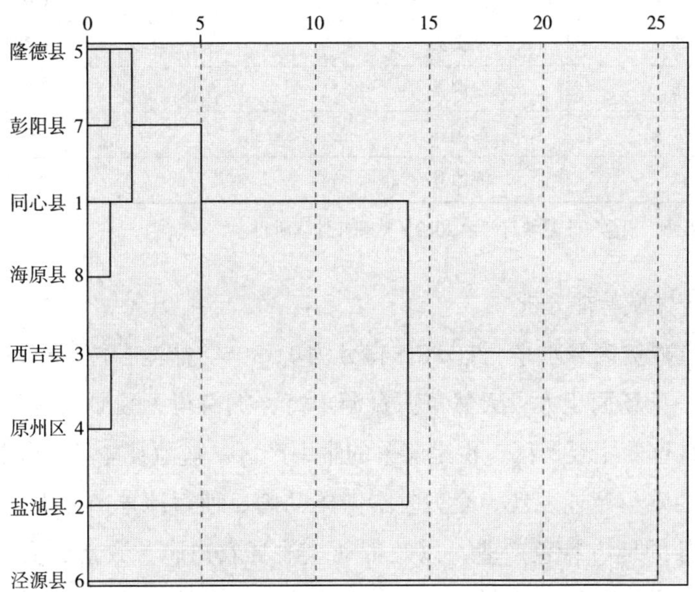

图3-11 2018年宁夏8个县（区）绿色减贫聚类树状图

表3-13 2018年宁夏8个县（区）绿色减贫聚类类别

聚类类别	县（区）数量（个）	县（区）名称	数量占比（%）
高等水平	1	盐池县	12.5
中等水平	6	原州区、西吉县、海原县、同心县、彭阳县、隆德县	75.0

续表

聚类类别	县（区）数量（个）	县（区）名称	数量占比（%）
低等水平	1	泾源县	12.5
合计	8	–	100.0

资料来源：根据《宁夏统计年鉴2019》整理并计算所得。

表3-14　2018年宁夏8个县（区）绿色减贫聚类成员对照

序号	县（区）名称	聚类	距离
1	同心县	3	0.049
2	盐池县	2	0.000
3	西吉县	3	0.052
4	原州区	3	0.033
5	隆德县	3	0.004
6	泾源县	1	0.000
7	彭阳县	3	0.001
8	海原县	3	0.033

资料来源：根据《宁夏统计年鉴2019》整理并计算所得。

（2）区域特征分析

绿色减贫高等水平，TOPSIS得分为0.5306。盐池县位于宁夏东部草原地带，草场面积大，天然草原资源丰富，拥有得天独厚的地理自然环境，是甘草的主要产区，也是滩羊的集中产区。盐池县立足于资源优势，大力推动滩羊产业发展，全力打造滩羊品牌，使得滩羊产业迅速发展成为盐池县的地方特色产业，以及带动盐池县农户脱贫致富的头号产业。在盐池县有近70%的农村家庭以养羊为生，对贫困户而言，发展以滩羊产业为主的特色产业能有效增加其收入，提高其经济水平。盐池县一直以来都坚持质量兴农，大力发展第三产业，旅游业和特色农业产业蓬勃发展。2018年，盐池县的农村居民人均可支配收入达到10684.7元，其中经营净收入达7715.2元，占人均可支配收入的72%，明显高于其他7个县（区）水平，这和盐池县多渠道发展壮大农村集体经济有很大关系。盐池县不仅仅有丰富的资源优势和超强的创新能力，还有政府惠农政策的大力保障。2018年，盐池县的财政支出为366827万元，且财政支出的80%以上用于民生，从而使得盐池县农民收入逐渐呈现“山区川区同增、市县竞争”的良好态势。从4个分维度层面可以看出，盐池县资源利用与环境保护程度、社会发展能力和扶贫开发与减贫效果居前三位，经济增长绿化度排名相对靠后，虽然该维度指数在一定程度上影响了盐池县的绿色减贫水平，但由于其他3个维度总体水平较高，弥补了经济增长绿化度的不足，从而使其总指数排名靠前，属于绿色减贫高等水平区域。

绿色减贫中等水平，TOPSIS平均得分为0.4142。中等水平区域包括原州区、西吉县、海原县、同心县、彭阳县和隆德县，占总县（区）数量的75%。这些县（区）均处于西海固地区，最明显的共性特征就是贫困。这些县（区）对绿色减贫不同维度的发展偏好导致绿色减贫效应总指数相对较低，但这些县（区）某些维度（不限于1个）的指数水平相对较高，能够对指数水平较低的维度起到一定的带动作用，使得区域整体水平不会出现极好或极坏现象，县（区）间差距较小，水平基本相似。与发展趋势相对稳定的盐池县相比，这些县（区）无论是在外界援助方面还是在自身发展能力方面都较为欠缺，这制约了它们的绿色减贫朝高水平方向发展。原州区2018年经济增长绿化度指数排名第1，但社会发展能力指数排名第6，其他2个维度指数排名居中，绿色减贫效应总指数排名第6，社会发展能力成为该县绿色减贫的制约因素。海原县除资源利用与环境保护程度指数在2018年排名第1外，其他3个维度指数均排名靠后，但绿色减贫效应总指数排名第3，侧面反映出该县对绿色发展较为重视，在减贫发展上略显不足。同心县2018年经济增长绿化度指数排名第7，扶贫开发与减贫效果指数排名第1，绿色减贫效应总指数排名第2，说明其绿色减贫水平的提升主要依靠减贫发展的带动。总而言之，这些县（区）的共同特点是整体水平不存在极好或极坏现象，因此被划分在绿色减贫中等水平区域。

绿色减贫低等水平，TOPSIS得分为0.2754。泾源县位于宁夏最南部，该县经济增长绿化度指数虽然在2018年排名第2，但在2014~2017年排名均靠后。从原始数据来看，变化最为明显的是单位GDP能耗（0.868吨标准煤/万元）和单位GDP二氧化硫排放量（0.0006吨/万元）这2个负向指标。2018年泾源县虽更加注重节能减排和能源利用，成效比以往有所突破，但这2个指标增幅依旧较小，难以提升绿色减贫总体水平。其他3个维度指数5年以来的排名均比较靠后，基本处于停滞不前的发展状态。泾源县地处中国西北的重要屏障区域，由于人们长期以来无节制地开采矿产资源，当地生态环境遭到严重破坏。多数工厂和企业因采石场生态林遭到严重破坏而纷纷倒闭，大量劳动力失业，农产品严重滞销。经济条件和生态环境两方面的压力使得贫困地区低收入群体陷入更深层次的贫困，居民的生存环境面临更大挑战。除生态环境外，泾源县在其他方面也存在诸多问题。例如，经济发展方面主要存在产业发展层次较低，产业标准化、市场化、规模化程度不高等一系列问题；脱困方面最主要的问题是稳定脱贫能力差，提升可持续脱贫成效的任务艰巨；社会保障方面的主要问题则是城乡基础设施不够完善，老旧小区、城乡接合部和农村环境仍需改善。从TOPSIS得分来看，泾源县和处于高等水平区域的盐池县相差近1倍，与中等水平区域的县（区）相差约0.5倍。由于受地理位置偏僻、交通条件有限、接受中心城市辐射弱、难以被福利政策覆盖等多种因素影响，泾源县长期以来经济发展缓慢、经济实力薄弱，贫困人口难以依靠外在支援或自身发展实现脱贫致富，绿色减贫道路受阻，因此被划入绿色减贫低等水平区域。

2.雷达图综合评价

为进一步全面、科学、客观地评价8个县（区）绿色减贫效应各个评估指标的发展均衡度水平，拟构建雷达图综合评价函数，绘制区域雷达图，通过对比8个县（区）雷达图的周长与面积，综合分析绿色减贫效应18个评估指标的发展协调性和均衡性，从而完成对8个县（区）绿色减贫效应的综合评价。

（1）雷达图综合评价函数的建立

分别计算评价对象雷达图的周长与面积。雷达图的面积大小和区域发展优势成正比，即面积越大总体优势就越大，反之总体优势就越小。在特殊情况下，当雷达图的面积一定时，利用周长来进行对比分析。雷达图的周长大小往往和评价对象内部发展协调性成反比，即周长越大，评价对象内部发展越失调，反之评价对象内部发展越协调。

$$S_i = \sum_{i-1}^{n-1}\sum_{j>i}^{n} R_i R_j \sin\frac{360°}{n} \qquad 公式（3-12）$$

$$L_i = \sum_{i-1}^{n-1}\sum_{j>i}^{n} \sqrt{R_i^2 + R_j^2 - 2R_i R_j \cos\frac{360°}{n}} \qquad 公式（3-13）$$

构造评价向量 $V_i = [V_{i_1}, V_{i_2}]$，其中 V_{i_1} 和 V_{i_2} 分别代表面积评价向量和周长评价向量。

$$V_{i_1} = S_i / \max S_i \qquad 公式（3-14）$$

$$V_{i_2} = S_i / [\pi(L_i / 2\pi)^2] = 4\pi S_i / L_i^2 \qquad 公式（3-15）$$

构造评价函数并计算评价值，一般采用几何平均数方法构造评价函数，即：

$$f_i(V_{i_1}, V_{i_2}) = \sqrt{V_{i_1} \times V_{i_2}} \qquad 公式（3-16）$$

根据计算结果对评价系统进行综合评价。

（2）区域雷达图

雷达图法是利用二维平面图形将评价对象的各个指标情况反映出来的综合评价方法，在进行数据分析的同时能够将评价对象内部发展情况用更为直观的图形方式表现出来，有助于对不同县（区）进行观察对比，增强对数据的可视化分析。但在运用雷达图进行分析的过程中，必须针对评价对象的不同量纲情况进行标准化处理，以避免分析结果的主观性和单一性。

其一，对8个县（区）的18个绿色减贫效应评估具体指标进行标准化处理，对处理过后的指标用向量 x_i 表示，为了能够将这些指标转化为雷达图上的二维图形，进一步对向量指标 x_i 进行非线性变换。其二，根据聚类结果，采用归一化后的矩阵数据均数绘制2018年宁夏8个县（区）绿色减贫效应区域雷达图（见图3-12）。

（3）评价向量区域柱状图

图3-13为2018年宁夏8个县（区）评价向量柱状图。根据表3-14，再结合图3-12和图3-13可知，在面积评价向量 V_{i_1} 中，第二类地区（盐池

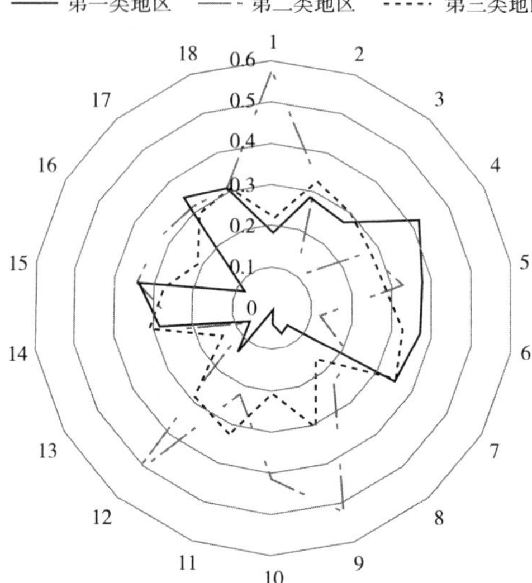

图3-12 2018年宁夏8个县（区）绿色减贫效应区域雷达图

注：第一类地区为泾源县，第二类地区为盐池县，第三类地区为原州区、西吉县、海原县、同心县、彭阳县和隆德县。

县）最高（1），第三类地区（原州区、西吉县、海原县、同心县、彭阳县和隆德县）次之（0.8115），第一类地区（泾源县）最低（0.5254），绿色减贫效应由高到低依次为第二类地区、第三类地区、第一类地区，且可以明显看出三类区域绿色减贫效应差距较大，尤其是第一类地区与第二类地区相差0.4746。在周长评价向量V_{i_2}中，第三类地区最高（1.2967），第二类地区次之（0.9748），第一类地区最低（0.5501），绿色减贫效应指标均衡性由好到差依次为第一类地区、第二类地区、第三类地区，第一类地区与第三类地区相差0.7466。通过观察f_i发现，第三类地区最大（1.0541），第二类地区次之（0.9874），第一类地区最小（0.5378），绿色减贫效应综合评价由高到低依次为第三类地区、第二类地区、第一类地区，第三类地区与第一类地区相差0.5163。由于区域雷达图综合评价函数综合考虑了指标内部均衡性问题，评价向量柱状图所呈现的分析结果可能与利用熵值法和TOPSIS法得出的结果存在偏差，但从分类结果来看，评价向量柱状图与聚类分析得出的区域划分结果基本保持一致。

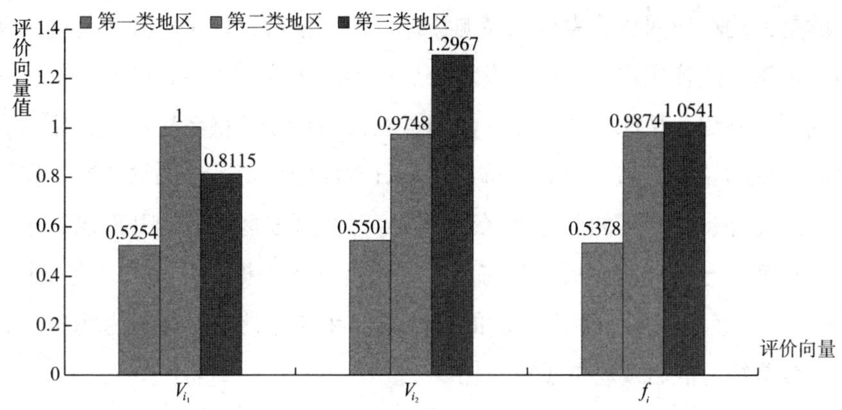

图3-13 2018年宁夏8个县（区）评价向量柱状图

通过综合分析，我们认为宁夏8个县（区）绿色减贫效应存在明显差异，盐池县绿色减贫效应最高、综合能力效应居中，原州区、西吉县、海原县、同心县、彭阳县和隆德县绿色减贫效应居中、综合能力效应最好，泾源县绿色减贫效应最低、综合能力效应最差。

盐池县从地理位置上看位于陕、甘、宁、蒙四省区七县（市、区、旗）交界地带，自古以来就是西北商贾云集之地，交通便捷。盐池县2018年辖区总面积为8377.29平方千米，是8个县（区）中面积最大的县，但人口仅占吴忠市的11%，人均GDP几乎每年排名全市第1且高于吴忠市平均水平，在8个县（区）中也是5年来人均GDP最高的县。盐池县地广人稀，人均耕地面积大，小杂粮、甘草、牧草、黄花等产业是该县特色优势产业，主导产业是滩羊产业，形成了“1+4+X”特色优势产业体系。但盐池县在农业土地产出率、工业固体废物综合利用率、工业废水排放总量、卫生机构数和每万人中学生在校人数几项指标上表现较差，相较于大力发展特色农业产业的高投入，盐池县在资源利用与环境保护程度上略显不足。虽然盐池县在地理位置和特色资源发展方面优势较大，但各指标之间发展相对不均衡，绿色减贫综合能力效应只能位于第二档。

泾源县辖区总面积为1442.71平方千米，约是盐池县的1/6，人口数仅比盐池县少5万人左右，但农业人口占比却高达90%，由此导致的问题之一就是人均耕地面积非常少。泾源县地理位置偏僻，处于宁夏最南端，受山大沟深、扶贫成本高、产业发展滞后等因素影响，当地百姓的脱贫进程受到严重制约。从原始数据看，泾源县在人均GDP、城乡居民收入比等方面的表现均较差，水土流失严重和污染日益加剧使得当地的绿色减贫发展滞后。此外，泾源县的部分地区处于国家禁止开发区和限制开发区，也在很大程度上导致经济发展和生态问题无法得到有效提升和改善。在8个县（区）中，经济贫困和生态脆弱的高度耦合在泾源县体现得最为明显，其绿色减贫综合能力效应位于第三档。

原州区、西吉县、海原县、同心县、彭阳县和隆德县属于第三类地区。从图3-12的区域雷达图可以看出，第一类地区绿色减贫效应较低且指标发展均衡，第二类地区绿色减贫效应较高，但指标均衡性相对较弱。在8个县（区）中，有6个县（区）绿色减贫效应属于第三类地区，这些县（区）绿色减贫效应中等，但指标发展不均衡。这6个县（区）均地处西海固地区。由于长期以来对土地的盲目垦殖，西海固地区生态环境脆弱、水土流失严重、植被普遍退化、自然灾害频发，成为宁夏乃至中国最贫瘠的地区之一。另外，交通不便和地理位置缺乏优势导致好的政策在第三类地区很难得到落实，因此这些县（区）经济发展缓慢。

第二节　金融减贫效应的实践

本节采用科学的绩效评价方法，选取宁夏8个县（区）作为评价对象，运用平衡计分卡的方法，结合金融减贫的特征将传统平衡计分卡的财务绩效、客户层面、内部流程、学习与成长4个维度修正为社会绩效、经济绩效、管理绩效、生态绩效4个维度，设置了21项指标。按照层次分析法对各项指标进行赋值、权重分配和标准化，进而构建宁夏金融减贫绩效评价指标体系，对宁夏少数民族地区的金融减贫绩效进行客观的综合评价。

一　指标体系构建（平衡计分卡）

将传统平衡计分卡的财务绩效、客户层面、内部流程、学习与成长4个维度，结合金融减贫的特征，修正为社会绩效、经济绩效、管理绩效、生态绩效4个维度。

（一）社会绩效

社会绩效主要考量金融减贫对贫困地区的社会效率水平的影响，包括为贫困地区提供金融服务、改善贫困地区金融服务环境、优化贫困地区金融资源配置等方面的内容。社会绩效维度由贫困地区人均存、贷款增量占人均GDP比重的增长率，贫困地区农户贷款增长率等6项指标构成，具体指标如表3–15所示。

表3–15　社会绩效维度的具体指标

序号	指标名称	计算公式
1	贫困地区人均存款增量占人均GDP增量的比重	贫困地区人均各项存款增量/该贫困地区人均GDP的增量
2	贫困地区人均贷款增量占人均GDP增量的比重	贫困地区人均各项贷款增量/该贫困地区人均GDP的增量
3	贫困地区农户贷款增长率	贫困地区农户贷款增量/该贫困地区上年农户贷款余额
4	贫困地区小学在校学生增长率	贫困地区小学在校学生增量/该贫困地区上年小学在校学生数
5	贫困地区每千人执业医师数增长率	贫困地区每千人执业医师数增量/该贫困地区上年每千人执业医师数
6	贫困地区保费增长率	贫困地区保费增量/该贫困地区上年保费总额

（二）经济绩效

经济绩效主要考量金融减贫对贫困地区的经济效率水平的影响，包括贫困地区农户收入增长情况、储蓄增长情况、消费支出增长情况、产业增长情况等方面的内容。经济绩效维度由贫困地区农民人均纯收入增长率、贫困地区农民人均生活消费支出增长率等8项指标构成，具体指标如表3-16所示。

表3-16　经济绩效维度的具体指标

序号	指标名称	计算公式
1	贫困地区农民人均纯收入增长率	贫困地区农民人均纯收入增量/该贫困地区上年农民人均纯收入额
2	贫困地区人均储蓄余额增长率	贫困地区人均储蓄余额增量/该贫困地区上年人均储蓄余额
3	贫困地区人均生产总值增长率	贫困地区人均生产总值增量/该贫困地区上年人均生产总值
4	贫困地区农民人均生活消费支出增长率	贫困地区农民人均生活消费支出增量/该贫困地区上年农民人均生活消费支出额
5	贫困地区人均农林牧渔业产值增长率	贫困地区人均农林牧渔业产值增量/该贫困地区上年人均农林牧渔业产值
6	贫困地区人均粮食产量增长率	贫困地区人均粮食产量增量/该贫困地区上年人均粮食产量
7	贫困地区固定资产投资增长率	贫困地区固定资产投资增量/该贫困地区上年固定资产投资额
8	贫困地区农村居民家庭平均每人生活消费支出增长率	贫困地区农村居民家庭平均每人生活消费支出增量/该贫困地区上年农村居民家庭平均每人生活消费支出金额

（三）管理绩效

管理绩效主要考量金融减贫对贫困地区的金融服务水平的影响，包括贫困地区的信贷投入是否充分、信贷质量如何等内容。管理绩效维度具体

续表

由贫困地区每万人金融机构网点数增长率、贫困地区存贷款比率、贫困地区不良贷款率等5项指标构成，具体指标如表3–17所示。

表3–17　管理绩效维度的具体指标

序号	指标名称	计算公式
1	贫困地区每万人金融机构网点数增长率	贫困地区每万人金融机构网点数增量/该贫困地区上年每万人金融机构网点数
2	贫困地区存贷款比率	贫困地区各项存款余额/该贫困地区各项贷款余额
3	贫困地区不良贷款率	贫困地区不良贷款余额/该贫困地区各项贷款余额
4	贫困地区每万人助农取款服务点数增长率	贫困地区每万人助农取款服务点数增量/该贫困地区上年每万人助农取款服务点数
5	贫困地区每万人自助设备数增长率	贫困地区每万人自助设备数增量/该贫困地区上年每万人自助设备数

（四）生态绩效

生态绩效主要考量金融减贫促进贫困地区生态改善的情况，结合宁夏贫困地区实际情况，本节在生态绩效维度选择了贫困地区耕地面积增长率和贫困地区林草地面积增长率2项指标，具体指标如表3–18所示。

表3–18　生态绩效维度的具体指标

序号	指标名称	计算公式
1	贫困地区耕地面积增长率	贫困地区耕地面积增量/该贫困地区上年耕地面积
2	贫困地区林草地面积增长率	贫困地区林草地面积增量/该贫困地区上年林草地面积

二　指标权重的确定（层次分析法）

层次分析法（Analytic Hierarchy Process，AHP）是美国运筹学家、

匹茨堡大学教授萨蒂（T.L.Saaty）于20世纪70年代初研究美国国防部课题“根据各个工业部门对国家福利的贡献大小而进行电力分配”时，应用网络系统理论和多目标综合评价方法提出的一种层次权重决策分析方法，是一个将决策者对复杂系统的决策思维过程模型化、数量化的过程。

这种方法的特点是可以在对复杂的决策问题的本质、影响因素等进行深入分析的基础上，利用较少的定量信息使决策的思维过程数量化，从而为多目标、多准则或无结构特性的复杂决策问题提供简便的决策方案。

（一）层次分析法介绍

1.层次分析法的基本原理

层次分析法根据问题的性质和要达到的总目标，将实际问题分解为多个组成因素，并按照因素间的关联关系以及隶属关系将因素按不同层次聚集组合，从而形成一个多层次的分析结构模型，最终使问题归结为最低层（供决策的方案、措施等）相对于最高层（总目标）的相对重要权值的确定或相对优劣次序的排列。层次分析法的基本原理如图3-14所示。

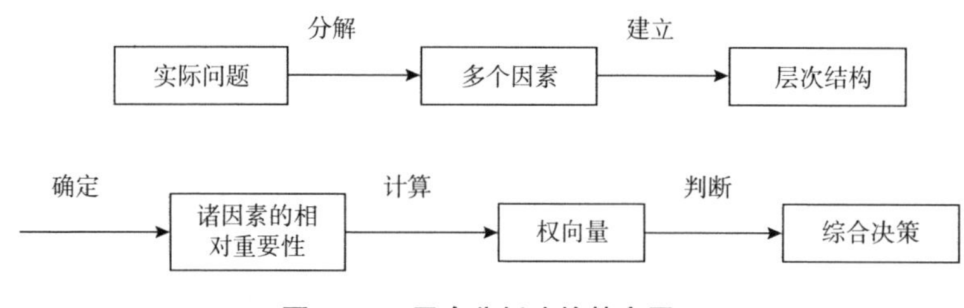

图3-14 层次分析法的基本原理

2.层次分析法的运用步骤和方法

运用层次分析法构造系统模型时，大体可以分为以下四个步骤。

第一步，建立层次结构模型。将决策的目标、考虑的因素（决策的准则）和决策对象按它们之间的关联关系分为最高层、中间层和最低层，绘出层次结构图。

最高层：决策的目的、要解决的问题。

中间层：考虑的因素、决策的准则。

最低层：做决策时的备选方案。

对于相邻的两层，称高层为目标层，低层为因素层。

第二步，构造判断（成对比较）矩阵。在建立递阶层次结构以后，上下层次之间元素的隶属关系就被确定了。假定上一层次的元素C_k是准则，则其对下一层次的元素$A_1, \cdots, A_n$有支配关系，我们的目的是在准则C_k之下按相对重要性赋予$A_1, \cdots, A_n$相应的权重。

在确定各层次、各因素的权重时，如果只是定性的结果，则常常不容易被别人接受，因而Saaty等人提出构造判断矩阵$A=(a_{ij})_{n\times n}$，即不把所有因素放在一起比较，而是两两相互比较。此时采用相对尺度，以尽可能减少性质不同的诸因素相互比较的困难，提高准确度。

判断矩阵反映了本层所有因素针对上一层某一个因素的相对重要性的比较结果。判断矩阵元素a_{ij}的标度方法如表3–19所示。

表3–19　判断矩阵元素a_{ij}的标度方法

标度	含义
1	表示两个因素相比，具有同样重要性
3	表示两个因素相比，一个因素比另一个因素稍微重要
5	表示两个因素相比，一个因素比另一个因素明显重要
7	表示两个因素相比，一个因素比另一个因素强烈重要
9	表示两个因素相比，一个因素比另一个因素极端重要
2，4，6，8	上述两相邻判断的中值
倒数	因素i与j比较的判断为a_{ij}，则因素j与i比较的判断$a_{ji}=1/a_{ij}$

若有n个元素，则两两元素之间的判断矩阵构造形式如下：

$$A=\begin{bmatrix} A_{11} & \cdots & A_{1n} \\ \vdots & & \vdots \\ A_{n1} & \cdots & A_{nn} \end{bmatrix}$$

若矩阵A有如下性质：

$$A_{ij}>0$$
$$A_{ij}=1/A_{ji}\,(i\neq j)$$
$$A_{ii}=1(i=1,2,\cdots,n)$$

则把这类矩阵A称为正反矩阵，对于正反矩阵A，根据以上性质，事实上对于n阶判断矩阵仅需对其上（下）三角元素，共$n(n-1)/2$个，给出判断即可。若对于任意i、j、k均有$A_{ij}\cdot A_{jk}=A_{ik}$，则一般需要进一步进行一致性检验。

第三步，做判断矩阵的一致性检验。根据第二步中的定义，若矩阵A是正反矩阵，且满足对于任意i、j、k均有$A_{ij}\cdot A_{jk}=A_{ik}$，此时可称该矩阵为一致矩阵。根据矩阵理论，$CA=\gamma A$，$\gamma$表示矩阵的特征值，而且满足对所有的$A_{ii}=1$，则有$\sum_{i=1}^{n}\lambda_i=n$。当矩阵完全一致时，$\lambda_1=\lambda_{\max}$，其余特征值为0；当矩阵不完全一致性时，$\lambda_1=\lambda_{\max}>n$，其余的特征值有以下关系，$\sum_{i=2}^{n\Sigma}\lambda_i=n-\lambda_{\max}$。

从上述结论可以知道，如果判断矩阵不满足一致性，该判断矩阵的特征值也会发生变化。此时，为了衡量判断矩阵偏离一致性的程度，可以引入除判断矩阵最大特征值$\lambda_{\max}$以外的其余特征值的负平均值，即用$CI=\frac{\lambda_{\max}-n}{n-1}$来比较判断矩阵偏离一致性的程度。如果$CI$值较大，就说明判断矩阵偏离完全一致性的程度比较大；如果CI值较小，则说明判断矩阵一致性偏差比较小。

为了具体度量什么情况下判断矩阵满足一致性检验，可以采用如下方法：将判断矩阵同阶平均一致性指标记为RI，判断矩阵的一致性指标CI与RI的比值记为CR，当判断矩阵阶数大于2时，若$CR=\frac{CI}{RI}<0.1$，那么就可以认为判断矩阵满足一致性，否则就不满足，需要适当调整判断矩阵，使之满足一致性条件。

当判断矩阵满足一致性的条件时，其最大特征值$\lambda_{\max}$稍大于1，其余的特征值则接近于0。

第四步，计算权重。在每一层次的各个因素之间进行两两相对重要性的比较和计算，可以得到反映不同因素之间的相对重要程度的权重，并以此为基础，得到决策方案的选择依据。其中，各因素间的相对重要程度表现为相应指标的权重。权重的大小可以通过判断矩阵的最大特征值λ_{max}及其相应的特征向量来计算。

下面给出一种简单的计算判断矩阵最大特征值及相应的特征向量的方法。

（1）计算判断矩阵每一行元素的成绩M_i

$$M_i = \prod_{j=1}^{n} a_{ij} \ (i = 1, 2, \cdots, n)$$

（2）计算M_i的n次方根$\overline{W_i}$

$$\overline{W_i} = \sqrt[n]{M_i}$$

（3）对向量$\overline{W_i} = [\overline{W_1}, \overline{W_2}, \cdots, \overline{W_n}]^T$正规化

$$W_i = \frac{\overline{W_i}}{\sum_{j=1}^{n} \overline{W_i}}$$

则$W_i = [\overline{W_1}, \overline{W_2}, \cdots, \overline{W_n}]^T$即为所求的特征向量。

（4）计算判断矩阵的最大特征值λ_{max}

$$\lambda_{max} = \sum_{i=1}^{n} \frac{(AW)}{nW_i}$$

（二）建立结构层次模型

根据层次分析法的分析模型，结合金融减贫绩效评价指标体系构建结构层次模型（见表3–20）。

表3–20　金融减贫绩效评价指标体系结构层次模型

	策略层（*B*）	指标层（*C*）
目标层（*A*）	社会绩效（*B1*）	贫困地区人均存款增量占人均GDP增量的比重（*C1*）
		贫困地区人均贷款增量占人均GDP增量的比重（*C2*）
		贫困地区农户贷款增长率（*C3*）
		贫困地区小学在校学生增长率（*C4*）
		贫困地区每千人执业医师数增长率（*C5*）
		贫困地区保费增长率（*C6*）

续表

<table>
<tr><th></th><th>策略层（B）</th><th>指标层（C）</th></tr>
<tr><td rowspan="15">目标层（A）</td><td rowspan="8">经济绩效（B2）</td><td>贫困地区农民人均纯收入增长率（C7）</td></tr>
<tr><td>贫困地区人均储蓄余额增长率（C8）</td></tr>
<tr><td>贫困地区人均生产总值增长率（C9）</td></tr>
<tr><td>贫困地区农民人均生活消费支出增长率（C10）</td></tr>
<tr><td>贫困地区人均农林牧渔业产值增长率（C11）</td></tr>
<tr><td>贫困地区人均粮食产量增长率（C12）</td></tr>
<tr><td>贫困地区固定资产投资增长率（C13）</td></tr>
<tr><td>贫困地区农村居民家庭平均每人生活消费支出增长率（C14）</td></tr>
<tr><td rowspan="5">管理绩效（B3）</td><td>贫困地区每万人金融机构网点数增长率（C15）</td></tr>
<tr><td>贫困地区存贷款比率（C16）</td></tr>
<tr><td>贫困地区不良贷款率（C17）</td></tr>
<tr><td>贫困地区每万人助农取款服务点数增长率（C18）</td></tr>
<tr><td>贫困地区每万人自助设备数增长率（C19）</td></tr>
<tr><td rowspan="2">生态绩效（B4）</td><td>贫困地区耕地面积增长率（C20）</td></tr>
<tr><td>贫困地区林草地面积增长率（C21）</td></tr>
</table>

根据层次分析法对各级指标分别构建两两判断矩阵，进行权重设计，具体如表3–21至表3–25所示。

表3–21 目标层权重设计

A	B1	B2	B3	B4
B1	1	1	3	5
B2	1	1	4	3
B3	1/3	1/4	1	2
B4	1/5	1/3	1/2	1

表3-22　策略层社会绩效指标权重设计

B1	C1	C2	C3	C4	C5	C6
C1	1	3	3	2	3	5
C2	1/3	1	1	1/2	2	2
C3	1/3	1	1	1/2	2	2
C4	1/2	2	2	1	1	2
C5	1/3	1/2	1/2	1	1	1
C6	1/5	1/2	1/2	1/2	1	1

表3-23　策略层经济绩效指标权重设计

B2	C7	C8	C9	C10	C11	C12	C13	C14
C7	1	1	1	3	2	2	3	4
C8	1	1	1	3	2	2	3	4
C9	1	1	1	3	2	2	3	4
C10	1/3	1/3	1/3	1	1/2	1/2	2	2
C11	1/2	1/2	1/2	2	1	1	4	3
C12	1/2	1/2	1/2	2	1	1	2	2
C13	1/3	1/3	1/3	1/2	1/4	1/2	1	2
C14	1/4	1/4	1/4	1/2	1/3	1/2	1/2	1

表3-24　策略层管理绩效指标权重设计

B3	C15	C16	C17	C18	C19
C15	1	1	3	4	4
C16	1	1	3	4	4
C17	1/3	1/3	1	2	2
C18	1/4	1/4	1/2	1	2
C19	1/4	1/4	1/2	1	1

表3-25 策略层生态绩效指标权重设计

B4	*C20*	*C21*
C20	1	2
C21	1/2	1

根据表3-21，计算判断矩阵，得到权重向量$W=(0.3973, 0.3813, 0.1320, 0.0894)$，最大特征值$\lambda_{max}=4.09$，判断矩阵的一致性比值$CR=CI/RI=\left\{\frac{\lambda_{max}-n}{n-1}\right\}/RI=0.03<0.1$，通过一致性检验。因此$W$表明$B1$、$B2$、$B3$、$B4$在$A$中的各自权重。

根据表3-22，计算判断矩阵，得到权重向量$W=(0.3614, 0.1364, 0.1364, 0.1868, 0.1012, 0.0778)$，$\lambda_{max}=6.20$，判断矩阵的一致性比值$CR=CI/RI=\left\{\frac{\lambda_{max}-n}{n-1}\right\}/RI=0.02<0.1$，通过一致性检验。因此$W$表明$C1$、$C2$、$C3$、$C4$、$C5$、$C6$在$B1$中的各自权重。

根据表3-23，计算判断矩阵，得到权重向量$W=(0.1981, 0.1981, 0.1981, 0.0721, 0.1258, 0.1066, 0.0577, 0.0435)$，$\lambda_{max}=8.16$，判断矩阵的一致性比值$CR=CI/RI=\left\{\frac{\lambda_{max}-n}{n-1}\right\}/RI=0.02<0.1$，通过一致性检验。因此$W$表明$C7$、$C8$、$C9$、$C10$、$C11$、$C12$、$C13$、$C14$在$B2$中的各自权重。

根据表3-24，计算判断矩阵，得到权重向量$W=(0.3444, 0.3444, 0.1362, 0.0952, 0.0798)$，$\lambda_{max}=5.03$，判断矩阵的一致性比值$CR=CI/RI=\left\{\frac{\lambda_{max}-n}{n-1}\right\}/RI=0.01<0.1$，通过一致性检验。因此$W$表明$C15$、$C16$、$C17$、$C18$、$C19$在$B3$中的各自权重。

根据表3-25，计算判断矩阵，得到权重向量$W=(0.6667, 0.3333)$，$\lambda_{max}=2$，当$n<3$时，判断矩阵具有完全一致性。

经过以上的计算分析，得出贫困地区金融减贫绩效评价指标的具体权重，如表3-26所示。

表3-26　金融减贫绩效评价指标权重

	策略层（*B*）		指标层（*C*）		各指标权重
	指标	权重	指标	权重	
目标层（*A*）	社会绩效（*B1*）	0.3973	贫困地区人均存款增量占人均GDP增量的比重（*C1*）	0.3614	0.1436
			贫困地区人均贷款增量占人均GDP增量的比重（*C2*）	0.1364	0.0542
			贫困地区农户贷款增长率（*C3*）	0.1364	0.0542
			贫困地区小学在校学生增长率（*C4*）	0.1868	0.0742
			贫困地区每千人执业医师数增长率（*C5*）	0.1012	0.0402
			贫困地区保费增长率（*C6*）	0.0778	0.0309
	经济绩效（*B2*）	0.3813	贫困地区农民人均纯收入增长率（*C7*）	0.1981	0.0755
			贫困地区人均储蓄余额增长率（*C8*）	0.1981	0.0755
			贫困地区人均生产总值增长率（*C9*）	0.1981	0.0755
			贫困地区农民人均生活消费支出增长率（*C10*）	0.0721	0.0275
			贫困地区人均农林牧渔业产值增长率（*C11*）	0.1258	0.0480
			贫困地区人均粮食产量增长率（*C12*）	0.1066	0.0406
			贫困地区固定资产投资增长率（*C13*）	0.0577	0.0220
			贫困地区农村居民家庭平均每人生活消费支出增长率（*C14*）	0.0435	0.0166
	管理绩效（*B3*）	0.1320	贫困地区每万人金融机构网点数增长率（*C15*）	0.3444	0.0455
			贫困地区存贷款比率（*C16*）	0.3444	0.0455
		0.1320	贫困地区不良贷款率（*C17*）	0.1362	0.0180
			贫困地区每万人助农取款服务点数增长率（*C18*）	0.0952	0.0126
			贫困地区每万人自助设备数增长率（*C19*）	0.0798	0.0105
	生态绩效（*B4*）	0.0894	贫困地区耕地面积增长率（*C20*）	0.6667	0.0596
			贫困地区林草地面积增长率（*C21*）	0.3333	0.0298

表3-26确定了指标权重，根据权重可以得出模型：

综合得分*A*=社会绩效（*B1*）得分 ×0.3973+经济绩效（*B2*）得分 ×

0.3813＋管理绩效（*B3*）得分 ×0.1320＋生态绩效（*B4*）得分 ×0.0894

社会绩效（*B1*）得分＝贫困地区人均存款增量占人均GDP增量的比重（*C1*）×0.3614+贫困地区人均贷款增量占人均GDP增量的比重（*C2*）×0.1364＋贫困地区农户贷款增长率（*C3*）×0.1364＋贫困地区小学在校学生增长率（*C4*）×0.1868＋贫困地区每千人执业医师数增长率（*C5*）×0.1012＋贫困地区保费增长率（*C6*）× 0.0778

经济绩效、管理绩效和生态绩效的得分情况以此类推。

三 金融减贫绩效评价指标体系的应用

（一）各县（区）基本情况介绍

本节选取盐池县、同心县、原州区、西吉县、彭阳县、隆德县、泾源县、海原县8个县（区）作为研究对象，选取2012~2017年的指标数据对其金融减贫绩效进行评价。所需数据均来自宁夏各年统计年鉴、各县政府工作报告、各县（区）人民政府网站。为了更好地进行对比分析，本部分对各原始指标数据进行了标准化处理。

（二）采用评价指标体系对各县（区）进行评价

为了对2012~2017年宁夏8个县（区）金融减贫绩效进行评价，本节通过计算获得了策略层指标得分及金融减贫绩效得分，具体得分情况如表3–27所示。

表3–27 2012～2017年8个县（区）策略层指标得分及金融减贫绩效得分

地区	项目	得分					
		2012年	2013年	2014年	2015年	2016年	2017年
盐池县	社会绩效	0.2159	0.1485	0.2183	0.2001	0.2102	0.0933
	经济绩效	0.0647	0.0461	0.0400	0.0562	0.0369	0.0434
	管理绩效	0.0519	0.0574	0.0563	0.0571	0.0512	0.0513
	生态绩效	0.0014	0.0129	0.0003	0.0013	0	0.0009

续表

地区	项目	得分					
		2012年	2013年	2014年	2015年	2016年	2017年
	金融减贫绩效	0.3339	0.2649	0.3149	0.3147	0.2984	0.1889
同心县	社会绩效	0.1919	0.2836	0.2175	0.2305	0.2461	0.1445
	经济绩效	0.0591	0.1079	0.0370	0.0309	0.0442	0.0370
	管理绩效	0.0688	0.0799	0.0579	0.0626	0.0531	0.0489
	生态绩效	0	0.0189	0.0001	0	0	0.0292
	金融减贫绩效	0.3198	0.4902	0.3125	0.3241	0.3434	0.2596
原州区	社会绩效	0.1962	0.2448	0.1750	0.2209	0.2578	0.1553
	经济绩效	0.0457	0.1099	0.0536	0.0452	0.0882	0.0404
	管理绩效	0.0575	0.0739	0.0578	0.0521	0.0584	0.0459
	生态绩效	0	0.0083	0	0.0001	0	0.0120
	金融减贫绩效	0.2994	0.4369	0.2864	0.3182	0.4044	0.2536
西吉县	社会绩效	0.1458	0.1001	0.1890	0.2021	0.1959	0.1920
	经济绩效	0.0475	0.0574	0.0474	0.0363	0.0277	0.0190
	管理绩效	0.0573	0.0526	0.0568	0.0547	0.0490	0.0575
	生态绩效	0.0002	0.0337	0	0.0006	0	0.0021
	金融减贫绩效	0.2508	0.2438	0.2933	0.2937	0.2725	0.2706
彭阳县	社会绩效	0.1281	0.0767	0.1793	0.1574	0.2244	0.1644
	经济绩效	0.0375	0.0226	0.0244	0.0174	0.0187	0.0426
	管理绩效	0.0512	0.0515	0.0510	0.0566	0.0613	0.0593
	生态绩效	0.0001	0.0143	0.0001	0	0	0.0049
	金融减贫绩效	0.2168	0.1650	0.2547	0.2314	0.3044	0.2712
隆德县	社会绩效	0.2024	0.1856	0.1952	0.1670	0.1973	0.1919
	经济绩效	0.0289	0.0477	0.0348	0.0260	0.0230	0.0314
	管理绩效	0.0553	0.0534	0.0518	0.0517	0.0488	0.0495
	生态绩效	0	0.0186	0	0	0	0.0013
	金融减贫绩效	0.2866	0.3053	0.2819	0.2447	0.2690	0.2741

续表

地区	项目	得分					
		2012年	2013年	2014年	2015年	2016年	2017年
泾源县	社会绩效	0.2061	0.1187	0.2190	0.1957	0.2256	0.1906
	经济绩效	0.0576	0.0218	0.0371	0.0558	0.0318	0.0484
	管理绩效	0.0659	0.0440	0.0634	0.0576	0.0486	0.0472
	生态绩效	0.0002	0.0027	0	0	0	0.0031
	金融减贫绩效	0.3297	0.1872	0.3196	0.3091	0.3060	0.2892
海原县	社会绩效	0.0319	0.0416	0.1325	0.1535	0.2133	0.1370
	经济绩效	0.0056	0.0160	0.0341	0.0152	0.0280	0.0225
	管理绩效	0.0365	0.0428	0.0530	0.0467	0.0466	0.0632
	生态绩效	0.0001	0.0171	0.0001	0	0	0.0054
	金融减贫绩效	0.0741	0.1175	0.2198	0.2155	0.2879	0.2281

下面对2012~2017年8个县（区）金融减贫绩效得分进行排名，具体情况如表3-28所示。

表3-28　2012～2017年8个县（区）金融减贫绩效得分及排名

地区	2012年	排名	2013年	排名	2014年	排名	2015年	排名	2016年	排名	2017年	排名
盐池县	0.3339	1	0.2649	4	0.3149	2	0.3147	3	0.2984	5	0.1889	8
同心县	0.3198	3	0.4902	1	0.3125	3	0.3241	1	0.3434	2	0.2596	5
原州区	0.2994	4	0.4369	2	0.2864	5	0.3182	2	0.4044	1	0.2536	6
西吉县	0.2508	6	0.2438	5	0.2933	4	0.2937	5	0.2725	7	0.2706	4
彭阳县	0.2168	7	0.1650	7	0.2547	7	0.2314	7	0.3044	4	0.2712	3
隆德县	0.2866	5	0.3053	3	0.2819	6	0.2447	6	0.2690	8	0.2741	2
泾源县	0.3297	2	0.1872	6	0.3196	1	0.3091	4	0.3060	3	0.2892	1
海原县	0.0741	8	0.1175	8	0.2198	8	0.2155	8	0.2879	6	0.2281	7
均值	0.2639		0.2764		0.2854		0.2814		0.3108		0.2544	

根据表3–28可知，2012～2017年，盐池县金融减贫绩效由第1名下降到第8名，金融减贫绩效得分从2014年起持续下降；同心县金融减贫绩效由第3名下降到第5名，金融减贫绩效得分小幅下降；原州区金融减贫绩效由第4名下降到第6名，金融减贫绩效得分小幅下降；西吉县金融减贫绩效由第6名上升到第4名，金融减贫绩效得分小幅上升；彭阳县金融减贫绩效由第7名上升到第3名，金融减贫绩效有一定改善；隆德县金融减贫绩效由第5名上升到第2名，但金融减贫绩效得分略有下降；泾源县金融减贫绩效由第2名上升到第1名，但金融减贫绩效得分也有小幅下降；海原县金融减贫绩效由第8名上升到第7名，金融减贫绩效有所改善。

根据利用平衡计分卡指标体系和结构层次模型计算得到的金融减贫绩效看，2012～2016年宁夏贫困地区金融减贫绩效整体上呈上升之势，其中2016年增长最为显著且明显加速，2017年出现回落。

从4个维度看，2012～2017年金融减贫的社会绩效表现亮眼，这是因为评价期内政府在贫困地区金融减贫资金、基础设施建设资金、金融服务、固定资产投资等方面的投入不断增长，使得贫困地区人民的物质生活得到改善。而经济绩效、管理绩效和生态绩效变化相对不大，主要是因为政府在前期进行了大规模投入，而评价期相关投入已进入缓慢增长阶段。

第三节　金融素养提升对宁夏农户家庭收入影响实证分析

乡村振兴战略的重要目标之一是实现人民群众对美好生活的向往，最终实现共同富裕。为了实现这一目标，提升农户及其家庭收入至关重要。为此，本节基于金融素养视角，考察金融素养对不同收入水平农户家庭收入的影响，并进一步探究农户金融素养与收入不平等之间的关系，以期从金融素养的角度提出促进农户增收的举措，进而达到巩固脱贫攻坚成果的目的。

一　影响机制分析

（一）金融素养对于农户收入分配的影响机理分析

相关研究表明，金融素养可以有效影响农户借贷行为、金融资产配置、农地流转、创业行为、养老规划和移动支付等经济活动，从而对其家庭收入产生影响，本节主要对前四个对农户收入有较大影响的经济活动进行分析论述。

1. 借贷行为

自我国推进普惠金融以来，低收入人群面临的借贷约束得到放松，低收入农户由于自身财富积累不足而无法进行除农业经营活动以外的其他经营活动的情况被改变，低收入农户获得信贷资金后，可以进行扩大生产，增加其家庭收入。在借贷行为中，农户具有更高的金融素养有助于其选择利率更合理的贷款，从而规避高利率、高风险的非正规借贷，使其自身最大限度地受益。高收入农户获得资金后会进行更多的投资活动，也会更好地发挥联动作用，帮助低收入农户，使资金流向低收入农户。故农户提高金融素养、优化借贷行为，可以促进低收入农户扩大经营活动范围并达到增收目的，也会促进高收入农户扩大投资，并产生联动效应，使低收入农户增收。

2. 金融资产配置

高收入农户财富积累丰厚，进入金融市场没有门槛，故高收入农户会配置一部分家庭资产在金融市场，其中包括风险性金融资产和安全性金融资产，风险性金融资产虽然具有一定风险，但收益较高，安全性金融资产则风险和收益都相对较低。提高农户金融素养，有助于优化农户家庭资产的配置，低收入农户虽然收入较低但并非没有投资能力，他们可以通过正确的金融决策在金融投资中获得高收益。高收入农户由于对金融资产配置有一定了解，故其金融素养本身相对较高，进一步提高其金融素养对金融资产收益的影响可能并不大。而低收入农户可以通过提高金融素养合理地利用金融知识和信息进行金融资产配置，进而实现收入的增长。

3.农地流转

根据有限理性决策理论，假设农户完全理性，则农户应当以利润最大化为原则决定是否进行农地流转，但农户并非完全理性的“经济人”，提高农户金融素养可以使其决策更加理性化。农地流转分为农地转入和农地转出，如果高收入农户的收入大部分来自农业，当其投入资金转入土地后，其会扩大生产规模，雇用新的劳动力，这会给一些低收入农户提供就业机会。低收入农户转入土地后，可能会对小规模农业生产方式进行改进，从而在推进农业现代化的同时增加收入。农地转出后，低收入农户可以获得租金，并且可以进行非农就业，非农就业收入一般大于农业收入，故低收入农户可以通过农地流转增收，而农地流转对大部分以非农业收入为主要收入来源的高收入农户产生的影响较小。

4.创业行为

创业是增加农户收入的重要手段之一，但低收入农户由于认知水平和受教育程度较低等原因，创业意愿较低。高收入农户由于资金充沛，创业的机会和选择更多，也具有一定的承受创业失败风险的能力，故高收入农户比低收入农户更倾向于创业，高收入农户创业者多于低收入农户创业者。提高低收入农户金融素养，有助于提高其创业意愿，当其自身具备一定的金融能力即具备一定的人力资本时，即使不具有充足的资金，也可以实现创收。乡村振兴战略出台后，国家发布了一系列鼓励农户创新创业的政策，低收入农户可以充分利用目前的有利条件为家庭创收，积极抓住创业机会实现收入回报率的提高。

一般而言，高收入农户的金融素养水平高于低收入农户，高收入农户的经济金融行为也更加多元化，相对于低收入农户，高收入农户通过提高自身金融素养所实现的增收幅度较低。如图3-15所示，提高低收入农户的金融素养可以帮助其拓展经济活动，并通过优化借贷行为、促进农地流转与创业行为等达成创收效应，从而对农户收入分配结构产生调节作用。基于此提出以下假说。

H1：金融素养对于低收入农户的创收效应大于高收入农户。

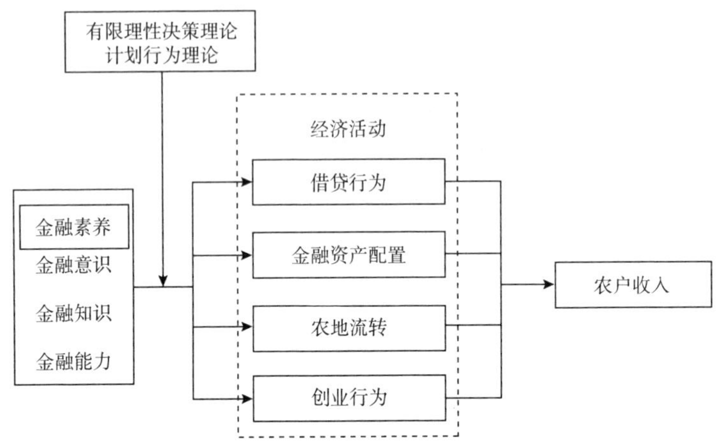

图3-15 金融素养对农户收入的影响机制

（二）金融素养对收入不平等的影响机理分析

由于我国的金融起步较晚以及微观家庭金融数据缺乏，鲜有研究对金融素养和收入不平等二者之间的关系进行分析。张号栋、尹志超和彭嫦燕证明了金融知识可以显著缩小家庭财富差距，且发现金融知识对于低财富组家庭财富的促进作用更大[①]，但学界关于金融素养对家庭收入差距的影响尚未有定论。国外学者Prete使用经济素养指标衡量人们从金融投资机会中获利的能力，研究得出结论：当金融市场变得复杂时，利用新投资机会的能力可能会有助于减少社会收入不平等的状况，金融发展和收入不平等之间的关联正是由经济素养驱动的，即金融发展对收入不平等的缓解需要经济主体的经济素养推动[②]。我国普惠金融体系将低收入农户的金融需求考虑在内，降低了金融活动对于低收入农户的门槛效应，给予了低收入群体参与金融活动的机会，提高了低收入农户的金融素养，使得低收入农户有机会通过有效利用金融资源实现增收，从而缓解农村收入不平等的情况。金

① 张号栋、尹志超、彭嫦燕：《金融普惠和京津冀城镇居民失业——基于中国家庭金融调查数据的实证研究》，《经济与管理研究》2017年第2期。

② Prete, "Economic Literacy, Inequality, and Financial Development", *Economics Letters*, 2013, 118（1）:74–76。

融发展给低收入农户带来了机会，使得高收入农户利用自身资源禀赋充足优势垄断更多金融资源的局面得以改善，不只高收入农户可以从金融发展的红利中获益，低收入农户也可以享受到金融服务。金融市场的参与主体增加，金融市场也将得到进一步发展。提高农户金融素养，可以使低收入农户更加有效地运用可得的金融资源。如果低收入农户仅获得了金融服务，却没有基本的金融素养，那么他们便无法分析金融市场的信息和风险，这会导致低收入农户的未来收入面临更大的不确定性。根据金融发展的涓滴效应，即当高收入农户金融素养提高、有效利用更多金融投资机会时，其经济金融活动会带动低收入农户的发展、改善低收入农户的收入状况，从而缩小农村收入差距。金融发展无疑会促进经济增长和优化收入分配，但只有当金融市场中的经济主体以金融素养作为支撑时，金融发展优化收入分配结构的作用才能得到充分发挥，故推测提高经济主体的金融素养可以改善收入不平等的情况。本研究从金融发展的角度对金融素养与收入不平等的关系进行了分析，影响机制如图3-16所示，基于此提出以下假说。

H2：提高金融素养对农村家庭收入不平等具有抑制作用。

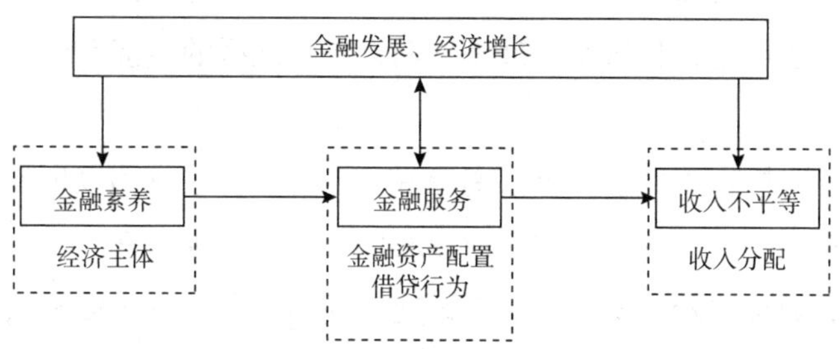

图3-16　金融素养对收入不平等的影响机制

二　研究设计

（一）数据采集

国内很多机构、组织进行过全国性的金融调研，有着较为完整的数据库，如中国家庭金融调查与研究中心的数据库。但相关机构的数据并不会及时更新公开，且机构一般在全国范围内进行数据调查，对于某些区域的调查可能并不全面。因此为了具有更强的时效性和针对性，本节使用的数据来源于笔者在2021年7～8月对宁夏回族自治区银川市（西夏区和贺兰县）和吴忠市（盐池县）的3个县（区）6个镇10个村进行的问卷调查。此次调查综合考虑各村实际情况、可行性、操作性和代表性等因素，以村为基本单位，根据选定的行政村人口进行加权随机抽样确定调查农户数量，并与农户等相关人员进行半开放结构式访谈以获取原始数据。问卷内容包括农户的家庭特征、经济行为、金融素养、收支情况和主观思想等。调查共计发放问卷365份，在剔除关键变量缺失值、异常值以及前后信息矛盾的问卷后，最终获取有效问卷359份。

（二）调查分析

1.调查地区

宁夏处于我国西北地区，为多民族聚居地，且地形地貌复杂。2020年，宁夏GDP达到3920.55亿元，人均GDP为54432元。宁夏是一个农业资源发达的省份，农村地区的产值主要来源于传统农业，农民占比高于40%，但农村地区总收入仅为城镇地区的40%。由此可见，宁夏的城乡收入不平衡问题严重，且城乡发展不均衡，农村地区的经济发展仍然落后于城镇地区。

本次调查样本（见表3–29）具有较好的代表性，具体表现如下：银川市作为宁夏的首府，处于银川平原核心区，灌溉水源丰富，种植业、养殖业发达，农业优势较为明显；吴忠市交通便利、旅游文化资源独特，由于近几年国家对宁夏进行了战略性重点建设，银川市和吴忠市的农业潜力和发展水平将会进一步得到释放和提升。根据两市农业农村局公布的相关数据，两市发展较好的乡村主要分布在西夏区、贺兰县、盐池县等，故在综合考虑宁夏首批国家乡村振兴战略示范县的基础上，选取村庄发展相对较好的乡镇作为研究单元。根据县域各乡镇地形地貌、自然本底以及行政村的地理区位、社会经济发展水平等因素，选取10个行政村为村域单元。最后，在选定的行政村进行人口加权随机抽样，确保行政村中农村人口与所抽取的样本数量成正比。

表3-29　样本选择结果

县（区）	乡镇（街道）	样本村	样本数（人）
西夏区	怀远路街道	富宁村	36
	贺兰山西路街道	同阳新村	39
贺兰县	南梁台子	隆源村	34
	洪广镇	欣荣村	35
	常信乡	王田村	34
盐池县	冯记沟乡	冯记沟村	41
		暴记春村	34
		石井坑村	26
		汪水塘村	36
		回六庄村	44
总样本			359

2. 受访者基本情况

借助统计软件，对实地调查所获数据进行信度和效度检验，分别得到Alpha信度系数0.825、KMO值0.858。由于Alpha信度系数与KMO值取值范围均为[0,1]，且越接近1说明数据质量越高，因此两项结果均通过检验。本次调查的受访者基本情况如表3-30所示，受访者中有307人为汉族、52人为少数民族，可见虽然宁夏为回族聚居区，但大部分农户为汉族。在受访者的年龄方面，30岁及以下有13人、31～40岁有35人、41～50岁有72人、51～65岁有133人、66岁及以上有106人，可知村庄的大部分农户为中老年人，村庄可能将面临严重的老龄化问题，农村地区的老龄化情况不容忽视。在农户的教育水平方面，小学及以下有224人、初中有92人、高中或中专有34人、大专及以上有9人，可知大部分农户仅有小学及以下学历，农户的知识水平总体较低，大部分农户的认知水平和受教育程度较低。从农户的就业情况看，就业农户有250人，无业农户有109人，有30.36%的农户因故无法就业，这部分农户大多依靠社会保障和亲戚补贴生存。

表3-30　受访者基本情况

类别	选项	样本数（人）	占比（%）
民族	汉族	307	85.52
	少数民族	52	14.48
年龄	30岁及以下	13	3.62
	31~40岁	35	9.75
	41~50岁	72	20.06
	51~65岁	133	37.05
	66岁及以上	106	29.53
教育水平	小学及以下	224	62.40
	初中	92	25.63
	高中/中专	34	9.47
	大专及以上	9	2.51
就业情况	就业	250	69.64
	无业	109	30.36

三　农户金融素养与农村收入不平等现状分析

（一）农户金融素养现状及测度

1.农户金融素养现状

（1）金融素养测评指标体系

要对农户金融素养水平进行客观地测度，指标的设计需要与金融素养的概念一致，也需要因地制宜，故本部分先对金融素养的内涵进行剖析，并在前人研究的基础上，结合宁夏农村金融与农村居民的实际特点，构建农户金融素养测评框架。本部分选取了如表3-31所示的7个一级指标和13个二级指标，将农户对于金融素养问题作答“不知道”与作答错误进行分别对待，原因是回答“不知道”意味着农户完全不能领会问题的含义，而回答错误则有可能是农户理解不正确或粗心所致，故与回答错误相比，回答“不知道”是农户金融素养更低的表现，得分也应当比回答错误低。具体的农户金融素养测评指标体系如表3-31所示。

表3-31 农户金融素养测评指标体系

一级指标	二级指标	测量问题	选项及得分
金融信息关注	信息关注度	您平时对经济、金融方面的信息关注程度如何？	非常关注=4分；比较关注=3分；一般关注=2分；很少关注=1；不关注=0分
金融基础知识	信用评价	您是否认同“信用很重要，要小心维护”？	不知道=0分；不同意=1分；同意=2分
	银行产品了解	您了解哪些银行产品？包括存折、银行卡、信用卡、网银、银行保险或理财产品、黄金业务	了解1类或2类=0分；了解3类或4类=1分；了解5类或6类=2分
金融基础技能	贷款前准备	您认为，在申请贷款前，哪项描述与您的行为相符？	没有对贷款产品进行了解、比较=0分；认真了解、比较同一家银行的不同贷款产品=1分；认真了解、比较不同银行的贷款产品=2分
	利率比较能力	一般情况下，5年贷款利率高于3年贷款利率？	不知道=0分；不同意=1分；同意=2分
金融基础技能	复利计算能力	假如您在银行存了100元，银行存款年利率是2%，账户内钱不取出，2年后账户有多少元？	不知如何计算=0分；等于104元=1分，少于104元=1分；多于104元=2分
	通货膨胀理解	假如您的储蓄账户中存款利率为每年1%，通货膨胀率为每年2%。1年之后，您账户中存款的购买力与一年前相比如何？	不知如何比较=0分；两者相同=1分，更多=1分；更少=2分
风险和回报	风险回报认知	一般情况下，回报较高的投资，风险也比较大？	不知道=0分；不同意=1分；同意=2分
	风险多样性认知	一般情况下，种植（经营）多种农作物比种植（经营）一种农作物风险更小？	不知道=0分；不同意=1分；同意=2分
金融福祉规划	收入规划意识	您家是否每年都会规划收入分别用于消费、储蓄或投资的比例？	不知道要进行收入用途规划=0分；不会=1分；会=2分

续表

一级指标	二级指标	测量问题	选项及得分
金融信息分析	贷款利率选择	假如在贷款时，预期未来利率会上调，您应选择固定利率贷款，而不是浮动利率贷款？	不知道＝0分；不同意＝1分；同意=2分
金融责任意识	储蓄与责任意识	如果您把钱存入当地一家银行，银行因经营不善倒闭了，政府应赔偿您的损失？	不知道＝0分；同意＝1分；不同意=2分
	投资与责任意识	如果您购买银行理财产品或投资股票、基金遭遇了亏损，政府应赔偿您的损失？	不知道＝0分；同意＝1分；不同意=2分

（2）金融信息关注

通过表3-32可知宁夏农户对于金融信息关注度较低，有57.94%的农户对于金融信息从来不关注，而对于金融信息非常关注的农户仅有3.34%。这说明大部分农户对于金融信息并不敏感，金融意识十分薄弱，只有少部分农户对金融信息极为重视，这反映出农户缺乏金融意识、对于金融市场的观念保守，农村地区的金融服务需要进一步增强。

表3-32　金融信息关注指标的调查结果

指标	分数（分）	样本数（人）	占比（%）
信息关注度	0	208	57.94
	1	47	13.09
	2	54	15.04
	3	38	10.58
	4	12	3.34

（3）金融基础知识

由表3-33可知宁夏农户的金融基础知识较差。信用评价方面，有87.19%的农户了解信用的重要性，不知道信用需要维护的农户占12.26%。在银行产品了解这一维度，对几类银行产品基本都了解的农户只有

5.85%，大部分农户只了解2类及以下的银行产品。农户低水平的金融基础知识对其参与金融市场产生较大约束，故农户的金融基础知识水平亟待提高。

表3-33　金融基础知识指标的调查结果

指标	分数（分）	样本数（人）	占比（%）
信用评价	0	44	12.26
	1	2	0.56
	2	313	87.19
银行产品了解	0	223	62.12
	1	115	32.03
	2	21	5.85

（4）金融基础技能

如表3-34所示，宁夏农户的金融基础技能水平较低。当农户进行借贷行为时，有61.28%的农户不进行任何贷款前准备就进行贷款，进行了充足的准备才进行贷款的农户比例仅为28.97%。在利率比较能力方面，有69.92%的农户对于贷款利率没有正确的认知，对其具有正确认知的农户占比为20.89%。在复利计算能力方面，不具备复利计算能力的农户有86.35%，仅有6.41%的农户能够进行正确的复利计算。在通货膨胀理解方面，能够正确将通货膨胀率和利率进行对比的农户仅有41.23%，高达42.06%的农户完全不了解这方面的知识。综上可知，农户仍需提升金融基础技能，只有具备了基础的金融基础技能才能够有效利用金融工具。

表3-34　金融基础技能指标的调查结果

指标	分数（分）	样本数（人）	占比（%）
贷款前准备	0	220	61.28
	1	35	9.75
	2	104	28.97

续表

指标	分数（分）	样本数（人）	占比（%）
利率比较能力	0	251	69.92
	1	33	9.19
	2	75	20.89
复利计算能力	0	310	86.35
	1	26	7.24
	2	23	6.41
通货膨胀理解	0	151	42.06
	1	60	16.71
	2	148	41.23

（5）风险和回报

由表3-35可知，宁夏农户的风险和回报意识需要加强，对于风险回报认知，没有认识到风险和回报之间关系的农户占比为37.88%，仅有30.36%的农户知道风险与回报成正比。在风险多样性认知方面，农户对于风险分散知识不理解的占比为85.79%，仅有7.52%的农户理解风险多样性，故绝大部分农户对于该类金融知识的认知还有所欠缺，需要通过金融教育提高对于风险和回报有正确认知的农户的比例。

表3-35　风险和回报指标的调查结果

指标	分数（分）	样本数（人）	占比（%）
风险回报认知	0	136	37.88
	1	114	31.75
	2	109	30.36
风险多样性认知	0	308	85.79
	1	24	6.69
	2	27	7.52

（6）金融福祉规划

通过表3–36可知，宁夏农户金融福祉规划意识不强，仅有7.52%的农户会对收入的用途进行规划，没有收入规划意识且没有通过规划金融投资增进自身金融福祉的农户达85.79%。由此可见，宁夏农户普遍没有收入用途规划意识，缺乏收入规划意识不利于财富的积累和分配，从而无法改善金融福祉水平。

表3–36 金融福祉规划指标的调查结果

指标	分数（分）	样本数（人）	占比（%）
收入规划意识	0	308	85.79
	1	24	6.69
	2	27	7.52

（7）金融信息分析

由表3–37可知，宁夏农户金融信息分析能力较差，缺乏贷款利率方面的知识，只有6.96%的农户可以在正确分析信息后选择可使自身利益最大化的贷款产品，高达31.20%的农户不了解利率知识且没有基本的利率分析能力，从而不知道如何选择贷款产品。由此可见，大部分宁夏农户不能正确理解和分析金融信息，从而无法对贷款利率进行合理的选择。

表3–37 金融信息分析指标的调查结果

指标	分数（分）	样本数（人）	占比（%）
贷款利率选择	0	112	31.20
	1	222	61.84
	2	25	6.96

（8）金融责任意识

由表3–38可知，宁夏农户在金融责任意识方面的认知水平需要提高，在储蓄与责任意识认知方面，认为政府应当为自己的存款负责任的农户达到23.12%，有33.15%的农户具有正确的责任意识，知道自身是承担存款风险的主体。关于投资与责任意识，超过80%的农户不知道或认为政府是自己在金融投资中的负责人，而具有正确的责任意识且认为自身应当承担金融投资风险的农户的占比仅为8.08%。由此可知，大部分宁夏农户缺乏对于金融风险最终承担者的正确认识，农户缺乏金融责任意识可能会导致错误的金融行为。

表3-38　金融责任意识指标的调查结果

指标	分数（分）	样本数（人）	占比（%）
储蓄与责任意识	0	157	43.73
	1	83	23.12
	2	119	33.15
投资与责任意识	0	298	83.01
	1	32	8.91
	2	29	8.08

2.农户金融素养的测度及差异分析

（1）因子分析

采用因子分析法进行金融素养测度，并选取前文中的13个二级指标来衡量和反映宁夏农户的金融素养情况，我们将各指标依次用x_1，x_2，…，x_{13}来表示，再使用主成分因子分析法对上述13个变量进行处理，按照服从特征值大于1的原则提取公因子，由表3-39可知特征值大于1的变量有4个，且累计贡献率达到0.5888，说明这4个变量具有良好的代表性，故提取4个公因子。为了明晰各个公因子所表征的含义，使用正交旋转变换法得到旋转后的因子载荷，KMO检验结果及具体的因子载荷见表3-40。总体KMO值为0.8246，且Bartlett球形检验统计量P值为0，表明宁夏实地调查所得的样本数据适合做因子分析。

表3-39　因子特征值、方差贡献率和累计比率

因子	特征值	方差贡献率	累计贡献率
x_1	4.27336	0.3287	0.3287

续表

因子	特征值	方差贡献率	累计贡献率
x_2	1.31900	0.1015	0.4302
x_3	1.04228	0.0802	0.5104
x_4	1.01988	0.0785	0.5888
x_5	0.89904	0.0692	0.6580
x_6	0.84599	0.0651	0.7230
x_7	0.72947	0.0561	0.7792
x_8	0.66427	0.0511	0.8303
x_9	0.63248	0.0487	0.8789
x_{10}	0.49453	0.0380	0.9169
x_{11}	0.43769	0.0337	0.9506
x_{12}	0.36832	0.0283	0.9789
x_{13}	0.27369	0.0211	1

表3-40　因子分析KMO检验及旋转因子载荷

变量	KMO值	x_1	x_2	x_3	x_4
y_1	0.9039	0.2712	–0.0169	0.3893	0.4605
y_2	0.8765	0.3542	0.3597	–0.0351	0.0129
y_3	0.8640	0.2287	0.2451	0.6968	0.1414
y_4	0.8918	0.4051	0.3530	0.4779	0.1963
y_5	0.8678	0.3553	0.2832	0.5705	0.0499
y_6	0.7594	0.1341	–0.0583	0.1888	0.7389
y_7	0.7787	0.8493	0.1520	0.1429	0.1657
y_8	0.7617	0.8475	0.1667	0.1208	0.0159
y_9	0.8378	0.3569	0.2784	–0.2704	0.5591
y_{10}	0.8199	–0.055	0.3309	0.2431	0.6514
y_{11}	0.7855	0.1620	0.8399	0.2003	0.0093
y_{12}	0.8131	0.1956	0.7982	0.0394	0.1658
y_{13}	0.8253	–0.0084	–0.0068	0.6347	0.1757
总体	0.8246				

使用Stata软件计算旋转后的公因子得分系数矩阵，并由公式（3–17）计算各因子得分：

$$F_{ij}=a_{1j}z_{i1}+a_{2j}z_{i2}+\cdots+a_{13j}z_{i13},\ 1\leqslant i\leqslant 359,\ 1\leqslant j\leqslant 4 \quad \text{公式（3–17）}$$

其中，F_{ij}表示第i位农户在第j个公因子上的得分，a_{mj}表示第m个指标在第j个公因子上的得分系数，z_{im}表示第i位农户在第m个指标上的评估数据。以各个公因子的方差贡献率为权重，分别与各公因子得分相乘，得到各个农户的金融素养综合得分，累加后得到金融素养综合得分F，具体如公式（3–18）所示：

$$F_i=\frac{\sigma_1F_{i1}+\sigma_2F_{i2}+\sigma_3F_{i3}+\sigma_4F_{i4}}{\sum_{j=1}^{4}\sigma_j} \quad \text{公式（3–18）}$$

其中，F_i为第i位农户的金融素养得分，σ_j为第j个公因子的方差贡献率，$\sum_{j=1}^{4}\sigma_j$为选取的4个公因子的累计方差贡献率。

（2）金融素养水平差异分析

本节利用金融素养得分来分析不同农户群体之间的金融素养水平差异。

由图3–17可知宁夏农户金融素养在不同受教育程度的农户群体之间呈现显著的差异，农户金融素养得分与受教育水平正相关，受教育程度为文盲的农户金融素养平均得分仅为–0.1319，而大专及以上受教育程度的农户金融素养得分为0.3820，可知当受教育程度提高时农户金融素养也会提升。如图3–17所示，接受过九年义务教育的农户金融素养相比文盲有明显的提升，故接受基础教育对农户的认知水平有较大影响、对农户的金融素养提升具有重要意义。

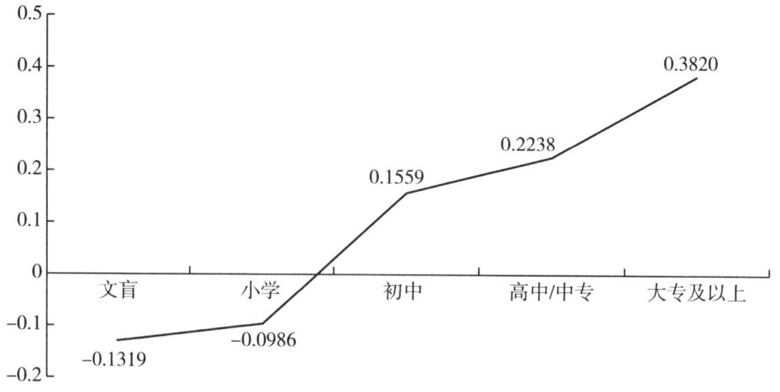

图3–17 不同受教育程度农户的金融素养得分

如图3–18所示，宁夏农户的金融素养在不同年龄群体之间呈现较大差异，30岁及以下农户的金融素养平均得分为0.1801，而66岁及以上农户群体的金融素养得分则为–0.2373。老年农户金融素养较低的情况需要引起重视，虽然老龄人口参与体力劳动获取收入的能力较低，但其累积的财富可以通过参与金融活动而实现增值。在我国老龄化速度加快、老龄化程度加深的大背景下，应当在提升全民金融素养的同时给予老年群体更多的关注。

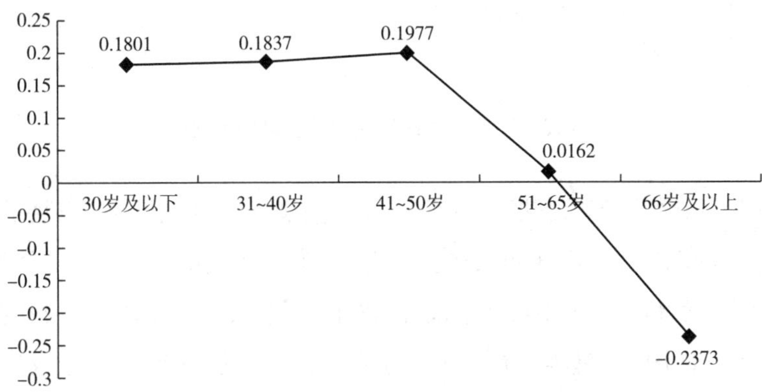

图3–18　不同年龄农户的金融素养得分

由图3–19可知，宁夏不同收入阶层的农户金融素养差异很大，由不同收入分位数水平的农户金融素养得分可知，分位数水平越高的农户金融素养平均得分越高，表明农户金融素养与收入阶层之间具有明显正相关关系。处于0～20分位数收入阶层的农户金融素养得分仅为–0.6522，而处于80～100分位数收入阶层的农户金融素养得分为0.7561。而具有较高金融素养的农户也更有可能在经济金融活动中获取收入，此种情况对低收入农户的发展十分不利。

3. 金融素养水平分析

统计结果显示，宁夏农户金融素养相对较低且差异较大，下面结合当地实际情况分析可能的造成这种状况的原因。

（1）金融教育普及率低

调查发现宁夏农户受教育程度普遍较低，绝大多数农户未接受过金融教育。当前，金融知识的教育普及在农村地区还处于初始阶段。由于金融机构提供的金融理财方案与农村居民实际情况匹配度低，农民对金融机构提供

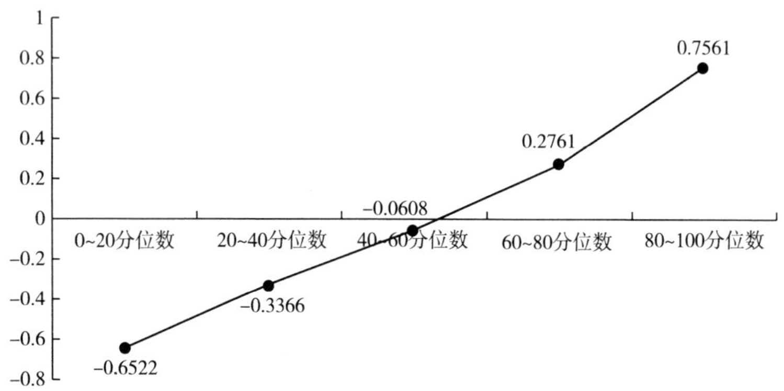

图3-19 不同收入阶层农户的金融素养得分

的金融服务认知度不够、抵触心理强。同时金融机构在农村地区开展的金融知识普及活动较少，金融知识在农村地区的普及推进缓慢。调查数据显示，农户日常接触最多的金融机构是银行和农村信用社，而他们在这些机构办理"存取汇"业务时也基本没有接触过有关金融工具的宣传讲解，故农户提高金融素养的积极性较低。政府部门在农村地区的金融教育没有起到重要的引导作用，相关宣传活动内容不够细致，对于农村居民以老年人为主的这一现状缺乏针对性。未来应该向农村居民中的老年群体提供更多的养老保险、医疗保险等相关金融知识宣传，对以个体经营为主的年轻群体提供更多的与低息贷款、农业产品保险、生产资料优惠政策等相关的金融知识宣传。

（2）缺乏开展金融教育的途径

迄今为止，农村地区开展金融教育的途径和方式依然较为单一。调查结果表明，农民获取金融知识的主要方式是询问他人，但是由于农村居民受教育程度普遍较低，所以他们获取到的金融知识往往是不全面或不准确的。另外，电视节目、书报等传统媒体提供的相关知识较少且内容繁杂，农村居民想直接获取与自己切实相关的金融知识较为困难，而且传统媒体传播的金融知识往往过于专业化，受教育程度较低的农村居民并不能及时理解、消化相关知识，所以传统媒体并不适合用于对农村居民进行金融知识普及。开展金融宣传活动的金融机构大多没有充分考虑到农民文化素质的差异，宣传活动往往宣讲形式刻板且内容笼统，难以得到农村居民的认可。可以看到，目前向农村居民传播金融知识的途径较少且传播效果不佳，而且在向农村居民普及金融知识时，当地政府和金融机构没有做好本地化金融服务，没有以农村居民的真实需求为中心开展宣传教育活动。同时农村居民自身没有对网络传播平台，如微博、微信公众号等发布的金融知识进行合理利用。

（3）农户提升金融素养的主观能动性较低

农村居民自身对学习金融知识、掌握金融技能的热情不高也一直是制约农村金融教育普及的主要因素之一。城镇居民对学习金融知识、提升金融技能的积极性远大于农村居民，且部分城镇居民已经参与了金融市场的投资理财活动，享受到了金融市场带来的便捷与福祉，而农村居民的受教育程度限制了其对金融知识的获取能力。根据调查数据可知，农村居民从银行和农村信用社等金融机构得到的金融知识不足，对线下的金融宣传活动参与度不高；金融宣传活动的宣传内容无法有效吸引当地农村居民到现场接受金融知识教育；日常向其他居民询问并学习相关知识的农村居民只占极少数。造成这些现象的原因是，主观上农村居民对金融知识的认知不足，农村居民认为金融知识不能给自己带来直接收益，宣讲中所涉及的金融技巧在实际情况中难以直接应用。大部分农村居民在有金融需求时选择询问他人，但是大多数农村居民的金融知识是严重不足的，如贷款时对贷款流程和政策的了解不够清晰，存款时对活期、定期的区别等不够了解。农村居民没有意识到金融知识和金融工具对于现代生活的重要性，这与农村地区没有金融理财投资氛围、农村居民的自身金融素养较低有关。

（二）农村收入不平等现状分析

1.变化趋势

随着以金融为核心的经济社会的不断发展，由表3-41可知1983~2020年，宁夏农村居民家庭人均可支配收入水平有显著的提高。本部分采用宏观统计数据从收入总体水平差异角度描述宁夏农村收入不平等状况，根据历年宁夏统计年鉴公布的农村数据整理得到图3-20和图3-21。从农村居民家庭人均可支配收入来看，2020年宁夏农村居民家庭人均可支配收入为13889元，为1983年的48.1倍；在农村居民家庭人均可支配收入增长率方面，1996年增长率最高，波动幅度较大，而2000年增长率最低，为-1.07%，在此之后一直到2020年增长率保持相对稳定。随着我国农村地区经济快速增长以及农业现代化的推进，宁夏农户人均可支配收入持续较快增长，然而在收入水平不断提升的同时也出现发展不平衡的现象，即农户之间存在一定的收入差距。

表3-41　1983～2020年宁夏农村居民家庭人均可支配收入

年份	可支配收入（元）	年份	可支配收入（元）
1983	289	2002	1984
1984	313	2003	2129
1985	321	2004	2435
1986	375	2005	2652
1987	383	2006	2938
1988	473	2007	3411
1989	522	2008	3978
1990	578	2009	4405
1991	590	2010	5125
1992	591	2011	5931
1993	636	2012	6776
1994	867	2013	7599
1995	999	2014	8410
1996	1398	2015	9119
1997	1513	2016	9852
1998	1734	2017	10738
1999	1779	2018	11708
2000	1760	2019	12858
2001	1873	2020	13889

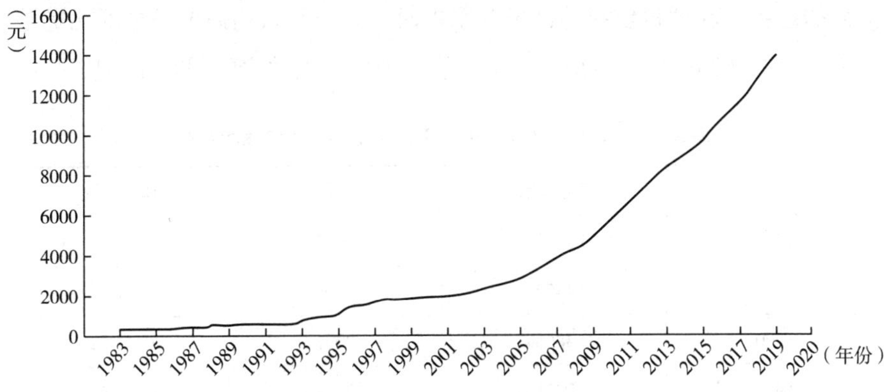

图3-20　1983～2020年宁夏农村居民家庭人均可支配收入

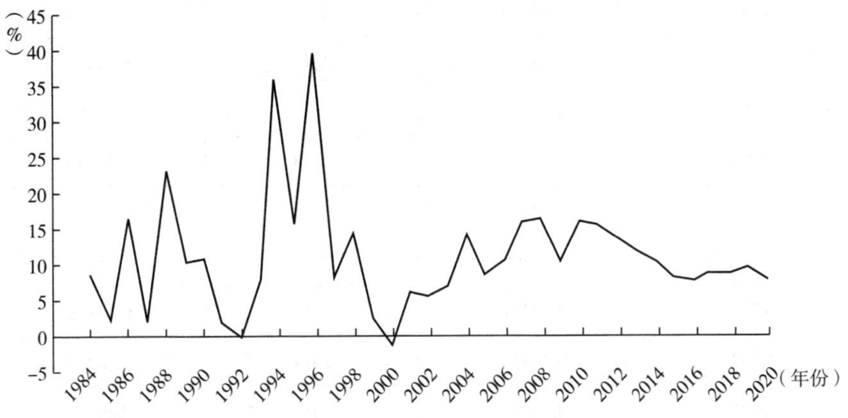

图3-21　1984~2020年宁夏农村居民家庭人均可支配收入增长率

数据显示，我国农村居民的基尼系数自1986年超过0.3以后继续上升，一度超过国际警戒线水平0.4，我国农村内部收入差距自20世纪80年代起便已存在，并且一直没有减缓的趋势。若居民收入不平等现象得不到控制，反而呈现加剧趋势，将会影响农村经济的健康发展，也会对农户造成一定的负面影响。宁夏农村居民人均可支配收入的差距在过去几十年中一直存在，基尼系数多年超过国际警戒线水平，2020年的基尼系数也接近0.4（见表3-42），可见在农户生活水平快速提升的同时存在发展不平衡现象，农村居民收入不平等问题亟待解决。城乡收入不平等一直是学者们研究的重点，而地区内部收入不平等问题的缓解能够有效抑制整体收入差距扩大的态势。在评价农村地区发展水平时，农户收入均衡增长情况无疑是一个重要的评判标准，故应当在提升农村地区发展效率的同时兼顾公平。

表3-42 1988～2020年宁夏农村居民基尼系数情况

年份	基尼系数	年份	基尼系数
1988	0.45656	2005	0.40582
1989	0.44529	2006	0.36321
1990	0.38684	2007	0.50432
1991	0.50764	2008	0.43493
1992	0.49162	2009	0.47951
1993	0.50883	2010	0.40984
1994	0.49758	2011	0.47956
1995	0.50222	2012	0.37956
1996	0.45766	2013	0.46395
1997	0.42640	2014	0.38194
1998	0.41390	2015	0.35659
1999	0.42437	2016	0.45149
2000	0.42924	2017	0.36793
2001	0.37596	2018	0.40967
2002	0.37549	2019	0.35869
2003	0.37435	2020	0.39681
2004	0.43718		

2.调查地区收入差距现状

1905年经济学家洛伦兹提出的洛伦兹曲线可以反映收入不平等程度，本次调查地区农户的洛伦兹曲线如图3-22所示。将区域总人口根据收入情况从低到高依次排列，平均分为N个组，计算每一组人口的收入占累计收入的比重，再根据这些占比数值画出曲线，即洛伦兹曲线。横坐标代表累计人口占比，纵坐标代表累计收入占比，图3-22中的斜直线为绝对平等线，但一般来说绝对平等的情况是不存在的，洛伦兹曲线在绝对平等线下方，越接近绝对平等线说明样本地区的收入越公平。笔者利用在宁夏实地调查获取的数据，对总体样本的收入数据以及3个县（区）的收入数据进行洛伦兹曲线拟合，并分别计算基尼系数。利用宁夏所有的样本收入数据进行计算，得到的基尼系数为0.4921。将样本数据根据县（区）划分之后，计算得到的西夏区、贺兰县和盐池县的基尼系数分别为0.4086、0.3782、0.5275。利用样本数据计算的基尼系数中仅有贺兰县的农村收入差距低于国际警戒线，说明宁夏的农村收入不平等问题应当引起重视。虽然调查区域有限、样本量不充足等问题可能会导致利用样本数据计算得到的基尼系数与实际情况存在偏差，但宁夏的农村收入不平等问题确实不容忽视。

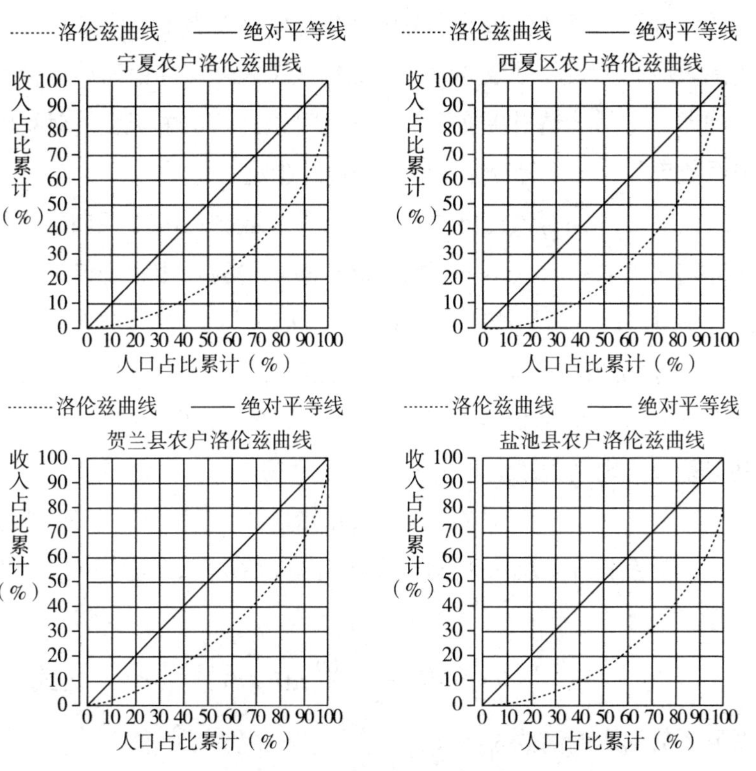

图3-22 农户洛伦兹曲线

四 农户金融素养对农村收入不平等的影响

（一）模型设置与变量选取

1.模型设置

第一，运用分位数回归法对宁夏农户金融素养和不同分位点的农户家庭收入的关系进行实证分析。分位数回归法在经济学实证分析中被学者们广泛使用，一方面是由于其估计的结果比最小二乘估计法更加稳健，另一方面是因为分位数回归法在关于家庭微观金融数据的实证分析中，可以更好地解释变量对于被解释变量在扰动项的各个分位点上的异质性影响。此外，在分位数回归的基础上进行无条件分位数回归，有助于研究在其他因素不变的条件下，解释变量的小范围变化导致被解释变量无条件分位数变化的边际效应。无条件分位数回归的优势在于能够减弱由遗漏变量引起的内生性问题，使估计结果更加稳健，并且可以反映出解释变量对被解释变量基尼系数等收入不平等分布统计量的边际影响。

第二，采用Firpo等人提出的再中心化影响函数（RIF）回归方法对农户金融素养与宁夏农村收入不平等情况展开实证检验。相比于传统的OLS回归关注自变量与因变量均值差异，RIF回归能够反映自变量分布的边际变化对不平等指标的边际影响。这一方法已逐渐成为基于微观数据分析收入不平等的重要工具。构建基尼系数的再中心化影响函数步骤如下。

基尼系数可定义为：

$$v^{G}(F_Y)=1-2\mu^{-1}R(F_Y) \quad \text{公式（3-19）}$$

其中，$R(F_y)=\int_0^1 GL(p;F_Y)\mathrm{d}p, p(y)=F_Y(y), GL(p;F_Y)$是$F_Y$广义洛伦兹的纵坐标。

$$GL(p;F_Y)=\int_{-\infty}^{F^{-1}(p)} z\mathrm{d}F_Y(z) \quad \text{公式（3-20）}$$

基尼系数的影响函数为：

$$IF(y;v^G)=A_2(F_Y)+B_2(F_Y)y+C_2(y;F_Y) \quad \text{公式（3-21）}$$

其中，$A_2(F_Y)=2\mu^{-1}R(F_Y)$, $B_2(F_Y)=2\mu^{-2}R(F_Y)$, $C_2(y;F_Y)=-2\mu^{-1}\{y[1-p(y)]+$

$GL(p(y);F_Y)\}$。

得出基尼系数的再中心化影响函数：

$$RIF(y;v^G)=1+B_2(F_Y)y+C_2(y;F_Y) \qquad \text{公式（3–22）}$$

或写作 $\mathrm{RIF}(y;v^G)=2\frac{y}{\mu}v^G+\frac{(1-y)}{\mu}+\frac{2}{\mu}\int zF_Y(z)\mathrm{d}z$，将其整理可得：

$$\mathrm{RIF}(y;v^G)=2\frac{y}{\mu}\left[F_Y(y)-\frac{1+v^G}{2}\right]+2\left[\frac{1-v^G}{2}-GL(p;F_Y)\right]+v^G$$

公式（3–23）

其中，$(1+v^G)/2$ 与 $(1-v^G)/2$ 分别表示洛伦兹曲线的上方和下方区域。

为考察金融素养对于收入不平等的影响，将基本模型设定为：

$$\mathrm{RIF}(y,Gini_Y)=\alpha_0+\alpha_1 FL+\alpha_2 X_i+\varepsilon_i \qquad \text{公式（3–24）}$$

其中，$\mathrm{RIF}(y,Gini_Y)$ 代表依据基尼系数构建的再中心化影响函数，FL 代表金融素养变量，X_i 代表其他控制变量，ε_i 代表扰动项。

这一回归方程直接建立了收入分布不平等指标与其影响因素之间的关系。需要说明的是，这里是依据收入不平等指数即基尼系数构建的RIF。为保证结果的稳健性，将依据阿特金森指数（不平等厌恶系数有0.5、1和2）和泰尔指数构建的RIF作为测度农村收入不平等的补充。

第三，采用倾向得分匹配（PSM）模型解决样本自选择问题。倾向得分匹配模型通过特征变量进行Logit回归计算倾向得分，再将所得的倾向得分进行匹配，找到处理组的反事实对照，最终得到处理组的平均处理效应ATT。根据农户金融素养指标得分的均值进行类型划分，大于均值取值为1，否则取值为0，将农户金融素养指标划分为处理组（取值为1）和对照组（取值为0），然后对两组进行倾向得分匹配估计。

第四，为验证农户金融素养对农村收入不平等影响结论的稳健性，将农户金融素养测评二级指标下的13个测量问题的得分加总作为核心解释变量的替代变量进行稳健性检验。

第五，采用工具变量法来减缓模型中可能因为存在双向因果以及遗漏变量等情况而造成的内生性问题。农户金融素养不同会造成收入差异，收入差异也会导致农户金融信息关注度、金融市场参与行为的不同，进而形成不同的农户金融素养水平。故本研究选择户主是否工作、教育程度作为工具变量，并且户主是否工作、教育程度是外生的，且通过了弱工具变量和过度识别检验，满足使用工具变量时需要的相关性和外生性假定。

2. 变量选取与描述性统计分析

核心解释变量为用因子分析法测算得到的金融素养，被解释变量是家庭收入。本部分参考研究农村金融的主流文献，从户主特征、家庭特征、经济特征和心理特征四个维度进行控制变量的选取，选取的控制变量包括年龄、民族、教育程度、是否工作、家庭规模、老年人占比、是否创业、是否贷款、是否购买商业保险、家庭消费、是否农地流转、收入满意度。变量及其描述性统计如表3-43所示。在户主特征变量中，有30.36%的户主由于各种不可抗因素处于无业状态。在家庭特征变量中，平均家庭规模为3.5822人，家庭老年人占比平均值为23.99%。在经济特征变量中，进行创业的农户仅有3.90%，进行贷款的农户达到48.75%，有33.98%的农户购买了商业保险，参与农地流转的农户为总样本的46.52%。从心理特征变量来看，参与调研农户的平均收入满意度得分为2.9916分，对于收入的满意程度在不同农户之间存在差异。

表3-43 变量及其描述性统计

分类	变量名称	观测值	均值	标准差	最小值	最大值
被解释变量	家庭收入	359	10.8316	0.9690	8.1020	15.2316
核心解释变量	金融素养	359	−2.45E−09	0.5028	−0.7869	1.3055
户主特征变量	年龄	359	4.7883	1.0907	1	6
	民族	359	0.8552	0.3524	0	1
	教育程度	359	2.2479	1.0477	1	6
	是否工作	359	0.6964	0.4605	0	1
家庭特征变量	家庭规模	359	3.5822	1.5565	1	7
	老年人占比	359	0.2399	0.3621	0	1
经济特征变量	是否创业	359	0.0390	0.1939	0	1
	是否贷款	359	0.4875	0.5005	0	1
	是否购买商业保险	359	0.3398	0.4743	0	1

续表

分类	变量名称	观测值	均值	标准差	最小值	最大值
经济特征变量	家庭消费	359	10.4779	0.8685	7.3139	17.2167
	是否农地流转	359	0.4652	0.4995	0	1
心理特征变量	收入满意度	359	2.9916	0.9759	1	5

（二）实证结果

1.分位数回归结果分析

本部分的实证部分重点从两个方面进行分析：将农户的家庭收入设为被解释变量，这里的家庭收入指人均可支配收入，选取分位数回归方法研究金融素养对处于不同收入分位数水平的农户的家庭收入的影响，实证分析农户金融素养是否能够通过影响不同收入水平农户的家庭收入，对农村收入分配结构产生影响；基于RIF回归实证检验农户金融素养对农村家庭收入不平等的影响。

利用基准回归和分位数回归研究农户金融素养对家庭收入的影响，首先列出农户金融素养与家庭收入的回归结果，再通过研究农户金融素养在家庭收入的不同分位数水平上的边际效应差异，考察农户金融素养对农村家庭收入不平等的影响，样本的实证检验结果如表3–44所示。表3–44中列出了金融素养与在不同收入分位数水平上的农户的家庭收入的回归检验结果。基准回归结果显示，农户金融素养对全部农户的收入效应显著为正，即农户提高金融素养能够在一定程度上平滑农户支出曲线，使其拥有一定的剩余资本进行经济活动从而获取收益。分析分位数回归中不同收入分位数水平的系数和显著性可知，金融素养对于处于收入低分位数水平的农户家庭的增收效应更强，故金融素养可以通过影响不同收入分位数水平农户的家庭收入对农村收入分配结构产生影响。金融素养对于处于收入低分位数水平农户的家庭收入的影响显著性和系数更高，这验证了第一个假说，即金融素养对于低收入农户的创收效应大于高收入农户。高收入农户的金融素养原本就高于低收入农户的金融素养，故提高其金融素养的影响相对于低收入农户来说更小，而提高低收入农户的金融素养可以帮助农户拓展经济活动、优化金融决策及促进农户土地流转和创业行为等，形成增收效应，进而调节农村收入分配结构。分位数回归结果表明农户金融素养提升对于低收入农户的创收效应更为明显，故推测金融素养可通过提高低收入农户的收入来缓解农村家庭收入不平等。

从控制变量来看，家庭规模具有显著的增收效应，并且在各个收入分位数水平均具有显著的正向影响，说明农户家庭成员增多可以提升其家庭收入水平，目前我国的生育率不断降低、农村老龄化严重，未来农村家庭人口结构变化问题造成的影响不容忽视。家庭消费对于家庭收入的影响在每个收入分位数水平均显著为正，表明农户的家庭消费增加促进了家庭收入的上升，家庭消费是家庭增收的驱动力。“是否购买商业保险”变量对于高收入和低收入农户的家庭收入具有显著的正向影响，表明商业保险可以缓解农户家庭因不确定性遭受的冲击，可以在一定程度上保障农户家庭收入，但对于中等收入农户的家庭增收影响并不显著。“是否农地流转”变量对收入处于10分位数水平的农户家庭具有显著的增收效应，即参与农地流转给低收入农户带来的增收效果明显，农地流转对于不同收入水平农户的创收效应具有差异性。从心理特征变量来看，收入满意度对于处于收入最高分位数水平的农户家庭的正向显著影响最强，说明在高收入农户中对于家庭收入满意的农户的增收积极性也较高。

表3–44　分位数回归结果

	全部农户	10分位数	20分位数	30分位数	40分位数	50分位数	60分位数	70分位数	80分位数	90分位数
金融素养	0.2240***	0.3469**	0.2943***	0.2035**	0.1417	0.1416*	0.1436*	0.0891	0.1536	0.0051
	(0.0780)	(0.1709)	(0.1132)	(0.0950)	(0.0865)	(0.0813)	(0.0736)	(0.0895)	(0.1012)	(0.1173)
年龄	0.0517	0.0543	0.0347	0.0700	0.0582	0.0584	0.0720*	0.0497	0.0628	0.0714
	(0.0439)	(0.0961)	(0.0637)	(0.0534)	(0.0486)	(0.0457)	(0.0414)	(0.0504)	(0.0569)	(0.0660)
民族	−0.0776	0.0342	−0.0499	−0.1991	−0.1605	−0.1142	−0.0684	−0.0029	−0.1397	0.0007
	(0.1018)	(0.2230)	(0.1477)	(0.1239)	(0.1128)	(0.1060)	(0.0960)	(0.1168)	(0.1321)	(0.1531)
教育程度	0.0478	0.0764	0.0249	0.0104	0.0102	0.0523	0.0446	0.0109	0.0296	0.0518
	(0.0370)	(0.0811)	(0.0537)	(0.0451)	(0.0410)	(0.0386)	(0.0349)	(0.0425)	(0.0480)	(0.0557)

续表

	全部农户	10分位数	20分位数	30分位数	40分位数	50分位数	60分位数	70分位数	80分位数	90分位数
是否工作	0.0690 (0.0874)	-0.0247 (0.1916)	-0.0277 (0.1270)	0.0835 (0.1065)	0.1113 (0.0970)	0.1280 (0.0911)	0.1782** (0.0825)	0.1400 (0.1004)	0.1557 (0.1135)	0.1199 (0.1316)
家庭规模	0.1254*** (0.0248)	0.1448*** (0.0543)	0.1282*** (0.0360)	0.1213*** (0.0302)	0.0934*** (0.0275)	0.1035*** (0.0258)	0.1092*** (0.0234)	0.0835*** (0.0285)	0.0994*** (0.0322)	0.1522*** (0.0373)
老年人占比	-0.2895** (0.1244)	-0.0983 (0.2726)	-0.2346 (0.1806)	-0.2734* (0.1514)	-0.3461** (0.1379)	-0.2884** (0.1296)	-0.4201*** (0.1173)	-0.4879*** (0.1428)	-0.4102** (0.1614)	-0.2616 (0.1871)
是否创业	0.0450 (0.1812)	0.2291 (0.3972)	0.1942 (0.2631)	0.0922 (0.2206)	0.0690 (0.2009)	-0.0069 (0.1888)	0.0259 (0.1710)	-0.0610 (0.2080)	-0.0621 (0.2352)	0.0614 (0.2727)
家庭消费	0.5173*** (0.0459)	0.5408*** (0.1005)	0.5427*** (0.0666)	0.6086*** (0.0559)	0.5966*** (0.0509)	0.5883*** (0.0478)	0.5472*** (0.0433)	0.5443*** (0.0527)	0.4428*** (0.0595)	0.4519*** (0.0690)
是否购买商业保险	0.2914*** (0.0758)	0.4175** (0.1661)	0.4351*** (0.1101)	0.3414*** (0.0923)	0.2141** (0.0841)	0.1130 (0.0790)	0.1059 (0.0715)	0.1636* (0.0870)	0.2437** (0.0984)	0.3644*** (0.1140)
是否农地流转	0.1128 (0.0749)	0.4931*** (0.1641)	0.1005 (0.1087)	0.1201 (0.0911)	0.0686 (0.0830)	0.0189 (0.0780)	0.0259 (0.0706)	-0.0072 (0.0859)	0.0264 (0.0972)	-0.1461 (0.1126)
收入满意度	0.1261*** (0.0375)	0.0763 (0.0822)	0.1095** (0.0544)	0.1569*** (0.0457)	0.1549*** (0.0416)	0.1729*** (0.0391)	0.1665*** (0.0354)	0.1669*** (0.0430)	0.1659*** (0.0487)	0.2019*** (0.0564)
常数项	4.1641*** (0.5640)	2.7890** (1.2359)	3.5938*** (0.8188)	2.9399*** (0.6866)	3.4023*** (0.6253)	3.4499*** (0.5875)	3.9064*** (0.5320)	4.3156*** (0.6473)	5.4752*** (0.7319)	5.1183*** (0.8484)
N	359	359	359	359	359	359	359	359	359	359

注：括号里报告的是稳健标准误，*、**、***分别表示在10%、5%和1%的统计水平上显著。

2. RIF回归结果分析

表3-45报告了金融素养对农村家庭收入不平等的影响的回归结果。结果显示，金融素养在依据基尼系数构建的再中心化影响函数回归中的估计系数在5%的统计水平上显著为负，金融素养在依据其他几个收入不平等指数构成的再中心化影响函数回归中的估计系数也均显著为负，这表明金融素养的提高会显著地抑制农村家庭收入不平等，这验证了本研究提出的第二个假说。回归结果中的户主特征以及家庭特征变量显示，家庭规模对

农村家庭收入差距的影响在1%的统计水平上显著为负，说明农村家庭成员的增加可以增加农村家庭收入，进而减缓农村家庭收入不平等，为防止收入差距进一步加大，农村人口外流以及生育率降低等问题亟待解决。但家庭消费对于农村家庭收入不平等的回归系数显著为正，说明家庭消费增加可能会进一步加剧农村家庭收入不平等，这与我国的实际情况相符，虽然改革开放以来我国农村家庭居民的消费不断增加，但农村家庭收入差距也越来越大。为实现农村地区共同富裕，对收入差距问题需要进行更深层次的剖析。

表3-45 RIF回归结果

	rif_gini	rif_atkin1	rif_atkin2	rif_atkin3	rif_entropy
金融素养	−0.2629** （0.1270）	−0.2846** （0.1432）	−0.3242** （0.1488）	−0.2590** （0.1053）	−0.5510** （0.2529）
年龄	0.0351 （0.0714）	0.0280 （0.0805）	0.0435 （0.0837）	0.0534 （0.0592）	0.0739 （0.1422）
民族	0.1608 （0.1656）	0.1997 （0.1868）	0.1919 （0.1941）	0.0861 （0.1374）	0.3262 （0.3300）
教育程度	−0.0776 （0.0602）	−0.0955 （0.0679）	−0.0954 （0.0706）	−0.0687 （0.0500）	−0.1622 （0.1200）
是否工作	−0.0963 （0.1423）	−0.0868 （0.1605）	−0.0996 （0.1668）	−0.0473 （0.1180）	−0.1693 （0.2835）
家庭规模	−0.1695*** （0.0404）	−0.1910*** （0.0455）	−0.2013*** （0.0473）	−0.1358*** （0.0335）	−0.3422*** （0.0804）
老年人占比	0.2259 （0.2025）	0.2104 （0.2283）	0.2450 （0.2373）	0.1282 （0.1679）	0.4164 （0.4033）
是否创业	−0.0772 （0.2950）	−0.0574 （0.3327）	−0.0665 （0.3458）	−0.0348 （0.2446）	−0.1130 （0.5877）
家庭消费	0.6739*** （0.0747）	0.7599*** （0.0842）	0.7847*** （0.0875）	0.5301*** （0.0619）	1.3337*** （0.1488）
是否购买商业保险	0.1359 （0.1234）	0.1463 （0.1392）	0.1642 （0.1446）	0.1275 （0.1023）	0.2791 （0.2458）
是否农地流转	0.0130 （0.1219）	0.0052 （0.1374）	−0.0166 （0.1428）	−0.0672 （0.1010）	−0.0282 （0.2427）
收入满意度	0.0439 （0.0610）	0.0467 （0.0688）	0.0657 （0.0715）	0.0883* （0.0506）	0.1117 （0.1216）

续表

	rif_gini	rif_atkin1	rif_atkin2	rif_atkin3	rif_entropy
常数项	-6.2285*** (0.9180)	-7.2933*** (1.0352)	-7.4789*** (1.0759)	-4.8741*** (0.7612)	-12.8803*** (1.8286)
N	359	359	359	359	359
R-sq	0.1986	0.1979	0.2005	0.1993	0.2005

注：括号里报告的是稳健标准误，**、***分别表示在5%、1%的统计水平上显著。

3.样本自选择问题

为进一步检验农户金融素养对农村家庭收入不平等的影响以及解决模型潜在的样本自选择问题，采用倾向得分匹配模型再次估计农户金融素养与农村家庭收入不平等之间的关系，结合研究需要，选择了近邻匹配（k=1）、半径匹配、核匹配三种匹配方法，结果见表3-46。如表3-46所示，三种匹配方法的平衡性检验结果显示，标准偏差和中位数偏差降低到6.9%～8.9%，符合参照标准，三种匹配方法的准 R^2（PseudoR^2）均小于0.05，似然比检验统计量（LRchi2）在匹配前为79.03，且在1%的显著性水平上被拒绝，用三种方法匹配后的似然比检验统计量均未拒绝原假设。平衡性检验结果显示，匹配大幅降低了处理组和对照组的系统性差别，有效削减了样本的选择性偏差，保证了匹配结果可靠性。在利用三种匹配方法进行匹配后，结果显示农户金融素养均在5%的显著性水平上对农村家庭收入不平等具有负向影响。ATT在-0.051～-0.046，即农户金融素养提高会使农村家庭收入差距缩小的概率提高4.6%~5.1%，证明了提高农户金融素养可以缓解农村家庭收入不平等，说明运用倾向得分匹配模型解决样本自选择问题后这一结论仍然成立。

表3-46　倾向得分匹配结果及平衡性检验结果

匹配方法	准 R^2	似然比检验统计量	标准偏差（%）	中位数偏差（%）	ATT	T值
匹配前	0.162	79.03***	39.8	45.7	-0.099	-6.68***
近邻匹配（k=1）	0.021	8.88	8.9	9.6	-0.051	-2.41**

续表

匹配方法	准 R^2	似然比检验统计量	标准偏差（%）	中位数偏差（%）	ATT	T值
半径匹配	0.013	5.62	7.4	4.9	−0.046	−2.55**
核匹配	0.011	4.63	6.9	5.5	−0.047	−2.60**

注：**、***分别表示在5%、1%的统计水平上显著。

4. 稳健性检验

为检验模型的稳健性，将金融素养测评二级指标的13个测量问题的得分加总作为核心解释变量的替换变量进行回归，表3–47报告了金融素养得分加总对农村家庭收入不平等影响的回归结果。结果显示，金融素养得分加总在依据基尼系数构建的再中心化影响函数回归中的估计系数在5%的统计水平上显著为负，用金融素养得分加总替换核心解释变量之后，结果仍然与之前的分析一致，表明金融素养水平的提高会显著地抑制农村家庭收入不平等，该研究结果具有一定的稳健性。

表3–47　稳健性检验结果

	rif_gini	rif_atkin1	rif_atkin2	rif_atkin3	rif_entropy
金融素养得分加总	−0.0288** （0.0124）	−0.0312** （0.0140）	−0.0351** （0.0145）	−0.0272*** （0.0103）	−0.0596** （0.0247）
控制变量	Y	Y	Y	Y	Y
常数项	−5.9683*** （0.9102）	−7.0115*** （1.0266）	−7.1586*** （1.0668）	−4.6191*** （0.7549）	−12.3359*** （1.8132）
N	359	359	359	359	359
R−sq	0.2011	0.2002	0.2030	0.2015	0.2030

注：括号里报告的是稳健标准误，**、***分别表示在5%、1%的统计水平上显著。

5. 内生性检验

基准回归可能存在由双向因果以及遗漏变量等情况造成的内生性问题，由此可能会导致估计有偏。农户金融素养不同会造成农户家庭收入差异，家庭收入差异也可能会造成农户对金融信息的关注度不同，从而形成不同的农户金融素养水平。此外，在农户金融素养与家庭收入方面还可能存在一些难以观测的因素，比如农户对知识的理解能力、对知识获取的意愿以及风险偏好等。为消除潜在的内生性问题，将户主是否工作、教育程度作为工具变量。户主工作情况可能会通过一些社会因素直接影响农户金融素养水平，而教育程度可以通过影响农户的认知水平对农户金融素养产生影响，但二者均无法直接影响农村家庭收入不平等程度。由表3-48可知，在二阶段最小二乘法回归估计中，Durbin-Wu-Hausman检验（DWH检验）结果表明在10%的显著性水平上拒绝"金融素养为外生变量"的假设，所以金融素养为内生变量，需要通过工具变量解决内生性问题，同时得到第一阶段F值均大于10，所以工具变量与内生变量高度相关，不存在弱工具变量问题。因此，选取户主是否工作、教育程度作为工具变量是合适的。农户金融素养与农村家庭收入不平等在1%的统计水平上显著负相关，说明农户金融素养的提高会显著地抑制农村家庭收入不平等，并且通过比对系数后发现加入工具变量后金融素养的估计系数变大，这表明基准回归低估了提高农户金融素养对农村家庭收入不平等的抑制作用。

表3-48 内生性检验结果

	rif_gini	rif_atkin1	rif_atkin2	rif_atkin3	rif_entropy
金融素养	-1.0905^{**} （0.5105）	-1.1650^{**} （0.5722）	-1.2883^{**} （0.5980）	-0.9986^{**} （0.4271）	-2.1897^{**} （1.0163）
控制变量	Y	Y	Y	Y	Y
常数项	-6.9374^{***} （1.0442）	-8.0473^{***} （1.1704）	-8.3048^{***} （1.2230）	-5.5076^{***} （0.8735）	-14.2839^{***} （2.0787）
N	359	359	359	359	359
第一阶段F值	12.3723	12.3723	12.3723	12.3723	12.3723
DWH检验F值（P值）	3.1623 （p=0.0754）	2.8135 （p=0.0935）	3.1242 （p=0.0771）	3.6733 （p=0.0553）	3.0287 （p=0.0827）

注：括号里报告的是稳健标准误，**、***分别表示在5%、1%的统计水平上显著。

（三）异质性分析

1.收入异质性分析

不同收入阶层农户的社会资本、生计资本、人力资本等都具有差异性，处于不同收入阶层是否影响农户金融素养提升对于农村家庭收入不平等的缓解作用仍需进一步明确。故按照家庭可支配收入将农户分为低收入、中收入、高收入三个阶层，将总样本分为三部分进行RIF回归，考察不同收入阶层农户群体的差异性。回归结果如表3-49所示，结果表明从低收入阶层来看，农户金融素养提升对农村家庭收入不平等的缓解作用较为显著，但从中收入阶层和高收入阶层来看这种影响并不显著。目前农村金融市场取得了较好的发展，金融资源不存在稀缺性，故所有收入阶层的农户都可以享受到金融服务，在此前提下，低收入阶层农户更能够从提高金融素养中获益。目前我国已经达到全面小康水平，虽然已消除了绝对贫困，但相对贫困仍然存在，低收入阶层农户更容易陷入相对贫困，提高低收入阶层农户的金融素养有助于在缓解阶层之间收入不平等的同时改善相对贫困问题。从控制变量来看，低收入阶层农户的家庭规模、家庭消费和是否农地流转均可以显著影响农村家庭收入不平等状况，值得注意的是高收入阶层农户家庭消费的增加反而加剧了农村家庭收入不平等，这可能是由于高收入阶层农户通过扩大再生产进行的生产性消费使其自身收入增长更快，由此扩大了不同收入阶层农户之间的收入差距。

表3-49 收入异质性分析结果

	低收入阶层	中收入阶层	高收入阶层
金融素养	−0.0836*** （0.0289）	−0.0138 （0.0143）	−0.3464 （0.3168）
年龄	0.0139 （0.0162）	−0.0071 （0.0089）	0.0996 （0.1639）
民族	0.0468 （0.0345）	0.0009 （0.0201）	0.6726 （0.4108）
教育程度	−0.0018 （0.0126）	−0.0043 （0.0070）	−0.2347 （0.1501）
是否工作	−0.0074 （0.0248）	0.0014 （0.0175）	−0.2981 （0.4157）
家庭规模	−0.0200* （0.0109）	−0.0032 （0.0047）	−0.1602 （0.1015）
老年人占比	−0.0498 （0.0331）	0.0428 （0.0307）	−0.7658 （0.8171）

续表

	低收入阶层	中收入阶层	高收入阶层
是否创业	0.0336 (0.1296)	0.0318 (0.0330)	0.0758 (0.5870)
家庭消费	-0.0437* (0.0224)	-0.0304*** (0.0111)	1.4181*** (0.1604)
是否购买商业保险	-0.0147 (0.0322)	-0.0138 (0.0140)	0.3840 (0.2931)
是否农地流转	-0.0622** (0.0245)	0.0060 (0.0139)	-0.2146 (0.3225)
收入满意度	0.0076 (0.0118)	-0.0169** (0.0075)	0.1684 (0.1805)
常数项	1.0815*** (0.2424)	0.7353*** (0.1422)	-15.1313*** (2.1248)
N	120	120	119
R-sq	0.2286	0.0517	0.4340

注：括号里报告的是稳健标准误，*、**、***分别表示在10%、5%和1%的统计水平上显著。

2. 区域异质性分析

笔者在进行实地调查期间发现被调查的3个县（区）在金融发展水平、农业现代化发展水平以及老龄化程度等方面具有较大差异，故对这3个不同县（区）进行异质性分析，分析农户金融素养与农村家庭收入不平等的关系在不同县（区）的差异。结果如表3-50所示，在对3个县（区）进行RIF回归后，仅贺兰县的结果显示农户金融素养提升对于农村家庭收入不平等具有缓解作用，西夏区和盐池县的农户金融素养对于农村家庭收入不平等的影响均不显著，这可能是由于宁夏县域之间的普惠金融发展不均衡，贺兰县的普惠金融增长指数呈现增长的态势。农村的金融可得性不如城市，只有提高金融服务在农村的覆盖率，农户才能有机会利用自身金融素养实现增收效果，从而减缓农村家庭收入不平等情况。从控制变量来看，户主年龄和教育程度的提高会对贺兰县的农村家庭收入不平等起到加剧作用，家庭规模的扩大对于西夏区和盐池县的农村家庭收入不平等具有显著的抑制作用，家庭消费的提升对于西夏区农户间的收入差距具有抑制作用，但家庭消费的提升对于贺兰县和盐池县的农村家庭收入不平等则会产生扩大的影响。

表3–50 区域异质性分析结果

	西夏区	贺兰县	盐池县
金融素养	−0.0664 (0.0612)	−0.1987** (0.0832)	−0.3405 (0.2324)
年龄	0.0644 (0.0399)	0.0817* (0.0420)	−0.0503 (0.1316)
民族	0.0166 (0.0983)	−0.0202 (0.2583)	0.2272 (0.2438)
教育程度	0.0382 (0.0328)	0.0892** (0.0356)	−0.1999* (0.1074)
是否工作	0.0375 (0.0740)	0.0082 (0.0880)	−0.1879 (0.2673)
家庭规模	−0.0440** (0.0208)	−0.0210 (0.0274)	−0.2843*** (0.0755)
老年人占比	0.1006 (0.1078)	0.1367 (0.1405)	0.4769 (0.3378)
是否创业	−0.0191 (0.1018)	−0.0704 (0.2121)	−0.3934 (0.5906)
家庭消费	−0.1056* (0.0570)	0.1238** (0.0494)	1.0729*** (0.1245)
是否购买商业保险	−0.0380 (0.0700)	−0.0044 (0.0825)	0.3365 (0.2198)
是否农地流转	−0.0030 (0.0508)	0.0693 (0.1010)	−0.1781 (0.2612)
收入满意度	0.0127 (0.0224)	0.0550 (0.0454)	0.0974 (0.1221)
常数项	1.2827** (0.6289)	−1.5807** (0.6325)	−9.7141*** (1.5484)
N	73	104	182
R–sq	0.3503	0.1142	0.3195

注：括号里报告的是稳健标准误，*、**、***分别表示在10%、5%和1%的统计水平上显著。

第四节　数字普惠金融缓解相对贫困效应实证分析

数字普惠金融是互联网与普惠金融相结合的新型金融服务模式，在数字技术支持下提供金融服务，发挥金融的普惠作用，进而达到缓解相对贫困、巩固脱贫攻坚成果的目的。银川市是我国目前经济发展比较落后的城市，研究银川市数字普惠金融缓解农村家庭相对贫困的作用机制，可以为其他地区解决相对贫困问题和巩固脱贫攻坚成果提供宝贵的经验借鉴和一定的理论参考。

一　机制分析

现有研究对数字普惠金融缓解贫困的作用机制进行了大量的探讨，但不同研究得出的数字普惠金融缓解贫困的作用机制各不相同，目前仍然没有形成一个系统性的研究。在其他学者对普惠金融的研究基础上，本节从数字普惠金融的三个具体维度——覆盖广度、使用深度和满意程度出发，分析数字普惠金融对缓解农村家庭相对贫困的作用，并将其分为直接作用和间接作用。直接作用：数字普惠金融利用数字化将传统金融机构排斥在外的弱势群体、贫困地区人口、偏远地区人口和小微企业吸纳进来，为他们提供个人消费、小微企业投资、保险等金融服务，提高其金融可得性，以此缓解相对贫困。间接作用：数字普惠金融可以通过增加农户电商参与率、提高农户健康意识和促进农户消费达到间接缓解相对贫困的目的。

（一）数字普惠金融缓解相对贫困的直接影响

过去传统金融机构通过物理网点为需要金融服务的人群办理金融业务、提供金融服务，而数字普惠金融通过数字技术和金融的结合降低了金融机构和交易者进行交易的各种费用；数字普惠金融将过去被传统金融机构排斥在外的贫困人口和小微企业等包括在内，打破了传统金融机构的束缚，发挥出互联网技术的优势，为有金融需要的所有群体提供金融产品和金融服务。金融机构通过互联网为使用者提供金融服务能够促使机构不断创新金融业务、降低交易成本，进而获取更多的用户。过去绝对贫困的脱贫攻坚目标为“两不愁、三保障”，而在当下对相对贫困的治理中，不仅要注重人们经济方面的需求，更要注重对人们的社会参与和生活条件的改善。数字普惠金融可以为有金融服务需求的群体提供一系列数字化金融服务，满足其对金融产品和金融服务的需要、增加其投资方式、拓宽其收入来源，从而降低其陷入贫困的概率。基于以上分析，提出假说一：数字普惠金融能够缓解农村家庭的相对贫困。

（二）数字普惠金融缓解相对贫困的间接影响

近年来，随着互联网技术的迅速发展，发展电商成为助推乡村振兴的重要手段。数字普惠金融利用自身独特优势持续为电商的发展提供金融服务，通过提高农村居民电商素养推动农村电商发展。一方面，数字普惠金融利用互联网技术为农村电商的发展提供方便快捷的第三方支付方式，提高了交易效率，减少了交易双方的各种费用；另一方面，数字普惠金融通过互联网为农户提供贷款，为农村电商的发展提供了更多的资金支持，从而提高了农户进行电商创业的积极性。基于电商平台，农户一方面能够丰富产品销售方式，另一方面可以缓解过去因网络不发达、获取信息渠道有限而卖不出农产品的问题。发展电商可以提高农产品销量，降低农产品种植风险，实现农户增收。基于以上分析，提出假说二：数字普惠金融可以通过提升农户电商参与率缓解相对贫困。

健康是人们进行一切活动的基础，是促进经济社会发展的重要条件，也是人们追求的共同目标。党和国家十分重视人民的健康，近年来，大力推进健康中国建设，引导健康产业发展。经济增长为居民健康奠定了基础，消费结构升级为居民健康创造了条件，科技进步为居民健康提供了有力支撑。一方面，数字普惠金融基于互联网、区块链、大数据分析等技术搭建信息平台，使农户获取健康知识的渠道增加，农户能够更便捷地获取健康知识，降低了农户患重大疾病的概率。保险公司作为重要的金融机构，通过App或公众号分享健康知识与保险知识，提高了农户对疾病的了解，有效地预防了突发性疾病的发生，从而降低了农户家庭因疾病的发生而陷入相对贫困的风险。另一方面，数字普惠金融通过降低保险公司的运营成本以及农户购买保险时产生的交易费用，为农户提供更便捷的保险服务，提高农户对保险的感知有用性，增强其购买意愿，从而降低农户因家庭成员身患疾病而产生的支出，最终达到缓解家庭相对贫困的目的。基于以上分析，提出假说三：数字普惠金融可以通过提高农户健康意识缓解相对贫困。

随着我国经济社会发展水平和居民收入水平的不断提高，我国社会主要矛盾发生了改变，人们对消费的需求增加，消费结构不断升级。而数字普惠金融改变了居民的消费方式，在释放居民消费潜力上发挥了重要作用。其一，数字普惠金融通过数字技术释放金融的普惠作用，使资源配置更加合理、消费需求扩大，减少了制约农户消费的因素，同时提高了农户网络购物和网络付款的频率，促进了农户消费。其二，通常如果一个家庭收入和支出出现大幅波动或没有缴纳社会保险，则该家庭会面临相对更大的不确定性和更多的风险，这会对该家庭的消费产生约束，促使该家庭增加预防性储蓄。而数字普惠金融通过互联网为农户提供线上保险服务，可以提高农户购买保险的意愿及行为，从而减少农户因家庭成员身患疾病而产生的医疗支出，进而激发农户的消费潜力，促进农户在信息获取、家庭资产和教育等方面的支出。基于以上分析，提出假说四：数字普惠金融可以通过促进农户消费缓解相对贫困。

二　研究区域概况

银川市地处我国西北内陆，位于宁夏平原中部，是宁夏的科技、文化和金融等中心，是国家向西开放的重要地区。银川市面积为9025.38平方千米，全市下辖3个区（兴庆区、西夏区、金凤区）、2个县（永宁县、贺兰县）、1个县级市（灵武市）；总人口为286.2万人，男性为145.5万人，女性为140.7万人。其中，西夏区、贺兰县和永宁县3个县（区）集中了全市33.3%的地区生产总值、38.66%的人口以及42.49%的土地面积，是宁夏稳定脱贫示范区，也是研究西部欠发达地区乡村高质量发展的理想之地。因此，选取银川市的西夏区、贺兰县、永宁县3个县（区）作为研究区域。

（一）地理环境

银川市位于吴忠市盐池县的西侧，贺兰山的东侧，吴忠市利通区的北侧，石嘴山市平罗县的南侧；位于北纬37°29′～38°53′，东经105°49′～106°53′。银川市的主要地形为山地和平原，其西部和南部地势较高、北部和东部地势较低。银川市自西向东的地貌分别为贺兰山地、冲积平原、河漫滩地，海拔在1010～1150米，土层较厚。贺兰县、西夏区、永宁县3个县（区）隶属于银川市，分别位于银川市的北部、西部、南部；总面积为3835.2平方千米；为温带大陆性气候，四季分明，降水少，日照时间长，太阳辐射强，是我国辐射和日照时数较多的地区，昼夜温差大，春季多风沙，湖泊湿地较多，有“塞上江南”之美称。

（二）自然资源

银川市主要位于平原地区，地势平坦，地表水水源充足，土壤肥沃，土地资源丰富。银川市湖泊众多且水质良好，为水产养殖业提供了很好的养殖条件，银川市也是重要的农业、林业、畜牧业生产区。银川市拥有煤炭、石灰岩、铁、贺兰石等丰富的矿产资源，灵武矿区的煤炭资源在宁夏甚至全国都有着不可取代的地位。贺兰县、西夏区、永宁县3个县（区）地表水水源充足且富含泥沙，有助于农作物的生长。黄河由南到北贯穿银川市，是银川市境内的主要河流。银川市拥有完整的灌溉排水系统，保证了农田的灌溉，加上日照充足，银川市农作物生长环境较好，牛羊肉产业不断发展。

（三）经济状况

2020年银川市的地区生产总值为1964.37亿元，同比增加3.2%，人均地区生产总值为69283元。其中，第三产业增加值最高，为1056.03亿元；

第一产业增加值最低，为75.72亿元；第二产业增加值居中，为832.62亿元。三大产业增加值增速均为正，且第三产业的增速最高，第一产业的增速最低。2020年末，银川市拥有研究生培养单位3个，在学研究生9246人；普通高等院校16所，在校生11.99万人；中等职业学校14所，在校生3.43万人；成人高校1所，在校生969人；普通高中27所，在校生5.57万人；初中57所，在校生8.67万人；普通小学201所，在校生19.98万人；幼儿园466所，在园幼儿9.87万人。根据第七次全国人口普查数据，银川市常住人口总数为285.9万人，其中城镇人口为229.4万人，占比为80.2%，乡村人口为56.5万人。2020年，银川市城镇居民人均可支配收入为39416元，农村居民人均可支配收入为16428元。

三 数据来源

本部分数据来源于2020年笔者对银川市3个县（区）9个村的田野调查。调查采用的抽样方式为分层抽样与随机抽样相结合，先对县（区）—镇—村进行分层抽样，再根据村内人口数随机抽取调研农户。本次调研主要为了探究宁夏数字普惠金融减缓农村家庭相对贫困的作用机制，因此，问卷内容包括家庭特征、金融参与、经济状况和生活条件等方面。问卷共发放434份，在剔除农户前后回答矛盾、关键变量缺失的问卷后，最终获取有效问卷426份。

银川市作为宁夏的首府，是宁夏的科技、文化和金融中心，因此，本部分选择银川市作为调研城市。在县（区）抽取上，本部分选取银川市经济发展较好的西夏区、贺兰县、永宁县作为研究单元。在村庄的选取上，综合考虑县域各乡镇的经济社会发展水平、地理位置和文化等因素，本部分选取德林村（DLC）、团结村（TJC）、华西村（HXC）、同阳新村（TYXC）、十里铺村（SLPC）、隆源村（LYC）、铁西村（TXC）、铁东村（TDC）和原隆村（YLC）9个行政村作为调研村（见表3-51）。最后，在选定的行政村根据村内人口数进行加权随机抽样，即行政村人口总数越大，所抽取的农户数量越多。

表3-51 样本选择情况

<table>
<tr><th>地级市</th><th>调查县（区）</th><th>调查乡镇</th><th>调查行政村</th></tr>
<tr><td rowspan="9">银川市</td><td rowspan="5">西夏区</td><td rowspan="3">镇北堡镇</td><td>德林村</td></tr>
<tr><td>团结村</td></tr>
<tr><td>华西村</td></tr>
<tr><td>贺兰山西路街道</td><td>同阳新村</td></tr>
<tr><td>兴泾镇</td><td>十里铺村</td></tr>
<tr><td rowspan="3">贺兰县</td><td rowspan="3">南梁台子</td><td>隆源村</td></tr>
<tr><td>铁西村</td></tr>
<tr><td>铁东村</td></tr>
<tr><td>永宁县</td><td>闽宁镇</td><td>原隆村</td></tr>
</table>

四 数字普惠金融与相对贫困现状分析

（一）数字普惠金融的现状分析

1.数字普惠金融发展历程：从普惠金融到数字普惠金融

大多数传统金融机构主要为中高收入阶层群体提供金融服务，将贫困群体、偏远地区群体和小微企业等金融弱势群体排斥在外，为了保证有金融服务需求的所有群体都能够享受到应有的金融服务、更好地发挥金融机构促进经济发展和缓解贫困的作用，普惠金融的概念被提出。普惠金融是可以满足不同阶层、不同群体金融需求的包容性金融。这一概念被提出后，得到了迅速普及和广泛认可，学界针对普惠金融的研究成果也越来越多。普惠金融不仅涵盖了传统金融机构提供的支付、结算等服务，更使其服务方式不断扩展、服务水平不断提升。因此，大力发展普惠金融得到了国家的认同。

普惠金融虽然得到了广泛认可，发展迅猛，但是依然存在覆盖范围不足、风险不易控制等问题。随着数字技术的迅速发展，各国为了促进金融资源的有效利用，逐步将数字化手段应用到金融领域，实现了金融和科技的融合发展，弥补了普惠金融发展存在的不足。数字普惠金融凭借数字化手段降低了农户获得金融服务的门槛与交易者的时间成本和交易成本，数字普惠金融的覆盖范围广，有效触达了传统金融机构难以覆盖到的区域、领域、群体，同时也为普惠金融的进一步发展指明了方向，促进了普惠金融的可持续发展。现阶段，我国第三方支付的发展为各个阶层和群体提供了新型、便捷和多样化的金融服务。

2.数字普惠金融的发展现状

数字普惠金融是利用数字化手段提升金融水平的新型金融模式，旨在利用科技改造或创新金融组织模式、金融机构经营模式、金融产品等，进而更好地推动金融发展。数字普惠金融具有广覆盖度、低服务门槛和低交易成本等特征，为有金融服务需求的群体提供了丰富的金融服务，提升了农村居民的金融服务可得性，改善了小微企业的贷款难问题，从而促进了经济的发展及农户生活水平的提高。数字普惠金融涵盖支付、结算、信贷、投资、保险等业务形态。本部分主要从互联网支付、互联网理财和互联网保险三个方面对数字普惠金融的现状进行研究。

（1）互联网支付

传统支付方式主要为现金、票据和银行卡等，在数字化发展的基础上，网银、移动支付和第三方支付等形式的互联网支付逐渐产生。随着智能手机的普及，第三方支付成为互联网支付市场的主流形式，传统的现金支付行为逐渐减少。传统支付方式受时间和空间的限制，存在效率低、成本高、不便捷等缺点。相对于传统支付方式，互联网支付利用数字技术摆脱了传统支付方式所具有的缺点。互联网支付没有繁杂的支付流程，降低了用户的交易成本和时间成本，同时互联网支付的服务功能逐渐增多，人们通过互联网支付实现了水电费、煤气费、话费等生活费用的线上缴纳。互联网支付扩大了金融服务的覆盖面，使得即使是居住在贫困地区的群体，也可以平等地享有完善的金融服务，提高了他们的金融可得性。目前，一些互联网支付软件还为居民提供了转账、基金等金融服务，更有效地发挥了金融服务的功能，使得金融服务的普惠性进一步提高。互联网支付平台所提供的金融产品类型多样，不仅满足了农村客户的存贷款、理财及保险等基本金融服务需求，也提高了农村金融服务的效率，促进了农村经济水平提升和农民收入增长，进而提升了农村居民的获得感和幸福感。如图3-23所示，2016年至2020年12月，全国互联网支付用户规模逐渐扩大，截至2020年12月，我国互联网支付用户规模达到8.54亿人。

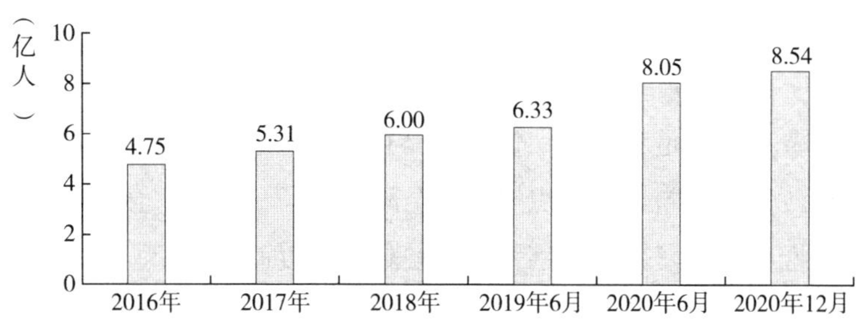

图3-23　2016年至2020年12月全国互联网支付用户规模

资料来源：根据《中国互联网络发展状况统计报告》的相关数据整理所得。

（2）互联网理财

互联网理财是指通过网络平台开展的理财投资活动。在数字技术推动下，互联网理财产品种类不断增加，丰富了居民的理财投资方式。其中余额宝、腾讯理财通等成为居民参与互联网理财的重要渠道。互联网理财产品投资金额灵活性较高、收益相对较高、流动性较好，为普通居民的零散资金提供了存储和升值渠道。传统金融机构的物理网点一般不能覆盖到村，尤其是偏远农村地区的居民可得到的金融理财服务非常有限，而且他们开展金融理财所需付出的时间成本和交通成本都比较高。互联网理财为农村居民提供了便捷的理财渠道，提高了农村居民资金的配置效率。图3-24显示，2016～2020年全国互联网理财用户规模整体呈上升趋势。具体来看，2019年6月，参与互联网理财的用户规模达到1.7亿人；2020年6月，人数有所减少；2020年12月，人数再次回到2019年6月的水平。

（3）互联网保险

互联网保险是一种以计算机为媒介，利用互联网技术实现投保人向保险公司咨询投保、缴费等相关信息，保险公司开展承保和理赔等保险相关业务的网络化的新型保险运营模式。近年来，保险行业积极融入互联

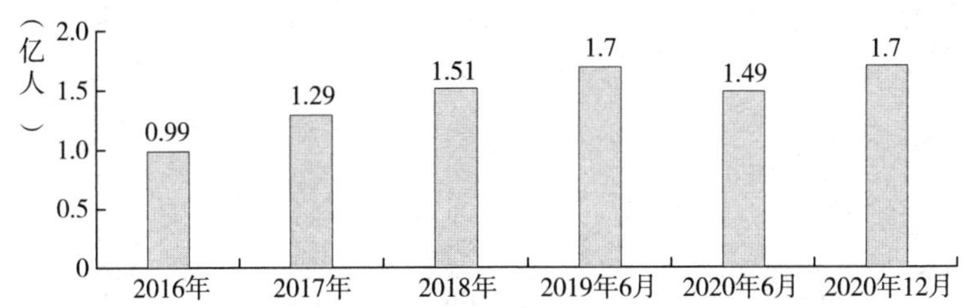

图3-24　2016年至2020年12月全国互联网理财用户规模

资料来源：根据《中国互联网络发展状况统计报告》的相关数据整理所得。

网时代的发展之中，推动了互联网保险在金融市场中的不断发展和完善。互联网保险改变了传统保险行业的运营模式，利用计算机、大数据等数字技术对消费者的消费行为进行有效分析，并在此基础上对消费市场进行细分，设计出符合不同消费者需求的保险产品。互联网保险一方面为有保险服务需求的人提供了个性化的保险产品，另一方面也创新了保险公司的服务方式和融资方式。互联网保险是保险公司通过互联网平台订立保险合同、为投保人提供保险服务的一种新兴模式，相对于传统保险模式具有以下优势。第一，互联网保险利用数字技术将过去传统保险无法触及的偏远地区的客户吸纳进来，使得保险公司的潜在客户增加。第二，互联网保险利用大数据分析的方法，以客户的需求为导向，根据客户的不同需求设计满足客户不同要求的保险产品，提高了保险服务的有效性与精准性。同时，保险公司提供的保险服务也更便捷高效，客户可以在线上咨询保险产品、购买保险产品、进行缴费与申请理赔，减少了中间环节，降低了交易成本且提高了交易效率。第三，保险公司通过线上销售保险产品，降低了运营成本，节省了工作时间，提高了经营效益。如图3-25所示，2016～2020年全国经营互联网保险业务的公司数量整体上呈增长趋势，2017年相比略有下降，2020年全国经营互联网保险业务的公司有134家。如图3-26所示，2016~2020年全国互联网保险保费收入呈波动变化特征，2017年较2016年有所下降，2018年通过规范化发展，全国互联网保险保费收入出现回升，2019~2020年全国互联网保险保费收入出现小幅波动。

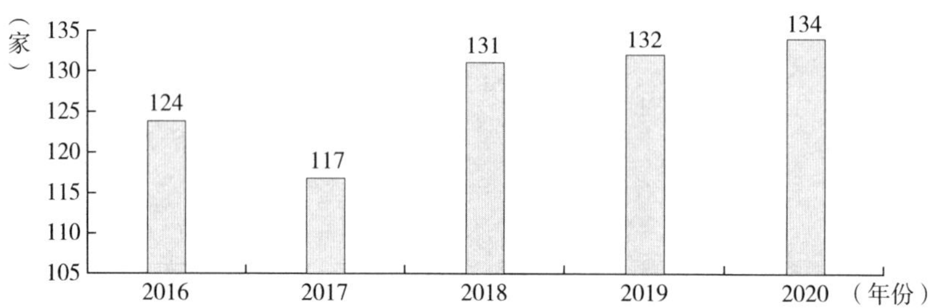

图3-25 2016~2020年全国经营互联网保险业务的公司数量

资料来源：根据《中国互联网络发展状况统计报告》的相关数据整理所得。

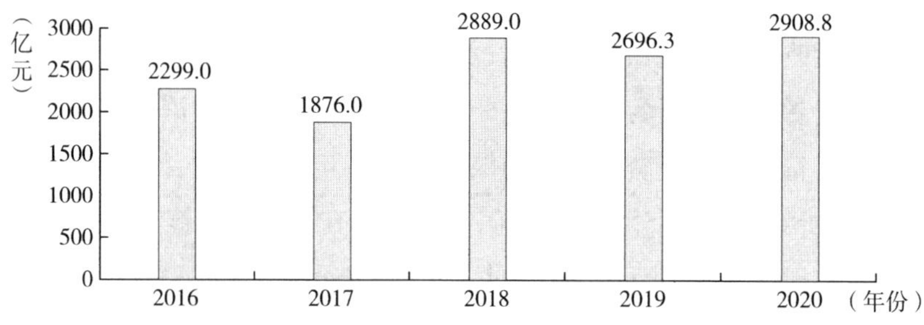

图3-26 2016~2020年全国互联网保险保费收入

资料来源：根据《中国互联网络发展状况统计报告》的相关数据整理所得。

（二）相对贫困的现状分析

1.贫困治理的发展历程：从绝对贫困到相对贫困

绝对贫困反映的是一种生存的临界状态，侧重于人们物质上的最低生理需求。关于贫困线的确定，我国经历了以下几个阶段：1986年，中国首次确定国家扶贫标准，在进行测算后，确定我国农村贫困线为年人均纯收入206元；随着我国经济水平的提升，我国居民的收入水平也有所提高，因此，2008年国家扶贫标准提高至每人每年纯收入1196元，基本达到解决温饱问题的要求；2010年国家扶贫标准为每人每年纯收入2300元；2020年底，我国将年收入4000元作为贫困线，达到这个标准既可以不愁吃和不愁穿，也可以在教育、医疗和住房方面有所保障。

目前我国消除了绝对贫困，但依然存在发展不平衡的问题，例如东部、中部和西部之间发展不平衡，城镇和乡村之间发展不平衡。由此，我国由消除绝对贫困转向治理相对贫困。相对贫困人口的动态性与相对性决定了相对贫困的概念更为复杂，相对贫困的治理难度也较绝对贫困的治理难度更高。相对贫困的治理工作更为复杂，相对贫困不仅和贫困者自身实际情况相关，同时也和社会制度、收入分配政策等有关。因此，不仅要保障居民不愁吃、不愁穿，还要保障居民的知识、信息获取等能力的提升。同时，对相对贫困的识别不能从单一的收入维度进行，而应从人均收入、失业情况、健康状况、受教育年限、信息获取、社会保障、生活条件等方面进行综合考虑。

2. 相对贫困的现状分析

随着绝对贫困的消除，我国进入以相对贫困治理为核心的贫困治理阶段。目前学者对相对贫困的界定依然从单一的收入维度出发，以居民平均收入为衡量标准。相对贫困的界定不应仅体现相对性，也要体现多维性。因此，本节从收入、就业、基本养老保险、教育和医疗卫生机构几个方面对相对贫困的现状进行分析。

（1）收入

收入是能够有效衡量家庭经济状况的指标，无论是在过去的绝对贫困阶段还是在现在的相对贫困阶段，收入都被广泛用来测度个体或家庭的经济状况。在绝对贫困阶段，将收入无法满足人们基本生活需求的人群定义为贫困人口。在相对贫困阶段，也有一些学者将平均收入水平低于一定收入百分比的人群定义为相对贫困人口。由图3-27可以看出，2016~2020年全国人均可支配收入稳步上升，2020年我国人均可支配收入达到32188.8元。

（2）就业

就业是指劳动者为获取报酬而进行的劳动，是民生之本，是家庭经济来源的重要保障。稳定的就业能够提高家庭福利水平，同时能够增强家庭抵御风险冲击的能力，降低家庭贫困脆弱性。失业率可以表现目前我国就业情况。从图3-28可以看出，2016~2019年全国城镇登记失业率呈下降趋势，2020年受疫情影响经济下滑，一些人失业，失业率有所上升。

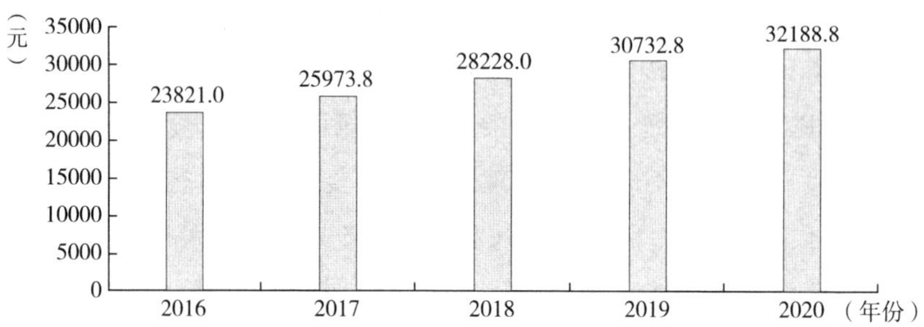

图3-27 2016~2020年全国人均可支配收入

资料来源：根据《中国统计年鉴（2021）》的相关数据整理所得。

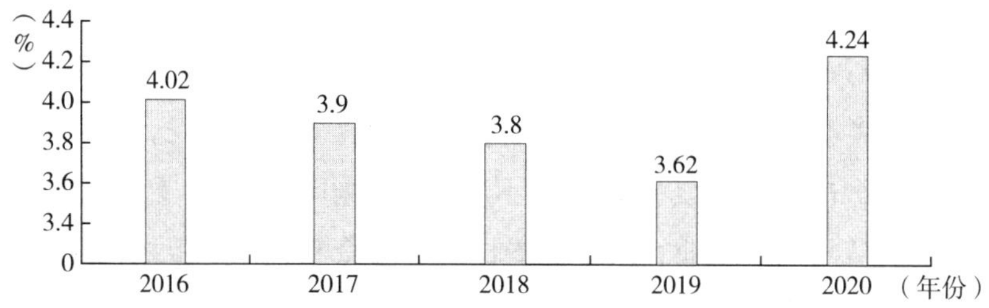

图3-28 2016~2020年全国城镇登记失业率

资料来源：根据《中国互联网络发展状况统计报告》的相关数据整理所得。

（3）基本养老保险

基本养老保险作为我国民生保障工作的一部分，对提高居民生活水平有重要促进效应。一方面，基本养老保险可以通过降低居民的预防性储蓄，提升家庭的总体消费水平；另一方面，基本养老保险增加了居民对未来的投资，有助于帮助居民预防受到突发性疾病的冲击。因此，基本养老保险可以有效提高居民的生活水平，缓解相对贫困。由图3-29可知，2016~2020年全国参加基本养老保险的人数逐年增加，2020年达到99864.9万人。

（4）教育

能力贫困是导致贫困的重要因素之一，而教育是提高个人能力的重要因素。教育可以提升劳动者在市场竞争中的能力，利用教育对人力资本进行投资，可以有效改善劳动者能力贫困问题。教育在阻断劳动者代际贫困

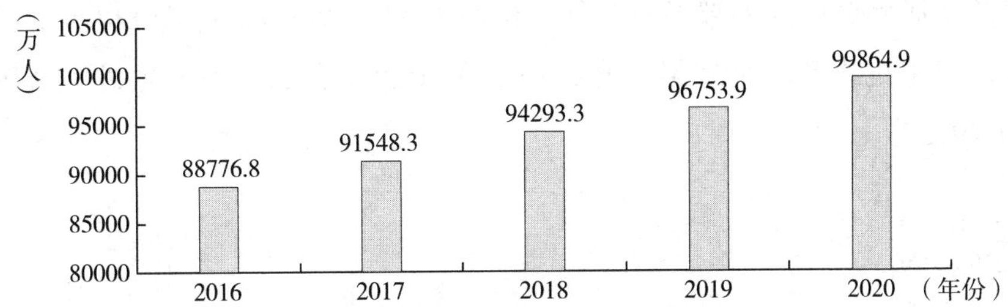

图3-29　2016～2020年全国参加基本养老保险的人数

资料来源：根据《中国互联网络发展状况统计报告》的相关数据整理所得。

传递上也发挥着重要作用。每10万人口平均在校生数可以反映我国目前的教育情况。由图3-30可以看出，2016～2020年全国每10万人口平均在校生数呈逐年上升趋势，表明我国对教育的重视程度越来越高，有越来越多的人接受了教育。对于偏远地区而言，其更应通过增加学校数量以及加强对教师的培训，提高当地教育水平与教师教学能力。

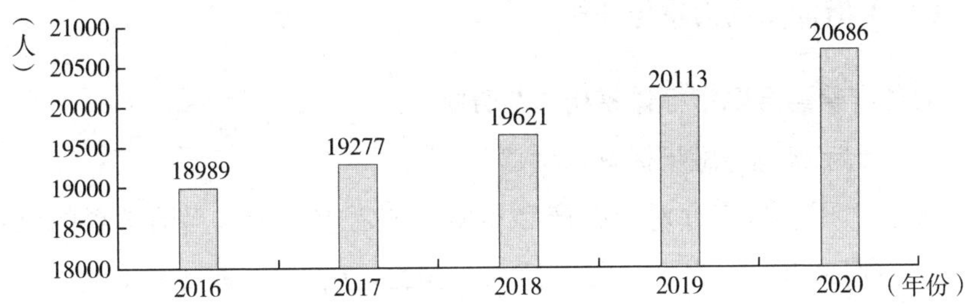

图3-30　2016～2020年全国每10万人口平均在校生数

资料来源：根据《中国互联网络发展状况统计报告》的相关数据整理所得。

（5）医疗卫生机构

健康是人们参与社会生活的基础，是实现幸福生活的前提，是国家富强的标志。如果一个家庭存在成员因身体健康问题而失去劳动能力的情况，则该家庭陷入相对贫困的概率会提高。而一个家庭如果拥有在成员遭受疾病冲击时能够得到相应的医疗救助与资金支持的外部条件，则该家庭便能够降低由健康问题带来的不利影响。医疗卫生机构数量可以反映居民健康的外部保障条件。由图3-31可知，2016～2020年全国医疗卫生机构数量呈逐年上升趋势，到2020年我国医疗卫生机构已达1022922个。

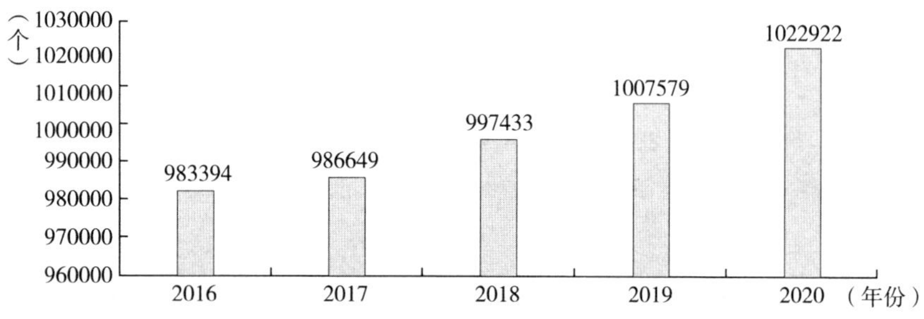

图3-31 2016～2020年全国医疗卫生机构数量

资料来源：根据《中国互联网络发展状况统计报告》的相关数据整理所得。

五 数字普惠金融减缓相对贫困的实证分析

（一）指标体系构建与分析

1.数字普惠金融指标体系构建与分析

（1）数字普惠金融指标体系构建

基于宁夏农村家庭对金融产品与服务的需求，参考当前学界的研究成果，根据《数字乡村发展行动计划（2022-2025年）》以及《关于推进普惠金融高质量发展的实施意见》，从数字普惠金融的覆盖广度（DIF_1）、使用深度（DIF_2）和满意程度（DIF_3）3个方面构建数字普惠金融指标体系。具体指标包括第三方支付（TPP）、银行账户（BC）、互联网理财（IF）、互联网信贷（IC）、互联网保险（II）、评价（AP）。指标选取及其定义见表3-52。其中，满意程度维度的评价标准为“非常不满意=1，不太满意=2，一般=3，比较满意=4，非常满意=5”，其他指标均为“0-1”变量。

表3-52 数字普惠金融指标体系的具体指标及其定义

维度	具体指标	具体定义
覆盖广度	第三方支付	是否拥有第三方支付账号
	银行账户	第三方支付账号是否绑定银行账户
使用深度	互联网理财	是否持有过互联网理财产品
	互联网信贷	是否获得过互联网信贷
	互联网保险	是否持有过互联网商业保险
满意程度	评价	对金融服务的评价

（2）数字普惠金融指数测算

本部分采用熵值法来计算数字普惠金融指数。熵值法不能对各指标进行横向比较，因此，为比较银川市农村家庭对数字普惠金融的具体使用情况，本部分同时分析了各指标的均值。各指标的均值和权重如表3-53所示。

采用熵值法计算数字普惠金融指数，首先对指标数据进行标准化处理和计算指标值所占比重：

$$x'_{ij}=\frac{x_{ij}-x_{\min}}{x_{\max}-x_{\min}}\quad y_{ij}=\frac{x'_{ij}}{\sum_{i=1}^{m}x'_{ij}}(0\leqslant y_{ij}\leqslant 1)\qquad 公式（3-25）$$

其中，x_{ij}为观测值，$x_{\max}$为第j项指标下第i个样本的最大值，$x_{\min}$为第j项指标下第i个样本的最小值，x'_{ij}为标准化值，y_{ij}为第i个样本在第j项指标中所占的比重。

计算各指标信息熵值e_j和信息效用值d_j：

$$\mathrm{K}=\frac{1}{\ln m},e_j=-\mathrm{K}\sum_{i=1}^{m}y_{ij}\ln y_{ij},\ d_j=1-e_j\qquad 公式（3-26）$$

其中，e_j为第j项指标的信息熵值，K为常数，m为观测值数，d_j为信息效用值。

计算各指标权重和数字普惠金融指数：

$$w_j=\frac{d_j}{\sum_{i=1}^{m}d_j},U=\sum_{i=1}^{n}y_{ij}w_j\qquad 公式（3-27）$$

其中，w_j为第j项指标的权重，U为数字普惠金融指数，n为指标个数。

表3-53 数字普惠金融指标体系各指标的均值与权重

维度	指标	均值	权重
DIF_1	TPP	0.747	0.044
	BC	0.616	0.072
DIF_2	IF	0.081	0.373
	IC	0.398	0.137
	II	0.084	0.369
DIF_3	AP	4.151	0.005

（3）数字普惠金融维度与村域分析

熵值法具体所表示的含义为，指标的权重越高，农户对该指标的使用越少；指标权重越低，农户对该指标的使用越多。如表3-53所示，从不同指标维度看，满意程度的权重为0.005、第三方支付的权重为0.044、银行账户的权重为0.072，这三个指标的权重相对于其他指标的权重明显较低。由此可以看出，在银川市农村家庭中第三方支付和银行账户使用人数较多，农户对数字普惠金融的服务满意程度普遍较高，而互联网理财、信贷和保险的使用农户数量较少，即从银川市农村家庭看，数字普惠金融的覆盖广度和满意程度两个维度发展较好，而使用深度维度则发展相对落后。近年来，随着数字经济的发展和数字乡村建设的推进，数字化与金融的融合度越来越高，我国针对互联网的监管体系逐步完善，越来越多的金融机构通过互联网为农户提供借贷服务，农户通过互联网进行借贷的意愿逐渐提高。以上结论与笔者在田野调研期间了解到的银川市数字普惠金融发展现状基本吻合，进一步验证了本部分测算得到的数字普惠金融指数的可信度。

从村级层面分析银川市数字普惠金融的发展现状，结果显示，各村数字普惠金融指数在0.146～0.253的区间内波动（见表3-54），这说明银川市农村地区数字普惠金融整体水平偏低。从各维度指标来看，覆盖广度及其下属二级指标（第三方支付和银行账户）和满意程度（评价）的整体均值较高，但使用深度及其下属二级指标（互联网理财和互联网保险）的均值较低，其中铁东村和同阳新村的互联网保险甚至低至0，互联网信贷发展状况在各村中存在异质性。这在一定程度上说明银川市农村地区对数字普惠金融的简单业务参与较多，对金融机构的服务满意度较高，而对互联网理财和互联网保险等深层次业务参与较少。

表3–54 数字普惠金融指数的各村庄统计结果

村庄	DIF	DIF_1		DIF_2			DIF_3
		TPP	BC	IF	IC	II	AP
DLC	0.235	0.712	0.576	0.153	0.288	0.169	4.119
TJC	0.219	0.771	0.686	0.171	0.343	0.057	4.343
HXC	0.146	0.593	0.508	0.034	0.305	0.068	4.085
SLPC	0.253	0.825	0.575	0.200	0.375	0.125	3.975
LYC	0.202	0.809	0.617	0.043	0.574	0.064	4.298
TXC	0.240	0.857	0.786	0.024	0.524	0.167	4.286
TDC	0.180	0.841	0.705	0.023	0.591	0	3.932
TYXC	0.155	0.707	0.585	0.049	0.439	0	4.220
YLC	0.161	0.661	0.542	0.068	0.237	0.085	4.153

2. 相对贫困指标体系构建与分析

（1）相对贫困指标体系构建

①指标体系的构建原则。

第一，科学性原则。在测度银川市农村家庭的相对贫困状况时，为保证所构建的指标体系具有科学性，应在一定的经济学理论基础上选择具体的指标。要根据银川市当前发展的客观情况，选择能够真实反映银川市相对贫困现状的指标，同时，确保每个指标之间具有一定关联性，即选取的指标应同时具有客观性与相关性，满足指标体系构建的科学性原则。过去多以收入为标准衡量绝对贫困状况，而相对贫困指标体系的构建不仅要反映出银川市农户经济维度的贫困状况，更要注重体现农户能力提升和生活条件改善的情况，因此应多维度构建相对贫困指标体系。此外，在阈值的选择上还应根据银川市的具体情况设定标准，保证指标体系构建的科学性与合理性。

第二，系统性原则。构建相对贫困指标体系不仅要符合科学性原则，还要符合系统性原则。相对贫困指标体系的构建不仅要考虑经济状况因素，还要考虑农户的能力提升及生活条件等因素，这些因素应被看作整体因素的一部分，彼此既相互联系，又互为条件。要将银川市视为一个整体，综合考虑多个因素，保证每个维度及每个指标之间存在一定关联性，多维度反映银川市的整体状况，同时用具体的指标反映每个部分的情况。

第三，可操作性原则。设计出的相对贫困指标体系要具有可实践性，且易于操作。一方面，每个维度各个指标的数据是要容易获取的，且获取的数据要具有一定的价值，可以用来进行纵向或横向比较。另一方面，量化是比较的基础，因此设计出的指标体系应是容易量化的，且量化后是可以用来比较的。如果不满足以上要求，那么设计出的指标体系便是没有意义的。因此，在具体指标的选取上应该遵循易于获取、能够量化、可以比较、相互之间具有联系等原则。

②指标选择。

将经济状况（PC）、能力提升（AE）和生活条件（LC）3个维度作为考察银川市农村家庭相对贫困的重要方面。其中经济状况维度用于考察农户在基本生活方面是否存在贫困，选取人均收入（IPC）、失业情况（UP）、家庭资产（FA）和住房（HA）4个指标。能力提升维度用于考察农户在发展所需的基本的可行能力方面是否存在贫困，选取受教育年限（YOE）、健康状况（PH）、社会保障（SS）和信息获取（IA）4个指标。生活条件维度用于考察农户在生活条件方面是否存在贫困，选取饮用水（DW）、厕所（ST）和做饭燃料（CF）3个指标。

③具体维度。

第一，经济状况维度。2019年贫困标准是家庭人均年收入3747元，因此家庭人均年收入若小于3747元，则该家庭在人均收入指标上被确认为贫困，赋值为1；若一个家庭中所有年龄在15岁至64岁之间的家庭成员都失业，则该家庭在失业情况指标上被确认为贫困，赋值为1；若一个家庭所拥有的资产如私家车、摩托车、电动车、热水器、空调、洗衣机、冰箱等数量小于3，则该家庭在家庭资产指标上被确认为贫困，赋值为1；若一个家庭人均住房面积小于15平方米，则该家庭在住房指标上被确认为贫困，赋值为1。

第二，能力提升维度。若家庭中有15岁以上的家庭成员为文盲，则认为此家庭在受教育年限指标上贫困，赋值为1；若一个家庭在近3年中有突发性疾病或慢性病成员，则认为此家庭在健康状况指标上贫困，赋值为1；若家庭中有成员没有社保，则认为该家庭在社会保障指标上贫困，赋值为1；家庭可获得信息的资产包括电视、电脑、手机等，若家庭所拥有的能够获取信息的资产数小于3，则认为该家庭在信息获取指标上贫困，赋值为1。

第三，生活条件维度。通过农户对家中用水是否安全这个问题的回答来判定该家庭能否获得安全饮用水，若回答为否，则判定该家庭在饮用水指标上贫困，赋值为1；若农户使用的是旱厕而不是抽水马桶，则认为该家庭在厕所指标上贫困，赋值为1，若使用抽水马桶或者两者均使用，则赋值为0；若家中使用木柴、稻草、牛羊粪、煤气、沼气做饭，则认为该家庭在做饭燃料指标上贫困，赋值为1。

④临界值确定。

为符合相对贫困治理和乡村振兴的要求，同时考虑到宁夏属于发展相对较落后的地区，笔者认为宁夏相对贫困的临界值应适度且具有一定的合理性。因此，在经济状况维度中，人均收入指标的阈值设定为当年的贫困线，失业情况指标的阈值为家庭中15～64岁的成员都失业。同时，能力提升维度和生活条件维度中各指标的阈值也反映了银川市农户的基本发展需求。

⑤指标权重。

银川市处于气候干旱少雨、多风沙的生态脆弱区，受制于其地理位置、气候特征和人口增长等因素，生活条件也应作为衡量相对贫困的重要方面。基于此，从经济状况、能力提升和生活条件3个维度构建符合银川市特征的相对贫困指标体系，每个维度的权重均为1/3，各维度内各指标的权重也相等，具体指标及其权重见表3–55。

表3–55 相对贫困指标体系构建

维度	指标	阈值	权重
经济状况	人均收入	家庭人均年收入小于3747元	1/12
	失业情况	家庭中所有年龄在15～64岁的家庭成员都失业	1/12
	家庭资产	家庭所拥有的资产如私家车、摩托车、电动车、热水器、空调、洗衣机、冰箱等数量小于3	1/12
	住房	家庭人均住房面积小于15平方米	1/12
能力提升	受教育年限	家庭中有15岁以上的家庭成员为文盲	1/12
	健康状况	近3年家庭中有突发性疾病或慢性病成员	1/12
	社会保障	家庭中有成员没有社保	1/12
	信息获取	家庭所拥有的能够获取信息的资产数小于3	1/12
生活条件	饮用水	家中不能获得安全饮用水	1/9
	厕所	使用的厕所是旱厕而不是抽水马桶	1/9
	做饭燃料	家中使用木柴、稻草、牛羊粪、煤气、沼气做饭	1/9

（2）相对贫困指数测算

在确立了各项指标后，采用A–F法，并参考已有研究，分别设定剥夺维度（k）等于3和剥夺维度等于4对银川市农村家庭是否为多维相对贫困进行识别，并计算多维相对贫困指数MPI及每个指标的贡献率，具体步骤如下。

假定家庭总量为n，贫困指标维度有d个，生成$n \times d$维样本矩阵X:

$$X = \begin{bmatrix} x_{11} & \cdots & x_{1d} \\ \vdots & & \vdots \\ x_{n1} & \cdots & x_{nd} \end{bmatrix} \quad \text{公式（3–28）}$$

x_{ij}表示第i个家庭在j维度的取值。z_j表示第j个维度的阈值，结合矩阵X得出贫困剥夺矩阵G:

$$G = \begin{bmatrix} g_{11} & \cdots & g_{1d} \\ \vdots & & \vdots \\ g_{n1} & \cdots & g_{nd} \end{bmatrix} \quad \text{公式（3–29）}$$

其中，当$x_{ij} \geqslant z_j$时，$g_{ij}=1$，表明家庭i在j维度被剥夺；当$x_{ij}<z_j$时，$g_{ij}=0$，表明家庭i在j维度没有被剥夺。对各维度赋予权重w_j，$g_{ij} \times w_j$表示个体i在j维度上的剥夺值。

设定维度k（选取k=3和4）对每个家庭进行多维贫困判断，公式为：

$$c_{ij}(k)=\begin{cases}\sum_{j=1}^{d} g_{ij} & , \quad \sum_{j=1}^{d} g_{ij} \geqslant k \\ 0 & , \quad \text{其他}\end{cases}$$ 公式（3-30）

其中，$\sum_{j=1}^{d} g_{ij} \geqslant k$代表家庭$i$至少在$k$个维度被剥夺。再根据$q_{ij}(k)=\begin{cases}1, & c_{ij}(k)>0 \\ 0, & \text{其他}\end{cases}$，计算家庭$i$在不同维度的贫困发生率，得到剥夺矩阵：

$$G=\begin{bmatrix} q_{11} & \cdots & q_{1d} \\ \vdots & & \vdots \\ q_{n1} & \cdots & q_{nd} \end{bmatrix}$$ 公式（3-31）

此时多维相对贫困指数MPI为：

$$MPI=H(k)A(k)=\frac{\sum_{i=1}^{n} g_{ij}}{n} \times \frac{\sum_{i=1}^{n} c_i(k)}{\sum_{i=1}^{n} g_{ij} \times d}=\frac{\sum_{i=1}^{n} c_i(k)}{n \times d}$$ 公式（3-32）

其中，H表示多维贫困发生率，公式为$H(k)=\frac{\sum_{i=1}^{n} g_{ij}}{n}$；$A$为平均剥夺份额，即剥夺份额的加权平均，公式为$A(k)=\frac{\sum_{i=1}^{n} c_i(k)}{\sum_{i=1}^{n} g_{ij} \times c}$。

将多维相对贫困指数进行纵向分解，可得到各个维度下单项指标的贡献率MPI_j。$\frac{q_j}{n}$为各分项指标j下的相对贫困发生率。

$$I_j=\frac{MPI_j}{MPI}=\frac{w_j \times q_j}{n} \times \frac{1}{MPI}$$ 公式（3-33）

（3）相对贫困维度与村域分析

本部分分别测算了3个维度11个指标下的各村多维相对贫困发生率（见表3-56），在单个指标下，家庭取值如果低于该指标所设定的阈值，则说明该家庭在此指标下被剥夺，在该指标下处于相对贫困状态。结果显示，整体而言，能力提升维度中受教育年限和健康状况指标下的相对贫困发生率较高，经济状况维度中各指标下的相对贫困发生率整体较低，生活条件维度中有多个村的饮用水指标下的相对贫困发生率较低，但厕所指标下的相对贫困发生率相对较高。这在一定程度上说明经济状况维度的贫困已基本消除，但制约人们能力提升的相对贫困依然存在，尤其是受教育年限和健康状况依然是制约农村居民能力提升的重要因素。从村庄角度看，受教育年限和健康状况是制约所有村庄农村居民能力提升的重要因素，除此之外，十里铺村和隆源村的相对贫困受饮用水指标影响较大，铁西村的相对贫困受饮用水和厕所指标影响较大。因此，应加大对农村居民的教育投入，同时提高农村居民的健康意识，注重其能力的提升。

表3–56　各村多维相对贫困发生率

村庄	PC（%）				AE（%）				LC（%）		
	IPC	UP	FA	HA	YOE	PH	SS	IA	DW	ST	CF
DLC	13.56	11.86	11.86	11.86	40.68	47.46	16.95	3.39	6.78	27.12	8.47
TJC	5.71	5.71	8.57	11.43	60.00	37.14	11.43	8.57	2.86	27.12	8.47
HXC	8.47	6.78	13.56	5.08	52.54	55.93	8.47	3.39	1.69	18.64	5.08
SLPC	2.50	10.00	10.00	2.50	62.50	60.00	25.00	2.50	75.00	2.50	15.00
LYC	8.51	6.38	10.64	21.28	48.94	65.96	8.51	2.13	34.04	10.64	8.51
TXC	11.90	2.38	7.14	2.38	52.38	47.62	16.67	7.14	42.86	42.86	2.48
TDC	6.81	0.00	6.81	2.27	43.18	52.27	9.09	4.55	13.64	15.91	4.55
TYXC	4.88	7.32	21.95	19.51	48.78	58.54	9.76	7.32	14.63	4.88	7.32
YLC	3.39	3.39	23.73	5.08	59.32	61.02	8.47	10.17	18.64	5.08	11.86

选取剥夺维度k=4，对每个村的相对贫困现状进行分析，同时对每个维度下各指标的贡献率进行比较。从结果可以看出（见表3–57），铁东村的多维相对贫困指数最低，为0.145，十里铺村的多维相对贫困指数最高，为0.243，其余村庄的多维相对贫困指数处于两者之间，这在一定程度上说明银川市消除了绝对贫困，但仍存在相对贫困问题。从各维度的具体指标来看，经济状况维度的指标（人均收入、失业情况、家庭资产和住房）贡献率相对较低，这也说明当前已解决绝对贫困问题，满足了农户经济方

面的需求。在能力提升维度的指标中，健康状况和受教育年限的贡献率最高，这表明银川市农村地区依然有很多家庭有受教育年限、健康状况方面的困扰，健康状况和受教育年限是阻碍农户能力提升的重要因素。此外，在生活条件维度，不同村庄存在差异性。在饮用水指标的贡献率方面，华西村为1.15%，十里铺村为34.27%；在厕所指标的贡献率方面，十里铺村为1.14%、同阳新村为2.91%、原隆村为2.96%，这3个村均低于3%，而团结村为22.38%、铁西村为22.22%，这2个村均高于20%。由此可知，各村庄在饮用水和厕所改革方面存在异质性。2020年以后，我国农户经济方面的需求已得到满足，但教育水平和健康状况导致的相对之“困”仍然存在。

表3–57 各村多维相对贫困指数及各维度指标贡献率（k=4）

村庄	MPI	PC（%）				AE（%）				LC（%）		
		IPC	UP	FA	HA	YOE	PH	SS	IA	DW	ST	CF
DLC	0.182	6.21	5.44	5.44	5.44	18.64	21.75	7.77	1.55	4.14	16.57	5.18
TJC	0.184	2.58	2.58	3.87	5.16	27.11	16.78	5.16	3.87	1.72	22.38	8.61
HXC	0.163	4.32	3.46	6.92	2.59	26.81	28.54	4.32	1.73	1.15	12.68	3.46
SLPC	0.243	0.86	3.43	3.43	0.86	21.42	20.56	8.57	0.86	34.27	1.14	6.85
LYC	0.205	3.46	2.59	4.32	8.65	19.89	26.81	3.46	0.86	18.45	5.77	4.61
TXC	0.214	4.63	0.93	2.78	0.93	20.37	18.52	6.48	2.78	22.22	22.22	1.23
TDC	0.145	3.93	0.00	3.93	1.31	24.88	30.12	5.24	2.62	10.48	12.22	3.49
TYXC	0.186	2.18	3.27	9.82	8.73	21.83	26.19	4.37	3.27	8.73	2.91	4.37
YLC	0.191	1.48	1.48	10.35	2.22	25.87	26.61	3.70	4.44	10.84	2.96	6.90

（二）模型构建

1.Logit模型

本部分研究的是数字普惠金融对农村家庭相对贫困的缓解效应，因为农村家庭是否处于相对贫困状态为二分变量，因此采用二元Logit模型对该效应进行估计，具体模型为：

$$\text{Logit}(P_i)=\ln\frac{P(Y_i=1)}{1-P(Y_i=1)}=\alpha_0+\alpha_1 F_i+\alpha_{2n} X_i+\varepsilon_i \qquad \text{公式（3–34）}$$

公式中P_i表示农户i为多维相对贫困的概率，Y_i为被解释变量，表示农户i的相对贫困状况。F_i为农户i的数字普惠金融指数，X_i表示影响农户多维相对贫困的控制变量，α_0为常数项，α_1和α_{2n}为待估计参数，ε_i为随机扰动项。分别选取剥维维度等于3和剥夺维度等于4时判定的多维相对贫困作为被解释变量。

2. 工具变量法（IV法）

采用工具变量法解决因反向因果、遗漏变量等而产生的内生性问题，例如不是相对贫困的家庭因为拥有更多物质资本和人力资本也会更积极地参与数字普惠金融。将处于同一村庄内，并且收入处于同一分位数水平的其他农户的覆盖广度的均值作为IV。农户更愿意学习感知有用性和感知易用性强的简单行为，而不愿学习对其而言较难的一些行为，因此农户在数字普惠金融覆盖广的简单易操作的金融服务参与率上与同一村庄同一收入水平的农户具有一定的相关性，并且同一村庄同一收入水平的其他农户的覆盖广度维度的均值相对于本家庭的相对贫困状况是外生的，满足工具变量的相关性和外生性假定。

3. 倾向得分匹配法（PSM模型）

本部分采用PSM模型解决样本自选择问题。PSM模型首先通过特征变量进行Logit回归计算出每个样本的倾向得分，再根据计算出来的得分对每个样本进行匹配，最后计算平均干预效果。参考相关研究，以数字普惠金融指数的均值为界进行分组，若大于等于均值，则赋值为1（处理组），若小于均值，则赋值为0（对照组）。

4. 稳健性检验

从改变多维相对贫困的维度和指标的权重及识别是否处于多维相对贫困家庭这两方面进行调整，验证所得结论的稳健性。

一是改变多维相对贫困各维度的权重。学者们普遍认为一个家庭的经济状况能够在一定程度上反映该家庭是否贫困，为此，改变经济状况维度的权重，将其权重提高为2/3，同时，将能力提升和生活条件维度的权重各降低至1/6。

二是计算多维贫困剥夺值总和S_i，并通过S_i（k）判定家庭是否为多维相对贫困。与上文不同的是，这里对多维相对贫困家庭的识别不仅受权重大小的影响，同时也受剥夺维度的影响。

$$S_i = \sum_{i=1}^{d} w_j g_{ij}^0 \qquad \text{公式（3-35）}$$

$$S_i(k) = \begin{cases} 1, & S_i \geq m \\ 0, & S_i < m \end{cases} \qquad \text{公式（3-36）}$$

公式中 w_j 表示 j 维度的权重，$g_{ij}{}^0$ 表示样本 i 在 j 维度的剥夺值，d 表示维度数，m 表示多维相对贫困发生率（m=30%和40%）。

5. 中介效应模型

为了更深入地研究数字普惠金融对银川市农村家庭相对贫困减缓的间接效应，在理论分析的基础上，参考其他学者的研究，采用两步回归检验系数法检验文中选取的中介变量的中介效应是否成立。由于被解释变量和中介变量既有虚拟变量也有连续变量，因此不能通过传统的检验方法得出中介效应大小。为此，参考方杰等人关于类别中介效应检验的方法[①]，通过Sobel法检验 $Z_a \times Z_b$ 的显著性。

（三）变量选取

参考以往关于数字普惠金融和相对贫困的研究，以多维相对贫困为被解释变量，解释变量包括数字普惠金融及其覆盖广度、使用深度和满意程度。有研究表明，如果一个家庭过去属于绝对贫困家庭，则该家庭相比过去不是绝对贫困家庭处于相对贫困状态的概率更高，如果一个家庭处于高度脆弱的状态，则该家庭的规模相对较大，抚养比也相对较高。因此，选取的控制变量主要包括政治面貌、户主年龄、家庭过去是否为贫困户、家庭现在是否为低保户、社会资本、家庭规模和家庭抚养比，这些变量可以反映户主特征和家庭特征两个方面的状况。根据理论分析，中介变量包括电商参与、健康意识和人均消费。具体变量说明及其描述性统计见表3-58。

---

① 方杰、温忠麟、张敏强：《类别变量的中介效应分析》，《心理科学》2017年第2期。

表3–58 变量说明及描述性统计

变量类型	变量名称	定义	均值	标准差
DV	*MRP*（k=3）	剥夺维度等于3	0.343	0.475
	MRP（k=4）	剥夺维度等于4	0.160	0.367
EV	*DIF*	家庭数字普惠金融的水平	0.196	0.196
	DIF_1	家庭数字普惠金融覆盖广度	0.076	0.051
	DIF_2	家庭数字普惠金融使用深度	0.116	0.181
	DIF_3	家庭数字普惠金融满意程度	0.004	0.001
CV	*PS*	家庭成员中是否有中国共产党党员	0.096	0.295
	HA	户主年龄	51.937	12.261
	LIF	家庭过去是否为贫困户	0.115	0.319
	LH	家庭现在是否为低保户	0.103	0.305
	SC	家庭人情礼节支出的对数	6.971	2.686
	FS	家庭总人口数	4.171	1.515
	FSR	家庭被抚养人口数占家庭人口总数的比例	0.249	0.272
MV	*EP*	农户是否有意愿在网上销售产品或是否有电商交易行为	0.129	0.336
	HC	农户是否有意识学习健康或养生知识	0.347	0.477
	CP	家庭人均消费的对数	9.117	0.825

被解释变量（DV）：被解释变量为多维相对贫困（*MRP*）。为保证结果稳健性，分别设定$k=3$、$k=4$。在乡村振兴背景下从经济状况、能力提升和生活条件三方面构建家庭多维相对贫困指标体系。权重设定方面，运用等权重法分别赋予3个维度1/3的权重，对维度内的各指标也采取等权重法进行赋值。

解释变量（EV）：解释变量包括数字普惠金融（*DIF*），即家庭数字普惠金融的水平；覆盖广度（DIF_1），即家庭数字普惠金融覆盖广度；使用深度（DIF_2），即家庭数字普惠金融使用深度；满意程度（DIF_3），即家庭数字普惠金融满意程度。

控制变量（CV）：为了研究数字普惠金融对农村家庭相对贫困的减缓效应，本研究加入一些其他可能造成影响的因素作为控制变量。参考相关研究，控制变量选取：户主年龄（*HA*），户主的年龄是反映户主特征的变量；政治面貌（*PS*），家庭成员中是否有中国共产党党员，回答“是”则记1，回答“否”则记0；家庭过去是否为贫困户（*LIF*），回答“是”则记为1，回答“否”则记0；家庭现在是否为低保户（*LH*），回答“是”则记为1，回答“否”则记0；社会资本（*SC*），家庭人情礼节支出的对数；家庭规模（*FS*），家庭总人口数；家庭抚养比（*FSR*），家庭被抚养人口数占家庭人口总数的比例。共选取以上7个反映家庭特征的变量。

中介变量（MV）：中介变量选取电商参与（*EP*），即农户是否有意愿在网上销售产品或是否有电商交易行为，回答“是”记1，回答“否”则记0；健康意识（*HC*），农户是否有意识学习健康或养生知识，回答“是”记1，回答“否”则记0；人均消费（*CP*），家庭人均消费的对数。

（四）实证结果分析

1.回归结果分析

表3–59报告了数字普惠金融与多维相对贫困的二元Logit回归结果，一方面，在剥夺维度等于3和剥夺维度等于4时，数字普惠金融对农村家庭相对贫困均有显著的减缓作用，此结论验证了假说一。且$k=4$时系数的绝对值高于$k=3$时的系数绝对值，表明相对于较低的剥夺维度，数字普惠金融对剥夺维度较高家庭的贫困减缓作用更强，即家庭相对贫困程度越深，数字普惠金融对家庭相对贫困的缓解作用越强。另一方面，数字普惠金融的覆盖广度和使用深度均会显著缓解农户的相对贫困。当$k=3$和$k=4$时，数字普惠金融的覆盖广度均在1%的显著性水平上对农村家庭相对贫困有缓解作用，数字普惠金融的使用深度均在10%的显著性水平上对农村家庭相对贫困有缓解作用，且$k=4$时系数的绝对值高于k = 3时的系数绝对值，表明定义相对贫困家庭时，剥夺维度数越大，数字普惠金融的覆盖广度和使用深度减缓农村家庭相对贫困的效应越强。

此外，结果显示，数字普惠金融的满意程度对农村家庭相对贫困的减缓作用并不显著。其原因可能在于，一方面，田野调查结果表明，农户对数字普惠金融服务都给予了较高的评价；另一方面，满意程度的权重非常低，仅为0.005，样本中满意程度的数据差异非常小，这两方面的原因导致回归结果不显著，这也进一步说明了互联网金融的服务方式较好。在控制变量中，当$k=3$时，家庭过去是否为贫困户在5%的统计水平上显著，当$k=4$时在10%的统计水平上显著；家庭现在是否为低保户当$k=3$时在10%的统计水平上显著，当$k=4$时在5%的统计水平上显著；家庭抚养比当$k=3$时在1%的统计水平上显著，当$k=4$时在5%的统计水平上显著。这说明家庭过去为贫困户、家庭现在是低保户和家庭抚养比的上升均对农村家庭相对贫困的减缓有促进作用，户主年龄、政治面貌、社会资本和家庭规模对家庭相对贫困的减缓作用不显著。

表3-59　二元Logit回归结果

	MRP（k=3）				MRP（k=4）			
	DIF	DIF_1	DIF_2	DIF_3	DIF	DIF_1	DIF_2	DIF_3
EV	–1.887**	–8.585***	–1.322*	–148.106	–2.754**	–9.911***	–1.813*	–100.004
PS	–0.323	–0.227	–0.351	–0.325	0.029	0.147	–0.015	–0.013
HA	0.011	0.005	0.015	0.017*	0.010	0.004	0.016	0.018
LIF	0.763**	0.866***	0.747**	0.810**	0.685*	0.747**	0.658*	0.694*
LH	0.634*	0.589*	0.647*	0.661*	0.888**	0.861**	0.900**	0.915**
SC	–0.015	–0.003	–0.017	–0.019	–0.079	–0.069	–0.081	–0.082*
FS	0.015	0.019	0.007	0.004	0.049	0.045	0.034	0.022
FSR	1.098***	1.064***	1.137***	1.227***	1.236**	1.224***	1.308***	1.392***
CONS	–1.270*	–0.776	–1.622**	–1.318*	–2.022**	–1.568*	–2.518***	–2.427**
N	426	426	426	426	426	426	426	426

注：*、**、***分别表示在10%、5%和1%的统计水平上显著。

2. 中介效应分析

（1）数字普惠金融通过提高农户电商参与率减缓农村家庭相对贫困

电商参与的取值通过农户对问题“是否有意愿网上销售产品或是否有电商交易行为”的回答来判断，若回答“是”，则认为该农户有电商参与意愿，赋值为1，若回答“否”，则认为该农户没有电商参与意愿，赋值为0。从实证结果可以看出，Sobel检验的P值<0.1，拒绝原假设，说明中介

效应成立，数字普惠金融可以通过促进农户电商参与减缓农村家庭相对贫困。数字普惠金融对电商参与影响的P值<0.01，说明数字普惠金融能够显著增加农户参与电商的概率，在控制了中介变量电商参与后，变量数字普惠金融的系数为负且显著，说明数字普惠金融对家庭相对贫困仍有显著的减缓作用（见表3-60）。以上结果表明数字普惠金融不仅可以直接减缓农村家庭相对贫困，还可以通过增加农户参与电商的概率间接减缓农村家庭相对贫困，此结论验证了假说二。

表3-60　农户电商参与中介效应检验结果

	EP	*MRP*
DIF	3.679***	-3.059***
EP		-2.111**
CV	已控制	已控制
CONS	-2.821***	-1.053***
N	426	426
Sobel检验Z值		-1.916*

注：*、**、***分别表示在10%、5%和1%的统计水平上显著。

（2）数字普惠金融通过增强农户健康意识减缓农村家庭相对贫困

健康意识的取值通过农户对问题“是否有意识学习健康或养生知识”的回答来判断，若回答“是”，则认为该农户有健康意识，赋值为1，若回答“否”，则认为该农户没有健康意识，赋值为0。从实证结果可以看出，Sobel检验的P值<0.1，拒绝原假设，说明中介效应成立，数字普惠金融可以通过增强农户健康意识间接减缓农村家庭相对贫困。数字普惠金融会在1%的显著性水平上增强农户健康意识，在控制了中介变量健康意识后，数字普惠金融的系数依然为负，且显著，说明数字普惠金融可以显著减缓农村家庭相对贫困（见表3-61）。以上结果表明数字普惠金融不仅可以直接减缓农村家庭相对贫困，还可以通过增强农户健康意识间接减缓农村家庭相对贫困，此结论验证了假说三。

表3-61　农户健康意识中介效应检验结果

	HC	*MRP*
DIF	1.369***	−3.328***
HC		−0.719**
CV	已控制	已控制
CONS	−0.907***	−0.928***
N	426	426
Sobel检验Z值		−1.643*

注：*、**、***分别表示在10%、5%和1%的统计水平上显著。

（3）数字普惠金融通过增加农户人均消费减缓农村家庭相对贫困

人均消费的取值通过农户对问题“您家年总消费与人口数”的回答来判断。从实证结果可以看出，Sobel检验的P值<0.1，拒绝原假设，说明中介效应成立，数字普惠金融可以通过增加农户人均消费对农村家庭相对贫困起到减缓作用。同时，数字普惠金融在1%的显著性水平上增加农户人均消费，在控制了中介变量人均消费后，数字普惠金融的系数依然显著为负，说明数字普惠金融可以减缓家庭相对贫困（见表3-62）。以上结果表明数字普惠金融不仅可以直接减缓农村家庭相对贫困，还可以通过增加农户人均消费间接减缓农村家庭相对贫困，此结论验证了假说四。

表3-62　农户人均消费中介效应检验结果

	CP	*MRP*
DIF	0.573***	−3.160***
CP		−0.459***
CV	已控制	已控制
CONS	9.005***	2.977*
N	426	426
Sobel检验Z值		−1.853*

注：*、**、***分别表示在10%、5%和1%的统计水平上显著。

3. 异质性分析

（1）年龄层面的异质性分析

根据《中华人民共和国老年人权益保障法》规定，年满60周岁的公民都属于老年人，按照“户主年龄是否小于60周岁”作为评价标准，将家庭分为户主年龄在60周岁及以上的家庭组和户主年龄在60周岁以下的家庭组。表3–63展示了基于年龄分组的回归结果，对于户主年龄在60周岁及以上的家庭组而言，数字普惠金融的系数不显著，而对于户主年龄在60周岁以下的家庭组而言，数字普惠金融系数在1%的统计水平上显著，系数符号为负，说明数字普惠金融发展能减缓户主年龄在60周岁以下家庭的相对贫困。出现此结果的原因可能是数字普惠金融作为传统金融的进一步发展，更多依托互联网、人工智能等数字技术为人们带来新型的金融产品和金融服务，相比老年人，青年人使用互联网的能力较强，使用频率较高，因此对数字普惠金融的获得感较强。这一结果也说明，数字时代的发展对人们生活的影响在老年人和青年人之间存在异质性。

表3–63　年龄异质性检验结果

变量	60周岁以下		60周岁及以上	
	系数	标准误	系数	标准误
DIF	-3.844^{***}	1.403	−1.025	2.022
CV	已控制		已控制	
N	314		112	

注：*、**、***分别表示在10%、5%和1%的统计水平上显著。

（2）受教育程度层面的异质性分析

按照“户主受教育程度是否在高中及以上”作为分组依据，将家庭分为户主受教育程度在高中及以上的家庭组和户主受教育程度在高中以下的家庭组。表3–64展示了基于受教育程度分组的分样本回归结果。户主受教育程度在高中以下，数字普惠金融的系数在10%的水平上显著，而户主受教育程度在高中及以上，数字普惠金融的系数在5%的水平上显著；从系数大小来看，受教育程度在高中及以上的系数绝对值要大幅高于受教育程度在高中以下的系数绝对值，说明数字普惠金融发展更能减缓户主受教育程度在高中及以上家庭的相对贫困。出现此结果的原因可能是，数字普惠金融运用的是数字化的手段，而受教育程度较低的农户使用数字产品的能力较差，相比之下受教育程度高的农户学习新技术的能力较强，能很快接受数字产品及数字化服务，也更容易感知数字普惠金融发展带来的优势。

表3-64　受教育程度异质性检验结果

	在高中以下		在高中及以上	
	系数	标准误	系数	标准误
DIF	-1.917*	1.101	-20.233**	8.901
CV	已控制		已控制	
N	360		66	

注：*、**分别表示在10%、5%的统计水平上显著。

4. 内生性检验

（1）反向因果问题

Logit回归可能存在反向因果等造成的内生性问题，因此采用IV-Probit方法解决可能存在的反向因果问题。从表3-65可以看出，一方面，一阶段F值大于10，说明工具变量与内生解释变量相关，不存在弱工具变量问题；Wald内生性检验结果显示，可以在5%的显著性水平上拒绝“数字普惠金融为外生变量”的原假设，说明选取覆盖广度均值作为工具变量是合适的。另一方面，从第二阶段回归结果可以看出，数字普惠金融依然在1%的显著性水平上可以减缓农村家庭相对贫困，并与Logit模型回归结果的系数大小接近，符号相同，这也说明结论是可靠的。

表3-65　工具变量回归结果

	第一阶段（*DIF*）		第二阶段[*MRP*（*k*=4）]	
	系数	标准误	系数	标准误
覆盖广度均值	2.001***	0.357		

续表

	第一阶段（*DIF*）		第二阶段[*MRP*（*k*=4）]	
	系数	标准误	系数	标准误
数字普惠金融			−3.793***	0.949
一阶段F值	30.801			
Wald内生性检验			4.390**	
其他变量	已控制		已控制	
N	426		426	

注：**、***分别表示在5%和1%的统计水平上显著。

（2）自选择问题

采用PSM模型解决可能存在的自选择问题，选择最近邻匹配、卡尺匹配和核匹配三种方法，在以$k=4$多维相对贫困作为被解释变量进行匹配后，三种匹配方法的结果如表3-66所示，标准偏差在2.4%~2.6%，中位数偏差在2.3%~3.0%，远低于10%，三种匹配方法的准R^2均小于0.005，似然比检验统计量在匹配前为49.21，在1%的显著性水平上被拒绝，然而在使用三种方法匹配后均不能拒绝原假设。以上平衡性检验结果显示，匹配明显降低了处理组和对照组的系统性差别及样本的选择性偏差，保证了匹配结果的可靠性。在进行了匹配后，数字普惠金融减缓家庭相对贫困的P值均小于0.05，说明数字普惠金融能够显著减缓家庭相对贫困，ATT在−0.095~−0.078，说明数字普惠金融能够减缓农村家庭相对贫困，在解决存在的自选择问题后这一结论依然成立。

表3-66　倾向得分匹配结果及其平衡性检验（$k=4$）

匹配方法	准R^2	似然比检验统计量	标准偏差（%）	中位数偏差（%）	ATT	T值
匹配前	0.087	49.21***	26.8	17.7	−0.109	−3.01***
最近邻匹配	0.002	1.03	2.6	2.3	−0.095	−2.38**
卡尺匹配	0.002	0.90	2.6	3.0	−0.079	−2.20**
核匹配	0.002	0.48	2.4	3.0	−0.078	−2.18**

注：**、***分别表示在5%、1%的统计水平上显著；卡尺匹配采用的卡尺为0.01。

5. 稳健性检验

改变各维度的权重，将经济状况维度的权重提高至2/3，将能力提升和生活条件维度的权重各降低至1/6，同时将30%多维相对贫困和40%多维相对贫困进行比较分析。如表3-67所示，改变指标权重及识别方法后，当家庭为30%多维相对贫困时，数字普惠金融能够在5%的显著性水平上缓解农村家庭相对贫困，覆盖广度能够在1%的显著性水平上缓解农村家庭相对贫困，使用深度能够在10%的显著性水平上缓解农村家庭相对贫困；当家庭为40%多维相对贫困时，数字普惠金融能够在1%的显著性水平上缓解农村家庭相对贫困，覆盖广度和使用深度也均在1%的显著性水平上缓解农村家庭相对贫困；无论是30%多维相对贫困还是40%多维相对贫困，数字普惠金融均对其有显著的减缓效应，并且随着对家庭是否为多维相对贫困的识别标准的提高，该减缓作用呈增长趋势，也进一步验证了结论是稳健的。

表3-67 指标权重和识别方法调整后数字普惠金融对相对贫困影响效应

	MRP（30%）				*MRP*（40%）			
	DIF	DIF_1	DIF_2	DIF_3	*DIF*	DIF_1	DIF_2	DIF_3
EV	-2.745^{**}	-10.348^{***}	-1.744^{*}	−99.553	-14.672^{***}	-17.246^{***}	-14.096^{***}	183.493
CV	已控制	已控制	已控制	已控制	已控制	已控制	已控制	已控制
CONS	-2.005^{**}	−1.496	-2.510^{***}	-2.412^{**}	−1.431	−2.167	-3.120^{**}	-4.922^{***}
N	426	426	426	426	426	426	426	426

注：*、**、***分别表示在10%、5%和1%的统计水平上显著。

第四章

挑战篇

第一节 返贫风险测度及行为分析

一 微观视角下农户脆弱性对贫困的影响分析

本节从微观农户视角出发，将农户脆弱性的内涵界定为由于受到风险冲击以及抵御风险冲击能力不足，农户未来可能陷入贫困的程度，并以银川市西夏区与中卫市沙坡头区为研究区域，实证分析农户脆弱性对农户贫困的影响。事实上，农户作为微观个体，其自身脆弱性是影响其贫困的主要因素之一，农户脆弱性主要受农户遭受的风险冲击以及农户抵御风险冲击的能力的影响。同时，学界提出了“未来贫困发生率”这一前瞻性概念，即未来农户因自身的脆弱性而陷入贫困的可能性。为此，本节将“农户脆弱性对贫困的影响”问题转化为“农户自身脆弱性对未来贫困发生率的影响”。

（一）研究方法

函数模型法的核心是建立数学模型，通过数学模型来确定参数，从而计算脆弱性指数。其中，数学模型主要包括回归模型、结构方程模型等。函数模型法需要使用能够反映较长一段时间内的家庭收入或消费能力的面板数据。但对于许多发展中国家来说，长期面板数据很难获得，而且有关风险冲击和应对策略的数据也相对较少。当前，Chaudhuri 等人提出的预期的贫困脆弱性模型测度方法具有前瞻性特点，且因其使用的是微观截面数据而被国内外学者广泛使用[①]。鉴于此，本节也选用了这一模型测度方法，具体的指标选取与公式演算过程具体阐述如下。

① Chaudhuri S., Jalan J., Suryahadi A., “Assessing Household Vulnerability to Poverty from Cross-sectional Data:A Methodology and Estimates from Indonesia”, Discussion Papers, Department of Economics, Columbia University, 2002。

1. 未来贫困发生率测度

（1）模型简介

预期的贫困脆弱性模型测度的是农户未来陷入贫困的可能性，其结果是一个反映概率大小的值，即农户未来贫困发生率。值得说明的是，该模型测度基于脆弱性这一视角，测度结果体现了农户受到风险冲击的情况和农户抵御风险冲击的能力。Chaudhuri等人认为，风险冲击会减弱未来福利水平以及增加未来福利水平的波动，而资产具有平滑风险冲击的能力[①]。也就是说农户自身抵御风险冲击的资产水平以及农户遭受风险冲击所表征出来的脆弱性会对农户未来陷入贫困的可能性产生影响，即会对农户未来贫困发生率产生影响。据此，借鉴Chaudhuri等人提出的模型来测度农户未来贫困发生率。

根据模型测度结果：①获得每个农户的未来贫困发生率，从而得到样本地区整体农户未来贫困发生率均值；②在设定临界值的基础上判定农户未来是不是脆弱性农户，再进一步将脆弱性农户与非脆弱性农户进行比较，得出脆弱性农户具有的特征；③判定农户未来是不是脆弱性农户，得到脆弱性视角下的未来贫困发生率；④通过多元回归模型，确定表征农户脆弱性的指标中哪些会对农户未来贫困发生率产生影响以及产生怎样的影响。

（2）模型构建

Chaudhuri等人选用消费水平作为福利指标，将对未来贫困发生率V_{it}的测度转化为对农户i在t+1时期消费水平低于贫困线的可能性的测量，测度公式为：

$$V_{it} = \Pr(Y_{i,t+1} \leqslant Z) \quad \text{公式（4-1）}$$

其中，V_{it}表示农户未来因自身脆弱性而陷入贫困的概率测算函数，Pr（·）表示概率测算函数；$Y_{i,\ t+1}$表示农户i在t+1时期的消费水平；Z表示贫困标准。要测算V_{it}，需估计未来消费$Y_{i,\ t+1}$，而未来消费通常取决于$Y_{i,\ t}$，

① Chaudhuri S., Jalan J., Suryahadi A., "Assessing Household Vulnerability to Poverty from Cross-sectional Data:A Methodology and Estimates from Indonesia", Discussion Papers, Department of Economics, Columbia University, 2002。

即现阶段（t时期）的农户特征。为此，假设消费水平服从对数正态分布，构建农户人均消费水平对数函数：

$$\ln Y_i = \beta X_i + \varepsilon_i \qquad \text{公式（4-2）}$$

其中，X_i表示农户的特征变量，ε_i表示干扰项。进一步假设农户人均消费水平对数方差为：

$$\sigma_{\varepsilon,i}^2 = X_i \theta \qquad \text{公式（4-3）}$$

参照Chaudhuri等人的思路，采用Amemiya提出的可行的广义最小二乘法对参数β、θ进行估计[①]，并进一步分别估计农户i预期的人均消费水平对数和人均消费水平对数方差：

$$\hat{E}[\ln Y_i \mid X_i] = X_i \hat{\beta} \qquad \text{公式（4-4）}$$

$$\hat{V}[\ln Y_i \mid X_i] = \hat{\sigma}_{\varepsilon,i} = X_i \hat{\theta} \qquad \text{公式（4-5）}$$

在人均消费水平对数服从正态分布的假设下，可测度得到农户i的未来贫困发生率：

$$\widehat{V_{i,t}} = P_r(\ln Y_{i,t+1} < \ln Z \mid X_i) = \Phi\left(\frac{\ln Z - \ln \hat{Y}_i}{\sqrt{\hat{\sigma}_i^2}}\right) = \Phi\left(\frac{\ln Z - X_i \hat{\beta}}{\sqrt{X_i \hat{\theta}}}\right)$$

公式（4-6）

2.未来贫困发生率的夏普里值分解

为了探究农户未来贫困发生率的影响因素，考察解释变量对农户未来贫困发生率的贡献度，进一步采用夏普里值分解法对其进行分解。根据夏普里值分解法，一个解释变量的贡献度等于它在回归方程中的边际效应。由此，借鉴黄潇的研究[②]，将回归方程设定为：

$$V = \alpha + \sum_{h=1}^{H} \beta_h X_h + u \qquad \text{公式（4-7）}$$

其中，X_h表示影响农户未来贫困发生率的控制变量，进而第k个解释变量X_k的边际效应M_k表达式为：

---

① Amemiya T.,“The Maximum Likelihood and the Nonlinear Three-stage Least Squares Estimator in the General Nonlinear Simultaneous Equation Model”, *Econometrica*, 1977, 45（4）: 955–968。

② 黄潇：《什么引致了农村居民贫困风险——来自贫困脆弱性测度和分解的证据》，《贵州财经大学学报》2018年第1期。

$$M_k = R^2[V = \alpha + \sum_{h \in S} \beta_h X_h + \beta_k X_k + u] - R^2[V = \alpha^* + \sum_{h \in S} \beta_h^* X_h^* + u^*]$$

公式（4–8）

其中，S表示不包含k的其他解释变量，R^2［·］表示回归方程的决定系数。

（二）研究区域数据来源与变量描述性统计

1.研究区域数据来源

（1）研究区域

沙坡头区位于宁夏中西部，地处宁南山区黄土高原和引黄灌区的衔接处，具有大陆性季风气候和沙漠气候特点，境内生态环境脆弱，年均气温为7.3～9.5℃，年均降水量为179～367毫米，年均蒸发量为1829～1947毫米，属于内陆干旱区。沙坡头区有41.1万常住人口，现辖11个乡镇165个行政村。沙坡头区是宁夏脱贫攻坚的重点区域，部分乡镇于2017年底被纳入宁夏“五县一片”深度贫困地区中，贫困程度深，成因复杂。其中，研究区域中的迎水桥镇毗邻市区且多数农户有土地流转，东园镇靠近市区且部分农户有土地流转。此外，研究区域中的永康镇距离市区较远，土地流转较少，丰台村和彩达村农户以种植苹果为主，受异常天气变化冲击较大。

西夏区位于宁夏北部，由山地和平原两种地貌分区组成，属于引黄灌区，具有中温带干旱气候特点。境内生态环境脆弱，年均气温约为13℃，年均降水量为138.8～198毫米，年均蒸发量高达1583毫米。西夏区现辖2个镇19个行政村。西夏区在地理位置、经济社会发展水平等方面具有优势，有大量移民包括政策移民搬迁至此。其中，同阳新村是西夏区唯一的“十二五”生态移民村，2012～2015年，固原市彭阳县4个镇（乡）22个行政村的农户分8批次搬迁至此，同阳新村建档立卡户共有226户1057人；德林村农户大多是1995年由固原市的贫困农村自发搬迁而来的农户。西夏区和沙坡头区都属于内陆干旱区，但两区的贫困程度存在差异，选取两地为实证调查地点具有一定的典型性与代表性。

（2）调查方法与数据来源

调研组采取随机抽样和入户问卷调查的方法，赴中卫市沙坡头区、银川市西夏区进行了农户入户问卷调查。调查范围包括沙坡头区迎水桥镇、东园镇、永康镇以及西夏区的镇北堡镇，共计4个镇9个村。调查内容主要包括农户家庭特征、遭受的风险冲击、风险态度以及贫困认知等基本情况，共发放330份问卷，回收有效问卷317份，有效回收率达96.06%。需要特别指出的是，样本量依据样本村的人口而定，如同阳新村共有690户，共发放85份问卷。本节所用的数据源于本次问卷调查的实地调查数据，调查样本分布如表4–1所示。

表4–1　样本分布情况

区	镇	样本村	样本量（户）
沙坡头区	迎水桥镇	鸣钟村	20
		码头村	25
	东园镇	新滩村	35
		红武村	20
		韩闸村	35
	永康镇	丰台村	40
		彩达村	25
西夏区	镇北堡镇	同阳新村	85
		德林村	45

2. 研究区域变量描述性统计

（1）变量选取

国内有许多学者对农户未来贫困发生率进行了研究，但由于研究区域及研究问题不同，选取的家庭特征变量略有差异。本部分的研究区域沙坡头区与西夏区属于典型的内陆干旱区，但可以借助黄河水资源进行农业灌溉，具有一定的代表性。根据调查区域的具体情况，本部分遵循科学性、合理性、客观性、可行性、代表性、典型性原则，共选取了3个一级指标、10个二级指标、21个三级指标进行测度，一级指标包括家庭资本、风险冲击和风险态度。本部分测度农户未来贫困发生率所使用的变量如表4–2所示。

本部分选用（人均）消费水平作为福利指标用于预测农户未来陷入贫

困的可能性。在实际调查中，将（人均）消费水平划分为食品消费支出、医疗保健支出、教育支出、生活常规支出、房屋建修支出、家电设备购买支出、礼品礼金支出、家庭婚丧事支出、农业支出九项分类支出。

资本是家庭抵御风险冲击的能力。在表4-2中，由人力资本、物质资本、自然资本、金融资本以及社会资本体现农户家庭抵御风险冲击的资本能力。其中，人力资本选取适龄劳动力比例、劳动力平均受教育年限、户主受教育年限作为重要测度指标，反映家庭劳动力的质与量；小车已代替摩托车成为农户家庭的重要资本，选取小车代表农户的物质资本；研究区域农业灌溉条件便利，移民搬迁、土地承包、土地流转现象凸显，因此将自有土地面积、承包土地面积、流转土地面积作为测度农户自然资本的指标；选取借款、贷款反映农户的金融资本；将邻里关系作为衡量农户社会资本的重要指标。

表4-2 测度农户未来贫困发生率的变量

一级指标	二级指标	三级指标	符号	解释与赋值
家庭资本	人力资本	适龄劳动力比例	A_1	18～64岁家庭人口数占总人口数的比例
		劳动力平均受教育年限	A_2	家庭实际劳动力的平均受教育年数
		户主受教育年限	A_3	户主的受教育年数
	物质资本	小车	B	是否拥有小车？0=否，1=是
	自然资本	自有土地面积	C_1	自有的土地面积
		承包土地面积	C_2	承包的土地面积
		流转土地面积	C_3	流转的土地面积
	金融资本	借款	D_1	是否有借款？0=否，1=是
		贷款	D_2	是否有贷款？0=否，1=是
	社会资本	邻里关系	E	与邻里关系的密切程度？1=非常密切；2=比较密切；3=一般密切；4=来往较少；5=不来往
风险冲击	人口冲击	家庭成员患病	F_1	家庭成员是否患病？0=否，1=是
		家庭成员离世	F_2	家庭成员是否离世？0=否，1=是
		家庭成员离开	F_3	家庭成员是否离开？0=否，1=是
		家庭成员增加	F_4	家庭成员是否增加？0=否，1=是

续表

一级指标	二级指标	三级指标	符号	解释与赋值
风险冲击	经济冲击	建（装修）房	G_1	家庭是否建（装修）房？0=否，1=是
		经营性农产品成本上涨	G_2	家庭种植的经营性农产品成本是否上涨？0=否，1=是
	社会冲击	停止（催还）借贷款	H	家庭是否遭受停止（催还）借贷款？0=否，1=是
	自然冲击	雪灾（冰冻）	I_1	家庭是否遭受雪灾（冰冻）？0=否，1=是
		旱灾	I_2	家庭是否遭受旱灾？0=否，1=是
		涝灾	I_3	家庭是否遭受涝灾？0=否，1=是
风险态度	风险态度	风险态度	J	如果您有一笔资金用于投资，您最愿意选择哪种投资项目？1=高风险、高回报的项目；2=略高风险、略高回报的项目；3=平均风险、平均回报的项目；4=略低风险、略低回报的项目；5=不愿意承担任何风险

风险冲击是农户未来贫困的诱因之一。在表4-2中，人口冲击、经济冲击、社会冲击以及自然冲击构成农户遭受的风险冲击。其中，家庭成员发生质变、量变会对家庭造成冲击，选取家庭成员患病、离世、离开、增加作为表征人口冲击的指标；农户社会关系的缺失、维系与社会身份的改变会对家庭造成冲击，选取停止（催还）借贷款作为表征社会冲击的指标；农户的农业生产活动会因不可抗拒因素而遭受冲击，选取雪灾（冰冻）、旱灾、涝灾作为表征自然冲击的指标；建房与农业生产会使家庭经济产生巨大波动，选取建（装修）房、经营性农产品成本上涨作为反映农户经济冲击的指标。

导致“贫困恶性循环”现象的周期性因素之一可能是农户的高风险厌恶，而不利冲击与较高程度的风险厌恶有关①。值得注意的是，本部分在已有文献对农户未来贫困发生率进行测度的基础上加入风险态度变量。借鉴

① 李鹤、张平宇、程叶青：《脆弱性的概念及其评价方法》，《地理科学进展》2008年第2期。

中国农村家庭金融调查问卷，参照多数学者的做法，将风险态度划分为三类：选项“1”与“2”设定为风险偏好，选项“3”设定为风险中立，选项“4”与“5”设定为风险厌恶。

（2）变量描述性统计

描述性统计是一套用于描述、解释数据的统计技术。为了能够更清晰地了解样本量特征，根据测度农户未来贫困发生率的具体指标，分别用最大值、最小值、均值以及标准差4个统计量将沙坡头区与西夏区两地相关数据进行简单的描述性统计。

表4-3展示了各变量（三级指标）的基本特征，西夏区与沙坡头区样本农户变量特征既存在相似性，又存在差异性，具体分析如下。①家庭资本维度。从农户人力资本来看，沙坡头区样本农户适龄劳动力比例、劳动力平均受教育年限的均值分别为0.5980、6.5411，皆低于西夏区相同指标的均值。两区户主受教育程度基本为小学，西夏区户主受教育年限最长为14年，沙坡头区户主受教育年限最长为12年。从物质资本来看，两区样本农户拥有小车的家庭数量均值相差不大。从自然资本来看，两区自有土地面积存在明显差异，沙坡头区样本农户自有土地面积均值为7.3430，最大值为115，西夏区样本农户自有土地面积均值为0.6346，最大值为10。沙坡头区样本农户承包土地面积均值为5.0263，最大值为500，而西夏区样本农户没有承包土地。西夏区样本农户流转土地面积均值为1.6102，该数值高于沙坡头区的0.9746。从金融资本来看，两区农户筹资渠道偏好存在反向关系，标准差约为0.5。其中，沙坡头区农户偏向于通过贷款渠道筹资，西夏区农户偏向于通过借款渠道筹资。从社会资本来看，两地区样本农户与邻居之间的关系比较密切，但在沙头坡区的样本农户中存在与邻居不来往的现象。②风险冲击维度。从人口冲击来看，样本中两区遭受家庭成员的离世、离开以及增加冲击的农户数量较少，均值小于0.1。从经济冲击来看，两区样本中建（装修）房农户的数量较少，然而沙坡头区农户遭受经营性农产品成本上涨的冲击均值为0.3421，标准差为0.4757。从社会冲击来看，两区样本农户遭受停止（催还）借贷款冲击的均值都约为0.07。从自然冲击来看，沙坡头区样本农户遭受雪灾（冰冻）冲击的均值、标准

差都约为0.5，其旱灾、涝灾冲击均值都小于0.1，西夏区农户总体上遭受自然冲击更小。③风险态度维度。两区样本农户的风险态度均值都大于2，表现出风险厌恶的心理特征。同时，根据调查统计数据，沙坡头区样本农户的消费水平相对较高，其人均消费水平对数均值为9.3649，而西夏区样本农户的人均消费水平对数均值为9.2751。

表4-3　变量描述性统计

变量	沙坡头区				西夏区			
	均值	标准差	最小值	最大值	均值	标准差	最小值	最大值
适龄劳动力比例	0.5980	0.3274	0	1	0.6266	0.2558	0	1
劳动力平均受教育年限	6.5411	3.9368	0	16	7.3933	2.9906	0	14
户主受教育年限	5.3211	3.7988	0	12	4.8110	3.8374	0	14
小车	0.1947	0.3970	0	1	0.1102	0.3144	0	1
自有土地面积	7.3430	10.7737	0	115	0.6346	2.0931	0	10
承包土地面积	5.0263	37.7040	0	500	0	0	0	0
流转土地面积	0.9746	2.3604	0	10	1.6102	1.6450	0	10
借款	0.4105	0.4932	0	1	0.5276	0.5012	0	1
贷款	0.5053	0.5013	0	1	0.3622	0.4825	0	1
邻里关系	2.0474	0.7786	1	5	2.1417	0.7207	1	4
家庭成员患病	0.7842	0.4125	0	1	0.8110	0.3930	0	1
家庭成员离世	0.0263	0.1605	0	1	0.0472	0.2130	0	1
家庭成员离开	0.0211	0.1439	0	1	0.0787	0.2704	0	1
家庭成员增加	0.0316	0.1753	0	1	0.0630	0.2439	0	1
建（装修）房	0.0789	0.2704	0	1	0.1575	0.3657	0	1
经营性农产品成本上涨	0.3421	0.4757	0	1	0.0157	0.1250	0	1
停止（催还）借贷款	0.0684	0.2531	0	1	0.0709	0.2576	0	1
雪灾（冰冻）	0.5474	0.4991	0	1	0	0	0	0
旱灾	0.0211	0.1439	0	1	0.0157	0.1250	0	1
涝灾	0.0421	0.2014	0	1	0	0	0	0
风险态度	2.4158	0.8425	1	3	2.4803	0.7853	1	3

（三）实证结果分析

本部分首先使用模型测度农户未来贫困发生率，根据农户未来贫困发生率的测度结果分析脆弱性组农户特征；其次构建人均消费水平对数、人均消费水平对数方差以及农户未来贫困发生率回归模型，探析影响农户未来贫困发生率的因素；再次运用夏普里值分解法，将农户未来贫困发生率进行分解，探析解释变量对农户未来贫困发生率的贡献度；最后选取“两区”“两村”进行横向对比剖析。

1. 农户未来贫困发生率测度结果分析

（1）农户未来贫困发生率分析

贫困线是影响地区农户未来贫困发生率的关键性因素。当前学界对于贫困线的确定主要选取两类贫困标准。

①国际贫困标准。2018年世界银行制定了3个贫困标准：一是1.9美元/天的绝对贫困的国际贫困线；二是3.2美元/天的中低收入国家的国际贫困线；三是5.5美元/天的中高收入国家的国际贫困线。

②中国农村贫困标准。2011～2020年，我国农村贫困标准为农民人均纯收入以2010年不变价格计算的每人每年2300元。同时，宁夏2018年根据实际情况将贫困线调整为3140元。基于此，本部分选取2300元（国家贫困线）和3140元（地区贫困线）两个贫困标准进行对比分析。旨在探讨不同贫困标准下农户未来贫困发生率的差异。借鉴相关研究[①]，农户未来贫困发生率临界值确定为0.29，即若农户未来贫困发生率大于或等于0.29，则认为该农户是脆弱的。

根据表4-4可知，不同贫困标准下农户未来贫困发生率测度结果存在一定的差异性。①单从贫困标准来看，农户未来贫困发生率因贫困标准不同而存在差异。在2300元贫困标准下，农户未来贫困发生率的均值为0.0925，表明所有农户未来因自身脆弱性而陷入贫困的概率

① Shorrocks Anthony F., “Decomposition Procedures for Distributional Analysis:a Unified Framework Based on the Shapley Value”, *The Journal of Economic Inequality*, 2013, 11（1）: 99–126。

为9.25%；在3140元贫困标准下，农户未来贫困发生率均值为0.1369，与2300元贫困标准下农户未来贫困发生率的均值相差0.0444，这一差异更多地体现在90分位数的农户未来贫困发生率分布区间上，这主要是因为较多脆弱性农户处于贫困状态。②从贫困发生率来看，不同贫困标准下脆弱性视角下的贫困发生率与实际贫困发生率存在差异。在2300元贫困标准下，脆弱性视角下的贫困发生率与宁夏实际贫困发生率（0.0300）相似，而在3140元贫困标准下，脆弱性视角下的贫困发生率为0.0915，显著高于宁夏实际贫困发生率（0.0300），即部分农户因为脆弱性在未来极有可能陷入贫困，这是农户消费减少与消费波动共同作用的结果，该结果进一步从脆弱性视角验证了地区贫困线与国家贫困线之间的差异。

表4–4 农户未来贫困发生率的分布与脆弱性视角下的贫困发生率

贫困标准	均值	标准差	10分位数	25分位数	50分位数	75分位数	90分位数	脆弱性视角下的贫困发生率
2300元	0.0925	0.0855	0.0007	0.0162	0.0726	0.1510	0.2038	0.0315
3140元	0.1369	0.1059	0.0049	0.0425	0.1236	0.2159	0.2811	0.0915

（2）脆弱性组与非脆弱性组农户特征差异分析

表4–5描述了内陆干旱区不同组别农户的家庭资本特征差异，可以看出，脆弱性组农户具有如下家庭资本特征。①人力资本不足。脆弱性组农户的适龄劳动力比例、劳动力平均受教育年限、户主受教育年限都小于非脆弱性组农户，这说明人力资本不足的农户家庭未来贫困发生率较大。②物质资本不足。2300元贫困标准下的脆弱性组农户拥有小车的家庭数略低于非脆弱性组。③自然资本不足。2300元贫困标准下的非脆弱性组农户自有土地面积大于脆弱性组，承包土地面积、流转土地面积小于脆弱性组，这表明一方面承包土地无形中增加了农户遭受自然风险冲击的概率，另一方面土地流转使农户土地面积减少。④金融资本不足。脆弱性组有借贷的农户数小于非脆弱性组，这可能是由农户筹资能力不同造成的。⑤社会资本充足。两组农户都与邻里关系比较密切，这可能是因为农户注重与

邻里之间的和谐关系的构建。

表4-5 不同贫困标准下不同组别农户的家庭资本特征

变量	2300元贫困标准				3140元贫困标准			
	脆弱性组		非脆弱性组		脆弱性组		非脆弱性组	
	均值	标准差	均值	标准差	均值	标准差	均值	标准差
A_1	0.6023	0.2996	0.8283	0.2608	0.6016	0.3044	0.6875	0.2522
A_2	6.7899	3.5676	9.7250	3.8486	6.6967	3.6182	8.7272	2.9612
A_3	5.1107	3.8076	5.3000	4.2960	5.0174	3.8094	6.1034	3.8111
B	0.1596	0.3668	0.2000	0.4216	0.1701	0.3764	0.0690	0.2579
C_1	4.6344	9.1242	5.3000	6.9610	4.8742	9.3506	2.4828	4.8962
C_2	3.0521	29.7208	1.8000	5.6921	3.2188	30.6761	0.9655	3.7653
C_3	1.2595	2.1449	0.3000	0.9487	1.1697	2.0350	1.8207	2.8354
D_1	0.4560	0.4989	0.5000	0.5270	0.4549	0.4988	0.4828	0.5085
D_2	0.4365	0.4968	0.8000	0.4216	0.4410	0.4974	0.5172	0.5085
E	2.0847	0.7580	2.1000	0.7379	2.0833	0.7513	2.1034	0.8170

根据表4-6，在2300元贫困标准下，脆弱性组农户遭受家庭成员患病、离世、增加以及建（装修）房、雪灾（冰冻）、涝灾冲击的数量高于非脆弱性组，遭受家庭成员患病、家庭成员离世、家庭成员增加、建（装修）房、雪灾（冰冻）、涝灾冲击的农户未来贫困发生率较高，这可能与农户生产生活习惯、自然生态环境等有关。然而，与之相反的是，在2300元贫困标准下，非脆弱性组农户遭受家庭成员离开、经营性农产品成本上涨、旱灾冲击的数量高于脆弱性组。同时，非脆弱性组农户和脆弱性组农户的风险态度均值分别为2.7000和2.4332，总体上表明内陆干旱区农户趋向于风险厌恶，尤其是非脆弱性组农户。这些结论在3140元贫困标准下多数也成立。

表4-6　不同贫困标准下不同组别农户的风险冲击与风险态度特征

变量	2300元贫困标准				3140元贫困标准			
	脆弱性组		非脆弱性组		脆弱性组		非脆弱性组	
	均值	标准差	均值	标准差	均值	标准差	均值	标准差
F_1	0.8046	0.3972	0.5000	0.5270	0.8368	0.3702	0.3793	0.4938
F_2	0.0358	0.1862	0	0	0.0382	0.1920	0	0
F_3	0.0391	0.1941	0.2000	0.4216	0.0382	0.1920	0.1034	0.3099
F_4	0.0456	0.2090	0	0	0.0382	0.1920	0.1034	0.3099
G_1	0.1140	0.3183	0	0	0.1215	0.3273	0	0
G_2	0.2085	0.4069	0.3000	0.4830	0.2222	0.4165	0.1034	0.3099
H	0.0651	0.2472	0.2000	0.4216	0.0590	0.2361	0.1724	0.3844
I_1	0.3388	0.4741	0	0	0.3611	0.4812	0	0
I_2	0.0163	0.1268	0.1000	0.3162	0.0174	0.1308	0.0345	0.1857
I_3	0.0261	0.1596	0	0	0.0278	0.1646	0	0
J	2.4332	0.8232	2.7000	0.6749	2.4132	0.8344	2.7241	0.5914

2. 影响农户未来贫困发生率的因素分析

为了能够更好地理解当前农户脆弱性对农户未来贫困发生率的不同影响，Chaudhuri等人将农户未来贫困发生率分解为风险和低期望的消费水平引起的消费波动[①]，即将对人均消费水平对数和人均消费水平对数方差同时产生显著影响的因变量看作农户未来贫困发生率的影响因素。然而，以公式（4-6）为基点出发，尽管Chaudhuri等人提出的方法能够对农户未来贫困发生率的影响因素进行深入剖析，并具有现实意义，但是忽略了不同贫困标准对消费水平波动的联动影响效应，这一效应囊括着影响农户消费水平波动的被解释变量所产生的效应。此外，黄潇从另一个视角探析影响农户未来贫困发生率的因素，将农户未来贫困发生率设为被解释变量构建回

① Chaudhuri S., Jalan J., Suryahadi A., "Assessing Household Vulnerability to Poverty from Cross-sectional Data:A Methodology and Estimates from Indonesia", Discussion Papers, Department of Economics, Columbia University, 2002。

归模型[①]，却弱化了对人均消费水平对数和人均消费水平对数方差变动的内在作用机制的解析。基于此，本节将这两种探析农户未来贫困发生率影响因素的方法进行综合，将人均消费水平对数和人均消费水平对数方差的变动看作影响农户未来贫困发生率的内在动因，使用公式（4–2）、（4–3）和（4–7）分别构建人均消费水平对数对数、人均消费水平对数方差、不同贫困标准下的农户未来贫困发生率计量模型，利用包含农户家庭资本变量、风险冲击变量和风险态度变量的多元回归模型分析影响农户未来贫困发生率的因素，结果如表4–7所示。

表4–7　农户未来贫困发生率影响因素的回归结果

项目	人均消费水平对数方差	人均消费水平对数	2300元贫困标准	3140元贫困标准
A_1	–0.0438（0.0595）	0.1718（0.1405）	0.0053（0.0102）	–0.0027（0.0115）
A_2	0.0319（0.0045）***	–0.0285（0.0131）**	0.0099（0.0009）***	0.0132（0.0010）***
A_3	–0.0198（0.0033）***	0.0107（0.0102）	–0.0028（0.0008）***	–0.0040（0.0009）***
B	–0.2224（0.0470）***	0.4012（0.0891）***	–0.0770（0.0081）***	–0.1070（0.0091）***
C_1	0.0021（0.0024）	0.0057（0.0050）	0.0003（0.0003）	0.0002（0.0004）
C_2	–0.0005（0.0003）	0.0024（0.0010）**	–0.0002（0.0001）**	–0.0003（0.0001）***
C_3	0.0039（0.0223）	–0.0275（0.0168）	–0.0010（0.0015）	0.0013（0.0016）
D_1	0.2215（0.0272）***	–0.0068（0.0880）	0.0435（0.0059）***	0.0550（0.0066）***
D_2	0.1618（0.0254）***	0.0348（0.0949）	0.0419（0.0060）***	0.0442（0.0067）***
E	0.0706（0.0201）***	0.1179（0.0562）**	0.0076（0.0038）**	0.0059（0.0043）
F_1	–0.1168（0.0457）**	0.3787（0.1138）***	0.0725（0.0071）***	0.0984（0.0080）***
F_2	–0.0742（0.0449）*	0.7465（0.2526）***	–0.0785（0.0152）***	–0.1074（0.0171）***
F_3	0.0534（0.0897）	0.2033（0.2988）	0.0349（0.0138）**	0.0298（0.0155）*
F_4	0.1672（0.0671）**	0.0112（0.2204）	0.0735（0.0136）***	0.0815（0.0153）***
G_1	0.1254（0.0436）***	0.9811（0.1513）***	–0.0805（0.0089）***	–0.1160（0.0100）***
G_2	0.2377（0.0556）***	0.1561（0.1266）	0.0439（0.0087）***	0.0507（0.0098）***
H	–0.1852（0.0441）***	–0.1728（0.1434）	–0.0153（0.0114）	–0.0150（0.0128）
I_1	–0.2146（0.0633）***	0.1352（0.1001）	–0.0861（0.0079）***	–0.1045（0.0089）***

① 黄潇:《什么引致了农村居民贫困风险——来自贫困脆弱性测度和分解的证据》,《贵州财经大学学报》2018 年第1期。

续表

项目	人均消费水平对数方差	人均消费水平对数	2300元贫困标准	3140元贫困标准
I_2	–0.0956（0.0684）	0.2982（0.3571）	–0.0151（0.0214）	–0.0373（0.0240）
I_3	–0.1546（0.1883）	0.5000（0.3359）	–0.1377（0.0195）***	–0.1717（0.0219）***
J	–0.0209（0.0177）	–0.0501（0.0481）	0.0146（0.0035）***	0.0150（0.0039）***
village	–0.0175（0.0063）***	0.0135（0.0154）	–0.0028（0.0012）**	–0.0036（0.0013）***
Constant	0.5573（0.1746）***	8.4970（0.2286）***	0.0630（0.0176）***	0.1302（0.0176）***
观测值	317	317	317	317
R^2值	0.3375	0.7955	0.7079	0.7598
F值	6.81	51.99	32.39	42.27

注：①*、**、***分别表示在10%、5%、1%的统计水平上显著；②括号内数据为标准误差。

一方面，在3140元贫困标准下，探析显著正向影响农户未来贫困发生率的因素。劳动力平均受教育年限对农户未来贫困发生率的影响系数为0.0132，且在1%的统计水平上显著，这说明与劳动力平均受教育年限较少的家庭相比，劳动力平均受教育年限较多的家庭消费波动加剧、消费水平降低，这可能与将18岁及以上且正在接受大学（大专）教育的人口作为家庭劳动力人口有关。借款与贷款变量的系数都为正，且都在1%的统计水平上显著为正。借贷是满足农户消费支出的重要渠道，随着现代农村金融体系不断完善、借款渠道日趋多样化，借贷本可以助力农户摆脱贫困，却显现出提高农户未来贫困发生率的特征，这一现象背后的真实逻辑是农户的借贷支出更多运用在非生产性消费上，如看病支出、人情支出以及日常消费支出等，超过63.27%的农户存在严重的“还款难”现象，引发“借贷交替”的恶性循环。健康既是人们正常生活的必要条件，又是形成人力资本的重要基础。家庭成员患病变量的系数为0.0984，在1%的统计水平上显著，这说明家庭成员患病能够提高农户未来贫困发生率，这是因为患病成员的医疗费用提高了农户消费水平。家庭成员的离开也会提高农户未来贫困发生率，这可能是因为家庭成员的离开减少了家庭劳动力；而家庭成员的增加也会提高农户未来贫困发生率，家庭人口增加引发消费水平波动的加剧，究其原因在于增加的人口多为“新媳妇”“婴儿”，前者涉及婚嫁费用的支出，后者涉及家庭非劳动力人口增加。在1%的统计水平上，经营性农产品成本上涨变量的系数显著为正，为0.0507，可能是因为经营性农产品成本上涨导致消费水平波动加剧，进而增加了农户未来持续贫困或陷入贫困的可能性。此外，风险态度对农户未来贫困发生率的影响系数为0.0150，且具有统计显著性，这表明内陆干旱区农户的较高风险厌恶态度可能会对农户家庭发展产生长期的负面影响，因为农户经济行为产生的收入与投资相比较少。

另一方面，在3140元贫困标准下，探析显著负向影响农户未来贫困发生率的因素。户主受教育年限是影响农户未来贫困发生率的重要因素，其估计系数为-0.0040，且具有统计显著性。这表明户主受教育年限较多的家庭更能有效地降低农户未来贫困发生率，究其原因在于作为家庭经济行为的重要决策者，户主较多的受教育年限有助于其做出更为理性的经济决策。小车已成为内陆干旱区农户重要的物质资本，有小车的家庭意味着农户未来贫困发生率的降低，这是由人均消费水平显著提高与人均消费水平对数方差显著降低共同作用的结果。土地是农户再生产能力的重要体现，而承包土地面积变量在1%的统计水平上显著减少了农户未来贫困发生率，这是因为承包的土地具备更好的灌溉条件、土地肥沃，虽然承包土地容易引发消费水平波动加剧，但是农业收入的增加会降低农户未来贫困发生率。与前期多数文献研究不同的是，家庭成员离世、建（装修）房、雪灾（冰冻）以及涝灾冲击能够减少内陆干旱区农户未来贫困发生率。这主要是因为当这类冲击发生时，在一定的福利政策支持下，农户会通过减少消费来降低未来贫困发生率。事实上，离世的家庭成员更可能是“老、病”群体；农户畸形消费形式在不断改变，建（装修）房更多运用的是储备资金；雪灾（冰冻）发生的概率极小，且其带来的影响在农户外出务工的作用下可得以平滑；涝灾更多冲击的是拥有沿河区域土地的农户，且在事实经验的累积下农户可对洪涝影响进行预期控制。

综上所述，影响农户未来贫困发生率升降的因素极具区域典型性。其中，劳动力平均受教育年限、借款、贷款以及家庭成员患病、家庭成员离开、家庭成员增加、经营性农产品成本上涨与风险态度变量提高了内陆干旱区农户未来贫困发生率；户主受教育年限、小车、承包土地面积、家庭成员离世、建（装修）房、雪灾（冰冻）、涝灾变量降低了农户未来贫困发生率。这一研究结论与杨龙和汪三贵的研究结论相异①，内陆干旱区的特征性干旱因子并未对农户未来贫困发生率造成显著影响，这可能是由于沙坡头区、西夏区作为引黄灌区，借助得天独厚的黄河水资源进行农业灌溉，有效避开了自然条件下干旱对农业的冲击。

3. 农户未来贫困发生率的影响因素贡献度分析

（1）利用夏普里值分解法分解农户未来贫困发生率

为了明确不同因素对农户未来贫困发生率的差异性影响，基于上述回归结果，在明晰重要变量对农户未来贫困发生率影响的基础上，进一步采用夏普里值分解法考察相关解释变量对农户未来贫困发生率的贡献度。由于夏普里值的计算需要多次反复迭代，若涉及过多因变量，则运算量会呈现几何级增长，难以得到分解结果。本节的重点在于研究重要解释变量对农户未来贫困发生率的贡献，所以只对农户未来贫困发生率有显著影响的变量的贡献度进行了计算，对于适龄劳动力比例、自有土地面积、流转土地面积、邻里关系、涝灾、停止（催还）借贷款变量的贡献度并未进行计算（见表4–8）。

表4–8　农户未来贫困发生率的夏普里值分解结果

单位：%

变量	3140元贫困标准		2300元贫困标准		变量	3140元贫困标准		2300元贫困标准	
	夏普里值	百分比	夏普里值	百分比		夏普里值	百分比	夏普里值	百分比
I_1	0.5094	19.24	0.3145	19.64	I_3	0.0780	2.94	0.0515	3.22
F_1	0.4960	18.73	0.3096	19.34	J	0.0773	2.92	0.0459	2.86
A_2	0.3696	13.96	0.2032	12.69	F_4	0.0457	1.73	0.0376	2.35
G_1	0.3267	12.34	0.1570	9.80	G_2	0.0371	1.40	0.0270	1.69
B	0.2565	9.69	0.1302	8.13	A_3	0.0321	1.21	0.0169	1.06
D_1	0.1708	6.45	0.1113	6.95	C_2	0.0237	0.90	0.0159	1.00
D_2	0.1203	4.54	0.1079	6.74	F_3	0.0123	0.46	0.0125	0.78
F_2	0.0925	3.49	0.06014	3.76					

① 杨龙、汪三贵：《贫困地区农户脆弱性及其影响因素分析》，《中国人口·资源与环境》2015年第10期。

表4–8显示了农户未来贫困发生率的夏普里值分解结果，从前端分变量来看，有3个变量值得注意。①雪灾（冰冻）变量对农户未来贫困发生率的贡献度最大，这意味着在农户未来贫困发生率的影响因素中，雪灾（冰冻）是一个极为重要的因素，19.24%的农户未来贫困发生率与其有关。事实上，极端天气的变化已成为影响农户未来贫困发生率的潜在因子，气候贫困已然演化为特殊新型贫困[①]。2018年宁夏全区范围内发生了非常规性的冰冻灾害，引发苹果种植户几乎无产并欠债的状况，极端天气成为影响农户未来贫困发生率的重要因素。②对农户未来贫困发生率解释程度位居第二的是家庭成员患病变量，贡献度为18.73%。这一结论与已有研究结论较为一致，如黄潇发现居民健康水平每下降10%，农户未来贫困发生率大约会上升6%[②]。③对农户未来贫困发生率解释程度位居第三的是劳动力平均受教育年限，夏普里值为0.3696。劳动力的平均受教育年限是农户人力资本的重要体现，杨龙和汪三贵研究发现高度脆弱农户具有人力资本不足的特征[③]。外出务工已成为农户弥补农业收入不足的重要保障，而劳动力的受教育年限则是保障非农业持续性收入的基石。受教育程度低的农户往往从事与季节性因素高度相关的体力劳动，诸如建筑工人等，长期过度的体力劳动会导致其身体透支，引发疾病，因而较低的劳动力平均受教育年限致使农户未来面临更高的贫困发生率。

综上所述，以上三个变量合并起来，可以解释农户未来贫困发生率成因的一半以上，这说明雪灾（冰冻）、家庭成员患病、劳动力平均受教育年限3个变量是影响农户未来贫困发生率的关键因素，极具区域特征。同时，这些结论在2300元贫困标准下也成立。

① 刘苏荣：《深度贫困地区教育扶贫面临的问题及政策建议——基于云南省怒江州的565份调查问卷》，《西南民族大学学报》（人文社会科学版）2020年第2期。

② 黄潇：《健康在多大程度上引致贫困脆弱性——基于CHNS农村数据的经验分析》，《统计与信息论坛》2013年第9期。

③ 杨龙、汪三贵：《贫困地区农户脆弱性及其影响因素分析》，《中国人口·资源与环境》2015年第10期。

（2）稳健性分析

上文所使用的夏普里值分解法受到多次迭代引发计算量呈几何级增长的约束，因此上文仅对农户未来贫困发生率有显著影响的变量进行分解。为了探析结果的稳健性，借鉴Ye等人①的做法，使用与夏普里值分解法原理相似的相对重要性分析法再次对显著影响农户未来贫困发生率的因素进行分析，结果如表4-9所示。可见，对农户未来贫困发生率有显著影响的变量排名结果与夏普里值分解结果相似，雪灾（冰冻）、家庭成员患病、劳动力平均受教育年限3个变量仍是影响农户未来贫困发生率的关键因素。

表4-9 3140元贫困标准下农户未来贫困发生率影响因素的相对重要性排名

变量	排名	变量	排名	变量	排名
F_1	1	D_1	6	F_4	11
I_1	2	D_2	7	G_2	12
A_2	3	F_2	8	C_2	13
G_1	4	J	9	F_3	14
B	5	A_3	10	I_3	15

4.“两区”“两村”对比分析

在实际走访调查中发现研究区域的土地流转、移民搬迁现象突出。同时，根据上文分析可知，在2300元与3140元贫困标准下的分析结果基本一致。鉴于此，在3140元贫困标准下，进一步横向对比“两区”“两村”状况，具体分析如下。

（1）“两区”对比分析

土地是农户赖以生存的自然资本，土地流转已经成为中国农村土地制度改革的重要组成部分，兼具灌溉、干旱特征的两区土地流转程度存在差异。同时，宁夏是全国最早开展生态移民且规模较大的省份之一，移民搬

① Ye D., Ng Y. K., Lian Y., “Culture and Happiness”, *Social Indicators Research*, 2015, 123（2）: 519-547。

迁所带来的脱贫效益以及后续的农户脆弱性问题备受关注[①]。为此，选取具有土地流转、移民特征差异的西夏区、沙坡头区作为典型案例，进一步从区级层面对比剖析农户未来贫困发生率。受两区所辖乡镇、行政村个数的影响，沙坡头区的有效样本量为190户，西夏区的有效样本量为127户，对比分析结果很可能受到两区样本量之间差异较大的影响。为此，运用Stata15.0软件，使用t检验的方法对两个独立样本的差异性进行检验，得到的t值为 –4.2002，双侧p值为0，说明二者间的差异具有统计学意义。具体对比结果如表4–10所示。

有三个特征得注意。①农户未来贫困发生率水平。在3140元贫困标准下，沙坡头区农户未来贫困发生率均值为0.1170，最大值为0.4139；西夏区农户未来贫困发生率均值为0.1667，最大值为0.4427。可见，从脆弱性视角来看，西夏区农户贫困程度高于沙坡头区。这与西夏区为非深度贫困区、沙坡头区为深度贫困区的现象相反，究其原因在于选取的样本村上，同阳新村2015年建档立卡户占到总户数的32.75%。②影响因素。根据表4–10，西夏区农户未来贫困发生率影响因素总体上向与土地无关的资本、风险冲击变量聚集，这主要是因为西夏区的样本农户多为移民搬迁户，其中，9.45%的样本农户有自有土地，没有农户承包土地，74.02%的样本农户有流转土地，这也正好解释了为何回归结果中西夏区的承包土地面积为缺失变量。另外，邻里关系变量对沙坡头区农户未来贫困发生率影响显著为正，而对西夏区农户无显著影响，这可能是因为西夏区样本农户基本为移民搬迁户，受文化习俗、生活习惯等影响，邻里间的来往密切程度偏低。虽然两区样本量存在差异，但这一现象与实际情况相符。③影响差异。在农户未来贫困发生率的最大贡献因素方面，雪灾（冰冻）这一变量对沙坡头区农户未来贫困发生率的贡献度占到22.36%，建（装修）房这一变量对西夏区农户未来贫困发生率的贡献度占到22.06%。

① 刘明月、冯晓龙、汪三贵：《易地扶贫搬迁农户的贫困脆弱性研究》，《农村经济》2019年第3期。

表4–10　3140元贫困标准下沙坡头区与西夏区农户未来贫困发生率影响因素的对比结果

变量	沙坡头区	西夏区
A_1	0.0881（0.0244）***	–0.0537（0.0102）***
A_2	–0.0056（0.0022）**	0.0146（0.0009）***
A_3	–0.0015（0.0021）	–0.0104（0.0007）***
B	0.0323（0.0189）*	–0.0032（0.0083）
C_1	0.0047（0.0007）***	–0.0061（0.0013）***
C_2	0.0002（0.0002）	–
C_3	0.0054（0.0034）	0.0005（0.0018）
D_1	0.0774（0.0151）***	–0.0143（0.0051）***
D_2	–0.0447（0.0153）***	0.0239（0.0054）***
E	0.0463（0.0093）***	0.0036（0.0037）
F_1	–0.0383（0.0177）**	–0.0262（0.0063）***
F_2	0.1585（0.0443）***	–0.1096（0.0116）***
F_3	0.0145（0.0496）	–0.0046（0.0106）
F_4	–0.0147（0.0407）	0.0130（0.0105）
G_1	–0.1158（0.0268）***	–0.1104（0.0067）***
G_2	0.0054（0.0173）	–0.0265（0.0210）
H	0.0861（0.0283）***	0.0415（0.0102）***
I_1	–0.0798（0.0170）***	–
I_2	0.1099（0.0490）**	–
I_3	–0.1843（0.0386）***	–
J	0.0008（0.0086）	0.0211（0.0034）***
观测值	190	127
R^2值	0.6136	0.9007
F值	12.06	54.42

注：①*、**、***分别表示在10%、5%、1%的统计水平上显著；②括号内数据为标准误差；③“–”表示缺失变量。

（2）“两村”对比分析

宁夏西海固地区由于自然环境恶劣和生产力水平低下，素有“苦脊甲天下”之名。从20世纪80年代开始，宁夏回族自治区政府组织贫困农民从自然条件恶劣的西海固迁移到条件相对较好的北部平原等地生活，这些移民被称作政策性移民。伴随着政府组织实施的移民工程，宁夏产生了与政策性移民相对的自发性移民。为此，进一步选取具有政策性移民特征的同阳新村与具有自发性移民特征的德林村作为典型案例，从村级层面对比剖析农户未来贫困发生率影响因素。同样，使用t检验的方法对两个独立样本的差异性进行检验，得到的t值为–0.4701，双侧p值为0.6391，说明二者间的差异不具有统计学意义。具体对比结果如表4–11所示。

表4–11 3140元贫困标准下同阳新村与德林村农户未来贫困发生率影响因素对比结果

项目	同阳新村	德林村
A_2	0.0153（0.0017）***	–0.0056（0.0032）*
A_3	–0.0061（0.0014）***	–0.0042（0.0019）**
B	–0.0385（0.0152）**	0.0026（0.0324）
C_1	–	–0.0016（0.0026）
C_2	–	–
C_3	–0.0042（0.0042）	–0.0054（0.0041）
D_1	–0.0519（0.0091）***	–0.0751（0.0167）***
D_2	–0.0096（0.0096）	–0.0116（0.0165）
E	0.0235（0.0079）***	–0.0107（0.0091）
F_1	0.0215（0.0117）*	–0.1164（0.0233）***
F_2	–0.0417（0.0238）*	–0.0137（0.0296）
F_3	–	0.0342（0.0210）
F_4	0.0136（0.0163）	–
G_1	–0.1272（0.0125）***	–0.0716（0.0209）***
G_2	–	0.0672（0.0393）*
H	0.1380（0.0195）***	0.0484（0.0284）
I_1	–	–
I_2	–	–
I_3	–	–

续表

项目	同阳新村	德林村
J	0.0027（0.0062）	–0.0250（0.0115）**
观测值	83	44
R^2值	0.8240	0.8414
F值	22.75	8.95

注：①*、**、***分别表示在10%、5%、1%的统计水平上显著；②括号内数据为标准误差；③“–”表示缺失变量。

根据表4–11，有三点值得注意。①缺失变量。同阳新村的土地集体流转，农户无承包土地、无自有土地，而在德林村的样本农户中，72.73%的农户尚无自有土地，4.46%的农户有流转土地行为，没有农户承包土地。为此，同阳新村回归结果中的自有土地面积、经营性农产品成本上涨变量缺失。此外，在回归结果中，同阳新村的家庭成员离开变量与德林村的家庭成员增加变量缺失，这主要受抽样调查中样本农户的家庭特征的影响。②差异性方面，在3140元贫困标准下，同阳新村农户未来贫困发生率均值为0.1727，影响因素总体上向与土地无关的资本、风险冲击变量聚集；德林村农户未来贫困发生率均值为0.1634。在实际调查中发现，同阳新村农户搬迁前的居住地主要分布在固原市彭阳县4个乡镇的22个村落，后来通过政策性移民的方式搬迁至同阳新村，五大脱贫渠道（食用菌产业园分红、奶牛托管分红、牛肉托管分红、亩均600元土地流转、劳务输出）是同阳新村农户的主要收入来源，故与土地无关的资本、风险冲击变量是影响同阳新村农户未来贫困发生率的主要因素。德林村农户则是从1995年开始通过自发性移民的方式搬迁至德林村的，仅少部分农户拥有土地，劳务输出是德林村农户的主要收入渠道，故金融资本变量是影响农户未来贫困发生率的重要因素。③在共性上，劳动力平均受教育年限、户主受教育年限、借款、建（装修）房都是使两村农户未来贫困发生率降低的变量。其中，同阳新村、德林村的借款变量系数分别为–0.0519、–0.0751，借款是显著减少农户未来贫困发生率的因素之一。根据调查样本，在受访者中，有42.17%的同阳新村农户存在借款行为，有56.82%的德林村农户存在借款行为。

二 农户脆弱性行为的进化博弈分析

本部分从行为层面出发，将农户脆弱性内涵界定为内生动力不足引致的行为偏差，并将其细化为不理性行为，进而对农户脆弱性行为进行进化博弈分析。“脱贫内生动力”是中国贫困治理的关键议题，众多学者对其从行为经济学、人类学、社会学等相关角度切入进行分析。同时，农户作为微观主体，其脆弱性包含可见的物质层面的脆弱性、不可见的精神层面的脆弱性，精神层面的脆弱性体现为农户基于心理原因产生的行为表现。为此，本部分将农户脆弱性行为视为内生动力不足所引发的农户行为偏差，主要指精神贫困，并构建进化博弈模型重点分析农户不理性行为中的脱贫不理性行为。

贫困是一个复杂的概念，不仅包含物质贫困还应包含精神贫困。莫伊尼汉的贫困恶性循环理论认为，物质贫困的消失只是暂时缓解贫困者的生活困难，如果贫困者不能摆脱精神贫困，依然容易返贫[①]。自脱贫攻坚被纳入全面建成小康社会的战略部署以来，一系列精准脱贫政策日益惠及贫困人口。然而，“数字脱贫”“验收脱贫”现象也不断浮现，导致稳定脱贫的实际效果未达到，并且造成了物质资源、人力资源、社会资源的多重浪费，究其原因可能在于农户的脱贫内生动力不足，农户表现出脆弱的行为状态。脱贫内生动力不足既是贫困亚文化情境中个体的行为选择，也是贫困人口有异于主流的内生偏好导致的偏差性行为的结果[②]。探讨贫困人口内生动力不足的形成原因和发生机制，既可以将贫困人口内生动力不足理解为多种因素导致的后果，也可以将贫困人口内生动力不足理解为主体基于

① 李聪、高博发、李树茁：《易地扶贫搬迁对农户贫困脆弱性影响的性别差异分析——来自陕南地区的证据》，《统计与信息论坛》2019年第12期。

② 高圆圆、范绍丰：《西部民族地区农村贫困人口精神贫困探析》，《中南民族大学学报》（人文社会科学版）2017年第6期。

现实利益及动机、意愿等内生偏好所做出的偏差性行为选择。可以通过构建行为经济学的分析框架讨论脱贫内生动力问题，而进化博弈理论正是研究不理性行为的理论。长期以来，内陆干旱区经济社会发展滞后，且受地域文化、地理环境等多重因素综合影响，存在精神贫困现象。为此，下面将从生育、生产、消费、脱贫4个方面对内陆干旱区农户的不理性行为现状进行分析，其中对前3个进行简单分析，重点对脱贫行为上的不理性进行进化博弈分析。

（一）农户脆弱性行为

在脱贫攻坚的各个阶段，脱贫内生动力不足始终是各方关注的议题。本节将农户脆弱性视为脱贫内生动力不足所引发的行为偏差。对于农户脆弱性行为的分析主要从农户内生偏好出发，在心理因素分析基础上，结合问卷调查的结果对农户脆弱性行为进行现状描述，其中涉及生育、生产、消费与脱贫4个方面。

1. 生育行为上的不理性

生育是一种希望的传承，农户在生育行为的选择上，表现为“重男轻女”的价值取向。男女平等是基本国策，而研究区域农户的“重男轻女”价值取向突出，有62.15%的受访农户坚持“家里一定要有男孩”这一观点。在选择继续生育行为的受访者中，有33.33%的农户是因为“想要个男孩”。同时，多数样本农户的子女中都有男性这一现象更是进一步验证了农户“重男轻女”的价值取向。

2. 生产行为上的不理性

经营性农业生产收入是农户收入的重要来源之一。农户作为农业生产经营的基本单元，其经营性生产决策普遍倾向于“售卖”。农户生产行为上的不理性主要表现为选取耕种作物的随意性、盲目性。有约44%的农户对耕种作物不是根据市场供求、气候土壤状况，而是根据“以期高价”“大家都种”“政府补贴”的心理进行选择的。为了进一步了解农户在生产行为上的不理性，了解农户如何提高耕种作物产量，问卷设置了“您家是否为了提高作物产量而查阅相关信息、咨询相关技术人员？”这一问题，仅有

20.61%的农户回答“是”，这反映出农户在提高耕种作物产量的做法上更多是基于祖辈传承下来的耕种经验，处于被动增加农业收入的状态。

3.消费行为上的不理性

统筹确定农户家庭收支是了解农户家庭实际消费状况的重要渠道之一，也是了解其未来消费分配的重要支撑依据。内陆干旱区农户的规划意识淡薄，受访者中有74.13%的农户不会对家庭收入进行盘算、对家庭支出进行预算，普遍存在“挣多少、花多少”的消费观念。对受访者消费心理的了解是对其不理性消费行为拥有进一步认知的体现，脆弱家庭的收入难以支撑其在教育、医疗、婚姻等方面产生的相对较大的刚性支出，有50.79%的受访者认为家庭“礼金礼品”支出占比较不合理，其中47.2%的农户会从家庭务工收入中支出该项费用，更有甚者需要动用家庭存款乃至借款用于该项支出。

4.脱贫行为上的不理性

长期以来，贫困亚文化滋生，农户对自身家庭贫困认知缺乏，导致贫困人口缺乏脱贫动力，部分帮扶单位在脱贫工作中为了取得短期成效，片面追求“高救助”盲目地给钱给物，甚至出现过度供给情况。这类帮扶形式助长了贫困户“等、靠、要”的懒惰思想，导致农户主观层面的脆弱性，体现为精神贫困，这成为内陆干旱区摆脱贫困的难点。调查中，有31.86%的受访农户认为脱贫主要依靠政府。然而脱贫资源是有限的，将有限的脱贫资源准确地给予真正贫困的人口，才能实现脱贫资源效益最大化的目的。调查中，有54.89%的农户会根据“自身家庭情况”来判断自身是否为贫困帮扶对象，而受访者中仅有11.49%的农户是贫困建档立卡户，这说明农户存在挤占脱贫资源的心理。行为是心理的表现形式。调查发现，36.28%的样本农户有过申请贫困建档立卡户的行为，理由在于“能享受脱贫资源”。下面基于进化博弈理论，从脱贫资源挤占视角，进一步分析农户脱贫行为上的不理性。

（二）脱贫对象-脱贫机构的进化博弈分析

本节将构建行为经济学的分析框架，从进化博弈的视角，引入脱贫机构与脱贫对象两个博弈方，重点剖析脱贫行为上的不理性的内在演化规律。进化博弈理论是研究群体与群体之间博弈的理论。在农户脱贫过程中，脱贫机构需要面对的是众多脱贫对象，因此本节将脱贫对象视为一个群体，对应地将脱贫机构视为另一群体。进化博弈理论研究的是群体间的演化规律。群体由众多个体组合而成，但群体的行为规律并不是个体行为的简单累加，个体会通过不断学习、试错、相互模仿等进行行为策略的调整，整个策略选择过程形成群体演化规律。在农户脱贫过程中，脱贫对象的策略会针对脱贫机构的策略进行调整，反之，脱贫机构的策略也会根据脱贫对象的策略进行调整，双方不断调整策略，过程反复循环，直至出现均衡策略点。因此，农户在争夺脱贫资源过程中形成的群体行为可以用进化博弈理论进行分析。参照王治和等人的研究[①]，并结合实际情况，具体分析如下。

1.脱贫对象－脱贫机构的进化博弈模型假设

假设1：脱贫机构作为下放脱贫资源的主体，关注的是贫困问题减轻所带来的效益。脱贫对象的行为目的在于争夺脱贫资源，从而提高自身的福利水平。所以，进化博弈中主要涉及两个博弈方，分别是脱贫机构和脱贫对象。其中，脱贫对象不仅包含真正的贫困户，还包含“已经达到脱贫要求，但依旧领取脱贫资源”与“相对不贫困，但依旧领取脱贫资源”的贫困户，后两者被视为脆弱性农户。

假设2：在整个进化博弈过程中，脱贫对象与脱贫机构的群体中至少有一部分博弈方是有限理性的，他们不会采用完全理性的均衡策略，但事后具有一定的策略收益判断能力，会通过模仿行为调整策略，改变自身相对弱势的处境。

假设3：脱贫对象的行为目的在于提升家庭的福利水平，脱贫机构的行为目的在于追求脱贫效益。博弈双方在进化博弈过程中面临的外生背景是：脱贫机构会对脱贫对象进行识别，将有限的脱贫资源下放到最需要的贫困人口中（识别出的贫困对象），在利益的诱惑下，为了成为脱贫对象，部分不贫困群体会做出隐瞒、谎报等行为。这会降低整体脱贫效益，阻碍

① 王治和、王丹、张强：《贫困对象精准识别的演化博弈分析》，《统计与决策》2018年第7期。

脱困进程。

假设4：脱贫机构在识别贫困户的过程中，有“认真尽职”“不认真尽职”两种策略可以选择，脱贫机构在认真尽职情况下一定能甄别出真正的贫困户。脱贫对象在向脱贫机构反映自身情况的过程中，有“诚实”“不诚实”两种策略可以选择。其中，“诚实”的策略选择表示贫困人口在脱贫机构认真尽职情况下可得到脱贫资源；“不诚实”的策略选择表示脆弱性的农户，包含“已经达到脱贫要求，但依旧领取脱贫资源”与“相对不贫困，但依旧领取脱贫资源”的贫困人口，挤占了脱贫资源，他们在脱贫机构认真尽职情况下会被发现并受到惩罚。

假设5：①Z代表脱贫机构投放脱贫资源帮助贫困户脱贫所获得的效益，S代表农户成为脱贫对象前利益最大化行为带来的收益。②若脱贫对象选择“不诚实”的策略，需要付出成本M，同时给脱贫机构带来脱贫效益损失N。③若脱贫对象选择“诚实”的策略，可获得脱贫资源F（$F>M$）。④若脱贫机构选择“认真尽职”的策略，需要付出核查成本P，此时发现脱贫对象选择“不诚实”策略，则对其进行经济处罚L。⑤若脱贫机构选择“不认真尽职”的策略，将受到经济处罚Q（$Q>P$）。于是，得到脱贫对象与脱贫机构两个博弈方的收益矩阵，如表4-12所示。

表4-12　脱贫对象-脱贫机构的博弈收益矩阵

		脱贫对象	
		诚实	不诚实
脱贫机构	认真尽职	$Z-P$，$S+F$	$Z-P+L-N$，$S-M-L+F$
	不认真尽职	$Z-Q$，S	$Z-Q-N$，$S-M+F$

2. 脱贫对象-脱贫机构的进化博弈模型建立与分析

在整个进化博弈过程中，在涉及脱贫对象与脱贫机构两个博弈方的四种策略中，两个博弈方对不同策略选择的比例不同。①对脱贫机构而言，假设选择“认真尽职”策略的比例为a，则选取“不认真尽职”策略的比例为（$1-a$）。②对脱贫对象而言，假设选择“诚实”策略的比例为b，那么选择“不诚实”策略的比例为（1–b）。则两个博弈方不同策略下的平均收益以及期望收益的计算公式如下。

脱贫机构选择“认真尽职”策略时的期望收益为：

$$E_{x1}=b(Z-P)+(1-b)(Z-P+L-N) \qquad \text{公式（4–9）}$$

脱贫机构选择“不认真尽职”策略时的期望收益为：

$$E_{x2}=b(Z-Q)+(1-b)(Z-Q-N) \qquad \text{公式（4–10）}$$

那么，脱贫机构的平均收益为：

$$E_x=aE_{x1}+(1-a)E_{x2} \qquad \text{公式（4–11）}$$

此时，脱贫机构的复制动态方程为：

$$\mathrm{d}a/\mathrm{d}t=\mathrm{f}(a)=a(E_{x1}-E_x)=a(1-a)(E_{x1}-E_{x2})=a(1-a)(Q\text{-}P+L-bL)$$

公式（4–12）

脱贫对象选择“诚实”策略时的期望收益为：

$$E_{y1}=a(S+F)+(1-a)S \qquad \text{公式（4–13）}$$

脱贫对象选择“不诚实”策略时的期望收益为：

$$E_{y2}=a(S-M-L+F)+(1-a)(S-M+F) \qquad \text{公式（4–14）}$$

那么，脱贫对象的平均收益为：

$$E_y=bE_{y1}+(1\text{-}b)E_{y2} \qquad \text{公式（4–15）}$$

此时，脱贫对象的复制动态方程为：

$$\mathrm{d}a/\mathrm{d}t=\mathrm{f}(b)=b(E_{y1}-E_y)=b(1-b)(E_{y1}-E_{y2})=b(1-b)[a(F+L)-(F-M)]$$

公式（4–16）

结合上述公式，对进化博弈模型中的进化稳定策略以及复制动态方程进行分析。一方面，对于脱贫机构，令 $\mathrm{d}a/\mathrm{d}t=0$，利用公式（4–12）的复制动态方程求取脱贫机构的均衡点为 $a^*=0$ 或 $a^*=1$ 或 $b^*=(Q–P+L)/L$。①当 $b=b^*$ 时，$f(a)$ 始终为0，这意味着所有 a 水平都是进化稳定策略，“认真尽职”与“不认真尽职”策略的期望收益没有变化。②当 $b\neq b^*$ 时，则有 $a^*=0$、$a^*=1$ 两个进化稳定策略。其中，当 $0<b<(Q–P+L)/L$ 时，$a^*=0$ 和 $a^*=1$ 是稳定状态，此时进化稳定策略为 $a^*=1$；脱贫机构的进化稳定策略演化路径逐渐由“不认真尽职”策略向“认真尽职”策略转移，此时“认真尽职”策略是脱贫机构的进化稳定策略。当 $(Q–P+L)/L<b<1$ 时，$a^*=0$ 和

$a^*=1$是稳定状态，此时进化稳定策略为$a^*=0$。脱贫机构的进化稳定策略演化路径逐渐由“认真尽职”策略向“不认真尽职”策略转移，此时“不认真尽职”策略是脱贫机构的进化稳定策略。

另一方面，对于脱贫对象，令$db/dt=0$，利用公式（4–16）的复制动态方程求取脱贫对象的均衡点为$b^*=0$或$b^*=1$或$a^*=(F-M)/(F+L)$。①当$a=a^*$时，$f(b)$始终为0，这意味着所有b水平都是进化稳定策略，“诚实”与“不诚实”策略的期望收益没有变化。②当$a\neq a^*$时，则有$b^*=0$、$b^*=1$两个进化稳定策略。其中，当$0<a<(F-M)/(F+L)$时，$b^*=0$和$b^*=1$是稳定状态，此时进化稳定策略为$b^*=0$。脱贫对象的进化稳定策略演化路径逐渐由“诚实”策略向“不诚实”策略转移，此时“不诚实”策略是脱贫对象的进化稳定策略。当$(F-M)/(F+L)<a<1$时，$b^*=0$和$b^*=1$是稳定状态，此时进化稳定策略为$b^*=1$。脱贫对象的进化稳定策略演化路径逐渐由“不诚实”策略向“诚实”策略转移，此时“诚实”策略是脱贫对象的进化稳定策略。

由此，得到脱贫机构–脱贫对象博弈双方群体类型比例变化的复制动态关系，如图4–1所示。

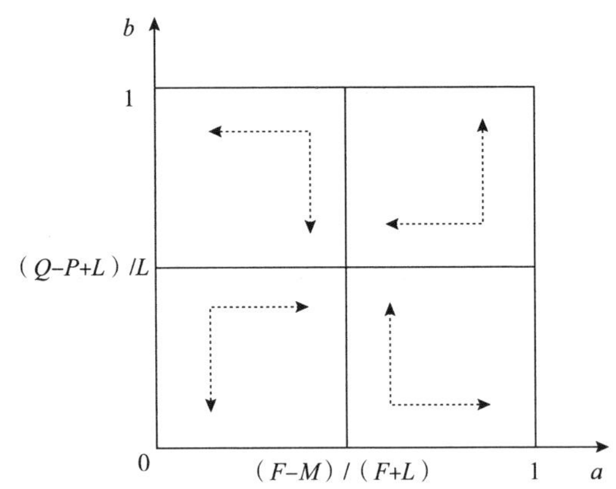

图4–1 脱贫机构–脱贫对象博弈双方群体类型比例变化复制动态关系

第一，总体上，脱贫机构与脱贫对象之间的复制动态关系是一个不断循环的过程，这说明两个博弈方之间不存在长期的进化稳定策略。首先，以脱贫机构群体为分析起点，实际上，会存在选择“不认真尽职”策略的脱贫机构，在此情况下，脱贫对象会选择“不诚实”策略去争夺脱贫资源，即脱贫对象中存在脆弱性农户。其次，脱贫机构为防止脱贫对象选择不诚实行为，即防止存在脆弱性农户，脱贫机构会选择加强对工作的认真尽职。再次，脱贫对象为了避免处罚，暂时性选择“诚实”策略。最后，在长期条件下，脱贫机构必然会慢慢放松监管，导致脱贫对象选择“不诚实”策略，即脱贫对象中又存在脆弱性农户。

第二，各条件下的进化稳定策略。当脱贫机构认真尽职的比例大于 $(F-M)/(F-L)$ 时，进化稳定策略为 $b^{*}=1$，脱贫对象经过策略调整，此时终将选择诚实行为，即脆弱性农户几乎不存在；当脱贫机构认真尽职的比例小于 $(F-M)/(F+L)$ 时，进化稳定策略为 $b^{*}=0$，脱贫对象经过策略调整，此时终将选择“不诚实”策略，几乎都成为脆弱性农户。当脱贫对象选择“诚实”策略的比例大于 $(Q-P+L)/L$ 时，进化稳定策略为 $a^{*}=0$，脱贫机构经过策略调整，此时终将选择“不认真尽职”策略；当脱贫对象选择“诚实”策略的比例小于 $(Q-P+L)/L$ 时，进化稳定策略为 $a^{*}=1$，脱贫机构经过策略调整，此时终将选择“认真尽职”策略。为此，脱贫机构与脱贫对象之间的博弈不存在长期的进化稳定状态，但脱贫机构的认真尽职是有效的。脱贫机构选择“认真尽职”策略的比例越大，则脱贫对象选择“诚实”策略的比例越高，脆弱性农户占脱贫对象的比例越小，挤占贫困户资源的现象越少，脱贫效益越高。

第三，影响双方策略选择的因素。一方面，从脱贫对象来看，$(F-M)/(F+L)$ 是影响脱贫机构选择“认真尽职”策略的重要因素。L 越大时，即对脱贫对象不诚实行为的处罚成本越大，$(F-M)/(F+L)$ 越小，脱贫机构认真尽职的比例大于 $(F-M)/(F+L)$ 的概率将变大，脱贫对象选择“诚实”策略的比例越大，脆弱性农户占比越小，这表明高处罚的惩处政策可以抑制脱贫对象的不诚实行为。脱贫对象不诚实反映自身情况需要付出的成本 M 越大，$(F-M)/(F-L)$ 越小，若要使得脱贫对象中脆弱性农户变少，即脱贫对象选择“不诚实”策略的比例越小，则需要使其付出更大的不诚实行为成本。另一方面，从脱贫机构来看，$(Q-P+L)/L$ 是影响脱贫对象选择“诚实”策略的重要因素。Q 越大，即对脱贫机构不认真尽职的处罚越大，$(Q-P+L)/L$ 越大，脱贫机构选择“认真尽职”策略比例越大，表明高处罚的惩处政策会遏制脱贫机构不认真尽职行为，脱贫对象为脆弱性农户的概率变小。脱贫机构认真尽职进行核查的成本P越大，$(Q-P+L)/L$越小，若要使脱贫机构认真尽职，则需减少核查成本。因此，对脱贫对象不诚实行为的处罚成本、脱贫对象不诚实反映自身情况需要付出的成本、对脱贫机构不认真尽职的处罚力度、脱贫机构认真尽职的核查成本是影响进化博弈的重要因素，也是影响脱贫对象中脆弱性农户占比大小的重要因素。

第二节　健康冲击影响家庭消费

本节从风险抵御视角，利用三期CHFS平衡面板数据，基于劳动经济学理论、消费函数理论和预防性储蓄理论，采用门槛回归模型、中介效应模型、固定效应模型等方法，对可支付能力框架下健康冲击定义进行修正的同时，从总量和结构的双重角度，分析当健康冲击发生时居民家庭消费的变化趋势，并就其作用机理进行深入剖析，探讨其中可能存在的风险分担机制。

一　研究假设

（一）健康冲击对家庭消费的直接影响

健康冲击对家庭的影响是多重的，这种多重既表现为家庭成员遭受心理或身体上的痛苦和创伤，也表现为经济上的成本或代价。经济上的成本可以分为直接成本和间接成本，其中直接成本是指家庭在医疗、护理、康复以及交通等方面的支出，间接成本是指个体遭受冲击后所引起的社会福利损失，具体而言，这种社会福利损失的重要组成部分便是个体本身及其家庭劳动力供给的减少。当居民遭遇健康冲击时，假定其家庭当期和未来一段时间的总收入保持不变，一方面随着家庭医疗支出的增加，刚性的医疗支出会挤占家庭的其他消费，因此可能会对家庭消费总量产生影响；另一方面理性的决策者为了保证家庭必要的生存性消费需求得到满足，可能会选择减少发展性支出与享受性支出，从而平滑家庭当期消费，最终导致家庭消费结构的恶化。并且，考虑到消费者对不同类别消费的敏感性和弹性存在较大差异，且遭受健康冲击的家庭对于不同类别消费的需求会出现变化，因此健康冲击对家庭不同类别的消费的影响可能存在差异。据此提出以下假设。

假设1：健康冲击会对家庭消费总量有显著的负向影响。

假设2：健康冲击会对家庭消费结构有显著的影响效应。

（二）健康冲击对家庭消费的间接影响

1. 收入视角下的中介效应

健康是人力资本的重要组成部分。个人遭遇健康冲击会导致身体处于非健康状态，个人劳动效率必然会受到影响，其中劳动收入减少是最直接的体现，具体表现为家庭生产性收入的降低或工资性收入的下降。笔者认为，健康冲击降低个人收入水平的路径主要包括以下两条。第一，健康冲击会影响人力资本、物质资本和社会资本，并通过它们之间的交互作用进一步导致家庭收入水平的下降。具体而言，其一，健康冲击会造成家庭人力资本损耗，造成家庭成员劳动供给时间减少甚至提前退休，降低其劳动生产率，从而减少家庭的工资性收入[①]。其二，为了抵御较大幅度的健康冲击，家庭可能会将资产变现以弥补医疗支出和其他花费，这会减少家庭物质资本存量和资产性收入[②]。其三，当家庭收入和资产不足以弥补医疗支出时，健康冲击进一步导致家庭负债增加，从而加剧家庭经济水平的恶化[③]。第二，健康冲击可能会对家庭产生代际影响，当家庭劳动力受到较大的健康冲击时，

① Ettner S. L.,"New Evidence on the Relationship between Income and Health", *Journal of Health Economics*, 1996, 15(1): 67–85。

② Himmelstein, "Illness and Injury as Contributors to Bankruptcy: Even Universal Coverage Could Leave Many Americans Vulnerable to Bankruptcy Unless Such Coverage was More Comprehensive than Many Current Policies", *Health Affairs*, 2005, 24(1): 63–73。

③ 伍再华、李敬、郭新华:《健康冲击、新农合与农村家庭借贷行为》,《财经科学》2018年第5期。

家庭会选择减少对子女教育资本的投入，这降低了子女未来的期望收入，从而造成整个家庭平均收入水平的长期下降[①]。据此提出以下假设。

假设3：健康冲击会通过降低家庭收入改变家庭消费。

2. 医疗支出视角下有调节的中介效应

学界普遍认为，医疗保险是转移健康风险的重要工具，扩大医疗保险的覆盖范围与提升医疗保险的报销比例是促进我国居民消费的重要手段。

一方面，在健康冲击未发生时，假设消费者是理性的经济人，对信息的获取是完全的，追求的是效用最大化。根据跨期消费理论和预防性储蓄理论，消费者购买保险后，其面临的风险不确定性降低，对未来的风险预期也会降低，抵御风险的能力进一步加强。此时，理性的消费者会选择减少预防性储蓄额，从而增加当期的消费。相关研究结论也进一步证实了这一观点，如甘犁等人基于对中国营养与健康调查数据的研究发现，医疗保险会显著降低家庭的预防性储蓄额并增加家庭消费[②]。具体而言，我国在新农合上的投资撬动了约2.36倍的农村居民家庭消费，在城镇职工医疗保险的投资撬动了约4.16倍的城镇居民家庭消费。城乡统筹医保可以有效弱化农村老年人的预防性储蓄动机，有利于家庭消费总量的提升和家庭消费结构的优化[③]。

另一方面，在健康冲击发生时，得益于医疗保险的风险分担机制，参保家庭只需承担部分医疗支出，此种机制降低了家庭的经济压力，减弱了非预期支出对家庭消费的挤出效应，从而平滑了家庭消费。周钦和刘国恩以遭遇疾病并住院的家庭作为样本，研究了在健康冲击下我国现行医疗保险制度的风险分担作用，发现在医疗保险制度下，参保群体的经济负担会显著降低，其自付医药费用比非参保群体低了43%，同时自付医药费用占家庭年收入的比重也在降低[④]。此外，还有研究发现医疗保险对家庭不同类别消费

① 孙昂、姚洋：《劳动力的大病对家庭教育投资行为的影响——中国农村的研究》，《世界经济文汇》2006年第1期。

② 甘犁、刘国恩、马双：《基本医疗保险对促进家庭消费的影响》，《经济研究》2010年第S1期。

③ 刘琪、何韶华、李飞飞等：《城乡统筹医保能促进农村老年人消费吗？——来自CHARLS的证据》，《湖南农业大学学报》（社会科学版）2021年第4期。

④ 周钦、刘国恩：《健康冲击：现行医疗保险制度究竟发挥了什么作用？》，《经济评论》2014年第6期。

的平滑作用有着显著的异质性，如石安其琛和周新发基于两期CFPS的研究数据发现，在家庭遭受健康冲击后，医疗保险对必需性消费和发展性消费均有显著的提振作用，但对于发展性消费的提振作用更为突出，这一点在健康冲击形成灾难性支出时更为明显[①]。据此提出以下假设。

假设4：健康冲击会造成家庭自付医疗支出的增加进而影响家庭消费，但在这一过程中，医疗保险会发挥一定的调节作用。

3. 社会资本在健康冲击影响家庭消费中的调节作用

社会资本是指社会网络结构对网络中行动者信息和资源控制的程度，即个体通过朋友、同事等熟人获取使用各项资本的机会[②]。我国是一个传统的关系型社会，社会关系网络能量较强[③]。社会资本以信任、互惠规范和关系网络等形式存在于差序格局中，并在经济的发展中扮演着重要的角色，这就使得社会资本在各项经济行为中发挥着重要作用[④]。周晔馨和叶静怡的研究发现，社会资本因其独特的资源与信息优势，可以作为一种非正式保险机制，有效平滑家庭消费，降低家庭应对不确定性风险的成本[⑤]。周广肃等人基于CFPS面板数据进行的实证研究发现，社会资本会显著提升居民的健康水平，降低收入差距对健康的影响，并且此影响效应在保险机制不健全的农村地区尤为明显[⑥]。

从经济学角度来看，目前我国的金融和保险市场发展并不充分，尽管绝大多数城乡居民拥有医疗保险，但其中大部分居民无法得到全额保险，

---

① 石安其琛、周新发：《健康冲击、医疗保险与家庭消费》，《统计与决策》2021年第19期。

② Burt R. S., *Structural Holes: The Social Structure of Competition*, Cambridge: Harvard University Press, 2010。

③ Bian Y. J., "Bringing Strong Ties Back in: Indirect Ties, Network Bridges, and Job Searches in China", *American Sociological Review*, 1997, 62 (3): 366–385。

④ Woolcock M., "The Rise and Routinization of Social Capital, 1988–2008", *Annual Review of Political Science*, 2010, 13 (1): 469–487。

⑤ 周晔馨、叶静怡：《社会资本在减轻农村贫困中的作用：文献述评与研究展望》，《南方经济》2014年第7期。

⑥ 周广肃、樊纲、申广军：《收入差距、社会资本与健康水平——基于中国家庭追踪调查（CFPS）的实证分析》，《管理世界》2014年第7期。

因此，社会资本的风险分担作用就成为必要的补充[①]。社会资本通过促进非正规借贷的获取、亲友之间转移支付的流动，促进家庭获取医疗资源的能力与水平的提升，最终达到减少健康冲击对家庭消费影响的目的。

从社会学角度来看，我国自古就有“救急不救穷”的传统观念。从风险属性来看，多数健康冲击恰恰属于我国传统观念中典型的“急”，人们往往会在亲朋好友遭受健康冲击时给予其一部分礼金，并期望在自己遭受风险时收到同等援助以平滑当期消费，这种纠缠着关系、利益、亲情的复杂网络成为中国家庭独特的风险应对模式。

从心理学角度来看，社会资本能缓解健康冲击诱发的“情感效应”。亲属就像从一个根上长出来的枝条，其原则上是痛痒相关、有无相通的[②]，在家庭遭受健康冲击时，亲友的支持与关照能缓解受冲击家庭的精神压力，起到安慰与激励的作用，这种正面的情绪可以使居民产生积极认知，从而优化家庭经济决策，降低家庭因健康冲击导致消费结构改变的可能性。据此提出以下假设。

假设5：社会资本能有效降低健康冲击对家庭消费的影响效应。

健康冲击影响家庭消费的路径如图4-2所示。

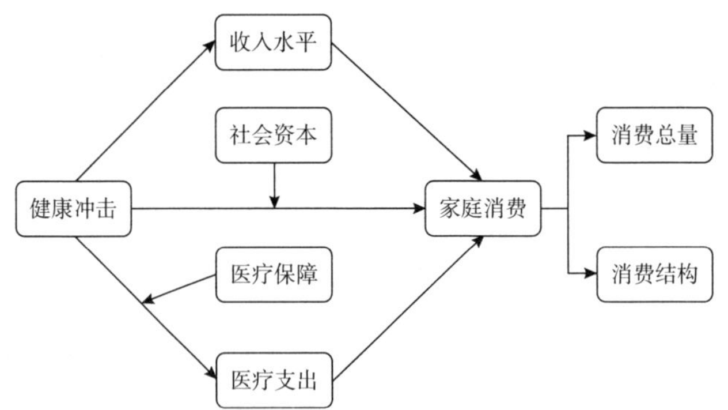

图4-2 健康冲击影响家庭消费的路径

① 章元、黄露露：《社会网络、风险分担与家庭储蓄率——来自中国城镇居民的证据》，《经济学》（季刊）2022年第1期。

② 费孝通：《乡土中国》，上海人民出版社，2006。

二　数据来源与模型设定

（一）数据来源与变量选取

1. 数据来源

分析数据来源于2015年、2017年和2019年中国家庭金融调查（CHFS，China Household Finance Survey）的数据，该调查采用分层抽样方法，调查分为人口统计学特征、资产与负债、保险与保障、支出与收入、金融知识基层治理与主观评价、家庭成员教育6个部分，样本数据涵盖了全国除西藏、新疆、内蒙古和港澳台地区以外的28个省份345个县（含区、县级市）10万余户家庭，具有较强的全国和省级代表性以及较高的可信度。首先，为了保证样本的完整性，本节剔除了数据质量不高、具有严重缺失值的样本家庭。其次，为了剔除数据来源中可能存在的极端值对研究结论的影响，对家庭各类消费、收入和资产等变量采用Stata15.0外部命令winsor2进行了上下1%的缩尾处理。最后，由于后文健康冲击定义部分采用了t–1期的人均收入作为医疗负担变量的分母，故而导致实证分析部分损失了2015年的数据。因此，本节在描述性统计分析部分使用2015年、2017年和2019年三期平衡面板数据，共计20757个观测值，6919户家庭；在实证分析部分使用2017年和2019年两期的平衡面板数据，共计13838个有效样本，6919户家庭。

2. 变量选取

（1）被解释变量

本节主要探究健康冲击对家庭消费总量与结构的影响及作用机制。在健康冲击对家庭消费总量的影响上，选取扣除了家庭医疗支出的家庭消费总量作为被解释变量；在健康冲击对家庭消费结构的影响上，选取生存性支出（食品支出、衣着支出、生活用品支出）和发展娱乐性支出（教育支出、娱乐支出）作为被解释变量，以反映家庭消费结构和福利状况变化。同时，为了缩小异方差问题对回归结果的影响以及对回归系数进行清晰解读，本节对各类消费、收入和资产等进行了对数化处理。参考相关研究的处理方法，利用国家统计局公布的消费者价格指数（Consumer Price Index，CPI），将家庭各类消费与收入调整为以2015年不变价计算的消费与收入。

（2）控制变量

参考相关研究，对于控制变量主要从户主特征和家庭特征两个层面进行选取。户主特征变量包括户主教育水平和户主年龄。相关研究表明：稳定的家庭状况有助于提高家庭抵抗风险的能力[①]；高质量的人力资本有助于缓解家庭贫困[②]；随着年龄的增长，人们的预防性储蓄动机会增强[③]。为此，本节采用户主年龄和教育水平作为人力资本的代理变量，并对户主教育水平和户主年龄进行了控制。此外，考虑到户主年龄和教育水平对家庭消费的非线性影响，以每10年为组距，构建出5个虚拟变量，并以0～35岁作为参照组，户主教育水平的处理方法与户主年龄相似，以文盲作为参照组，逐级设置虚拟变量，这里不再赘述。

家庭特征变量包括家庭净资产和家庭抚养比。生命周期理论认为家庭消费会受到家庭持久性收入影响，而家庭持久性收入会受到家庭当期财富和收入的制约，本节对家庭净资产进行对数处理和控制，并在机制分析部分将家庭收入作为中介变量进行分析。此外，参考刘七军等人的研究[④]，在家庭抚养比的计算中，根据问卷中的问题"最近一周为什么没有工作一小时以上"，将家庭自愿性失业人口从被抚养人口中剔除，形成取值在［0，1］的家庭抚养比，并将其作为家庭特征变量。

（3）中介变量与调节变量

根据研究假设，选取家庭收入、家庭自付医疗支出作为中介变量。调节变量中，采用医疗支出是否实际得到报销作为医疗保险的代理变量。研究表明，社会关系和家庭的投资决策、创业导向、消费以及劳动方式高度相关，因此，根据单位家庭过去一年在非家庭成员上的支出总和，以及从

① 李雪彦：《婚姻贫困：一个困扰边远山区成年男性的恶梦》，《云南民族大学学报》（哲学社会科学版）2016年第1期。

② 杨龙、汪三贵：《贫困地区农户脆弱性及其影响因素分析》，《中国人口·资源与环境》2015年第10期。

③ 杨继生、邹建文：《人口老龄化、老年人消费及其结构异质性——基于时变消费效用的分析》，《经济学动态》2021年第11期。

④ 刘七军、刘树梁、李昭楠：《普惠金融对农村家庭稳定脱贫影响效应——基于2017CHFS数据实证分析》，《中国农业资源与区划》2021年第10期。

非家庭成员上获得的收入总和（非工资性收入）来衡量一个家庭的社会关系的强弱。具体变量的描述性统计如表4–13所示。

表4–13　变量的描述性统计

变量名称	变量赋值	均值	标准差	变量类型
ln_*total_c*	家庭消费总量，家庭人均食品支出、生活用品支出、娱乐支出、衣着支出、教育支出之和取对数	8.8841	0.8702	连续变量
ln_*food_c*	食品支出，家庭人均食品支出取对数	8.3196	0.9611	连续变量
ln_*daily_c*	生活用品支出，人均生活用品支出取对数	7.0757	1.0559	连续变量
ln_*cloth_c*	衣着支出，家庭人均衣着支出取对数	5.0684	2.3939	连续变量
ln_*edu_c*	教育支出，家庭人均教育支出取对数	2.5214	3.4367	连续变量
ln_*enter_c*	娱乐支出，家庭人均娱乐支出取对数	2.7899	3.1423	连续变量
HS	健康冲击，具体定义和赋值方式见正文	0.1205	0.3255	虚拟变量
MB	家庭医疗负担比，*t*期家庭自付医疗支出/*t–1*期家庭收入	0.1893	0.3879	连续变量
edu	户主教育水平，1=文盲（参照组），2=小学，3=初中，4=高中/职高，5=大学及以上	2.9804	1.1238	排序变量
age	户主年龄，1=0～35岁（参照组），2=35～45岁，3=45～55岁，4=55～65岁，5=65岁及以上	3.4189	1.1911	排序变量
ratio	家庭抚养比，家庭无收入人口/家庭有收入人口	0.5065	0.3394	连续变量
asset	家庭净资产，家庭资产减家庭负债后取对数	12.3895	1.7840	连续变量
ln_*income*	家庭收入，家庭人均收入取对数	9.3177	1.4068	连续变量
ln_*medcial_c*	家庭自付医疗支出，家庭医疗支出减去医疗支出报销额后取对数	6.6978	3.1692	连续变量
medical_insur	医疗保险，医疗支出实际得到了报销记1，否则记0	0.2696	0.4438	虚拟变量
Social capital	社会资本，家庭人情礼节支出和收入之和取对数	6.1179	3.4979	连续变量

（二）变量的描述性统计分析

1. 不同年份家庭消费结构的变化

表4–14体现了不同年份家庭消费总量与结构的变化趋势。首先，从家庭消费总量的统计数据来看，我国家庭消费总量整体呈上升趋势，2015年、2017年、2019年家庭消费总量分别为9382.62元、10172.03元、11366.82元，2017年相比2015年上升8.41%，2019年相比2017年上升11.75%，家庭消费总量规模及增速明显上升。其次，我国家庭的食品支出占比较大，2015年、2017年、2019年家庭的食品支出分别为5625.99元、5819.96元、6614.21元，家庭消费结构还有待进一步优化调整。最后，与家庭的食品支出一样，家庭的生活用品支出呈现逐年上升趋势，2015年、2017年、2019年家庭的生活用品支出分别为1708.48元、2125.37元、2357.01元。

表4–14　不同年份家庭消费总量与消费结构

单位：元

年份	ln_*total_c*	ln_*food_c*	ln_*daily_c*	ln_*cloth_c*	ln_*edu_c*	ln_*enter_c*
2015	9382.62	5625.99	1708.48	616.04	773.77	658.34
2017	10172.03	5819.96	2125.37	624.77	947.54	654.40
2019	11366.82	6614.21	2357.01	642.71	966.98	786.04

2. 人口特征

表4–15显示了对样本户主特征与家庭特征的描述性统计。首先，从户主年龄来看，35岁及以下的户主占比为6.29%，35～45岁的户主占比为17.04%，45～55岁的户主最多，占比为28.01%，55～65岁的户主占比为25.81%，65岁及以上的户主占比为22.85%，总体来看我国家庭的户主年龄以45～55岁居多，低年龄段户主占比较小。其次，从户主教育水平来看，文盲占比为9.33%，小学占比为29.09%，初中占比为34.43%，高中/职高占比为17.83%，大学及以上占比为9.33%，总体来看我国家庭的户主教育

水平呈现两头低中间高的态势，符合典型的正态分布。最后，从家庭规模来看，单人家庭的占比最小，为6.91%，双人家庭占比最高，为30.76%，3人家庭占比位居第2，占比为23.33%，4人和5人及以上家庭分别占比16.23%和22.76%。

表4–15　户主特征与家庭特征的描述性统计

单位：%

户主年龄	占比	户主教育水平	占比	家庭规模	占比
35岁及以下	6.29	文盲	9.33	1人	6.91
35～45岁	17.04	小学	29.09	2人	30.76
45～55岁	28.01	初中	34.43	3人	23.33
55～65岁	25.81	高中/职高	17.83	4人	16.23
65岁及以上	22.85	大学及以上	9.33	5人及以上	22.76

（三）模型设定

1.对健康冲击的界定

基于对现有健康冲击定义的梳理，设定如下模型估计健康冲击的阈值，具体模型设定和变量定义如下：

$$\ln\_total\_c_{i,t}=\sum_{r=1}^{10}\alpha_r MB_{r,i,t}+a_1 Z_i+\mu_t+\mu_i+\varepsilon_{i,t} \qquad 公式（4–17）$$

公式（4–17）中，$\ln_total_c_{i,t}$为被解释变量家庭消费总量，用以衡量i家庭在t期的消费总量，μ_t为时间固定效应，μ_i为家庭固定效应，$\varepsilon_{i,t}$为随时间变化的家庭误差项。$MB_{i,t}$为门槛变量家庭医疗负担比，其算法为：家庭i在t期的自付医疗支出/家庭i在t–1期的总收入。

本节采用t–1期家庭收入的原因主要有两点。一是为了克服门槛变量家庭医疗负担比和被解释变量家庭消费总量可能存在的内生性问题，即家庭消费总量越高，其医疗负担比越高。二是因为当家庭遭受健康冲击时，家庭当期收入可能会下降，此时若直接采用家庭当期收入，会造成对健康冲击的过度识别，从而导致估计结果有偏。

此外，为了精确定义家庭健康冲击的阈值，本节采用双向固定效应回归，并以0%为对照组，按照每10%为组距，将家庭医疗负担比$MB_{i,t}$划分为10个虚拟变量$MB_{r,i,t}$，观察家庭自付医疗支出占家庭收入比例超过多少时，家庭消费总量会发生显著变化。

2. 健康冲击对家庭消费的影响效应

基于健康冲击对家庭消费影响的理论分析，本节从总量和结构双重视角，探讨健康冲击对家庭消费的影响，检验假设1和2是否成立，模型设定如下：

$$\ln\_construc_{i,t} = \beta_0 + \beta_1 HS_{i,t} + \beta_2 Z_{i,t} + \mu_t + \mu_i + \varepsilon_{i,t} \qquad \text{公式（4-18）}$$

公式（4-18）中，$\ln_construc_{i,t}$为家庭i在t期的各类消费，包括家庭生存性支出和发展娱乐性支出。其中生存性支出包括食品支出、生活用品支出、衣着支出，发展娱乐性支出包括教育支出和娱乐支出。$HS_{i,t}$为核心解释变量健康冲击，表示家庭i在t期是否遭受了健康风险的冲击。$Z_{i,t}$为一系列控制变量，μ_t为时间固定效应，μ_i为家庭固定效应，$\varepsilon_{i,t}$为随时间变化的家庭误差项，β_0、β_1、β_2为待估计参数，采用双向固定效应模型估计消除模型中不随时间变化的遗漏变量问题。

3. 健康冲击影响家庭消费的机制分析

基于文献回溯和理论研究，健康冲击除了会直接影响家庭消费总量和消费结构，其影响家庭消费的作用机理还包括影响家庭收入、家庭自付医疗支出的中介效应，受医疗保险和社会资本影响的调节效应。为此，拟通过构建中介效应模型、有调节的中介效应模型和调节效应模型，从实证方面检验健康冲击对家庭消费的影响机理，检验假设3～5是否成立。

（1）中介效应模型

健康冲击会造成家庭健康水平的急剧下滑，从而降低家庭的劳动供给以及劳动生产率，并导致家庭工资性收入的下降[①]；由于刚性支出医疗费用的急剧增加，家庭往往会对生产性资产进行出售，家庭利息、租金等非工

① Liu K.，"Insuring against Health Shocks: Health Insurance and Household Choices", *Journal of Health Economics*, 2016（2）: 16–32。

资性收入减少[①]。因此，参考Baron和Kenny[②]以及Zhao等人[③]的研究，采用逐步检验回归法，设定如下中介效应模型：

$$\ln\_construc_{i,t} = a_0 + a_1 HS_{i,t} + a_2 X_i + \mu_1 \qquad \text{公式（4-19）}$$

$$\ln\_income_{i,t} = b_0 + b_1 HS_{i,t} + b_2 X_i + \mu_2 \qquad \text{公式（4-20）}$$

$$\ln\_construc_{i,t} = c_0 + c_1 HS_{i,t} + c_2 \ln\_income_{i,t} + c_3 X_i + \mu_3 \qquad \text{公式（4-21）}$$

其中，$\ln_construc_{i,t}$为家庭各类消费，$HS_{i,t}$为解释变量健康冲击，$\ln_income_{i,t}$为中介变量家庭收入，X_i为一系列控制变量，μ_1、μ_2、μ_3为随机扰动项。第一步，对公式（4-19）进行回归，测算健康冲击对于家庭消费的总效应a_1，有学者认为总效用a_1显著是存在中介效应的前提，但此说法后来受到质疑，因为在某些情况下a_1不显著的原因恰恰是受到了中介效应的影响。MacKinnon等人认为，若间接效应$b_1 \times c_2$和直接效应c_1正负符号相异，则$b_1 \times c_2$和c_1的相互作用可能会将总效用对冲掉，从而造成a_1不显著及一定程度的“遮掩效应”，逐步检验回归系数法失效[④]。在前文的理论分析中可以看到，解释变量健康冲击对于中介变量家庭收入在理论上应具有一定程度的负向冲击，健康冲击同样在理论上对家庭消费也具有一定的负向作用。因此，基于理论分析，逐步检验回归模型在本研究中不会产生遮掩效应，逐步检验回归系数法在理论上成立，但在实际测算中依然需要实证结果的检验。第二步，对公式（4-20）和公式（4-21）进行回归，测算出健康冲击对于家庭收入的影响效应b_1和收入对于消费的影响效应c_2，进而得出健康冲击对于家庭消费影响的间接效应$b_1 \times c_2$，最终得到健康冲击通过收入影响消费的中介效应$b_1 \times c_2/a_1$，具体

---

① Fu Q., Qu S., “The Effect of Health Shocks on Chinese Urban Household Assets Portfolio Behavior”, International Conference on Management Science & Engineering, IEEE, 2014。

② Baron R. M., Kenny D. A., “The Moderator-mediator Variable Distinction in Social Psychological Research: Conceptual, Strategic, and Statistical Considerations”, *J. Pers. Soc. Psychol*, 1986, 51（6）: 1173–1182。

③ Zhao X., Jr J. G. L., Chen Q., “Reconsidering Baron and Kenny: Myths and Truths about Mediation Analysis”, *Journal of Consumer Research*, 2010（2）: 197–206。

④ Mackinnon D. P., Krull J. L., Lockwood C M., “Equivalence of the Mediation, Confounding, and Suppression Effect”, *Prevention Science*, 2000, 1（4）：173–181。

传导路径如图4-3所示。

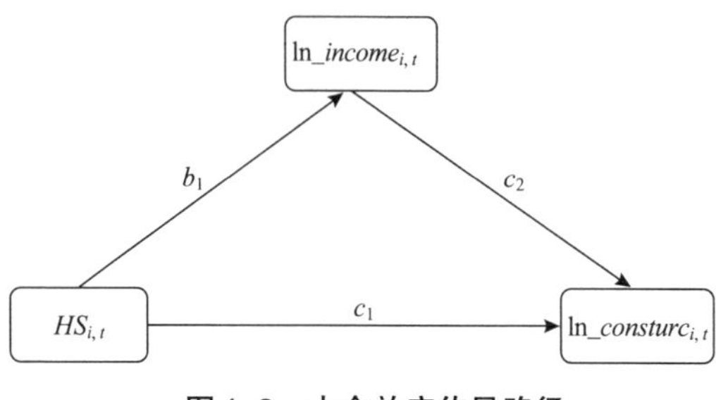

图4-3 中介效应传导路径

（2）有调节的中介效应模型

通过已有文献回溯可以发现，目前学界普遍认为，健康冲击会造成家庭自付医疗支出大幅度上升。但本研究感兴趣的是，在健康冲击造成医疗支出大幅度增加的同时，现有的医疗保障制度是否能够发挥一定的舒缓作用？如果具有一定的舒缓作用，那么效应是多少？同时家庭自付医疗支出的增加是否造成了家庭消费结构的变化？因此，参考Preacher等人①和Hayes②的研究，本节建立有调节的中介效应模型，具体模型设定如下：

$$\ln\_construc_{i,t} = d_0 + d_1 HS_{i,t} + d_2 MI_{i,t} + d_3 HS_{i,t} \times MI_{i,t} + d_4 X_i + \mu_4$$

公式（4-22）

$$\ln\_MC_{i,t} = e_0 + e_1 HS_{i,t} + e_2 MI_{i,t} + e_3 HS_{i,t} \times MI_{i,t} + e_4 X_i + \mu_5$$

公式（4-23）

$$\ln\_construc_{i,t} = f_0 + f_1 HS_{i,t} + f_2 \ln\_MC_{i,t} + f_3 MI_{I,t} + f_4 HS_{i,t} \times MI_{i,t} + f_5 X_i + \mu_6$$

公式（4-24）

其中，$\ln_construc_{i,t}$为家庭各类消费，$HS_{i,t}$为健康冲击，$\ln_MC_{i,t}$为中介变量家庭自付医疗支出，$MI_{i,t}$为调节变量医疗保险，$HS_{i,t} \times MI_{i,t}$为健康冲击与医疗保险的交互项，X_i为一系列控制变量，μ_i为随机扰

① Preacher K. J., Rucker D. D., Hayes A. F., "Addressing Moderated Mediation Hypotheses: Theory, Methods, and Prescriptions", *Multivariate Behavioral Research*, 2007（1）: 185-227。

② Hayes A. F., *Introduction to Mediation, Moderation, and Conditional Process Analysis: A Regression-based Approach*, New York: The Guilford Press, 2013。

动项。

执行公式（4-22），若d_3显著，则应考虑调节了直接效应的中介效应模型[①]；执行公式（4-23）和公式（4-24），其中健康冲击对家庭消费影响的直接效应为f_1，受到医疗保险调节的条件间接效应为$f_2(e_1+e_3w_i)$，总效应为$f_2(e_1+e_3w_i)+f_1$，有调节的中介效应为$f_2(e_1+e_3w_i)/[f_2(e_1+e_3w_i)+f_1]$。在逐步检验回归系数法中，若$e_1$和$f_2$都显著不为零，则存在一定程度的中介效应，若$e_3$和$f_2$均显著不为零，则在健康冲击通过增加家庭自付医疗支出进而影响家庭消费的过程中，医疗保险会对健康冲击对家庭自付医疗支出的增加发挥一定的调节效应，从而存在一个有调节的中介效应模型。

对于有调节的中介效应模型，调节变量调节的是中介路径的前半段，其调节效应为$(e_1+e_3w_i)$，调节变量医疗保险为取值为0或1的二元变量，调节效应为线性函数w_i，本节参考刘东等人[②]的研究，在实证结论部分根据调节变量的最大值和最小值来观测中介效应的差异，此时的中介效应差异最大、检验力最强，具体传导路径如图4-4所示。

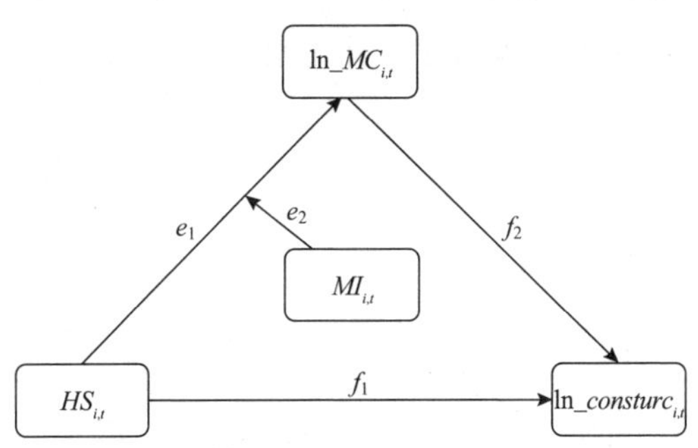

图4-4　有调节的中介效应传导路径

① 温忠麟、叶宝娟：《有调节的中介模型检验方法：竞争还是替补？》，《心理学报》2014年第5期。

② 刘东、张震、汪默：《被调节的中介和被中介的调节：理论构建与模型检验》，载陈晓萍、徐淑英、樊景立主编《组织与管理研究的实证方法（第二版）》，北京大学出版社，2012。

（3）调节效应模型

现有研究发现，社会资本具有一定的风险分担[①]、促进再就业[②]、提供贷款[③]、改善健康水平[④]等功效。我国是一个传统的关系型社会，这就使得社会资本在各项经济行为中发挥着较为重要的作用。人们往往会在亲朋好友遭受健康冲击时给予其一定的帮助，并期望在自己遭受风险时收到同等援助以平滑当期消费，这种纠缠着关系、利益、亲情的复杂网络形成了中国家庭独特的风险应对模式。为了探究我国居民家庭这种独特的风险应对模式是否真正有效，即高投资的社会关系是否能在健康冲击发生时减缓家庭消费的下降，参考相关研究的处理方式[⑤]，建立如下调节效应模型来回答这一问题：

$$\ln\_construc_{i,t} = g_0 + g_1 HS_{i,t} + g_2 \ln\_CRP_{i,t} + g_3 HS_{i,t} \times \ln\_CRP_{i,t} + g_4 Z_{i,t} + \mu_7$$

公式（4-25）

其中，$\ln_CRP_{i,t}$为家庭礼金收支，$HS_{i,t} \times \ln_CRP_{i,t}$为健康冲击和家庭礼金收支的交互项，其余各变量定义与前文相同。本研究重点关注的是交互项$HS_{i,t} \times \ln_CRP_{i,t}$的系数$g_3$，若$g_3$显著不为零，则社会资本在健康冲击发生时会起到一定的调节作用。为了便于进行系数解释，本研究对交互项$HS_{i,t} \times \ln_CRP_{i,t}$进行了去中心化处理，具体传导路径如图4-5所示。

① Fafchamps M. , Gubert F. , “The Formation of Risk Sharing Networks”, *Journal of Development Economics*, 2007（2）: 326-350。

② Munshi, Kaivan, Rosenzweig, et al., “Traditional Institutions Meet the Modern World: Caste, Gender, and Schooling Choice in a Globalizing Economy”, *American Economic Review*, 2006（4）: 1225-1252。

③ 孙颖、林万龙：《市场化进程中社会资本对农户融资的影响——来自CHIPS的证据》，《农业技术经济》2013年第4期。

④ 乐章、梁航：《社会资本对农村老人健康的影响》，《华南农业大学学报》（社会科学版）2020年第6期。

⑤ 温忠麟、侯杰泰、张雷：《调节效应与中介效应的比较和应用》，《心理学报》2005年第2期。

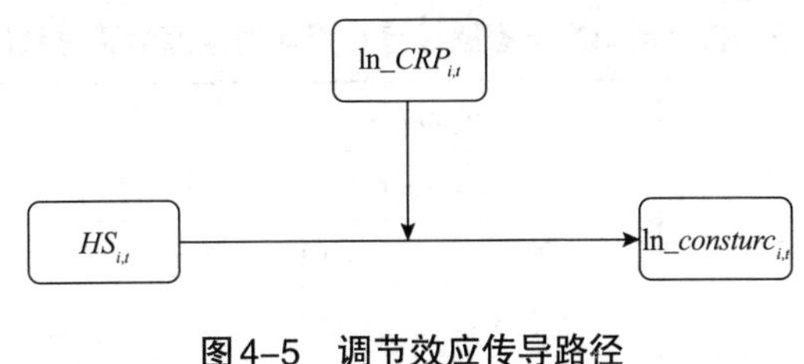

图4-5　调节效应传导路径

三　健康冲击影响家庭消费的实证分析

（一）健康冲击的界定与分析

1. 可支付框架下对健康冲击的界定

基于前文的理论分析和模型设定，表4-16显示了各比例范围下家庭医疗负担比对家庭消费总量的影响。从表4-16中的模型（1）可得，在将时间固定效应和个体固定效应加以控制后，当家庭医疗负担比（*MB*）超过40%时，家庭消费总量在5%的显著水平上发生了显著下降。这与世界卫生组织（World Health Organization，WHO）给出的40%的阈值和朱铭来等人基于可支付框架测算出的44%的阈值十分接近[①]，这在为后文研究提供较为可靠的数据支撑外，进一步验证了已有研究的稳健性。在模型（2）中将户主年龄、户主教育水平、家庭抚养比和家庭净资产等控制变量加以控制后，可以发现，家庭医疗负担比变量的系数方向并未发生显著变化，虽然系数值和显著性水平有所降低，但依然可以得到与模型（1）同样的结论。基于此，本研究将40%的家庭医疗负担比作为健康冲击变量的低阈值，将60%的家庭医疗负担比作为健康冲击变量的高阈值。图4-6是根据Stata15.0软件coefplot命令绘制的模型（1）中家庭医疗负担比变量95%的置信区间图，从中可以更为清晰地看到，当家庭医疗负担比超出40%时，整体上家庭消费总量出现显著下降。

① 朱铭来、于新亮、王美娇等：《中国家庭灾难性医疗支出与大病保险补偿模式评价研究》，《经济研究》2017年第9期。

表4-16 各比例范围下家庭医疗负担比对家庭消费总量的影响

	ln_*total_c*		ln_*total_c*	
	模型（1）		模型（2）	
10%～20%*MB*	−0.0005	（0.0152）	0.0025	（0.0151）
20%～30%*MB*	−0.0253	（0.0237）	−0.0224	（0.0235）
30%～40%*MB*	−0.0465	（0.0294）	−0.0413	（0.0294）
40%～50%*MB*	−0.0816**	（0.0385）	−0.0722*	（0.0384）
50%～60%*MB*	−0.0869**	（0.0384）	−0.0769**	（0.0383）
60%～70%*MB*	0.0068	（0.0472）	0.0171	（0.0470）
70%～80%*MB*	−0.0937*	（0.0525）	−0.0942*	（0.0525）
80%～90%*MB*	−0.1502***	（0.0528）	−0.1482***	（0.0522）
90%～100%*MB*	−0.1146**	（0.0584）	−0.1089*	（0.0575）
100%*MB*及以上	−0.1772***	（0.0212）	−0.1601***	（0.0211）
控制变量	NO		YES	
个体固定效应	YES		YES	
时间固定效应	YES		YES	
N	13838		13838	

注：括号里报告的是稳健标准误，*、**、***分别表示在10%、5%和1%的统计水平上显著。

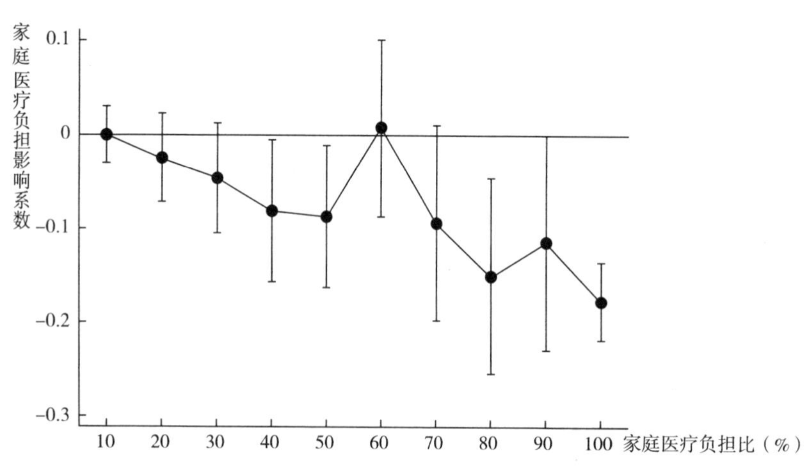

图4-6 各比例范围下家庭医疗负担比对家庭消费总量影响的系数变化

此外，若直接使用门槛回归或按照本研究采用固定效应回归得出的门槛值作为判断健康冲击的阈值，会错误地将较低水平家庭自付医疗支出且低收入的家庭定义为遭受了健康冲击的家庭。因此，本研究在此对其进行了双阈值修正，将同时满足家庭医疗负担比超出40%且家庭自付医疗支出金额大于当年总样本中位数的家庭定义为遭受了健康冲击的家庭（本研究中位数为1100元），具体模型如下：

$$HS_{i,t}=\begin{cases}1, & MB_{i,t}\geqslant 40\% \text{且} MC_{i,t}\geqslant 1100\\ 0, & \text{其他}\end{cases}$$

2. 对不同年份和地区的健康冲击发生率的异质性分析

在对健康冲击进行测算并修正的基础上，为了探究健康冲击在不同年份和地区间是否存在显著的异质性，从宏观区域层面将遭受健康冲击的家庭根据年份、地区和城乡进行分组，并计算健康冲击发生率，具体结果如表4–17所示。

结果显示，一方面从总样本来看，我国健康冲击发生率仍处于较高水平，全样本健康冲击发生率在2017年和2019年分别为11.38%和12.80%。并且从时间趋势来看，我国健康冲击发生率在不同组间均呈现上升趋势，2019年健康冲击发生率相比2017年上升12.48%。虽然我国的卫生投入不断增长，医保覆盖范围不断扩大，但由于疾病、意外等风险具有高度不确定性，仍有大量家庭受到健康风险的冲击。

另一方面从区域间横向对比可以发现，由于不同地区医疗资源的存量供给、结构配置与空间分布呈现不平衡的特征，以2019年为例，东部、中部、西部地区健康冲击发生率分别为10.20%、13.81%、15.25%，2017年与2019年健康冲击发生率均呈现东低、西高的特征。并且，从城乡之间的横向对比发现，2019年城镇和乡村健康冲击发生率分别为8.93%、18.44%，乡村地区的健康冲击发生率要明显高于城镇地区，乡村地区的健康冲击发生率大约是城镇地区的2倍。综上所述，西部地区和乡村地区的健康冲击发生率要显著高于其他地区，而西部地区和乡村地区又往往是欠发达地区，收入更少的家庭的健康状况往往会更差，其在相同收入水平下所承受的医疗负担往往更重，这极大地限制了其向上流动的能力和发展水平。

表4–17 不同年份、地区和城乡的健康冲击发生率

单位：%

年份	健康冲击发生率	东部地区	中部地区	西部地区	城镇	乡村
2017	11.38	9.47	12.24	13.06	8.18	16.00
2019	12.80	10.20	13.81	15.25	8.93	18.44

（二）健康冲击对家庭消费总量的影响

1. 健康冲击对家庭消费总量的短期影响效应

在对样本中遭受了健康冲击的家庭进行有效定义和识别后，拟通过构建双向固定效应回归模型，从家庭消费总量的视角出发，以家庭消费总量为被解释变量，探讨健康冲击对家庭消费总量的短期影响，具体结果如表4–18所示。

表4–18显示了健康冲击对家庭消费总量的回归结果。其中模型（1）为在控制了户主年龄、户主教育水平的条件下，健康冲击对家庭消费总量对数的简单回归，从结果可知健康冲击会在1%的统计水平上显著降低家庭消费总量，遭受健康冲击的家庭的消费总量会显著降低9.33%。模型（2）在模型（1）的基础上逐步添加了婚姻状况、家庭抚养比和家庭净资产等控制变量，模型（3）又进一步将时间固定效应加以控制，根据结果可知健康冲击仍对家庭消费总量有显著的负向效应，显著性和影响方向未发生明显变化，进一步检验了实证结果的稳健性。在控制变量中，户主年龄的升高对家庭消费总量有显著抑制效应，原因可能在于随着户主年龄增长和身体机能下降，年龄更大的户主为了应对可能存在的健康风险，会有更强的储蓄动机；随着户主教育水平的提升，家庭消费总量呈上升趋势；稳定的婚姻有助于促进家庭消费；家庭抚养比与家庭消费总量呈现负向相关关系；家庭消费总量会随着家庭净资产的升高而提高。

表4-18 健康冲击对家庭消费总量的短期影响效应

	模型（1）	模型（2）	模型（3）
	ln_*total_c*	ln_*total_c*	ln_*total_c*
HS	−0.0933*** （0.0164）	−0.0678*** （0.0162）	−0.0770*** （0.0160）
户主年龄（以0~35岁为参照组）			
35~45岁	−0.0289 （0.0456）	−0.0637 （0.0439）	−0.0707* （0.0428）
45~55岁	−0.0072 （0.0426）	−0.0500 （0.0407）	−0.0591 （0.0399）
55~65岁	−0.1342*** （0.0414）	−0.1452*** （0.0398）	−0.1442*** （0.0391）
65岁及以上	−0.2490*** （0.0463）	−0.2505*** （0.0438）	−0.2268*** （0.0429）
户主教育水平（以文盲为参照组）			
小学	0.0289 （0.0273）	0.0274 （0.0270）	0.0526* （0.0277）
初中	0.0372 （0.0302）	0.0353 （0.0299）	0.0673** （0.0308）
高中/职高	0.0467 （0.0334）	0.0449 （0.0330）	0.0785** （0.0342）
大学及以上	0.0740* （0.0399）	0.0686* （0.0393）	0.1082*** （0.0411）
婚姻状况		0.0864*** （0.0231）	0.1143*** （0.0229）
家庭抚养比		−0.0460** （0.0206）	−0.0596*** （0.0203）
家庭净资产		0.0889*** （0.0057）	0.0937*** （0.0056）
R^2	0.0114	0.0480	0.0789
个体固定效应	YES	YES	YES
时间固定效应	–	–	YES
N	13838	13838	13838

注：括号里报告的是聚类到家庭层面的标准误，*、**、***分别表示在10%、5%和1%的统计水平上显著。

2. 健康冲击对家庭消费总量的长期影响效应

前文结果表明，健康冲击会显著降低当期家庭消费总量，为了探究该负向效应是否存在延续性，将2017年健康冲击变量进行一阶滞后，并且删除2019年遭受健康冲击的样本家庭，由此得到2019年6328个样本截面数据，通过构建OLS模型，逐步将控制变量加入模型中，观察遭受健康冲击的家庭的消费总量是否在两年后依然会受到影响，结果如表4-19所示。

模型（1）和模型（2）为滞后一期的健康冲击对家庭消费总量的回归结果，模型（2）在模型（1）的基础上进一步控制了户主教育水平、家庭规模和家庭净资产等控制变量。从表4-19中可知，在1%的统计水平上，滞后一期的健康冲击仍然对家庭消费总量有显著的负向效应。以模型（2）为例，遭受健康冲击的家庭的消费总量在两年后仍会降低8.82%，消费总量并未随着时间的推移得到有效的平滑，健康冲击对家庭消费总量存在一定的长期影响效应。

为了进一步检验结论的稳健性，在模型（3）和模型（4）中，将健康冲击的阈值由40%调整到60%再次进行回归，形成较高阈值的健康冲击变量。结果可以发现，高阈值健康冲击对家庭消费总量影响的显著性和方向未发生明显改变，依然可以得到相同的负向影响效应结论。观察健康冲击对家庭消费总量的短期与长期影响效应，表4-18中的数据为基于两期面板数据，采用FE估计得到的结果；由于产生了健康冲击的一阶滞后项，损失了2017年的数据，因此表4-19中的数据为采用OLS估计得到的结果。由于估计方法不同，表4-18和表4-19的系数不存在可比性，但依然可以发现，影响方向和显著性并未发生明显改变，从而进一步检验了健康冲击对家庭消费总量有显著负向影响这一结论的稳健性。

表4-19 健康冲击对家庭消费总量的长期影响效应

	模型（1）	模型（2）	模型（3）	模型（4）
	ln_*total_c*	ln_*total_c*	ln_*total_c*	ln_*total_c*
L_HS	−0.1784*** （0.0235）	−0.0882*** （0.0206）		

续表

	模型（1）	模型（2）	模型（3）	模型（4）
	ln_*total_c*	ln_*total_c*	ln_*total_c*	ln_*total_c*
控制变量	NO	YES	NO	YES
R^2	0.2342	0.4187	0.2335	0.4185
N	6328	6328	6328	6328

注：括号里报告的是稳健标准误，*、**、*** 分别表示在 10%、5% 和 1% 的统计水平上显著。

（三）健康冲击对家庭消费结构的影响

前文在对样本中遭受了健康冲击的家庭进行有效定义和识别的基础上，实证分析了健康冲击对家庭消费总量的影响，并且探讨了其可能存在的长期影响效应。为了进一步探讨健康冲击是否同样对家庭消费结构有显著的影响，基于前文的理论分析与研究假设，本部分通过构建双向固定效应回归模型，探讨健康冲击对家庭消费结构的短期影响效应和长期影响效应。

1. 健康冲击对家庭消费结构的短期影响效应

表4-20显示了以健康冲击（*HS*）为核心解释变量，以家庭的食品支出（ln_*food_c*）、生活用品支出（ln_*daily_c*）、衣着支出（ln_*cloth_c*）、教育支出（ln_*edu_c*）、娱乐支出（ln_*enter_c*）为被解释变量，运用双向固定效应回归模型得到的实证结果。

结果可知，从生存性支出来看，健康冲击对家庭的衣着支出在5%的统计水平上有显著的负向作用，遭受健康冲击的家庭的衣着支出会显著下降12.97%，但健康冲击对家庭的食品支出、生活用品支出无显著影响。原因可能在于，随着现阶段我国经济的快速发展和脱贫攻坚战的圆满完成，我国居民家庭的衣着支出已不再是对基本物质资料的消费，而是一个民众追求美的享受、展示自我的过程。因此，在家庭遭受健康冲击后，理性的家庭决策者会缩减家庭多余的衣着支出来保证家庭基本生存需要，故家庭的衣着支出会有所缩减，而食品支出和生活用品支出基本保持不变。

在发展娱乐性支出中，健康冲击会分别在5%和1%的统计水平上对家庭的教育支出和娱乐支出产生显著负向影响，遭受健康冲击的家庭的教育支出和娱乐支出会分别下降14.86%和16.61%，因为理性的家庭决策者会选择减少教育支出和娱乐支出来平滑当期消费，但教育支出的减少会进一步降低家庭向上流动的能力，从而造成相对贫困问题和贫困代际传递问题。在控制变量中，随着户主年龄的增长，家庭各项消费基本上会降低，实证结果并未发现户主教育水平会显著影响家庭各项消费，稳定的婚姻状况可能会促进家庭消费，家庭抚养比的上升会抑制除教育支出以外的家庭其他各类支出，原因在于抚养比较高的家庭往往需要接受教育的人也更多，因此其家庭教育支出也会随之增加。此外，与现有文献的研究结论相同，家庭净资产越高，家庭各项消费也越高。

表4-20 健康冲击对家庭消费结构的短期影响效应

	模型（1）	模型（2）	模型（3）	模型（4）	模型（5）
	ln_*food*_*c*	ln_*daily*_*c*	ln_*cloth*_*c*	ln_*edu*_*c*	ln_*enter*_*c*
HS	−0.0104 （0.0234）	0.0110 （0.0375）	−0.1297** （0.0564）	−0.1486** （0.0663）	−0.1661*** （0.0629）
户主年龄（以0~35岁为参照组）					
35~45岁	−0.1090** （0.0512）	−0.1443 （0.0964）	−0.0224 （0.1229）	0.3039 （0.2251）	−0.3402* （0.1935）
45~55岁	−0.0708 （0.0490）	−0.1116 （0.0912）	−0.1013 （0.1184）	0.1646 （0.2100）	−0.5861*** （0.1803）
55~65岁	−0.0005 （0.0469）	−0.0315 （0.0860）	−0.1720 （0.1198）	−0.4067** （0.1962）	−0.4841*** （0.1727）
65岁及以上	−0.0193 （0.0514）	−0.2053** （0.0956）	−0.5302*** （0.1333）	−0.5777*** （0.2133）	−0.6459*** （0.1850）
户主教育水平（以文盲为参照组）					
小学	−0.0512 （0.0349）	−0.0348 （0.0625）	0.1076 （0.0888）	0.0026 （0.1049）	−0.0643 （0.0973）
初中	−0.0272 （0.0382）	−0.0134 （0.0683）	0.0439 （0.0984）	0.0787 （0.1214）	−0.0531 （0.1142）
高中/职高	−0.0328 （0.0420）	−0.0005 （0.0778）	0.1502 （0.1126）	0.0580 （0.1468）	0.1664 （0.1380）

续表

	模型（1）	模型（2）	模型（3）	模型（4）	模型（5）
	ln_*food*_*c*	ln_*daily*_*c*	ln_*cloth*_*c*	ln_*edu*_*c*	ln_*enter*_*c*
大学及以上	0.0456 （0.0523）	−0.0247 （0.0972）	0.2119 （0.1366）	−0.2210 （0.1939）	0.0752 （0.1877）
婚姻状况	0.1132*** （0.0309）	−0.0126 （0.0588）	0.1613** （0.0797）	0.0886 （0.0969）	−0.1353 （0.0944）
家庭抚养比	−0.1032*** （0.0271）	−0.1498*** （0.0503）	−0.4216*** （0.0707）	0.3287*** （0.0859）	−0.1065 （0.0832）
家庭净资产	0.0365*** （0.0076）	0.0808*** （0.0119）	0.1896*** （0.0154）	0.1500*** （0.0179）	0.1495*** （0.0175）
个体固定效应	YES	YES	YES	YES	YES
时间固定效应	YES	YES	YES	YES	YES
R^2	0.0718	0.0227	0.0259	0.0160	0.2542
N	13838	13838	13838	13838	13838

注：括号里报告的是聚类到家庭层面的标准误，*、**、***分别表示在10%、5%和1%的统计水平上显著。

2. 健康冲击对家庭消费结构的长期影响效应

前文结果表明，健康冲击会显著减少家庭当期的教育、娱乐和衣着等支出。为了探究健康冲击发生后，此影响效应是否在时间维度上存在延续性，本部分将2017年健康冲击变量进行一阶滞后，并删除2019年遭受健康冲击的样本，由此得到2019年6328个样本的截面数据，观察遭受健康冲击的家庭的消费结构是否会在两年后依然受到影响。健康冲击对家庭消费结构的长期影响如表4–21所示。

从表4–21可得，滞后一期的健康冲击在1%的统计水平上，依然对家庭的娱乐支出和衣着支出有显著的负向影响。家庭在遭受健康冲击两年后，其娱乐支出和衣着支出依然没有得到显著的平滑，但健康冲击对家庭的教育支出的长期影响却并不显著，说明家庭的教育支出在健康冲击发生当年显著下降，但会在两年内恢复正常水平。为了验证该结论是否具有稳健性，与前文处理方式相同，将健康冲击的阈值由40%调整到60%再次进行回归，依然可以得到相同结论。原因可能在于，受我国传统观念的影响，家庭普遍对教育高度重视，在当期教育支出下降后，家庭会继续对消费结构进行调整，进一步缩减家庭的衣着支出和娱乐支出，从而平滑家庭教育支出。

表4–21　健康冲击对家庭消费结构的长期影响效应

	模型（1）	模型（2）	模型*l*（3）	模型（4）	模型（5）	模型（6）
	ln_*cloth_c*	ln_*edu_c*	ln_*enter_c*	ln_*cloth_c*	ln_*edu_c*	ln_*enter_c*
L_HS	–0.2251*** （0.0680）	–0.1200 （0.1077）	–0.2153** （0.0940）			
L_high_HS				–0.2321*** （0.0637）	–0.1378 （0.1009）	–0.2742*** （0.0880）
控制变量	YES	YES	YES	YES	YES	YES
R^2	0.2059	0.2779	0.2528	0.2058	0.2777	0.2526
N	6328	6328	6328	6328	6328	6328

注：括号里报告的是稳健标准误，*、**、*** 分别表示在10%、5%和1%的统计水平上显著。

（四）健康冲击影响家庭消费的路径研究

前文分别从健康冲击的定义与识别、健康冲击对家庭消费总量与消费结构的影响展开了分析，发现健康冲击在降低家庭消费总量的同时，也会对家庭的衣着支出、娱乐支出和教育支出有显著的负向影响，改变家庭的消费结构。为了进一步探究健康冲击对家庭消费的作用路径，基于上述结论，本部分着重从家庭收入、家庭自付医疗支出和社会资本三个层面，构建中介效应模型、调节效应以及有调节的中介效应模型，探讨健康冲击对家庭的衣着支出、娱乐支出和教育支出的影响路径。

1. 收入视角下健康冲击对家庭消费的影响路径

基于理论分析与设定的实证模型，表4–22以家庭收入作为中介变量，采用逐步检验回归系数法估计结果（省略第一步），其中模型（1）汇报了健康冲击对家庭收入（ln_*income*）的估计结果，模型（2）～模型(4）分别汇报了以家庭的衣着支出（ln_*cloth_c*）、教育支出（ln_*edu_c*）、娱乐支出（ln_*enter_c*）作为被解释变量的估计结果。

结果显示，一方面从模型（1）可知，健康冲击会在1%的统计水平上对家庭收入造成显著的负向影响，遭受健康冲击的家庭当期收入会发生显著降低，其原因可能在于健康冲击会损害家庭的人力资本，通过降低家庭的劳动供给、劳动生产率等，最终造成家庭收入的大幅度下滑。另一方面从模型（2）~模型(4）可知，在将家庭收入和健康冲击同时作为解释变量纳入模型中后，仍然可以发现，家庭收入的增加对家庭各项支出均有显著的促进作用。在将家庭收入变量控制后，可观测到健康冲击对家庭各项消费有显著的负向作用，说明健康冲击通过影响家庭收入进而影响家庭消费的中介效应成立。以模型（2）为例，健康冲击通过影响家庭收入进而影响衣着支出的间接效应为27.40%，总效应为55.62%，中介效应为49.25%[①]。从模型（3）和模型（4）中亦可得出，健康冲击对教育支出、娱乐支出的影响分别有28.20%和48.23%是通过影响家庭收入实现的。

表4–22　收入视角下健康冲击对家庭消费的影响

	模型（1）		模型（2）		模型（3）		模型（4）	
	ln_*income*		ln_*cloth_c*		ln_*edu_c*		ln_*enter_c*	
HS	–1.4612***	（0.0261）	–0.2822***	（0.0412）	–0.2262***	（0.0610）	–0.4541***	（0.0549）
ln_*income*			0.1875***	（0.0087）	0.0608***	（0.0129）	0.2895***	（0.0116）
中介效应			49.25%		28.20%		48.23%	
控制变量	YES		YES		YES		YES	
N	13838		13838		13838		13838	

注：括号里报告的是稳健标准误，*、**、***分别表示在10%、5%和1%的统计水平上显著。

2. 医疗保险调节下健康冲击对家庭消费的影响路径

表4–23以家庭自付医疗支出（ln_*medcial_c*）作为中介变量，以医疗保险（*medical_insur*）作为调节变量，得出健康冲击和医疗保险的交互项（*HS*×*medical_insur*）对家庭消费的估计结果。从模型（1）中可得，一方面，健康冲击对家庭自付医疗支出的影响在1%的统计水平上显著为正，影响系数为1.7756，这说明健康冲击的发生会造成家庭自付医疗支出增加177.56%；另一方面，健康冲击与医疗保险的交互项（*HS*×*medical_insur*）

① 以原始数据计算所得，略有误差，未做调整，余同。

系数在1%的统计水平上显著为负，这表明在健康冲击发生时，相比没有医疗保险的家庭，拥有医疗保险的家庭的自付医疗支出会降低47.76%。这说明医疗保险能够显著降低健康冲击对家庭自付医疗支出的影响、防止家庭自付医疗支出的急剧增加。从模型（2）~模型(4）可以发现，家庭自付医疗支出对家庭各项消费均有显著的负向影响效应，刚性的家庭自付医疗支出的增加挤出了家庭的教育、衣着、娱乐支出。在模型（2）~模型(4）中同样可以发现，健康冲击对家庭各项消费在1%的统计水平上均有显著的负向作用。综上所述，有调节的中介效应模型成立。

以模型（2）为例，当没有医疗保险时，健康冲击通过家庭自付医疗支出影响家庭的教育支出的间接效应为2.82%，总效应为39.90%，中介效应为7.08%。当家庭被医疗保险覆盖时，健康冲击通过家庭自付医疗支出影响教育支出的条件间接效应为2.06%，总效应为39.14%，受医疗保险调节的中介效应为5.27%。因此，对比两种中介效应可得，医疗保险的覆盖使得健康冲击对家庭的衣着支出的影响降低了1.81个百分点。模型（3）和模型（4）以家庭的教育支出和娱乐支出为被解释变量，得出的结论与模型（2）中的家庭的衣着支出相似，这里不再赘述。

表4-23 医疗保险调节下健康冲击对家庭消费的影响

	模型（1）		模型（2）		模型（3）		模型（4）	
	ln_*medcial_c*		ln_*cloth_c*		ln_*edu_c*		ln_*enter_c*	
HS	1.7756***	（0.0505）	−0.3708***	（0.0559）	−0.3417***	（0.0851）	−0.4299***	（0.0744）
ln_*medcial_c*			−0.0159**	（0.0063）	−0.0402***	（0.0097）	−0.0346***	（0.0084）
medical_insur	7.3769***	（0.0282）	0.1348**	（0.0556）	−0.1145	（0.0854）	0.1822**	（0.0740）
HS×*medical_insur*	−0.4776***	（0.0699）	−0.0456	（0.0758）	−0.0128	（0.1166）	−0.1540	（0.1008）
中介效应			7.08%/5.27%		17.28%/13.25%		12.50%/9.46%	
控制变量	YES		YES		YES		YES	
N	13838		13838		13838		13838	

注：括号里报告的是稳健标准误，*、**、*** 分别表示在10%、5%和1%的统计水平上显著。

综上可得，医疗保险可以较大幅度降低家庭自付医疗支出，但在平滑健康冲击对家庭消费的影响上效果有限。并且，通过对比家庭自付医疗支出与家庭收入的中介效应可以发现，健康冲击对家庭消费的影响有很大一部分是由家庭劳动能力受损导致的收入降低造成的，而医疗保险所发挥的效应主要集中在缩减家庭自付医疗支出层面，这也在一定程度上解释了虽然我国医疗保险覆盖范围与报销比例不断扩大，但健康风险发生率、预防性储蓄率仍然高居不下的原因。

3.社会资本调节下健康冲击对家庭消费的影响路径

基于理论分析与模型构建，表4-24显示了社会资本调节下健康冲击对家庭消费的影响。从模型（1）~模型（3）可知，除家庭的教育支出外，虽然健康冲击（*HS*）和社会资本（*Social capital*）皆会显著改变家庭的消费结构，但其交互项（*HS* × *Social capital*）对家庭各项消费的影响均不显著。这说明在家庭遭遇健康冲击时，高投资的社会资本并没有在消费层面发挥风险分担效应，没有缓解健康冲击对家庭各项消费的影响。该结论与大部分研究认为社会资本具有一定风险分担作用的观点存在差异，其原因可能在于：近些年我国社会保障制度以及保险市场的快速发展和逐渐完善，导致社会资本发挥的非正规风险分担作用正在被不断发展的社会保障制度所取代。

为了进一步验证结论的稳健性，在模型（4）~模型（6）中进一步将社会资本（*Social capital*）按照其中位数进行划分，形成取值为0或1的虚拟变量高礼金支出（*H_ Social capital*）并且构建交互项（*HS* × *H_Social capital*），再次代入模型进行测算。结果显示交互项（*HS* × *H_Social capital*）系数依然在统计意义上不显著，调节效应模型同样不成立。

表4-24 社会资本调节下健康冲击对家庭消费的影响

	模型（1）	模型（2）	模型（3）	模型（4）	模型（5）	模型（6）
	ln_*edu_c*	ln_*enter_c*	ln_*cloth_c*	ln_*edu_c*	ln_*enter_c*	ln_*cloth_c*
HS	−0.3079*** （0.0596）	−0.4073*** （0.0385）	−0.7133*** （0.0511）	−0.3114*** （0.0599）	−0.4128*** （0.0387）	−0.6916*** （0.0515）
Social capital	0.0057 （0.0057）	0.0655*** （0.0037）	0.0888*** （0.0049）			
HS × *Social capital*	−0.0445 （0.0731）	0.0101 （0.0472）	−0.0725 （0.0626）			

续表

	模型（1）	模型（2）	模型（3）	模型（4）	模型（5）	模型（6）
	ln_*edu_c*	ln_*enter_c*	ln_*cloth_c*	ln_*edu_c*	ln_*enter_c*	ln_*cloth_c*
H_ Social capital				0.2960*** （0.0429）	0.4783*** （0.0277）	0.5636*** （0.0368）
HS×*H_Social capital*				–0.1913 （0.1423）	–0.1036 （0.0919）	0.0847 （0.1222）
控制变量	YES	YES	YES	YES	YES	YES
N	13838	13838	13838	13838	13838	13838

注：括号里报告的是稳健标准误，*、**、***分别表示在10%、5%和1%的统计水平上显著。

第三节 乡村振兴现状评估

“十四五”时期是全面推进乡村振兴、推动农业农村高质量发展的关键时期。在此过程中，对脱贫地区乡村发展的现状，特别是制约其发展的瓶颈问题进行系统评估，是巩固脱贫攻坚成果的必然要求。为此，本节将乡村振兴战略与资源禀赋理论有机结合，以乡村发展目标与禀赋差异为逻辑起点，采取“发展现状—禀赋基础”综合评价法对宁夏银川市的西夏区、贺兰县以及永宁县3个县（区）的乡村发展状况，即乡村振兴现状，进行实证研究。

一 数据采集与问卷情况

（一）数据采集

研究采用的基础数据主要包括三个方面的数据。

（1）2010～2019年宁夏县（区）界及土地利用数据。基础数据来源于国家测绘局提供的1：25万地形数据；2010年、2019年宁夏土地利用数据来源于自然资源部信息中心和地理空间数据云。

（2）2010～2019年宁夏统计年鉴数据。数据来源于《宁夏统计年鉴》

（2010~2019年）、《宁夏国民经济和社会发展统计公报》（2011~2019年）、《2019宁夏生态环境状况公报》等公开资料以及各城市、县（区）国民经济和社会发展统计公报。其中，涉及村级层面的主要社会经济指标数据，如村集体经济收入、人均耕地面积、村内合作社数量、村庄总人口、流出人口、人均纯收入等均来源于实证调查的访谈和问卷数据。

（3）道路交通及其他数据。道路交通数据来源于Open Street Map（2019年），包括国道、省道、县道、铁路、其他道路等交通数据；其他的宁夏POI（Point of Interest）数据集来源于高德地图。

（二）问卷情况

1.抽样过程

调查采用分层抽样与随机抽样相结合、村级（行政村）层面抽样与户级（个体农户）层面抽样相结合的方式，在宁夏银川市共抽取3个县（区）9个行政村340个农户作为样本。其中，行政村的选取是根据95%的置信水平与3%的误差比例进行的分层抽样；村级（行政村）层面抽样是针对熟悉本村整体情况的村委会干部进行问卷调查，主要为了获取本村总面积、全村户籍人口数、总人口数、村集体经济收入、人均纯收入、村党支部党员数、村干部专科及以上学历占比等指标数据；户级（个体农户）层面抽样是针对农户进行问卷调查，主要为了获取农户家庭基本信息、家庭物质资本、家庭收入结构、家庭种养结构、各类主观意见等指标数据。具体的样本抽取过程主要有以下四个阶段。

第一阶段为研究区域的确定。银川市作为宁夏的首府，处于宁夏平原核心区，灌溉水源丰富，种植业、养殖业发达，农业优势明显；交通便利，旅游文化资源独特，近几年国家对宁夏进行了战略性重点建设，银川市的农业潜力和发展水平得到进一步释放和提升。第二阶段为县抽乡镇。根据银川市农业农村局公布的相关数据，银川市发展较好的乡村主要分布在西夏区、贺兰县、永宁县等，因此在综合考虑宁夏首批“实施乡村振兴战略示范县”的基础上，选取村庄发展较好的乡镇作为研究单元。第三阶段为乡镇抽村庄。根据县域各乡镇地形地貌、自然本底以及行政村的地理区位、社会经济发展水平等因素，选取9个行政村为村域单元。第四阶段为村庄抽户。在选定的村进行人口加权随机抽样，即村中人口越多所抽取的农户数量也越多。样本抽取结果如表4–25所示。

表4–25　样本抽取结果

地级市	县（区）	调查乡镇	调查村庄
银川市	西夏区	镇北堡镇	德林村
			团结村
			华西村
		兴泾镇	十里铺村
		贺兰山西路街道	同阳新村
	贺兰县	南梁台子	隆源村
			铁西村
			铁东村
	永宁县	闽宁镇	原隆村

2.问卷基本情况

通过分层抽样与随机抽样相结合、村级（行政村）抽样与户级（个体农户）抽样相结合的方式，选出9个典型村域，并通过与村干部、农户等相关人员进行半开放结构式访谈获取原始数据。在多次讨论、修改并通过预调研验证后，最终确定了村级与户级2套关联紧密的调研问卷。借助SPSS25.0统计软件，对调研问卷所获数据进行信度和效度检验，分别得到Alpha信度系数为0.833、KMO值为0.861，其中Alpha信度系数与KMO值取值范围均为[0, 1]，且越接近1表明数据质量越高，因此两个结果均通过检验。

此外，本次调查共发放行政村基本情况问卷（村级问卷）9份，回收9份，有效回收率为100%；发放农户调研问卷（户级问卷）450份，回收440份，有效回收率为97.78%。有效参与问卷调查的总人数为1742人。其中，在男女比例方面，男性有954人，占比为54.76%，女性有788人，占比为45.24%；在年龄结构方面，35岁以下有833人，占比为47.82%，35～65岁有753人，占比为43.23%，65岁以上有156人，占比为8.96%；在学历水平方面，高中及以上有535人，占比为30.71%，初中有378人，占比为21.70%，小学有418人，占比为24.00%，文盲、半文盲有411人，占比为23.59%。基本信息描述结果如图4-7所示。

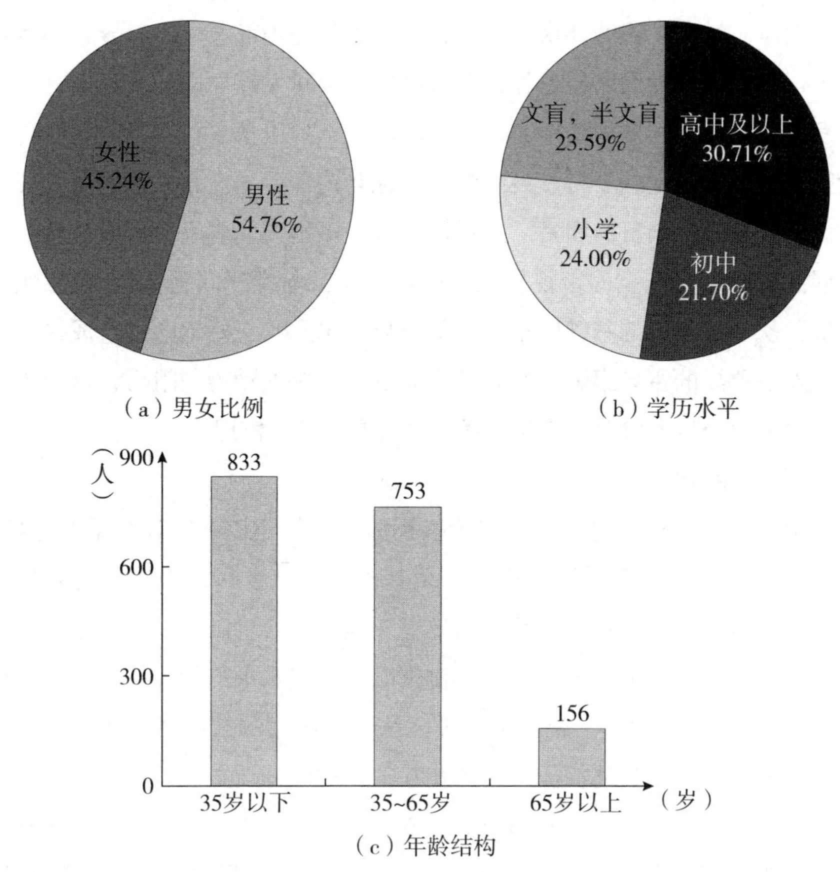

图4-7　样本村问卷基本信息描述结果

二　乡村发展综合评价思路

从系统科学的角度而言，自然村是一个由人（农户）、地（土地）、产（产业）、城（城镇）、治理（基层治理）和环境（人居环境）等诸多要素通过交互作用构成的复杂开放系统，其发展历程和水平也在区域外部环境（系统外）及内部本底条件（系统内）的综合作用下呈现迥异的特征。所以，乡村高质量发展在结果上表现为产业结构的升级、人居环境的改善、移风易俗的推进、治理能力的提高、生活水平的提高，在内生动力上表现为人、地、产等诸多禀赋要素的不断重组与优化。综上，本节着眼于乡村振兴战略对村庄发展的要求与影响，兼顾由村庄内部禀赋差异导致的乡村主体行为与未来发展路径差异，在遵循服务乡村发展原则的基础上，以乡村发展目标与禀赋差异两个方面为逻辑起点，提出从乡村发展度与乡村禀赋度两个方面来把握乡村发展的整体特征与内部差异。其中“乡村发展度评价”从乡村发展目标因素（乡村振兴战略）出发，立足于研究区域村庄发展的实际情况，全面审视村庄发展现状特征与实际问题；“乡村禀赋度评价”从乡村发展的基础因素（禀赋差异）出发，更好地甄别造成村庄分化、发展差异的主导禀赋，并判别不同乡村发展的动力与阻力，进而为村庄的类型划分与乡村振兴路径选择提供重要的参考依据。

研究思路如下。

第一步，进行乡村发展度评价指标体系的构建以及实证结果的分析。在国内现行的乡村发展评价指标体系基础上，从乡村振兴战略总要求出发，结合研究区域乡村的自然地理环境、经济社会基础等发展实际，从五个方面入手，构建适宜评价宁夏乡村现阶段发展水平的指标体系。运用熵权TOPSIS法、雷达图、聚类算法等方法，系统性测算各村整体和内部各系统的发展程度与表现特征，并在此基础上对综合结果进行水平分级。

第二步，进行乡村禀赋度评价指标体系的构建以及实证结果的分析。在乡村发展度指标选取的基础上，综合考虑资源禀赋理论、分类理论以及禀赋与乡村振兴战略之间的关系，选取与乡村振兴密切相关且符合研究区域资源禀赋现状的指标，构建乡村禀赋度评价指标体系，采用综合指数法（权重采用熵权法）等方法从村级尺度对研究区域的区位条件、生态环境、社会经济、民族文化、区域政策倾斜等禀赋进行综合评价和等级划分。

第三步，基于“两度”评价结果与禀赋差异进行村庄发展类型划分及识别。禀赋差异是村庄分类逻辑的起点，因此，首先基于乡村发展度与乡村禀赋度两方面的整体评价结果，对乡村发展度等级与乡村禀赋度等级进行交叉组合，划分出4种一级村庄发展类型。其次，深入分析乡村禀赋度评价体指标系中的城镇辐射禀赋、产业资源禀赋、环境质量禀赋，采用三维空间组合方法进一步构建覆盖目标区域禀赋特征的二级发展类型概念模型图。最后，结合分类识别技术流程与专家征询的方法，细分出村庄二级发展类型，并根据评价结果与调研实际对不同发展类型的村庄及特征进行归纳。

三 乡村发展度评价指标体系的构建

指标选取遵循科学性、系统性、可比性、可操作性等原则，从宁夏农村发展实际情况出发，在国内现行的乡村发展评价指标体系基础上，参考《全国农业现代化规划（2016–2020年）》、乡村振兴战略的总要求及《中共中央关于制定国民经济和社会发展第十四个五年规划和二〇三五年远景目标的建议》所强调的经济社会发展和改革开放的几个重点领域，设置产业系统、生态系统、文化系统、组织系统与生活系统5个一级指标，13个二级和30个三级指标来表征现阶段乡村发展状况以及判断乡村未来发展演变趋势（见表4–26）。指标设置力求符合宁夏现阶段乡村发展实际，同时又能与其他少数民族地区乡村发展水平作横向对比。

表4–26 乡村发展度评价指标体系的指标设置

<table>
<tr><th>一级指标</th><th>二级指标</th><th>三级指标</th><th>量化方法</th><th>属性</th></tr>
<tr><td rowspan="6">产业系统A</td><td rowspan="3">农村产业结构A_1</td><td>种植业发展水平A_{11}（%）</td><td>以种植业收入为主的农户占比</td><td>–</td></tr>
<tr><td>养殖业发展水平A_{12}（%）</td><td>以养殖业收入为主的农户占比</td><td>+</td></tr>
<tr><td>劳动力就业水平A_{13}（%）</td><td>以非农收入为主的农户占比</td><td>+</td></tr>
<tr><td rowspan="3">农业现代化水平A_2</td><td>特色产业发展水平A_{21}（%）</td><td>以从事特色产业收入为主的农户占比</td><td>+</td></tr>
<tr><td>农村组织化水平A_{22}（%）</td><td>加入农业专业合作社的农户数量占比</td><td>+</td></tr>
<tr><td>农业信息化水平A_{23}（%）</td><td>农村互联网普及率</td><td>+</td></tr>
</table>

续表

一级指标	二级指标	三级指标	量化方法	属性
生态系统 B	农村生活环境 B_1	农村绿化覆盖率 B_{11}（%）	村绿化用地面积/村总面积	+
		农村卫生厕所普及率 B_{12}（%）	享有卫生厕所户数占比	+
		农村非清洁取暖率 B_{13}（%）	冬天使用煤炭等非清洁能源取暖农户占比	–
	农村人文环境 B_2	生活垃圾分类治理水平 B_{21}（%）▲	统计数据	+
		农村每千人卫生人员数 B_{22}（名）	统计数据	+
		新型农村合作医疗参合率 B_{23}（%）	统计数据	+
文化系统 C	家风文化 C_1	农村人口受教育程度 C_{11}（%）	农村人口中高中及以上学历占比	+
		教育文化娱乐支出占比 C_{12}（%）	统计数据	+
	民风文化 C_2	村规民约普及率 C_{21}（%）	统计数据	+
		人情支出占家庭支出比重 C_{22}（%）	统计数据	–
	乡风文化 C_3	村文化活动场所 C_{31}（个）	统计数据	+
		举办文化习俗表演次数 C_{32}（次）	村年均举办文化习俗表演次数	+
组织系统 D	民主自治实践 D_1	村委会成员获专科及以上学历占比 D_{11}（%）	统计数据	+
		农村居民乡村治理参与次数 D_{12}（次）	统计数据	+
	乡村综合治理能力 D_2	弱势群体关照覆盖度 D_{21}（%）	（低保户数量+五保户数量）/总户籍人口数	+
		农村宅基地颁证进度 D_{22}（%）	确权但无产权证农户占比	+
	农村居民满意程度 D_3▲	农村居民治安满意度 D_{31}（%）▲	统计数据	+
		对村委会各项工作满意度 D_{32}（%）▲	统计数据	+
		农村居民幸福度 D_{33}（%）▲	统计数据	+
生活系统 E	农村居民收入水平 E_1	农村居民人均可支配收入 E_{11}（元）	统计数据	+
	农村居民生活质量 E_2	农村居民户均消费水平 E_{21}（元）	统计数据	–
		农村家庭恩格尔系数 E_{22}（%）	农户食品支出/家庭总支出	+
		每百户私家车拥有量 E_{23}（辆）	统计数据	+
	城乡发展均衡程度 E_3	城乡居民收入比 E_{31}	统计数据	–

注：属性“+”“–”指的是指标值与乡村振兴的关系，“+”表示指标为正向指标，“–”表示指标为负向指标；标注“▲”的为主观评价指标，其他为客观评价指标。

（一）产业系统

经济建设与产业发展一直是乡村发展的中心和重点，因此选取农村产业结构、农业现代化水平两个二级指标来反映乡村的产业发展现状。

从村级层面来讲，产业高质量发展要求作为基础产业的农业实现高质量发展，具体可从两个方面来判断：①农村产业结构，即种植业、养殖业、劳动力发展水平，分别用种植业发展水平、养殖业发展水平、劳动力就业水平来反映，需要说明的是，养殖业虽属第一产业，但相较于成本高、利润低的种植业，养殖业农户在有政府补贴的情况下收益较高，因此养殖业发展水平指标属性为正向；②农村现代化水平，主要指特色产业发展、农村组织化、农业信息化方面的水平，可用加入农业专业合作社的农户数量占比、农村互联网普及率等数据来进行量化。

（二）生态系统

生态文明与生态环境是乡村发展的支撑和关键，为此设置农村生活环境与农村人文环境两个二级指标来反映乡村生态系统发展现状。

从村级层面而言：①在生活环境方面，改善农村人居环境、建设美丽宜居农村的程度，最能直观反映乡村发展和环境水平，故选取农村绿化覆盖率、农村卫生厕所普及率以及农村非清洁取暖率三个指标，其中农村非清洁取暖率用冬天使用煤炭等非清洁能源取暖农户占比来衡量；②在人文环境方面，健全的基层服务体系与社会保障体系可显著提高村民居住水平，故选取生活垃圾分类治理水平、农村每千人卫生人员数和新型农村合作医疗参合率三个指标来体现人文环境水平。

（三）文化系统

文化建设与文化传承是乡村发展的灵魂和动力，为此设置家风文化、民风文化、乡风文化三个二级指标，从精神文明层面评价乡村文化水平。

从村级层面而言：①家风文化方面，乡村文明的发展要以农村思想道德建设、农民思想道德素质提升为着力点，但由于农村思想道德建设水平难以度量，因此用农村人口受教育程度、教育文化娱乐支出占比指标进行间接反映；②民风文化方面，淳朴民风的发展要以探索建设乡村道德励志机制为契机，故选择村规民约普及率、人情支出占家庭支出比重两个指标来表现；③乡风文化方面，传承良好的乡风需要以农村公共文化服务体系建设为载体，不断增加公共文化产品和服务的供给，因而选择举办文化习俗表演次数、村文化活动场所两个指标来衡量。

（四）组织系统

政治建设与基层组织是乡村发展的保障和基础，为此设置民主自治实践、乡村综合治理能力和农村居民满意程度三个二级指标，从治理体系和治理成效两个方面衡量乡村组织能力与治理水平。

从村级层面而言：①民主自治实践方面，选用村委会成员获专科及以上学历占比指标来反映农村基层党组织的政治功能与组织能力，选用农村居民乡村治理参与次数指标来反映多元主体的协同共治水平；②乡村综合治理能力方面，选用弱势群体关照覆盖度、农村宅基地颁证进度两个指标来反映村庄综合治理水平的发展现状；③农村居民满意程度方面，农村居民的满意程度最能体现乡村治理水平，因此选择农村居民治安满意度、对村委会各项工作满意度和农村居民幸福度三个指标来反映。

（五）生活系统

社会建设与生活富裕是乡村发展的条件和根本。为此设置农村居民收入水平、农村居民生活质量、城乡发展均衡程度三个二级指标，从乡村发展根本目的层面来评价乡村生活水平。

从村级层面而言：①农村居民收入水平方面，利用农村居民人均可支配收入指标来衡量农民生活富裕程度；②农村居民生活质量方面，通过农村居民户均消费水平、农村家庭恩格尔系数两个指标直接说明农村居民生活质量状况，选用每百户私家车拥有量指标间接反映农村居民生活质量；③城乡发展均衡程度方面，选用城乡居民收入比来反映乡村在推动统筹城乡发展、缩小城乡发展差距方面的现状。

所选取的5个系统30个三级指标有以下特点。

①结果评价与过程评价相结合。实现乡村发展、最终达到乡村振兴，既是一个长期动态的建设过程，又是通过实施相关政策要达到的一个目标和结果。将乡村各方面发展现状与乡村振兴战略的总要求相结合设置的 5 个一级指标，侧重对乡村发展总体水平与特征加以评价；从坚持农业农村优先发展和农业现代化发展出发设置的13个二级指标，侧重对乡村发展过程与程度进行评价。这使得结果评价与过程评价有机结合，体现了乡村发展度评价指标体系的综合性。

②客观评价与主观评价相结合。已有的相关研究均选择可直接获取数据的定量指标展开客观评价，而笔者选择以客观评价指标为主，同时设置了部分主观评价指标（在表4-26中用“▲”标示）。在二级指标层次上，设置了1个主观评价指标；在三级指标层次上，设置了4个主观评价指标。对于主观评价指标得分的确定，一是邀请专家和农村基层干部开展基于客观事实的主观判断与评价；二是利用实证调查数据，综合考察农村居民的获得感、幸福感和安全感。将客观评价与主观评价指标相结合可以克服某些指标难以精准定量评价的局限性，有助于增强乡村发展度评价指标体系的科学性。

四　乡村发展度评价方法

本部分着眼于县（区）尺度，基于微观农户视角，选取有限方案多目标决策分析中常用的熵权TOPSIS法，先利用熵权法来确定评价指标的权重，在此基础上，通过TOPSIS 法利用逼近理想解的技术确定评价对象的排序。熵权法利用评价指标的固有信息来判别指标的效用价值，可以有效消除主观因素的影响，主要步骤如下。

构建原始评价矩阵：

$$X = (x_{ij})_{m \times n}$$

对原始评价矩阵进行标准化处理，其基本原理是用评价指标的实际值与该指标最低值之差除以该指标的极差，得到标准化矩阵Z。

根据熵的定义，确定评价指标的熵 e_j：

$$e_j = -k\sum_{i=1}^{m}\left[(z_{ij}\Big/\sum_{i=1}^{m} z_{ij}) \times \ln(z_{ij}\Big/\sum_{i=1}^{m} z_{ij})\right] \qquad \text{公式（4–26）}$$

其中，$k=1/\ln m$。

采用熵权法确定评价指标的熵权 ω_j：

$$\omega_j = (1-e_j)\Big/\sum_{j=1}^{n}(1-e_j) \qquad \text{公式（4–27）}$$

求出各指标加权矩阵，$R=(r_{ij})_{m\times n}$：

$$R=\begin{bmatrix} r_{11} & \cdots & r_{1n} \\ \vdots & & \vdots \\ r_{m1} & \cdots & r_{mn} \end{bmatrix} = \begin{bmatrix} z_{11}\cdot\omega_1 & \cdots & z_{1n}\cdot\omega_1 \\ \vdots & & \vdots \\ z_{m1}\cdot\omega_j & \cdots & z_{mn}\cdot\omega_j \end{bmatrix} \qquad \text{公式（4–28）}$$

根据熵权法求出的加权矩阵 R，确定正理想解 S_j^+ 和负理想解 S_j^-：

$$S_j^+ = \left\{\max_{1\le j\le m} r_{ij} \,\middle|\, j=1,2,\cdots,m\right\} = \left\{s_1^+, s_2^+, \cdots, s_m^+\right\} \qquad \text{公式（4–29）}$$

$$S_j^- = \left\{\min_{1\le j\le m} r_{ij} \,\middle|\, j=1,2,\cdots,m\right\} = \left\{s_1^-, s_2^-, \cdots, s_m^-\right\} \qquad \text{公式（4–30）}$$

计算评价向量与 S_j^+、S_j^- 的距离 sep_i^+、sep_i^-：

$$sep_i^+ = \sqrt{\sum_{j=1}^{m}(s_j^+ - r_{ij})^2} \qquad \text{公式（4–31）}$$

$$sep_i^- = \sqrt{\sum_{j=1}^{m}(r_{ij} - s_j^-)^2} \qquad \text{公式（4–32）}$$

计算评价目标与理想解的相对贴近度（即乡村发展度得分）：

$$C_i = \frac{sep_i^-}{sep_i^+ + sep_i^-} \qquad \text{公式（4–33）}$$

其中，$C_i\in[0,1]$，且 C_i 越大，得分越高，乡村发展水平越好，反之则表明乡村发展水平越低。

五 乡村发展度实证结果与特征分析

（一）计算过程

使用MATLAB_R2017b软件对2020年调查所获得的2019年原始数据进行处理，先对原始评价指标值（见表4-27）进行标准化处理（见表4-28），再根据公式（4-26）和公式（4-27）计算出3个县（区）乡村发展度各评价指标权重（见表4-29）。

表4-27 样本村庄原始评价矩阵指标值

指标	德林村	华西村	团结村	十里铺村	隆源村	铁西村	铁东村	同阳新村	原隆村
A_{11}（%）	13.33	18.64	25.00	34.63	18.75	19.05	15.56	11.11	36.78
A_{12}（%）	5.00	1.69	2.78	0.00	0.10	8.38	28.89	0.00	15.20
A_{13}（%）	81.67	77.97	72.22	85.37	81.25	78.57	54.54	88.89	93.22
A_{21}（%）	38.70	15.15	4.50	9.00	3.24	3.45	5.99	44.10	72.00
A_{22}（%）	3.33	1.69	5.56	4.76	4.17	2.38	2.27	11.11	18.64
A_{23}（%）	63.33	72.88	66.67	70.73	77.08	69.05	61.36	73.33	83.05
B_{11}（%）	7.31	9.68	6.91	9.29	18.55	3.25	6.32	17.28	12.50
B_{12}（%）	58.33	58.32	66.10	97.56	85.42	35.71	61.36	86.67	94.92
B_{13}（%）	86.67	86.44	97.22	90.24	95.83	97.62	84.09	88.89	94.92
B_{21}（%）	41.67	50.85	61.11	56.10	52.08	14.29	45.45	28.89	49.15
B_{22}（名）	2.00	2.00	2.00	2.00	1.00	2.00	3.00	1.00	5.00
B_{23}（%）	90.00	93.22	94.44	95.12	95.83	97.62	90.91	97.78	96.61
C_{11}（%）	34.55	31.82	32.39	32.04	31.19	26.47	27.91	29.41	28.81
C_{12}（%）	17.10	11.28	9.55	16.78	8.07	11.16	19.71	13.40	8.66
C_{21}（%）	50.00	63.89	49.15	46.34	47.92	33.33	45.45	44.44	55.93
C_{22}（%）	5.85	8.21	5.87	10.70	6.56	16.73	19.12	10.58	10.85
C_{31}（个）	1.00	1.00	1.00	1.00	1.00	1.00	1.00	1.00	1.00
C_{32}（次）	7.00	4.00	10.00	8.00	14.00	20.00	3.00	48.00	36.00
D_{11}（%）	100.00	57.14	40.00	83.33	100.00	100.00	100.00	85.71	100.00
D_{12}（次）	0.68	0.88	1.06	0.73	1.46	0.50	0.79	1.51	1.90

续表

指标	德林村	华西村	团结村	十里铺村	隆源村	铁西村	铁东村	同阳新村	原隆村
D_{21}（%）	0.92	1.33	6.93	2.74	35.25	7.66	13.08	13.62	3.82
D_{22}（%）	84.38	54.10	38.89	19.05	16.33	16.67	26.09	91.11	84.75
D_{31}（%）	86.67	81.36	94.44	92.68	93.75	78.57	90.91	82.22	94.92
D_{32}（%）	78.33	71.19	75.00	51.22	68.75	61.90	54.55	60.00	74.58
D_{33}（%）	91.67	84.75	83.33	75.61	89.58	78.57	65.91	66.67	62.71
E_{11}（元）	7817.59	7351.17	9012.15	8655.53	8343.17	8790.87	11022.42	7334.74	9097.12
E_{21}（元）	28039.09	8895.71	6864.48	31007.11	11383.97	13644.74	14632.42	6631.49	11033.00
E_{22}（%）	21.12	35.73	36.16	25.62	38.87	27.77	15.67	25.86	29.90
E_{23}（辆）	23.33	10.85	29.44	16.10	8.75	21.91	14.55	12.22	7.12
E_{31}	1.86	1.98	1.62	1.68	2.77	2.63	2.10	3.16	1.88

资料来源：问卷调查。

表4-28　样本村庄标准化处理后的指标值

指标	德林村	华西村	团结村	十里铺村	隆源村	铁西村	铁东村	同阳新村	原隆村
A_{11}(%)	0.193	0.270	0.362	0.501	0.271	0.275	0.225	0.161	0.532
A_{12}(%)	0.140	0.048	0.078	0.000	0.280	0.235	0.810	0.000	0.426
A_{13}(%)	0.340	0.325	0.301	0.356	0.339	0.327	0.227	0.370	0.388
A_{21}(%)	0.408	0.160	0.047	0.095	0.034	0.036	0.063	0.464	0.758
A_{22}(%)	0.140	0.071	0.233	0.200	0.175	0.100	0.095	0.467	0.783
A_{23}(%)	0.297	0.342	0.312	0.332	0.361	0.324	0.288	0.344	0.389
B_{11}(%)	0.217	0.288	0.205	0.276	0.552	0.097	0.188	0.514	0.372
B_{12}(%)	0.262	0.262	0.297	0.438	0.384	0.160	0.276	0.389	0.426
B_{13}(%)	0.459	0.469	0.017	0.309	0.075	0.000	0.567	0.366	0.113
B_{21}(%)	0.299	0.365	0.438	0.402	0.374	0.102	0.326	0.207	0.353
B_{22}(名)	0.267	0.267	0.267	0.267	0.134	0.267	0.401	0.134	0.668
B_{23}(%)	0.317	0.328	0.333	0.335	0.337	0.344	0.320	0.344	0.340
C_{11}(%)	0.393	0.362	0.368	0.364	0.355	0.317	0.335	0.328	0.011
C_{12}(%)	0.424	0.280	0.237	0.416	0.200	0.277	0.489	0.332	0.215
C_{21}(%)	0.339	0.434	0.333	0.314	0.325	0.226	0.308	0.302	0.379

续表

指标	德林村	华西村	团结村	十里铺村	隆源村	铁西村	铁东村	同阳新村	原隆村
C_{22}(%)	0.456	0.375	0.455	0.290	0.432	0.082	0.000	0.294	0.284
C_{31}(个)	0.333	0.333	0.333	0.333	0.333	0.333	0.333	0.333	0.333
C_{32}(次)	0.105	0.060	0.150	0.120	0.210	0.300	0.045	0.721	0.541
D_{11}(%)	0.380	0.217	0.152	0.317	0.380	0.380	0.380	0.326	0.380
D_{12}(次)	0.199	0.257	0.308	0.213	0.425	0.146	0.230	0.440	0.553
D_{21}(%)	0.022	0.032	0.167	0.066	0.847	0.184	0.314	0.328	0.092
D_{22}(%)	0.499	0.320	0.230	0.113	0.097	0.099	0.154	0.538	0.501
D_{31}(%)	0.326	0.306	0.355	0.349	0.353	0.296	0.342	0.309	0.357
D_{32}(%)	0.391	0.355	0.374	0.256	0.343	0.309	0.272	0.299	0.372
D_{33}(%)	0.390	0.361	0.355	0.322	0.381	0.335	0.281	0.284	0.267
E_{11}(元)	0.301	0.283	0.347	0.333	0.321	0.338	0.424	0.282	0.350
E_{21}(元)	0.553	0.175	0.135	0.612	0.225	0.269	0.289	0.131	0.218
E_{22}(%)	0.471	0.083	0.072	0.352	0.000	0.295	0.616	0.345	0.238
E_{23}(辆)	0.444	0.207	0.561	0.307	0.167	0.417	0.277	0.233	0.136
E_{31}	0.394	0.358	0.470	0.449	0.116	0.160	0.322	0.000	0.388

表4-29 宁夏3个县（区）乡村发展度各评价指标权重

指标	A_{11}	A_{12}	A_{13}	A_{21}	A_{22}	A_{23}	B_{11}	B_{12}	B_{13}	B_{21}
权重	0.017	0.131	0.002	0.114	0.070	0.001	0.025	0.009	0.085	0.013
指标	B_{22}	B_{23}	C_{11}	C_{12}	C_{21}	C_{22}	C_{31}	C_{32}	D_{11}	D_{12}
权重	0.026	0.001	0.023	0.010	0.003	0.044	0.001	0.078	0.008	0.019
指标	D_{21}	D_{22}	D_{31}	D_{32}	D_{33}	E_{11}	E_{21}	E_{22}	E_{23}	E_{31}
权重	0.106	0.044	0.001	0.002	0.002	0.065	0.002	0.033	0.021	0.044

根据得到的加权规范化评价矩阵R，由公式（4–29）和公式（4–30）进行正、负理想解的确定，再通过公式（4–31）和公式（4–32）得出宁夏3个县（区）9个村庄的乡村发展度与正、负理想解的距离（见表4–30）。最后依据宁夏3个县（区）9个村庄的乡村发展度与正、负理想解的距离，

通过公式（4–33）得到宁夏3个县（区）9个村庄的乡村发展度得分及排名（见表4–31）。

表4–30　宁夏3个县（区）9个村庄的乡村发展度与正、负理想解的距离

村庄名	sep_i^-	sep_i^+	村庄名	sep_i^-	sep_i^+
德林村	0.298	0.468	铁西村	0.167	0.520
华西村	0.204	0.546	铁东村	0.400	0.431
团结村	0.190	0.539	同阳新村	0.345	0.415
十里铺村	0.219	0.532	原隆村	0.422	0.354
隆源村	0.327	0.470			

表4–31　宁夏3个县（区）9个村庄的乡村发展度得分及排名

	总得分	排名	各子系统得分									
			产业系统	排名	生态系统	排名	文化系统	排名	组织系统	排名	生活系统	排名
永宁县–原隆村	0.544	1	0.754	1	0.446	6	0.525	2	0.453	3	0.769	1
贺兰县–铁东村	0.482	2	0.438	2	0.335	7	0.486	5	0.341	5	0.620	3
西夏区–同阳新村	0.454	3	0.379	3	0.543	4	0.752	1	0.535	2	0.670	2
贺兰县–隆源村	0.410	4	0.236	6	0.698	1	0.494	4	0.664	1	0.148	9
西夏区–德林村	0.389	5	0.143	9	0.600	3	0.509	3	0.358	4	0.468	4
西夏区–十里铺村	0.292	6	0.247	5	0.494	5	0.448	6	0.171	9	0.308	8
西夏区–华西村	0.271	7	0.286	4	0.632	2	0.445	7	0.243	8	0.322	7
西夏区–团结村	0.261	8	0.193	8	0.212	8	0.348	9	0.268	6	0.401	6
贺兰县–铁西村	0.244	9	0.194	7	0.099	9	0.393	8	0.245	7	0.441	5
均值	0.372	–	0.319	–	0.451	–	0.489	–	0.364	–	0.461	–
变异系数（%）	29.36	–	58.92	–	44.40	–	23.27	–	41.05	–	42.60	–

注：各子系统数值特征统计不考虑缺失值；乡村发展度总得分与各子系统得分均为标准化值，故总得分（总贴近度）不等于各子系统得分（贴近度）之和。

（二）乡村发展度总得分及特征分析

基于实地调研、问卷调查和当地相关统计数据，进行9个村庄的评价研究，并针对9个村庄2019年的乡村发展度评价结果，分别按照乡村发展度总得分（总贴近度）和5个子系统得分（子贴近度）进行排名。

根据表4-31给出的乡村发展度得分及排名情况，总体而言，相关指标得分以及各县（区）的发展水平符合直观感受（以2019年各地区农村居民可支配收入作为参考），这在一定程度上表明了指标体系的科学性和合理性。2019年宁夏3个县（区）的乡村发展水平具有以下3个明显特征。

1.县区层面

3个县（区）的乡村发展水平总体偏低，发展不均衡性明显。首先，2019年宁夏3个县（区）的乡村发展度平均得分较低，尚未超过0.500，体现出实施乡村振兴的必要性。其次，具体到乡村发展度的5个子系统方面，得分由高到低依次为文化系统、生活系统、生态系统、组织系统、产业系统。其中，生活、生态、组织和产业系统均有较大提升空间，且这些系统的发展水平和文化系统之间还存在一定的差距。生态和产业两个系统得分相差约40%，这表明在当前经济结构转型与城乡劳动力加速流动的背景下，3个县（区）在5个子系统的发展上仍存在较大程度的不协调，甚至部分系统之间还存在一定程度的发展冲突。最后，3个县（区）的乡村发展度总得分排名前3的村庄分别是原隆村、铁东村、同阳新村，各县（区）占比相当；乡村发展度总得分排名后3的村庄分别是华西村、团结村和铁西村，其中有2个村庄属于西夏区。此外，排在前5位的村庄乡村发展度总得分超过均值0.372，最高得分为0.544，而排在后3位的村庄乡村发展度总得分均不足0.300，最低为0.244，最高得分是最低得分的2.2倍，表明3个县（区）的乡村发展存在明显的区域不均衡现象。

2.同一区域层面

区域内部乡村发展水平趋异。表4-32进一步给出了按同一区域不同乡镇计算的乡村发展度得分。可以看出南梁台子、贺兰山西路街道、闽宁镇地区的乡村发展度总得分均超过9个村庄的平均水平，各子系统的得分也基本上相对较好；而兴泾镇、镇北堡镇地区的乡村发展度总得分以及多个子系统的得分则远低于9个村庄的平均水平。此外，通过比较不同乡镇内部乡村发展度变异系数发现，同一乡镇内部乡村发展度总得分及各子系统得分存在不同程度的背离，这说明同一区域不同乡镇的乡村发展所存在的差异与其社会经济发展现状联系密切，也与各村庄所拥有的资源禀赋条件关系巨大。因此，要努力实现各地区乡村的全面发展，并避免在乡村振兴战略推进过程中出现“一刀切”现象。对5个乡镇的乡村发展度的分析，进一步凸显出进行乡村禀赋差异水平（禀赋度）评价的必要性和重要性。

表4–32　宁夏5个乡镇的乡村发展度得分

地区	乡镇	总得分	变异系数（%）	各子系统得分				
				产业系统	生态系统	文化系统	组织系统	生活系统
贺兰县	南梁台子	0.379	32.23	0.289	0.377	0.458	0.417	0.403
永宁县	闽宁镇	0.544	–	0.754	0.446	0.525	0.453	0.769
西夏区	兴泾镇	0.292	–	0.247	0.494	0.448	0.171	0.308
	镇北堡镇	0.307	23.19	0.207	0.481	0.434	0.290	0.397
	贺兰山西路街道	0.454	–	0.379	0.543	0.752	0.535	0.670

注：只涉及一个村庄的乡镇无法计算变异系数，故用“–”取代。

3. 村级层面

乡村发展度得分受县域扩散和极化效应影响明显，且不同村庄在5个子系统的发展水平上差异较大。乡村发展度总得分排名靠前的村庄，大多处于沿黄河城市带，在旅游示范区辐射范围内，离中心城市较近，其自身经济区位与地理区位条件较好，在发展过程中县域经济对其发展的支撑力较强，影响较大，这也是原隆村、同阳新村等村庄发展较好的原因。但值得注意的是，团结村与华西村也离中心城镇较近，但其乡村发展度总得分却排名靠后。究其原因，可能是由于近几年城镇化步伐加快，这些与城镇距离较近的村庄的人口逐渐向周边县域聚集，县域极化效应增强，村庄发展迟缓。此外，根据表4–31，各子系统得分的变异系数均超过20%，表明不同村庄在5个子系统的发展水平上差异较大，在产业系统上表现得尤为明显，变异系数达58.92%。实地调查发现，除个别村庄的产业有明确的发展规划并已初见规模外，其余大部分村庄的产业发展基本还处于无序状态，仍依托自身资源禀赋的常年积累和精准扶贫时期所打下的产业基础，产业发展处于起步阶段。综上所述，村庄发展应顺应各地区发展演变规律，抓住本地禀赋优势，合理优化布局，以求全面发展。与此同时，可以强化发展的多样性，尽可能实现地区间不同村庄的互学互促、协同联动，最大限度地挖掘各村庄的发展潜力，为实现乡村全面振兴奠定扎实基础。

综上分析，宁夏3个县（区）的乡村发展度按总贴近度排序，永宁县（0.544）、贺兰县（0.379）的得分略高于西夏区（0.333）。其中，永宁县得益于对口扶贫协作，对各项惠农政策的较好落实，得分最高，排名靠前；贺兰县得分略低的原因是该地区的乡村发展水平存在较为严重的两极分化现象，这说明要实现乡村高质量发展，应避免用“一刀切”的思路推进乡村振兴；西夏区得分最低是因为该地区的部分村庄地理位置欠佳、接受的区域中心城市辐射带动作用弱，这表明在制定乡村发展规划时，应把对邻近村有辐射带动作用的极核城市也纳入考虑范围，但也要警惕极化效应给村庄发展带来的负面影响。

（三）乡村发展度各子系统得分及特征分析

为了更直观地比较9个村庄在各子系统上的优势和劣势，根据表4–31的得分，通过雷达图（Radar Chart）和三维网格曲面图（Surf Plot）将各村的各子系统特点表征出来（见图4–8、图4–9）。其中，在三维网格曲面图中，x轴代表村庄代码（1=原隆村、2=铁东村、3=同阳新村、4=隆源村、5=德林村、6=十里铺村、7=华西村、8=团结村、9=铁西村），y轴代表乡村发展度子系统代码（1=产业系统、2=生态系统、3=文化系统、4=组织系统、5=生活系统），z轴代表评价得分，颜色越深，表示评价得分越低，颜色越浅，表示评价得分越高。结合样本村庄原始评价矩阵指标值，对样本村庄各子系统的指标表现及现状做具体分析。

1.产业系统表现

在农村产业结构方面，样本村庄种植业平均发展水平为21.43%，意味着大多数村庄仍有约1/4的农户以种植业收入为主，其中根据实地走访

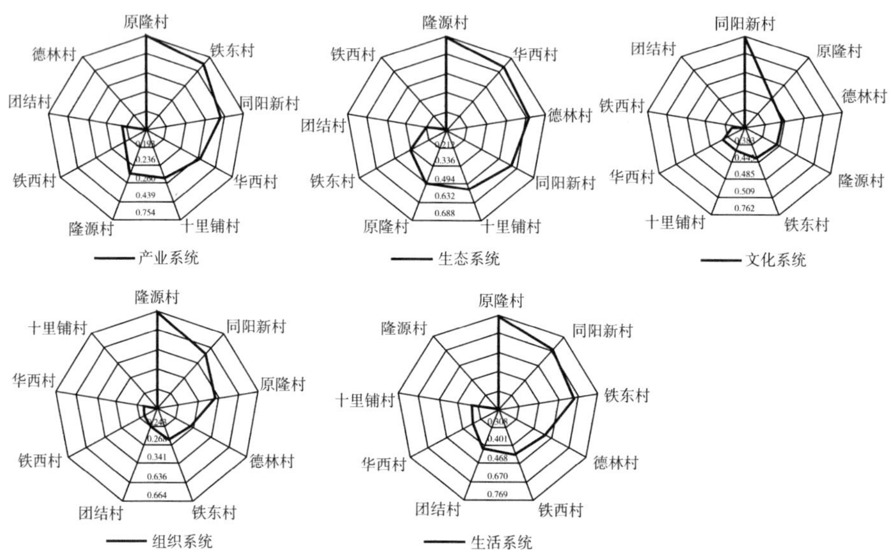

图4–8　样本村庄产业、生态、文化、组织、生活系统评价得分雷达图

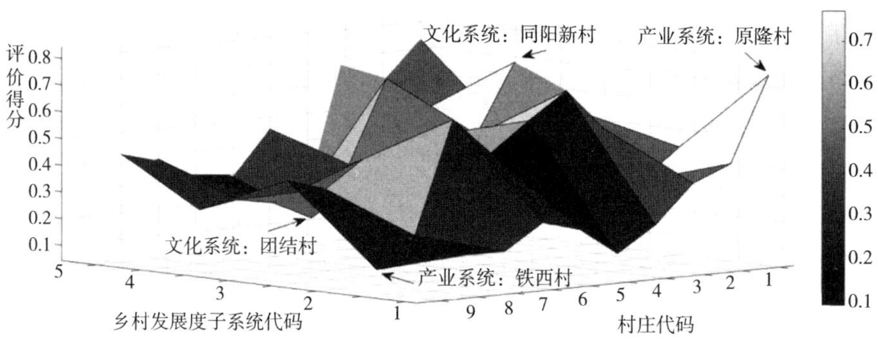

图4–9　样本村庄乡村发展度评价得分三维网格曲面图

发现，除贺兰县部分村庄的农户仍有自己的耕地外，西夏区和永宁县的大部分村庄已将农户耕地统一承包、集体流转。这与银川市政协委员提出的“关于加大开展农村土地托管力度的提案”[①]有关。两地的农村土地承包经

① 《关于对市政协十三届三次会议第004号提案的答复》，银川市西夏区人民政府网站，2019年10月30日，http：//www.ycxixia.gov.cn/zwgk/gkmenu/yajytabl/ycszxta/201910/t20191030_1818834.html。

营权确权登记颁证工作提前完成，不仅鼓励了村庄开展多种形式的土地适度规模经营，还增强了农业社会化服务水平，也让农户从土地流转项目中获得一份稳定收益（每户1200～1500元/年）。样本村庄劳动力平均就业水平达到79.29%，表明有超过3/4的农户以非农收入为主。经实地调查发现，样本村庄农户主要收入来源是在村庄附近做临时工，如去葡萄酒庄园、休闲基地、建筑工地等打工，这虽然有着工资高、技术要求低、时间灵活等优点，但弊端也很明显，做临时工具有不固定性和短时周期性，即农户一年只有夏、秋两季较忙，春、冬两季基本赋闲在家。在农业现代化水平方面，样本村庄特色产业平均发展水平为21.79%，表明3个县（区）在发展葡萄酒产业、现代养殖业、休闲农业、旅游观光等特色产业方面有一定成效，这对村集体经济增长、就业岗位增加和村民收入增加起到良好的带动作用。样本村庄农村组织化平均水平为5.99%，表明样本村庄农户入社比例偏低，经实地走访发现，农业专业合作社的数量激增（除华西村外，其余样本村庄均有1～2个农业专业合作社，部分村庄有多个，如十里铺村有4个、铁西村有9个），但其组织规模小、行业发展不均衡、社员收益少，多种原因导致农民参与度低、积极性也不高。农业信息化水平指标的样本村庄均值为70.83%，这说明了移动电话、计算机等多种终端在农村的普及率较高，也表明农户有用这些设备在网上搜集农业信息的意识，同时侧面反映了宁夏推进的“互联网+”农业信息进村入户工作成效显著。

从产业系统总体表现来看，3个县（区）在农村产业结构方面差距不大，但在农业现代化水平方面，特别是特色产业发展水平上差距明显。经实地调查，从事特色产业的农户除少部分围绕特色养殖（肉牛、山羊等）、饭馆民宿进行自主创业外，其余大多数为本村原建档立卡贫困户，因受政策扶持等因素影响从事特色产业工作，因此不同村庄因自身情况不同而产生了较大差异（最大值是最小值的约22倍）。

表4-33 产业系统指标及描述性分析

二级指标	综合权重	三级指标	均值	标准差	最小值	最大值	指标权重
农村产业结构	0.150	种植业发展水平（%）	21.43	9.01	11.11	36.78	0.017
		养殖业发展水平（%）	7.99	9.32	0.00	28.89	0.131
		劳动力就业水平（%）	79.29	11.16	54.55	93.22	0.002
农业现代化水平	0.185	特色产业发展水平（%）	21.79	24.34	3.24	72.00	0.114
		农村组织化水平（%）	5.99	5.52	1.69	18.64	0.070
		农业信息化水平（%）	70.83	67.57	61.36	83.05	0.001

2. 生态系统表现

在农村生活环境方面，样本村庄平均绿化覆盖率为10.12%，即使是村绿化用地（林地、园地）面积最小的贺兰县铁西村也能保证对村庄主要街边、巷道进行绿化。样本村庄71.60%的农户家庭将旱厕改为了水冲式的卫生厕所，这虽与《2020年银川市农村人居环境整治实施方案》所要求的85%有一定差距，但自2015年“厕所革命”实施以来，宁夏已经着手对居住人口集中的村庄，分批次、分对象地建设完整的下水道式厕所、三格式化粪池厕所，将粪污接入城镇污水处理系统。这也相应带动了村庄道路硬化、自来水入户、村电网全覆盖等生活设施的完善，进而使村庄人居环境得到显著提升。再看农村非清洁取暖率指标，几乎所有样本村庄农户过冬均采用烧煤（非无烟等清洁煤）等污染环境的非清洁燃料取暖（占比为91.32%），这与《宁夏回族自治区清洁取暖实施方案（2018年-2021年）》所公布的农村清洁取暖率约为10%的状况相吻合。经实地调查发现，样本村庄农户大多受制于经济压力以及传统观念，冬季多倾向于购买和囤积散装煤进行取暖，少则1～2吨，多则4～5吨，加上农村供热管网规划不健全、不完善，以及村庄对清洁能源或可再生能源的宣传不广泛，才造成了如今的局面。在农村人文环境方面，样本村庄有接近半数的村民有垃圾分类意识。垃圾分类对于进一步提高农村生活垃圾治理水平、提升人居环境质量意义重大，宁夏提出了“两次六分、四级联动”治理模式，并以“户分类、村收集、镇转运、县处理”为垃圾处理主体模式，在贺兰县等地区试点运行，这既可以有效推动垃圾专业化治理、市场化运营、产业化发展，也给当地村民增加了清扫、保洁、垃圾转运、垃圾处理等新的就业机会和岗位。对于新型农村合作医疗参合率指标，样本村庄有着均值高达94.61%的参合率，这说明农户“有病治病、无病防病”的意识明显增强，对解决农民“看病难、看病贵”问题有积极作用。

从生态系统总体表现来看，3个县（区）的样本村庄中隆源村、华西村、德林村得分较高，样本村庄有着较好的农村绿化覆盖率（平均10.12%）、农村卫生厕所普及率（平均71.60%）以及生活垃圾分类治理水平（平均44.40%）。但值得注意的是，农村非清洁取暖率（平均91.32%）过高，表明宁夏在保障农户安全、利用清洁能源取暖过冬方面仍有大量工作需要落实和完善。

表4-34　生态系统指标及描述性分析

二级指标	综合权重	三级指标	均值	标准差	最小值	最大值	指标权重
农村生活环境	0.119	农村绿化覆盖率（%）	10.12	5.11	3.25	18.55	0.025
		农村卫生厕所普及率（%）	71.60	20.65	35.71	97.56	0.009
		农村非清洁取暖率（%）	91.32	5.16	84.09	97.62	0.085
农村人文环境	0.040	生活垃圾分类治理水平（%）	44.40	14.56	14.29	61.11	0.013
		农村每千人卫生人员数（名）	2.22	1.2	1	5	0.026
		新型农村合作医疗参合率（%）	94.61	2.78	90	97.78	0.001

3.文化系统表现

在家风文化方面，样本村庄农户平均文化水平在小学阶段（问卷中1=文盲/半文盲，2=小学），高中及以上学历占比为30.51%，受教育程度明显偏低。经实地走访发现，除了原隆村村内有小学，其余样本村庄都仅有村办幼儿园。在民风文化方面，样本村庄村规民约平均普及率为48.49%，说明宁夏在探索村规民约的制度约束和道德引领上取得了不错的成效。经实地走访发现，所有样本村庄均结合各自实际，在公路沿线、村委会、房屋立面等显眼位置制作了宣传文化墙，张贴了本村“村规民约奖惩约定书”，并将奖励措施与“文明家庭”“最美家庭”“星级文明户”等评选活动有机结合。在人情支出占家庭支出比重指标上样本村庄平均水平为10.49%，但最大值达到19.12%，表明个别村庄仍然存在高额人情礼金、高价彩礼等陈规陋习。在乡风文化方面，在举办文化习俗表演次数指标中，样本村庄平均表演次数为16.67次，这与实际情况相比偏高，原因是个别村庄的极端值（48次）拉高了整体均值。根据实地走访，文化习俗表演对满足基层百姓精神文化需求、助力乡村文化振兴起着十分重要的作用。比如管辖隆源村的贺兰县政府，就秉持着“文艺惠民、文艺为民、文艺乐民”的服务理念，鼓励具有民间民俗特色的社火团队和具有丰富演出经验的专业文艺团队等定期到各个社区和村庄进行公益慰问文艺表演。

从文化系统总体表现来看，3个县（区）的大部分村庄在家风文化与民风文化两大方面水平相当。这表明，文化在乡村发展中所发挥的道德滋养、智慧支持和精神激励的作用得到各级政府的充分重视，且随着村规民约的普及以及文化习俗表演次数的增加，农村基层文化设施（文化站、综合文化服务中心）建设、优秀文化保护传承体系的构建也在同步进行和完善。同时，各县（区）充分利用文化渗透功能，促使文化向农业产前、产中、产后渗透与融合，打造创意农业、观光农业、品牌农业，推动农村三大产业融合发展，促使传统农业向现代农业转型与升级。但也存在村民受教育程度偏低、举办文化习俗表演次数相差过大（最大值是最小值的16倍）的现象。经实地调查发现，这可能与各村庄青壮年劳动力的流失以及各乡镇落实文化惠民工程和移风易俗行动的时间有关。

表4–35　文化系统指标及描述性分析

二级指标	综合权重	三级指标	均值	标准差	最小值	最大值	指标权重
家风文化	0.033	农村人口受教育程度（%）	30.51	2.54	26.47	34.55	0.023
		教育文化娱乐支出占比（%）	12.86	4.15	8.07	19.71	0.010

续表

二级指标	综合权重	三级指标	均值	标准差	最小值	最大值	指标权重
民风文化	0.047	村规民约普及率（%）	48.49	8.33	33.33	63.89	0.003
		人情支出占家庭支出比重/（%）	10.49	4.71	5.85	19.12	0.044
乡风文化	0.079	村文化活动场所（个）	1	0	1	1	0.001
		举办文化习俗表演次数/（次）	16.67	15.55	3	48	0.078

4. 组织系统表现

在民主自治实践方面，样本村庄村委会成员获专科及以上学历占比的均值为85.13%，且多数达到100%，表明现阶段基层党组织和村委会成员的选拔标准逐渐提高，尤其各村庄的党组织书记更是选优配强，保证每个村党组织班子均有思想政治素质高、道德品行好、带富能力强以及高学历的复合型人才。对于农村居民乡村治理参与次数指标，样本村庄居民人均参与乡村治理次数为1.06次，处于较低水平，说明样本村庄农户在本村重大决策事宜上参与率较低。在乡村综合治理能力方面，样本村对五保户、低保户等弱势群体关照覆盖度的均值为9.48%，处于一般水平。五保户与低保户人数虽少，但一直是社会的弱势群体，也是最需要帮助和关爱的一群人。现阶段地方政府按照“兜底线、织密网、建机制”的要求，建立了一套更为完善的“75921”社会保障兜底扶贫体系，即“7”类保障对象、“5”类参与主体、“9”种兜底措施、“2”支重要力量、“1”个共同目标，这极大地提高了弱势群体的生活质量与生活水平。对于农村宅基地颁证进度指标，样本村庄平均进度为47.93%。农村宅基地使用权和房屋所有权统一确权登记颁证工作，一方面赋予了农民更多财产权，另一方面也能有效地支撑农业供给侧结构性改革，激活农业农村发展新动能，但调查发现，仍有个别村庄的进度处于较低水平（16.33%）。在农村居民满意程度方面，样本村庄农村居民治安满意度均值为88.39%，部分村甚至高达94.92%，所有样本村庄在2019年全年均未发生过严重治安事件，这表明农村治安形势良好，也侧面反映了宁夏“一村一警”的治安防控体系初见成效，执法公信力和群众安全感有稳步提升。对村委会各项工作满意度指标的样本村庄均值为66.17%，处于偏低水平，但最低水平也已超过半数（51.22%）。实地走访发现，村民对村委会意见较大的问题集中在厕所改造、“煤改气”工程以及污水管网工程上，说明基层干部在执行上级政策、要求时，还要多从群众角度考虑，不能“一刀切”。农村居民幸福度指标的样本村庄均值为77.64%，处于中等偏上水平，表明有3/4以上的群众对目前状态比较满意。

从组织系统总体表现来看，自《农村党组织第一书记和扶贫开发驻村工作队员召回调换办法（试行）》出台以来，村委会成员获专科及以上学历占比达到85.13%。但农户对乡村治理参与积极性不高，参与次数较少，平均只有约1次，这主要是由于留守农村的主要是老人、妇女，再加上村委会对民主自治实践宣传不够，一定程度上影响了农村民主法治建设的进程。农村居民满意程度方面的得分整体较高。

表4-36　组织系统指标及描述性分析

二级指标	综合权重	三级指标	均值	标准差	最小值	最大值	指标权重
民主自治实践	0.027	村委会成员获专科及以上学历占比（%）	85.13	22.16	40	100	0.008
		农村居民乡村治理参与次数（次）	1.06	0.47	0.5	1.9	0.019
乡村综合治理能力	0.150	弱势群体关照覆盖度（%）	9.48	10.73	0.92	35.24	0.106
		农村宅基地颁证进度（%）	47.93	31.53	16.33	91.11	0.044
农村居民满意程度	0.005	农村居民治安满意度（%）	88.39	6.32	78.57	94.92	0.001
		对村委会各项工作满意度（%）	66.17	9.64	51.22	78.33	0.002
		农村居民幸福度（%）	77.64	10.65	62.71	91.67	0.002

5. 生活系统表现

样本村庄农村居民户均消费水平均值为14681.34元，与《宁夏回族自治区2019年国民经济和社会发展统计公报》发布的农村居民人均消费支出为11465元的消费水平相差不大。但各村之间有较大差异，最低村为6631.49元，最高村为31007.11元。各样本村庄在农村家庭恩格尔系数指标上差距不大，均值为28.52%，但有3个村庄的农村家庭恩格尔系数在35%以上，食品支出仍占比较大。对于每百户私家车拥有量指标，样本村庄平均拥有量为16.03%，比例较低，但个别村庄拥有量达到29.44%。经调查发现，该村从事长途货运的农户较多，这些家庭户均2辆车（货车与轿车），拉高了该村的平均水平。在城乡发展均衡程度方面，样本村庄城乡居民收入比的均值为2.19，城乡居民收入比最小的村为1.62，最大的村为3.16。

从生活系统总体表现来看，多数村庄在该子系统上的得分排名结果与乡村发展度总得分排名结果相差不大。这是因为农村相较于城市来说收入渠道更单一，在农户不外出务工前提下，一个村庄的产业发展水平往往取决于本村庄村民的收入水平和消费能力，进而影响村民的生活水平。但需要警惕的是，样本村庄中存在生活系统与产业系统排名相反的情况，其主要原因是部分村庄在产业发展方面仍存在融合水平低、融合链条短、特色农业多功能性挖掘不够等问题。

表4-37　生活系统指标及描述性分析

二级指标	综合权重	三级指标	均值	标准差	最小值	最大值	指标权重
农村居民收入水平	0.065	农村居民人均可支配收入（元）	8602.75	1127.12	7334.75	11022.42	0.065
农村居民生活质量	0.056	农村家庭恩格尔系数（%）	28.52	7.54	15.67	38.87	0.033
		农村居民户均消费水平（元）	14681.34	8871.28	6631.49	31007.11	0.002
		每百户私家车拥有量（辆）	16.03	7.45	7.12	29.44	0.021
城乡发展均衡程度	0.044	城乡居民收入比	2.19	0.54	1.62	3.16	0.044

（四）宁夏3个县（区）9个村庄乡村发展度得分等级划分

为了形象地反映样本村庄的乡村发展水平及发展现状，同时分析是否入选特色村[①]对乡村发展的影响，运用经典K-means聚类算法对3个县（区）9个村庄的乡村发展度得分进行聚类分析，将各村庄的乡村发展度得分划分为高水平（中等水平、中偏高水平统归为高水平）与低水平两个等级。其中，乡村发展度得分的高水平区域范围为0.389～0.544，低水平区域范围为0.244～0.292。然后结合国家民族事务委员会以及文化和旅游部、国家发展改革委公布的中国少数民族特色村寨、全国乡村旅游重点村名单进行标记，宁夏3个县（区）9个村庄的乡村发展度得分等级划分如图4-10所示。

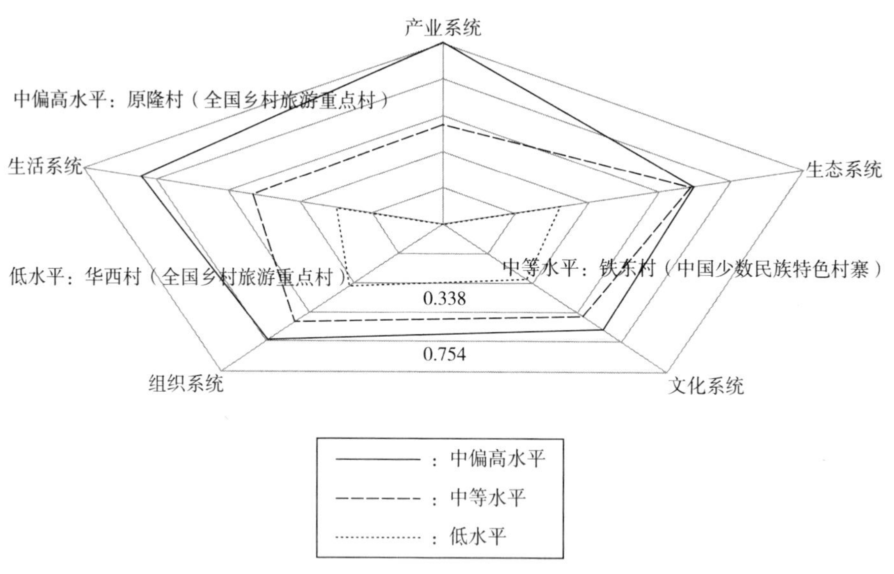

图4-10 宁夏3个县（区）9个村庄的乡村发展度得分等级划分雷达图

根据分级结果和雷达图向量特点（图形面积越大，评价对象总体优势越大；面积一定周长越小，评价对象各方面发展越协调）发现，入选

① 特色村指中国少数民族特色村寨与全国乡村旅游重点村。

中国少数民族特色村寨及全国乡村旅游重点村对村庄的发展及乡村振兴有一定正向影响。

1. 乡村发展度高水平（H）

该等级包括第一梯队（中偏高水平）的原隆村，以及第二梯队（中等水平）的铁东村、同阳新村、隆源村、德林村4个村庄。其中原隆村是2019年公布的第一批全国乡村旅游重点村之一，乡村发展度总得分排名第1。经实地调查，原隆村是宁夏银川市永宁县闽宁镇下辖的最大的生态移民村，2010年开始规划建设，2012～2016年分批接收来自宁夏西海固地区的移民群众。2016年习近平总书记在宁夏考察时曾专门前往原隆村调研。在区位上，原隆村地处扬黄灌溉区，地势平坦，附近有玉泉营等大型农场，原隆村距镇政府5.7千米、银川市45.8千米，地理位置好，交通便利。在生活上，原隆村户均规划住房面积为54平方米，水电网及生活、娱乐基础设施配套完善，村内有幼儿园、小学，并设有多个便民警务室及岗亭，此外，还针对老人、残障人士等特殊困难群体实施了医保全覆盖、低保户和五保户“应保尽保”政策。在产业发展上，原隆村立足区位优势，将6900亩土地进行统一流转以发展现代农业。目前，原隆村拥有4300多亩葡萄、红树莓种植基地，588栋光伏设施大棚，1个万头肉牛养殖基地。此外，通过引进龙头企业，原隆村在发展户外观光、休闲采摘等旅游业方面成果丰硕，逐步实现了一二三产业融合，在2018年累计接待游客10余万人次。

在第二梯队的4个村庄中，铁东村是中国少数民族特色村寨，乡村发展度总得分排名第2。经实地走访发现，铁东村在区位条件差、周边经济水平相对落后的情况下，以梅花鹿、肉牛特色养殖业为核心，以蔬菜种植为重要支撑，带动全村经济由农业主导转型为以特色农业和服务业为主导。据不完全统计，2018年该村梅花鹿产业产值占本村农业总产值的80%，主要农产品加工转换率达到68%，产业增收带动效应明显。但值得注意的是，铁东村由于村域面积大（10.6平方千米）、村辖小组多（11个村民小组），再加上养殖肉牛（总存栏4800头）、山羊（总存栏11000头）的农户占比较大，该村道路清洁度低，异味大，村容村貌整体较差，生态系统得分较低。

同阳新村与隆源村的乡村发展度总得分排名分列第3、第4位。经实地走访发现，同阳新村的乡风文明建设情况较好，该村坚持以“抓党建促脱贫、强产业稳致富”为目标，积极发挥党建统领作用，在发展本村支柱产业（奶牛托管、食用菌产业、劳务输出等）的同时，狠抓文化建设与精神文明建设，全村精神文明建设水平提升明显。隆源村位于银川市贺兰县西北部，成立于2018年，曾是农垦集团“十一五”“十二五”期间易地扶贫搬迁的移民村，得益于隆源村一开始就聚焦乡村治理体系和治理能力现代化建设，以及坚持党组织的正确领导，该村在短短3年内不仅完成了148户708人的全面脱贫，还借助“乡村钉”“村村享”等数字化组织管理和协调优势，推动了公共服务延伸，推进了农业农村现代化建设，提升了乡村治理能力。此外，该村在2019年被评为全国乡村治理示范村，也侧面佐证了评价结果基本符合实际。

2. 乡村发展度低水平（L）

该梯队包括十里铺村、华西村、团结村和铁西村4个村庄。其中，华西村在2020年入选第二批全国乡村旅游重点村，乡村发展度总得分排名第7（低水平组内排名第2）。能获得全国乡村旅游重点村的称号，说明华西村基础设施和公共服务较完善、自然系统和传统文化保护较好、文化和旅游资源富集以及就业致富带动效应明显。经实地走访发现，华西村所处的镇北堡镇旅游资源丰富，附近有国家5A级旅游景区1个、国家4A级旅游景区3个以及诸多著名旅游景点[①]，该地区既有浑然天成的边塞风光，也不乏敦实深厚的黄土大地，还有秀色江南的柔情风韵。村民能在附近景区找到一份收入可观的工作。但值得注意的是，华西村各项指标排名并不靠前，原因可能有以下几点。其一，村内主导产业不明确，产业规模和产品附加值仍处于较低水平。村内现有养殖业、枸杞种植业、劳务输出等产业，数量上虽有一定基础，但尚未形成规模，农业产业化、现代化进程仍较慢。其二，村内的特色旅游服务业仍处于农户自由选择、自由发展的“单打独斗”的初级阶段，村内并未有统一的组织或开设专业的技能培训班，除经

① 国家5A级旅游景区：镇北堡西部影城；国家4A级旅游景区：西夏王陵、贺兰山岩画、苏峪口国家森林公园；著名旅游景点：贺兰山滚钟口、拜寺口双塔等。

营着民宿和饭店的几个农户外，其余村民并未享受到旅游业发展所带来的红利，景区辐射带动效果有限。其三，村容村貌虽相比过去有很大改观，但大多为近几年宁夏推行农村人居环境整治工作所取得的成果，而从“建起来”到“用起来”还需要一段时间，如有些村民怕浪费水而不经常使用卫生厕所、生活污水还习惯于倾倒在院落而非下水道等。但值得肯定的是，得益于丰富的旅游资源、党组织的正确领导以及村民主人翁意识的提高，华西村以全国乡村旅游重点村为抓手，积极引导工商资本下乡，加快农村土地流转，进行生产要素优化配置，同时村党组织通过典型带动的方式，积极培养了一批示范户，使其发挥示范带动效应，并且鼓励农民参与乡村建设、推动村庄发展。

综上，中国少数民族特色村寨以及全国乡村旅游重点村受益于特色产业发展，村民收入来源稳定，当地的村庄面貌、经济状况、文化发展产生了积极变化，这有助于中国西部欠发达地区村庄的进一步发展以及乡村振兴战略的推进。

六 乡村禀赋度评价指标体系的构建

伴随着中国乡村的转型，乡村体系内（内生系统包括人、地、产业等禀赋）外（外援系统包括政策扶持、城镇化等禀赋）部差异日益扩大，同区域内的村庄发展水平分化日益明显。这种差异不仅凸显了村庄间获取资源和使用资源能力的差异性，还导致了村庄主体行为与未来发展方向的异质性，使村庄发展水平的分化进一步加剧。

因此，乡村禀赋度评价指标体系的构建，从乡村振兴改善地域发展机会与条件、激活乡村发展内生动力的顶层设计出发，遵循以发展目标定级、以禀赋差异分类的解析思路，以乡村发展度评价指标体系中的产业、生态、文化、组织、生活系统指标为参考，同时考虑乡村发展演化过程中的内生系统驱动力、外援系统支持力以及二者交互力的综合作用，在前文研究的基础上，最终选定城镇辐射禀赋、产业资源禀赋、环境质量禀赋3个一级指标，8个二级指标，13个三级指标来反映村庄长期禀赋存量水平与短期要素流量差异的动态演进。本部分秉持着科学性、系统性、可操作性等原则，着重突出乡村发展的差异性和可比性，构建适用于研究区域的乡村禀赋度评价指标体系（见表4–38）。

表4–38　乡村禀赋度评价指标体系

一级指标	二级指标	三级指标	所属系统	量化方法	功效性
城镇辐射禀赋 R	地理区位 R_1	到县政府的距离 R_{11}（千米）	产业系统	ArcGIS邻域分析	负向
		道路交通密度 R_{12}（千米/千米^2）		ArcGIS密度分析	正向
	经济区位 R_2	上级资金支持力度 R_{21}（万元）		统计数据	正向
	经济基础 R_3	村集体经济收入 R_{31}（元）	生活系统	全年村集体收入	正向
		村民人均可支配收入 R_{32}（元）		统计数据	正向
产业资源禀赋 I	农业生产 I_1	人均耕地面积 I_{11}（平方千米）	产业系统&文化系统	耕地面积/行政村总人口	正向
		村内合作社数量 I_{12}（个）		统计数据	正向
	劳动力资源 I_2	农村劳动力转移变化率 I_{21}（%）		外出务工人数/自然村总人口数	负向
	特色产业资源 I_3	特色产业从业人员比重 I_{31}（%）		特色产业从业人员数量/从业人员总数	正向
环境质量禀赋 E	生态环境 E_1	自然灾害发生程度 E_{11}	生态系统	分类赋值	负向
		特色资源丰富度 E_{12}		分类赋值	正向
	生活环境 E_2	社会保障水平 E_{21}（%）	组织系统	城乡居民养老保险参保率	正向
		公共基础设施水平 E_{22}		分类赋值	正向

注：正、负向是指二级指标对一级指标的功效作用。

（一）城镇辐射禀赋

选取外援系统中与乡村发展密切相关的5个三级指标，反映外部资源在一定范围内对村庄发展的辐射带动情况。到县政府的距离可以反映评价单元受城镇辐射带动的程度，距县政府越近，区位条件越优越。道路交通密度表征评价单元对外与对内联系的便利程度，密度越高联系越便利。村集体经济收入越高，说明村庄经济发展水平越高，越能够为本村产业发展提供经济基础，促进农业生产向规模化、标准化、专业化方向转变。村民人均可支配收入既能体现农民在发展过程中分享经济发展成果的状况，也能反映评价单元的经济发展水平和富裕程度。上级资金支持力度则直接反映了县域财政对村庄发展的扶持力度和重视程度，也间接表明了基层组织的协调、规划和管理能力，县域财政投入越多，对本村发展的支持力度越大。

（二）产业资源禀赋

选取内生系统中与乡村产业发展密切相关的四个三级指标，反映村庄特色产业发展的动力和条件。人均耕地面积可以表征评价单元内耕地资源的紧张程度，人均耕地面积越大，说明村庄耕地资源越丰富，本地种植业先天资源条件相对越好。村内合作社数量能客观反映农村产业发展情况和农村企业与合作社的农户带动效应，其值越高，说明村庄产业发展越好，带动就业人数越多。农村劳动力转移变化率高，即外出劳动力的占比大，说明村庄人口输出多、劳务输出型产业发展好。特色产业从业人员比重越大，说明常年从事特色种植业、养殖业生产的农户越多，具有一定规模的特色产业发展水平越高，村庄特色产业发展基础越好。

（三）环境质量禀赋

在内生系统中，选取与乡村人居环境密切相关的四个三级指标来反映生态质量、配套公共服务设施对乡村发展的约束。自然灾害发生程度用来反映评价单元受自然灾害威胁的程度，自然灾害敏感性越大，越不适宜居住。特色资源丰富度可以反映评价单元邻域一定范围内的特色资源状况，如古建筑、星级旅游景点、自然保护区等，特色资源越丰富，生态环境越好。社会保障水平与公共基础设施水平则客观反映了乡村公共服务的健全和完善程度，这两个指标值高，说明城乡发展差距小、城乡公共服务趋向于均等化，农村人居环境得到了改善。

除到县政府的距离、农村劳动力转移变化率以及自然灾害发生程度为负向指标外，其余指标均为正向指标，与乡村发展水平呈正相关关系。

七 乡村禀赋度评价方法与结果

（一）乡村禀赋度评价方法

综合指数法是一种通过建立原始数据库矩阵，对指标进行指数化，并通过计算综合指数进行评价的综合性指标评价方法，其内涵丰富、应用灵活、结论直观。乡村禀赋度评价主要采用综合指数法，主要步骤如下。

1. 数据标准化处理

鉴于各指标的量纲不一致，采用极值法对各指标的原始数据进行标准化处理：

$$Z_k^j = \frac{x_k^i - x_{min}}{x_{max} - x_{min}} \qquad \text{公式（4-27）}$$

$$Z_k^j = \frac{x_{max} - x_k^i}{x_{max} - x_{min}} \qquad \text{公式（4-28）}$$

式中，Z_k^j为第k个样本的j指标的标准化值，$k=1, 2, \cdots, n$，n为样本容量；x_k^i为第k个样本的i指标的原始值，x_{max}为i指标的最大值，x_{min}为i指标的最小值。

2. 确定指标权重

各指标权重采用熵权法来确定，评价指标的权重如表4-39所示。

表4-39 评价指标的权重

目标层	城镇辐射禀赋R					产业资源禀赋I				环境质量禀赋E			
准则层	R_1		R_2	R_3		I_1		I_2	I_3	E_1		E_2	
准则权重	0.229		0.175	0.106		0.212		0.097	0.026	0.145		0.010	
指标层	R_{11}	R_{12}	R_{21}	R_{31}	R_{32}	I_{11}	I_{12}	I_{21}	I_{31}	E_{11}	E_{12}	E_{21}	E_{22}
指标权重	0.095	0.134	0.175	0.007	0.099	0.098	0.114	0.097	0.026	0.061	0.084	0.009	0.001

3. 计算乡村禀赋度得分

在数据标准化处理的基础上，通过指标间加总求和的方法得出各维度的得分与乡村禀赋度综合得分，计算公式如下：

$$\Delta EL_i=\sum_{a=1}^{5}w_aR_{ia}+\sum_{b=1}^{4}w_bI_{ib}+\sum_{c=1}^{4}w_cE_{ic} \quad 公式（4-29）$$

公式中，EL_i为i村的乡村禀赋度综合得分；R_{ia}、I_{ib}、E_{ic}分别为i村的城镇辐射禀赋、产业资源禀赋以及环境质量禀赋a、b、c项指标的标准化值，w_a、w_b、w_c为对应的指标权重。

（二）乡村禀赋度得分测算结果及等级划分

1. 乡村禀赋度综合得分结果

根据公式（4-27）与公式（4-28），计算得到乡村禀赋度各指标权重，在此基础上通过指标权重与标准化值相乘求和的方法得出城镇辐射禀赋、产业资源禀赋、环境质量禀赋的得分以及乡村禀赋综合得分，样本村庄的乡村禀赋度得分评价结果如表4-40所示。

表4-40 样本村庄的乡村禀赋度得分评价结果

村庄	综合得分	各维度得分及排名					
		城镇辐射禀赋	排名	产业资源禀赋	排名	环境质量禀赋	排名
德林村	0.080	0.137	4	0.017	9	0.031	5
华西村	0.076	0.092	5	0.078	5	0.018	8
团结村	0.040	0.024	9	0.073	6	0.019	7
十里铺村	0.063	0.064	7	0.070	7	0.045	4
隆源村	0.121	0.164	2	0.087	4	0.050	3
铁西村	0.065	0.032	8	0.137	2	0.017	9
铁东村	0.094	0.077	6	0.149	1	0.028	6
同阳新村	0.110	0.162	3	0.042	8	0.083	1
原隆村	0.195	0.280	1	0.118	3	0.078	2

2. 宁夏3个县（区）乡村禀赋度综合得分等级划分

按照公式（4-29）计算得到3个县（区）9个村庄的乡村禀赋度综合得分，采用K-means聚类算法将其划分为禀赋优势（H）、禀赋平庸（M）和禀赋劣势（L）3个水平区间。其中，禀赋优势区间的范围是0.110～0.195；禀赋平庸区间的范围是0.063～0.094；禀赋劣势区间的范围是0.010～0.040。

$$U_j = \frac{1}{1+\left|\frac{\sum_{i=1}^{m}\left[w_i\left(P_{ij}-1\right)\right]^r}{\sum_{i=1}^{m}\left[w_iP_{ij}\right]^r}\right|^{\frac{2}{r}}} \quad \text{公式（4–30）}$$

公式中，U_j为评价单元j的隶属度；w_i为指标i的权重；P_{ij}为评价单元j在指标i上的相对优属度；r为距离参数，采用欧氏距离。采用该方法进行划分是因为隶属度函数非常适用于类别间差异可能致大、类别内差异各有不同的不均衡分布数值的归类。

将城镇辐射禀赋、产业资源禀赋、环境质量禀赋3个维度分别运用公式（4–30）划分为高值和低值2个区间。其中，城镇辐射禀赋的高值范围为0.137～0.280，低值范围为0.024～0.092；产业资源禀赋的高值范围为0.070～0.149，低值范围为0.017～0.042；环境质量禀赋的高值范围为0.031～0.083，低值范围为0.017～0.028。"中偏高"的表述是为了方便后文对单维得分水平进行特征分析，但"中偏高"与"高"仍同属于高值范围。

3个县（区）9个村庄的乡村禀赋度得分等级划分如表4–41所示。为了方便对比，表4–41加入了乡村发展度得分水平，根据分级结果可知，乡村禀赋度得分的等级划分与乡村发展度得分的等级划分结果基本一致，乡村发展度得分高的村庄，往往乡村禀赋度得分也处于禀赋平庸至禀赋优势的区间范围，这印证了乡村发展综合评价思路的正确性。

表4–41 3个县（区）9个村庄的乡村禀赋度得分等级划分

村庄名	乡村发展度总得分	乡村禀赋度综合得分	等级划分	单维得分水平					
				城镇辐射禀赋	隶属度	产业资源禀赋	隶属度	环境质量禀赋	隶属度
德林村	中等水平	0.080	禀赋平庸	0.137	中偏高	0.017	低	0.031	中偏高
华西村	低水平	0.076	禀赋平庸	0.092	低	0.078	中偏高	0.018	低

续表

村庄名	乡村发展度总得分	乡村禀赋度综合得分	等级划分	单维得分水平					
				城镇辐射禀赋	隶属度	产业资源禀赋	隶属度	环境质量禀赋	隶属度
十里铺村	低水平	0.063	禀赋平庸	0.064	低	0.070	中偏高	0.045	中偏高
隆源村	中等水平	0.121	禀赋优势	0.164	中偏高	0.087	中偏高	0.050	中偏高
铁西村	低水平	0.065	禀赋平庸	0.032	低	0.137	高	0.017	低
铁东村	中等水平	0.094	禀赋平庸	0.077	低	0.149	高	0.028	低
同阳新村	中等水平	0.110	禀赋优势	0.162	中偏高	0.042	低	0.083	高
原隆村	中偏高水平	0.195	禀赋优势	0.280	高	0.118	高	0.078	高

在城镇辐射禀赋维度上，隶属度中偏高、高的村庄大多距离县、镇政府较近，经济区位较好，地势相对平坦，农业生产所需的配套设施较为完善，灌溉水源充足。此外，该类村庄受周边城镇辐射影响，村庄集体经济收入较高，收入渠道较广，上级扶持力度相对较大。在产业资源禀赋维度上，除铁东村、原隆村、铁西村这几个少数村域外，其余村庄普遍存在村集体经济薄弱、集体土地零散或偏僻、财政依赖性强、基本没有可持续发展的集体经济收入项目以及农村劳动力“老弱”且仍大量外流等问题。在环境质量禀赋维度上，得分较高的村域通常交通便捷、地势平坦、农户分布集中，生产生活条件较好，各方面基础设施配套较为健全；得分较低的村域，道路交通密度相对较低，生态环境基础设施承载力孱弱，村庄整体经济社会发展较为滞后。环境质量禀赋得分最低的村庄为铁西村，最高的为同阳新村。

八 基于乡村发展度与乡村禀赋度得分的村庄类型划分与识别

对于村庄类型的划分，第一步基于乡村发展度与乡村禀赋度两方面得分的整体评价结果，运用K-means聚类算法分别将各个村庄划分为高水平和低水平，以及禀赋优势、禀赋平庸、禀赋劣势，经二维矩阵组合分析后划分村庄一级发展类型。第二步在一级发展类型的基础上，结合资源禀赋理论、分类理论以及研究区域人、地、产业、环境等发展实际情况，以差异性资源禀赋特征为切入点，采用三维空间组合分析，从乡村禀赋度评价指标体系中的城镇辐射禀赋、产业资源禀赋、环境质量禀赋3个具体维度，进一步划分村庄二级发展类型。

（一）村庄一级发展类型识别及结果分析

1. 二维矩阵组合分析

结合前文研究，将9个村庄划分为高水平和低水平2种类型以及禀赋优势、禀赋平庸和禀赋劣势3种类型。由于类型较多，为了直观体现两者关系，采用二维矩阵组合进行分析，即以乡村发展度与乡村禀赋度“发展度–禀赋度”等级组合展示各个村庄的一级发展类型。

以乡村发展度为纵坐标，将高水平（0.389~0.544）和低水平（0.244~0.292）2个等级纵向排列；以乡村禀赋度得分为横坐标，将禀赋优势（0.110~0.195）、禀赋平庸（0.063~0.094）和禀赋劣势（0.010~0.040）3个等级横向排列。二者相互交叉形成村庄“发展度–禀赋度”的矩阵组合，并在每个交叉方格内填入所包含的村庄（见表4–42）。

表4–42 基于“发展度—禀赋度”的3个县（区）9个村庄的一级发展类型矩阵

		乡村禀赋度得分		
		禀赋优势（0.110~0.195）	禀赋平庸（0.063~0.094）	禀赋劣势（0.010~0.040）
乡村发展度得分	高水平（0.389~0.544）	（H–H）：永宁县–原隆村；贺兰县–隆源村；西夏区–同阳新村	（H–M）：贺兰县–铁东村；西夏区–德林村	（H–L）：无
	低水平（0.244~0.292）	（L–H）：无	（L–M）：贺兰县–铁西村；西夏区–华西村；西夏区–十里铺村	（L–L）：西夏区–团结村

2. 结果分析

根据表4-42，一共识别出“发展度高－禀赋优势”、“发展度高－禀赋平庸”、“发展度高－禀赋劣势”、“发展度低－禀赋优势”、“发展度低－禀赋平庸”以及“发展度低－禀赋劣势”6种一级发展类型（样本村庄涉及4类）。具体到县（区）层面，永宁县、贺兰县、西夏区均有村庄发展度和禀赋度均较高；西夏区团结村的发展度与禀赋度均略低；而发展度高、禀赋劣势与发展度低、禀赋优势的村庄不存在。这表明乡村发展度与乡村禀赋度在一定程度上呈正相关。具体分析如下。

（1）村庄空间分布层面

各类村庄呈现明显的空间分布规律，在乡村发展度上，表现为“高水平－中等水平－低水平”的梯度外扩；在禀赋优劣上，则表现为多点散发，且有“点连线”的趋势。

作为镇域发展重点的“发展度高－禀赋优势”型村庄有3个（占比33.3%），大多离镇政府驻地较近。即便部分村庄离镇政府驻地较远，却由于紧邻其他重点发展地区（如隆源村离银川市所辖的金凤区较近），仍具有城乡联系紧密、人口相对密集、非农经济发达、配套设施完善以及交通便利等区位特征。容易被镇域发展忽略的“发展度低－禀赋劣势”型村庄有1个（占比11.1%），此类村庄往往处于发展条件较差的镇域边缘，区位条件相对较差。在发展重点与易被忽略的村庄类型之间，还存在着“发展度高－禀赋平庸”（占比22.2%）、“发展度低－禀赋平庸”（占比33.3%）类型的村庄。它们大多集中分布在重点发展村庄的外围，且在乡村禀赋度上差距不大，基本属于禀赋平庸型，资源开发利用度不高、专业性不强，村庄发展程度和水平差距不大，是农村地区常见的村庄类型。

（2）“发展度－禀赋度”内容层面

永宁县、贺兰县境内，各类资源较为丰富，再加上政府对乡村发展支持力度逐年加大，村庄发展成效明显。这两个县积极调整产业结构，政府除了大力培育发展生态农业、设施农业、都市农业，还大力推进农牧绿色循环体、新型农牧示范园建设，建成了规模化肉牛养殖场。这两个县以实施产业振兴工程为抓手，发展新型农业经营主体，构建“农业＋文创＋旅游”等新模式，探索乡村发展新业态，同时用数字化赋能农产品生产、经营、加工，极大地提升了产业管理效率。在村庄活动建设方面，开展“美丽城镇”“美丽乡村”“美丽庭院”等文明创建活动，大力推进生态美、生产美、生活美的“三美”建设；有力助推“四好公路”农村建设项目、饮水达标提标项目、农村危旧房改造项目等落地，从“吃、穿、住、行”各方面全方位提升农民内心的获得感、幸福感与安全感。

西夏区旅游资源丰度处于较高水平，实地走访发现，西夏区国家4A级、5A级旅游景区较丰富，但市场占有率并不高，这是因为景区的市场营销力度不大，旅游产品缺乏品牌知名度，特别是落后的区位条件、偏低的服务质量等严重制约着当地旅游业发展，也相应地限制了景区带动周边农户增收、周围村庄发展的能力。

（二）二级发展类型划分及识别结果分析

1. 三维空间组合分析及识别流程

差异性资源禀赋决定了乡村主体会有不同的行为与发展、振兴路径，并且这之间会存在着显著差异。村庄二级发展类型的划分，是为了更好地甄别村庄主导禀赋以及更清晰地反映村庄内部要素配置差异，以便于因村施策和进行政策的梯次推进。

因此，在村庄一级发展类型和乡村禀赋度评价指标体系的基础上，借鉴相关研究成果，以差异性资源禀赋特征为切入点，对村庄的发展进行特征解析、关系探讨。本部分根据研究区域的人、地、产业、环境等特点，构建了覆盖目标区域禀赋特征的二级发展类型概念模型（见图4-11）。图4-11从城镇辐射禀赋、产业资源禀赋、环境质量禀赋3个不同维度的得分评价结果出发，将城镇辐射禀赋（x轴）、产业资源禀赋（y轴）、环境质量禀赋（z轴）按照高值和低值进行区域划分，并利用三维空间坐标轴来表示根据不同组合方式细划出的8种二级发展类型。

（1）单核主导类

①x值较高，y、z值偏低型。村庄位于城市近郊或靠近乡镇政府所在地，受城镇辐射带动影响较强，属于城郊融合类。

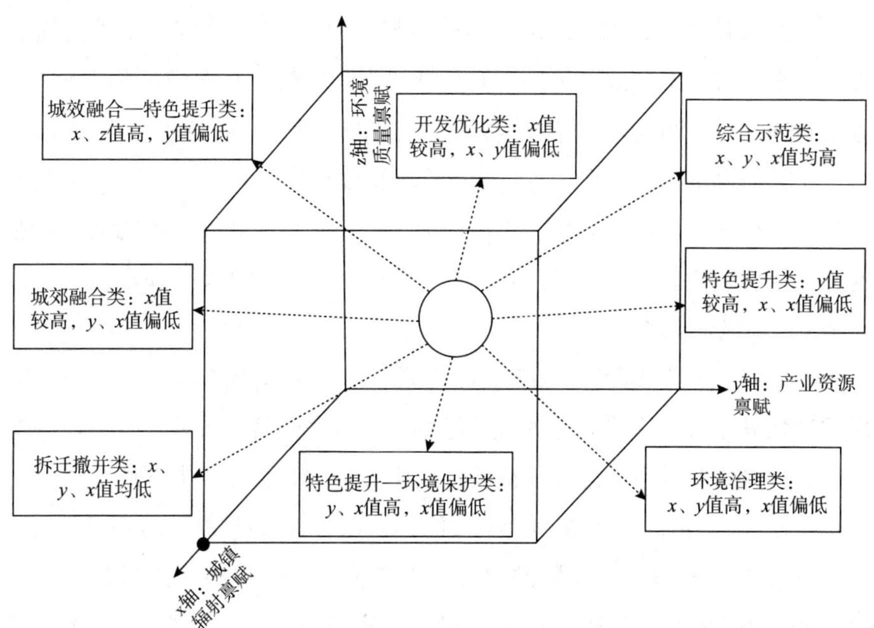

图4-11　村庄二级发展类型概念模型

②y值较高，x、z值偏低型。村庄拥有较好的劳务输出、长途运输等产业基础，或拥有特色农业、特色村寨、特色景观等某项或多项特色资源条件，属于特色提升类。

③z值较高，x、y值偏低型。村庄发展特征尚不明显，城镇辐射带动、社会经济发展、基础设施配置等禀赋条件均处于一般水平。这些村庄既是仍将存续且占大多数的普通村庄，也是乡村振兴的重点，属于开发优化类。

（2）多核复合类

①x、y、z值均高型。城镇辐射带动力强、产业资源丰富、环境质量优良，具备村庄发展的经济、社会、资源条件支撑，以城镇化发展为导向，这是综合发展水平较高的一类，属于综合示范类。

②x、y值高（中等偏上），z值偏低型。村庄受城镇辐射带动作用较强，自然本底条件、基础设施配套等条件尚可，但居住环境差，需要强化村庄所在区域的生态保育功能，优化村庄居民点布局，促进区域生态文明建设，属于环境治理类。

③x、z值高，y值偏低型。村庄在城镇辐射、自然本底、基础设施配置等方面具有一定基础或优势，但自身产业发展较为普通，需要对现有产业结构进行优化调整，坚持内部挖潜，属于城郊融合－特色提升类。

④y、z值高，x值偏低型。村庄受城镇辐射影响较弱，大多处于城镇远郊区，村庄景观保持完整、生态环境优美，需要强化区域生态保育功能的突出地位，优化村庄居民点空间布局，促进区域生态文明建设，属于特色提升－环境保护类。

⑤x、y、z值均低型：城镇辐射带动性、产业资源丰富性、环境质量优秀性均处于较低水平，地处城镇远郊区，社会经济基础差、生态环境脆弱、自然灾害频发且缺乏其他优势，属于拆迁撤并类（文中不涉及①）。

基于上述分析，借鉴其他学者对贫困地区村庄类型的划分方法，按照城镇辐射禀赋－产业资源禀赋－环境质量禀赋顺序，依据各村庄的乡村禀赋度各维度得分，并咨询相关专家意见，运用指标判读法逐级进行类型划分，从而识别出村庄的二级发展类型。其中，本节研究的9个村庄涉及3种单核主导类、4种多核复合类。城镇辐射禀赋主导型村庄，表明该类村庄受城镇辐射带动作用强，多处于城镇化的直接影响区，基础配套设施较为完善，但人居环境可能较差，产业发展一般；产业资源禀赋主导型村庄在产业资源上基础较好，某产业发展较为突出，产业发展带动效果明显，但可能受城镇辐射影响较弱，或者居住环境较差。

2. 识别结果分析

基于资源禀赋理论和乡村振兴目标，结合村庄二级发展类型概念模型和识别依据流程（见图4–12），参考村庄禀赋的主导特征和专家征询结果，将宁夏3个县（区）9个村庄的类型识别为综合示范类（RIE型）、城郊融合类（R型）、城郊融合－特色提升类（RI型）、特色提升类（I型）、开发优化类（RE、IE型）和环境治理类（E型），见表4–43。

① 不涉及是因为在“县抽乡镇”分层抽样中排除了个别农业经济比重很低，农业、经济、社会等各方面发展很弱的乡镇，因此结果中没有拆迁撤并类的样本村庄。

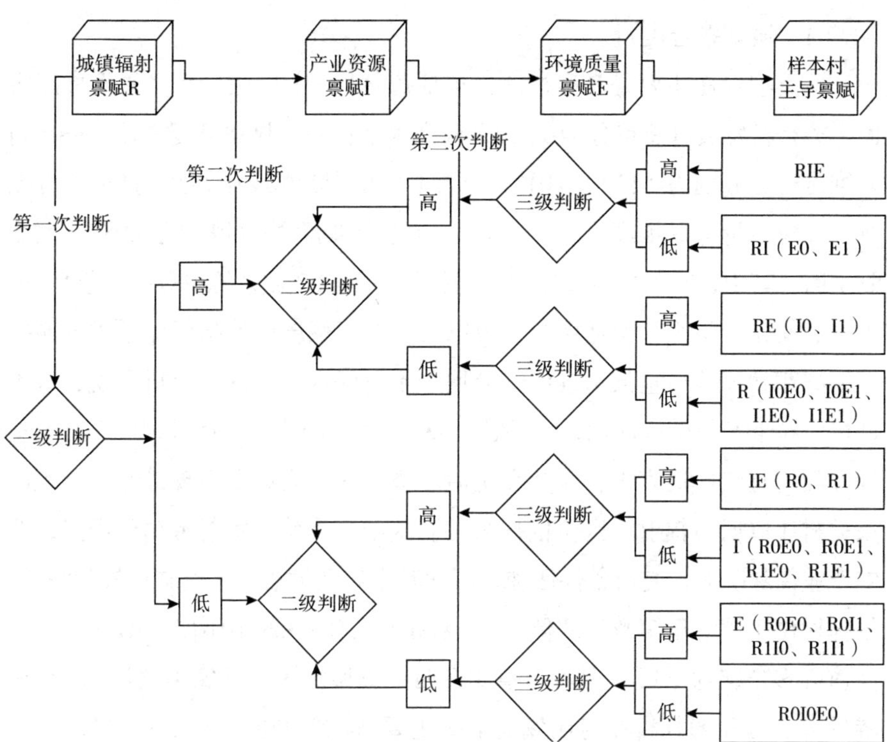

图4-12 村庄二级发展类型识别依据流程

表4-43 村庄类型划分及主导禀赋识别

一级类型	村庄名	二级类型	主导禀赋类型
H-H	原隆村	综合示范类	RIE
	同阳新村	开发优化类	RE
	隆源村	开发优化类	IE
H-M	铁东村	特色提升类	I
	德林村	城郊融合类	R
L-M	华西村	特色提升类	I
	铁西村	城郊融合-特色提升类	RI
	十里铺村	开发优化类	RE
L-L	团结村	环境治理类	E

（1）城郊融合类

该类型村庄主要是R型村庄，包括德林村1个村庄。在乡村发展度方面，德林村发展度总得分为0.389，属高水平；在乡村禀赋度方面，德林村各维度得分分别为0.137、0.017和0.031（按照城镇辐射禀赋、产业资源禀赋、环境质量禀赋维度排序，下同），乡村禀赋度综合得分为0.080，属禀赋平庸。其中，在乡村发展度评价指标体系中除产业系统得分排名靠后外，生态、文化、组织、生活系统得分以及乡村禀赋度评价指标体系中的城镇辐射禀赋和环境质量禀赋维度得分均处于较好水平。深入分析发现，该类型村庄在生产与生活环境、“三风”传承、基层治理、地理区位、经济区位等方面均有较好的表现，尤其在生活环境、区位禀赋上表现最好，这表明该类村庄以城镇辐射、区位依托为发展基础，受城镇辐射带动作用强，非农产业优势明显，交通条件便利，因此其生产及生活配套设施也较为完善。德林村位于镇北堡镇政府北侧1.5千米处，村庄紧邻110国道、G1816乌玛高速等多条交通干线，周边有镇北堡西部影城等多个国家4A级、5A级旅游景区。因此德林村在村庄发展上，主要依靠便利的区位交通，凭借镇、区外溢要素培育了本村运输业、旅游服务业，并用部分收益反哺村庄建设，促进了村庄建设和社区发展，营造出浓厚的现代生活氛围。

但值得注意的是，该村无论是在乡村发展度还是在乡村禀赋度中，产业方面的得分均较低，这可能是由村庄人口、土地等资源要素存量不足，加之村庄规划管理建设滞后且不协调导致的。相关数据显示，在土地资源方面，该村人均土地拥有量为0.131亩，且由于位于城镇近郊，部分土地被政府征用，少许土地被第三方流转，出现“村民无地种植、村庄无地发展”的局面。在劳动力资源方面，农村劳动力转移变化率达到49.55%，表明村庄大部分青壮年劳动力受周边城镇吸引而大量外流，村庄剩余劳动力老龄化、低龄化严重，这不仅延缓了现代化农业生产方式的推广进程，也使得本就稀缺的耕地被进一步弃耕、撂荒。在村庄规划管理建设方面，规划设计缺乏系统性和长远性，规划内容与现实脱节且设计较笼统，在监管、监督上也不够重视。综上所述，耕地面积不足、县域极化作用明显、人口流失严重、现代化进程缓慢、规划管理不科学等多种原因造成了德林村优点和缺点同样突出的发展现状。

（2）特色提升类

该类型村庄主要包含Ⅰ型村庄，包括铁东村、华西村2个村庄。在乡村发展度方面，2个村庄的乡村发展度总得分分别为0.482、0.271，分属高水平和低水平；在乡村禀赋度方面，2个村庄的各维度得分分别为0.077、0.149、0.028与0.092、0.078、0.018，2个村庄的乡村禀赋度综合得分分别为0.094与0.076，均属禀赋平庸。其中，在乡村发展度评价指标体系中，2个村庄分别在产业系统和生态系统上得分较高。铁东村在乡村禀赋度评价指标体系中的产业资源禀赋维度得分较高。深入分析发现，2个村庄在农村产业结构、农业现代化水平、特色产业资源、劳动力资源方面表现较好，且在特色产业资源和养殖业发展上表现尤为突出。这表明此类村庄以产业发展为主导，村集体经济发展较好，特色资源丰富，农户也以从事特色种植业、养殖业和旅游业为主，部分村庄有农业企业、生产合作社等生产组织，可以带动农户发展。以铁东村的实际发展为例，该村位于贺兰县县城西北约20千米处，西依包兰铁路，南接金凤区丰登镇，是一个辖11个村民小组、总人口达6238人的移民村。村庄以蔬菜种植（银川市永久性蔬菜基地）、肉牛养殖、运输及劳务输出为主导产业。经实地调查发现，铁东村在村委会的规划下，从村民养殖肉牛的悠久历史入手，充分发掘本村养殖潜能，发展养殖能手、扶持养殖基地。同时为了防止产业发展单一，还积极探索温棚种植，即把以往露天拱棚升级为一年可以种三茬的暖棚，形成了以养殖业为主导、以蔬菜种植为重要支撑的产业发展模式，这极大地提高了村民收入和产业抗市场风险能力。此外，凭借包兰铁路、通山公路穿境而过的交通优势，铁东村在肉牛养殖基础上，着力打造梅花鹿观光养殖产业，发展梅花鹿养殖观光游，努力实现养殖业与旅游业发展互通互融。

但该类村庄在产业发展取得积极成效的同时，也逐渐暴露出来一些风险因素，这些因素又成为制约产业、村庄发展的瓶颈问题。其一，对市场波动风险不敏感，导致本就功能单一的产业项目亏损；其二，对生产技术风险不了解，导致产品质量欠佳或生产成本翻倍；其三，对生态环境风险不重视，导致畜禽养殖项目污染严重。另外，过分重视产业发展又造成对人居环境治理的忽视。

（3）开发优化类

该类村庄主要包含RE型和IE型村庄，包括同阳新村、隆源村和十里铺村3个村庄。在乡村发展度方面，3个村庄的乡村发展度总得分分别为0.454、0.410和0.292，分别属于高水平（前2个）和低水平。在乡村禀赋度方面，3个村庄的各维度得分分别为0.162、0.042和0.083，0.164、0.087和0.050以及0.064、0.070和0.045；3个村庄的乡村禀赋度综合得分分别为0.110、0.121和0.063，分属禀赋优势（前2个）和禀赋平庸。其中，同阳新村在乡村发展度评价指标体系中的组织系统、生活系统、文化系统，以及乡村禀赋度评价指标体系中的环境质量禀赋与城镇辐射禀赋维度优势明显。深入分析各级指标发现，该类型村庄在综合治理能力、民风培养、人文环境、地理区位、农业生产、经济基础等方面处于较好水平，表明该类村庄大多以良好的基层党建治理为发展依托，能合理规划村庄建设，因此往往具有较完善的基础设施和适宜的居住环境。但与此同时，该类村庄也面临主导产业不突出、一二三产业融合不显著、后续规划不完善等问题，亟须通过开发、调整、优化等各种手段激活乡村发展潜力。目前，宁夏多数村庄属于此类型，是要在乡村振兴战略实施过程中进行整治的重点。以隆源村为例，该村位于贺兰县县政府西北部约27千米处，是2018年新建立的易地扶贫搬迁移民村。凭借着现代化的乡村治理体系和治理能力，隆源村在加强基层党建的同时，不断改善村内人居环境和公共服务水平，并积极为产业发展布局，寻找适合本村的主导产业。根据实地调查，该村于2019年引进相关企业建设了有机蔬菜扶贫产业园与梅花鹿扶贫产业园，预计每年能给村集体带来近50万元的收入。此外，隆源村在2019年与2021年分别被评为全国乡村治理示范村与全国农村人居环境整治示范村，在乡村治理与环境综合整治上成果显著。

但综合相关数据来看，该类村庄的综合发展水平往往不高，不完善的管理机制、不合理的产业结构、单一的增收途径日益成为阻碍村庄经济良性运行的因素。比如，该类村庄存在因规划和管理不协同而导致的路面反复开挖现象，村庄环境整治大部分停留在外立面翻新等表层工作上，存在配套设施不完善、建设不同步等问题。

（4）环境治理类

该类村庄主要包含E型村庄，包括团结村1个村庄。在乡村发展度方面，团结村的乡村发展度总得分为0.261，属低水平；在乡村禀赋度方面，各维度得分为0.024、0.073和0.019，乡村禀赋度综合得分为0.040，属禀赋劣势。其中，乡村发展度评价指标体系中的产业系统、生态系统、文化系统，以及乡村禀赋度评价指标体系的城镇辐射禀赋和环境质量禀赋维度得分均低于平均水平，排名靠后。深入分析各级指标发现，该类型村庄由于生态安全程度低，且城镇辐射禀赋等维度隶属度低，与其他村庄相比不具备发展优势，自然本底条件、基础设施配套等条件也一般，综合发展能力较差。团结村位于西夏区政府西北部约21千米处，有4个村民小组共4063人。该村虽地势平坦、居民点分布集中，但属于区位优势偏弱、乡村“空心化”问题严重的村庄。团结村虽借助产业扶贫项目开展了枸杞种植，新建了枸杞加工厂，在一定程度上优化了产业结构、增加了村集体经济收入，但由于后期资金投入不足、产销对接机制不完善，枸杞生产基地的建设标准不高，再加上没有应对极端天气的预防措施，枸杞产量波动较大，减产现象时有发生。根据实地走访，团结村整体较为整洁，但受自然灾害影响较为严重，生态敏感性高。受物价波动、干旱等多种因素影响，团结村目前的主导产业枸杞种植业发展态势疲软，再加上种植技术不规范、品质低下、质量不均等问题，给种植户带来了不小的打击，部分枸杞种植户也因此重新改种玉米等传统农作物，导致其收入下降明显。

（5）城郊融合–特色提升类

该类村庄主要包含RI型村庄，包括铁西村1个村庄。在乡村发展度方面，铁西村的乡村发展度总得分为0.244，排名末位，属低水平；在乡村禀赋度方面，各维度得分分别为0.032、0.137和0.017，乡村禀赋度综合得分为0.065，属禀赋平庸。乡村发展度评价指标体系中的生态系统与乡村禀赋度评价指标体系中的环境质量禀赋得分明显偏低，排名末位，这说明此类村庄虽分布在城市边缘区或中心城镇周围地区，集城郊融合类和特色提升类村庄特征于一身，但环境安全程度较低，表明该类村庄在发展优势产业的同时，忽视了对生态环境的保护、村庄配套设施的建设以及人居环境的提升。根据实际走访发现，铁西村以种植业和养殖业为双主导产业，以劳务输出为补充产业。目前，有养牛等专业合作社9个，肉牛饲养量年均达1.2万头，羊存栏10000头，建成蔬菜基地1个，2019年村集体经济收入为11.5万元。该村村容村貌相对较差，存在乱贴乱画、乱堆乱放以及随意丢弃垃圾等问题；该村养殖农户虽多，但种养结合不紧密、粪污处理设施设备落后、处理方式简单，导致畜禽粪肥还田难，畜禽养殖污染（水污染、空气污染）较为严重。以上问题造成该类村庄虽有城郊融合与特色提升两类村庄的特点，但仍旧发展缓慢、发展水平低。

（6）综合示范类

该类村庄主要包括RIE型村庄，包括原隆村1个村庄。在乡村发展度方面，原隆村的乡村发展度总得分为0.544，排名第1，属高水平；在乡村禀赋度方面，各维度得分分别为0.280、0.118和0.078，乡村禀赋度综合得分为0.195，属禀赋优势。其特点是乡村发展度和禀赋度评价指标体系中的各项指标得分普遍较高，说明该类村庄属于区域城镇化、工业化中心，劳动力、土地、资金等生产要素不断集聚增强了地区发展动力。一方面，此类村庄依靠经济发达、人口密集、设施完善等优势条件，吸引周边农村人口向此集聚，实现了就地就近城镇化发展；另一方面，村民逐渐适应现代城镇生活，农户兼业率增高。比如，便捷的区域交通性干道使得村民既可以留居村中务农，又能够就近选择城镇就业。此外，该类村庄还通过发展农业生产、利用各类工程项目建设、培育发展新业态、推动地方扶贫龙头企业和扶贫车间满产达产等方式，拓宽本村劳动力就地就近就业渠道，实现了城与乡、工与农的协调。例如，作为东西部扶贫协作示范点的闽宁镇原隆村，从2012年建村伊始就陆续引进相关企业，因地制宜发展各种产业，全村6900多亩土地绝大多数被整合流转，并被划分为不同区域来发展畜牧、种植、光伏发电等产业。大量农民由于无地或少地，基本不再从事农业生产，拥有了重新选择非农生产的机会，生活质量与水平显著提高。但值得注意的是，上述现象容易导致失地农民群体的产生，该群体是指在城镇化进程中因失去了作为生产资料和生活保障的土地而从农民转变为市民的新群体。如何增强这一群体的适应性能力以及破解他们的可持续生计困境是该类村庄未来需进一步关注和解决的问题。

第四节　农户借贷行为对其幸福感的影响

借贷行为虽有助于缓解农户资金紧张的问题，但亦会使其承受一定的经济压力与精神压力，双重压力的增大会降低其对生活的满意程度，进而影响其幸福感。为此，本节利用中国家庭金融调查与研究中心（CHFS）2015年、2017年、2019年三轮微观调查数据分析农户的借贷行为特征和幸福感状况，并从经济学、心理学两个视角分析了农户借贷行为对其幸福感的影响机制。

一　经济学视角下农户借贷行为对其幸福感的影响机制分析

根据理性人假设，经济主体在做出决策时，常常以追求自我利益最大化为目标。因此，农户在做出借贷决策时，通常会结合自身所能获得的尽可能多的信息和家庭实际情况谨慎做出自认为最利己的决策。农户借贷行为一般分为两个阶段：第一个阶段，借贷前期资金融入后农户当期收入增高；第二个阶段，借贷后期形成负债，农户按需使用，在偿还时农户当期和后期的收入下降。两个阶段均对农户幸福感产生一定影响且影响机制各不相同。

在借贷前期，农户资金融入阶段其实是一个非常短暂的过程。农户经深思熟虑后理性地进行借贷，这种行为使农户当期收入瞬时增高，缓解了其当期资金流动性约束情况，农户当期生活质量相对改善，短期内幸福感增强。

在借贷后期，借贷资金转变为负债，该阶段可分为资金使用与资金偿还两个时段。资金使用时段，农户幸福感会因借贷资金用途的不同而不同。农户借贷资金的用途大体可概括为生活消费与生产投资两类。当借贷资金用于生活消费时，农户多是购买以房屋和汽车为代表的耐用品，对非耐用品消费较少。由于耐用品使用时间较长，给农户带来的生活福利效应持久，因此，持续性地使用耐用品将有利于农户幸福感的提升。然而虽然耐用品短期内的使用会带给农户较大的幸福感，但随着时间的推移、农户对物质产品适应性的增强，这种幸福感增强效应会逐渐变弱。而非耐用品使用时间相对较短，多为日常必需品，因此，农户对非耐用品的刚性需求可能使得借贷资金的融入对农户幸福感影响不大。此外，农户如果因为遇到突发事件或特殊事件需要周转资金而进行借贷，如婚丧嫁娶、生病等，其幸福感短期内会有较大提升，但随着后期负债的偿还，其幸福感会大幅减弱。当农户将借贷资金用于生产投资时，短期内农户可能会因获得资金支持而幸福感增强。长期来看，农户的幸福感与投资回报是否高于预期息息相关。农户以投资农业产业为主，若投资后农用工具机械化水平提高、农业产业规模化增强、务农效率提升、作物品质优良，同时农产品市场发展明朗，则会促使农户相对收入升高，其投资回报高于或等于预期回报，进而增强其幸福感。倘若恰逢农产品市场低迷或突遇天灾，致使农户经济受损，其投资回报低于预期回报，甚至投入资金亏损，则会导致农户幸福感大幅减弱。资金偿还时段是借贷行为中时间最长的阶段。在偿还资金的过程中，农户当期及后期收入下降，使农户偿债压力与生活压力并存，进而降低其幸福感。陈屹立发现债务偿还与家庭收入密不可分，高收入家庭还债时财务压力较小，而债务偿还对于低收入家庭而言则会产生负面效应倍增的效果[①]。因借贷产生的债务不仅会使农户身心压力倍增，同时还可能导致其亲密社交关系的疏远，如家庭成员争吵、亲朋好友往来减少，这些均会造成农户幸福感的减弱。

综上所述，从经济学角度而言，作为理性人的农户会对借贷行为进行

① 陈屹立：《家庭债务是否降低了幸福感？——来自中国综合社会调查的经验证据》，《世界经济文汇》2017年第4期。

慎重决策，借贷前期农户会因当期收入增加，幸福感增强。借贷后期，农户承担相应负债，资金用途的不同对农户幸福感的影响机制不同，农户偿还借贷资金时，偿债压力等因素会导致农户幸福感减弱，具体影响机制如图4–13所示。

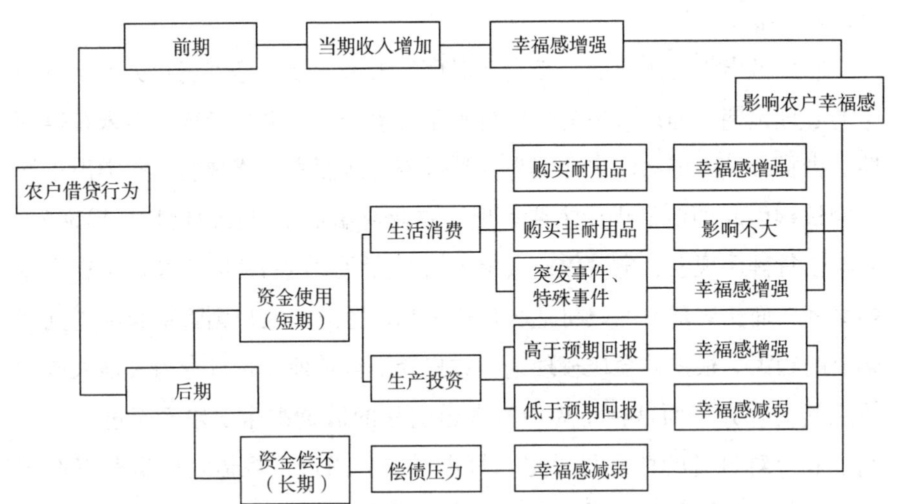

图4–13　经济学视角下农户借贷行为对其幸福感的影响机制

二　心理学视角下农户借贷行为对其幸福感的影响机制分析

我国改革开放40多年来，人们从缺吃少穿到解决温饱，再到迈进小康社会，生活发生了翻天覆地的变化。根据马斯洛需求层次理论，人们在满足了低层次生理、安全等需求的基础上，通常会进一步追求更高层次的需求，即心理上的满足。心理学将人们对自身生活、心理层面的满意度评估结果定义为幸福感。那么从心理学角度来看，幸福感与农户借贷行为有什么关联呢？

当农户做出借贷决策、发生借贷行为时，借贷资金正向流入其家庭。该笔资金的流入在一定程度上满足了农户物质层面的需求，继而农户会通过资金的获得与运用去满足其更高层次的需求，即精神层面的需求，进而影响农户的幸福感。从心理学角度而言，农户借贷行为对其幸福感的影响主要是由预期获得与实际获得的心理差异造成的，即农户可能会因预期借贷渠道、金额与实际借贷渠道、金额的不同而产生不同的幸福感。农户借贷行为对其幸福感的影响机制主要分为两种：第一种，发生借贷但未达到农户借贷预期，农户幸福感减弱；第二种，发生借贷且达到农户借贷预期，其幸福感增强。

农户做出借贷决策前，必定会对借贷渠道、金额等借贷相关因素有一定的心理预期。如果农户首选银行等正规借贷渠道进行借贷，但未获得预期的借贷金额，那么农户会因为受到借贷排斥而幸福感减弱。此类由正规金融机构引起的借贷排斥主要表现为农业前端企业与农户借贷排斥现象。此类借贷排斥现象会愈发促使资金流向经济更发达的地区以及资本更丰厚的家庭，而相对落后的农村地区与资本相对匮乏的农户则将更容易受到资金上的约束。根据社会比较理论，农户会不自觉地比较自身与其他人或群体之间的差异，而这种正规借贷渠道引起的借贷排斥现象不仅进一步加剧了农户对自身的怀疑与否定，打击了农户通过正规借贷渠道获得期望资金的信心，而且造成了农户对社会公平度的怀疑与社会认同感的下降，从而呈现农户幸福感减弱的情况。如果农户首选非正规渠道进行借贷，并且未获得预期借贷金额，则会对农户的社会关系造成一定影响。农村地区的非正规借贷渠道以向村民、亲朋好友借款为主，借多少、管谁借等借款相关因素均由借贷农户的社会关系网中的人际关系的信任程度与亲疏程度所决定。农村地区民风淳朴、法律意识相对淡薄，亲朋好友之间的借款往往碍于情面不会生成具体凭据，这会使农户间的借款金额及频率受到一定的制约。因此，倘若农户下定决心向村民、亲戚朋友借贷，然而其借贷金额未达预期，会造成借贷农户的社交伤害，进而造成其社交信任程度与人际来往亲疏程度下降，从而使其幸福感减弱。

如果农户首选正规借贷渠道并达到借贷预期，那么农户的获得感、信任感与认同感的增强会促使其幸福感增强。倘若农户首选非正规借贷渠道且达到借贷预期，会导致农户幸福感出现短期和长期两种变化：短期内，农户因资金方面的获得感与社交关系往来方面的成就感而幸福感增强；长期来看，为了避免借款方将所借资金用于高风险用途，借款农户在生活中会不断感受到来自出借方的监督压力，借款农户的心理与生理健康会受到影响，进而农户幸福感发生变化。

综上所述，从心理学角度而言，农户借贷行为是否达到农户借贷预期会造成不同的幸福感影响机制。心理学视角下农户借贷行为对其幸福感的影响主要分为两种，第一种为发生借贷行为但未达到农户借贷预期，使农户幸福感减弱，第二种为发生借贷行为且达到农户借贷预期从而影响其幸福感，具体影响机制如图4–14所示。

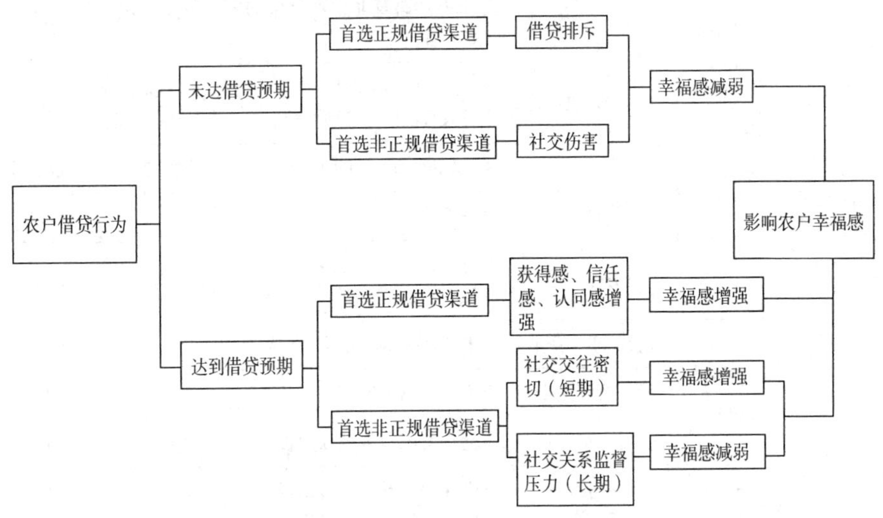

图4–14　心理学视角下农户借贷行为对其幸福感的影响机制

三　农户借贷行为影响因素实证与结果分析

（一）变量选取

梳理以往研究成果，并结合CHFS三轮问卷调查内容，以农户借贷行为为被解释变量，并以农户家庭禀赋为解释变量，构建人力资本、经济资本、社会资本与物质资本“四位一体”的农户借贷行为影响因素指标体系，具体变量设定与说明如表4–44所示。

表4-44 农户借贷行为影响因素指标体系变量设定与说明

变量			变量说明	权重
被解释变量：农户借贷行为	家庭总负债额		有借贷行为设为1，没有借贷行为设为0	–
解释变量：农户家庭禀赋	人力资本(PC)	人均受教育程度	没上过学=1；小学-2；初中=3；高中/中专/职高=4；大专/高职及以上=5	0.095
		非健康人数占比	身体不健康及非常不健康的家庭成员数占总人数比重	0.083
		劳动力人数占比	家庭劳动力(年龄大于16岁小于60岁)数量占家庭总人数比重（已剔除学生与身体不健康人群）	0.200
		风险态度	风险偏好=0；风险中性=1；风险厌恶=2	0.622
	经济资本(EC)	总收入	家庭总收入	0.862
		消费性支出	家庭食品支出、衣着支出、住房支出、教育娱乐支出、医疗保健支出等	0.138
	社会资本(SC)	是否从事工商业	从事工商业为1，不从事为0	0.048
		社会投资支出	家庭支付给非家庭成员的所有礼金的加总	0.001
		是否为贫困户	家庭是贫困户或低保户设为1，否则为0	0.951
	物质资本（MC）	住房数	家庭住房套数（不含租赁）	0.253
		车辆数	家庭拥有汽车数量	0.747
控制变量：户主个人禀赋	性别		男性为1，女性为0	–
	年龄		户主年龄	–
	婚姻		已婚为1，其余状况均为0	–
	政治面貌		中共党员或预备党员设为1，其他设为0	–

被解释变量：农户借贷行为，且该借贷行为仅指农户资金融入的行为。基于此，将CHFS问卷中家庭总负债额作为衡量标准，即农户家庭总负债额大于0则视为其家庭已发生且存在借贷行为，设该值为1，反之则为不存在借贷行为，设该值为0。

解释变量：农户家庭禀赋是每个家庭成员的能力以及成员所拥有的各类资源的综合体现，亦是农户是否具有还款能力的参考依据。根据农户家庭特征与CHFS三轮问卷问题，将农户家庭禀赋分为4个一级指标、11个二级指标，并以此构建农户借贷行为影响因素指标体系。

人力资本是指体现在家庭成员身上，能影响家庭成员自身价值与能力的资本，是知识、技能和体能等因素积累的总和。选取农户家庭的人均受教育程度、非健康人数占比、劳动力人数占比与风险态度指标来衡量家庭的人力资本。

经济资本反映的是家庭经济能力与承担能力的强弱，主要考虑家庭成员的工资、报酬、支出等因素。故经济资本维度选取2个指标，分别为总收入与消费性支出。

社会资本是一种无形的资本，无法进行具体量化，是家庭社会关系网的综合体现，表现在家庭的社会地位、人情关系等方面。通过参考杨明婉等人的研究[①]，选取是否从事工商业、社会投资支出与是否为贫困户作为社会资本评价指标。

物质资本指家庭中长期存在的资产形式，包括房屋、车辆、设备等，故选取农户家庭的住房数与车辆数来评价农户家庭的物质资本。

控制变量：在农村地区，户主作为家庭的“主心骨”，拥有主要话语权，故户主的性别、年龄、婚姻、政治面貌作为个人禀赋因素会对家庭决策行为产生一定影响。

（二）方法与模型构建

1.熵权法

熵权法是一种客观赋权方法，有助于避免主观赋权所带来的选择性偏差。熵权法运用各指标间数据离散程度的差异性计算指标熵权，再进行修正、赋权，合成各指标综合评价值。

首先，由于各个解释变量的含义不同、指标选取不同、计量单位也不同，需要采用极值法对正、负向指标的原始数据进行标准化处理，具体见

① 杨明婉、张乐柱、颜梁柱：《基于家庭禀赋视角的农户家庭非正规金融借贷行为研究》，《金融经济学研究》2018年第5期。

公式（4–31）与公式（4–32）。

$$x_{ij}' = \frac{x_j - x_{\min}}{x_{\max} - x_{\min}} \quad \text{公式（4–31）}$$

$$x_{ij}' = \frac{x_{\max} - x_j}{x_{\max} - x_{\min}} \quad \text{公式（4–32）}$$

其中，x_{ij}'为标准化值，x_j为第j项指标值，$x_{\max}$为第j项指标的最大值，$x_{\min}$为第j项指标的最小值。

其次，计算第j项指标的信息熵e_j与信息效用值d_j。信息熵计算见公式（4–33），信息效用值等于此项指标的信息熵与1之间的差值，见公式（4–34）。

$$e_j = -\mathrm{K}\sum_{i=1}^{m} y_{ij} \ln y_{ij} \quad \text{公式（4–33）}$$

其中，K是玻尔兹曼常数，其值与样本数m密切相关，K= 1/ln$m$。

$$d_j = 1 - e_j \quad \text{公式（4–34）}$$

其中，d_j为信息效用值，e_j为信息熵。

最后，利用指标相对变化程度对系统整体的影响，计算各指标权重w_j，进而计算指标综合评价值S，确定效率得分，将其纳入模型之中。详见公式（4–35）与公式（4–36）：

$$w_j = \frac{d_j}{\sum_{i=1}^{m} d_j} \quad \text{公式（4–35）}$$

$$S = \sum_{i=11}^{n} y_{ij} w_{ij} \quad \text{公式（4–36）}$$

2.模型构建

由于被解释变量（农户借贷行为）是一个二值变量，结合对各变量的分析，最终选择Probit模型研究农户借贷行为影响因素，该模型的构建如公式（4–37）所示：

$$Loan = \beta_0 + \beta_1 HC_{it} + \beta_2 EC_{it} + \beta_3 SC_{it} + \beta_4 MC_{it} + \beta_i NV + \mu_{it}\ (i = 1, \cdots, n) \quad \text{公式（4–37）}$$

其中，$Loan$是一个虚拟变量，反映第t年第i户农户是否存在借贷行为，Loan = 1代表存在借贷行为，Loan = 0代表不存在借贷行为，β_0是截距项，β_i为解释变量的估计参数。HC_{it}、EC_{it}、SC_{it}、MC_{it}分别为家庭所拥有的人力资本、经济资本、社会资本、物质资本，其中，对于部分解释变量，为了避免异方差性，将其值加1取对数后再纳入模型之中。NV为户主个人禀赋，即户主的性别、年龄、婚姻与政治面貌，将其作为控制变量纳入模型中，μ_{it}为随机扰动项。

（三）全样本实证结果与分析

1. 全样本回归分析

基于家庭禀赋视角，构建农户借贷行为影响因素指标体系，通过筛选CHFS 2015年、2017年、2019年三轮微观调查数据，最终获得34315户农户样本，采用Probit模型，运用StataSE 15.0软件，对我国农户借贷行为影响因素进行边际效应回归，具体实证结果如表4–45所示。

表4–45　农户借贷行为影响因素全样本回归结果

	模型（1）	模型（2）	模型（3）	模型（4）
HC	0.668^{***} （0.054）	0.663^{***} （0.054）	0.617^{***} （0.046）	0.605^{***} （0.046）
EC		-0.237^{***} （–0.057）	-0.233^{***} （–0.057）	-0.216^{***} （–0.057）
SC			0.085^{***} （0.017）	0.091^{***} （0.017）
MC				-0.633^{***} （–0.118）
户主个人禀赋				
性别	–0.018 （–0.016）	–0.022 （–0.016）	–0.010 （–0.016）	–0.024 （–0.016）
年龄	-0.025^{***} （–0.001）	-0.025^{***} （–0.001）	-0.025^{***} （–0.001）	-0.024^{***} （–0.001）
婚姻	0.163^{***} （0.023）	0.157^{***} （0.023）	0.154^{***} （0.023）	0.151^{***} （0.023）

续表

	模型（1）	模型（2）	模型（3）	模型（4）
政治面貌	-0.045* （-0.024）	-0.049** （-0.024）	-0.044* （-0.024）	-0.054** （-0.024）
区域特征				
中部地区	0.297*** （0.017）	0.297*** （0.017）	0.297*** （0.017）	0.304*** （0.017）
西部地区	0.308*** （0.018）	0.310*** （0.018）	0.313*** （0.018）	0.319*** （0.018）
常量	0.684*** （0.047）	0.770*** （0.051）	0.688*** （0.054）	1.272*** （0.121）
观测值	34315	34315	34315	34315
R^2	0.061	0.061	0.062	0.063

注：①括号内数值为标准误差；②*、**、***分别表示在10%、5%、1%的统计水平上显著。

从表4-45可以看出，模型（1）显示了在控制户主个人禀赋与区域特征变量的基础上，农户人力资本对农户借贷行为发生的影响。此时，人力资本对农户借贷行为的边际效应影响系数为0.668，显著为正，意味着人力资本每提升一个单位，农户的借贷概率将会对应提升约67%。在此基础上，纳入经济资本变量［见模型（2）］，结果显示人力资本提升效应减弱，说明经济资本显著抑制农户借贷行为。模型（3）进一步增加了社会资本变量，此时，人力资本与经济资本的边际效应随着社会资本的加入而减弱。其中，社会资本对农户借贷行为的边际效应影响系数为0.085，意味着社会资本存量每增加一个单位，农户借贷行为发生的概率将会提升8.5%。模型（4）将4个家庭禀赋变量全部纳入模型之中，观察结果可发现，人力资本与社会资本显著正向促进农户借贷行为，而经济资本与物质资本则显著抑制农户借贷行为。户主个人禀赋变量中，除了性别，其他变量均对农户借贷行为具有一定的显著影响。

根据理性人假设，借贷行为的发生是农户综合自身所能获取的尽可能多的信息做出的自认为最优的决策。那么，农户的借贷行为影响因素中哪种资本对其决策的影响效应最强？4种资本又为何对农户借贷行为的作用方向不相同？

①在4种家庭资本中，人力资本影响效应最强。人力资本选取的变量分别为人均受教育程度、非健康人数占比、劳动力人数占比以及风险态度。根据现状统计，农村地区人均受教育程度主要是没上过学和小学水平，大多数农户的文化素养与金融素养相对较低，致使农户接受新事物的能力相对较差且思想较为保守，这会导致其风险态度为风险中性甚至厌恶且不易改变。劳动力人数占比在人力资本中的权重为0.200，位居第2，在农户风险态度不会轻易改变的情况下，可以说劳动力人数占比的高低将主导人力资本存量的高低。相比于城镇，农村仍是我国发展相对滞后的地区。对城镇的繁华、薪资与发展前景的向往推动着以青年人为主、中年人为辅的农村居民选择外出务工，致使农村家庭劳动力外流现象日渐严重，而留在农村地区生活的大多是妇女、儿童、老人，以及身体情况较差的非健康群体。而劳动力外流、非健康群体增加等人力资本因素的累积会导致农户发生借贷行为的概率增加。

②经济资本是农户考虑是否发生借贷行为的主要因素之一。经济资本中包含总收入与消费性支出变量，其中，总收入权重为0.862。以总收入为主的经济资本越多，农户选择且发生借贷行为的概率越小，经济资本促使人力资本影响效应相对减弱。

③社会资本选取的变量包括是否从事工商业、社会投资支出和是否为贫困户。从事工商业的农户往往具有一定的决策胆识与经济类知识，并且从事工商业的农户与只务农的纯农业农户相比，他们的社交关系网往往更复杂、更大。社会投资支出是农户社会关系网中人际关系亲疏程度的量化体现。农村是人情社会，具体体现为村与村之间、村民与村民之间、亲朋好友之间的交往较为密切。当然，这种密切的交往在给人们带来幸福与快乐的同时，也会给人们造成一定的心理负担与压力。社会资本中“是否为贫困户”的权重为0.951，意味着需要救助的农户更可能因生产、生活而选择并发生借贷行为。因此，在社会资本的正向影响下，人力资本、经济资本的作用相对减弱。

④物质资本是家庭资产的体现。物质资本选取的变量为住房数与车辆数，其中，车辆数权重为0.747。大多数农村居民有住房，任务可能是农户宅基地或闲置土地上的自建房，也有可能是拆迁房或安置房。因此，相对于住房，车辆更能体现农户的物质资本。住房与车辆越多的农户，其物质资本越丰厚，农户在需要资金周转、平滑消费时，他们可以选择以变卖或出租房产、车辆等方式获取资金。因此，物质资本会抑制农户借贷行为的发生。

⑤除了上述核心解释变量以外，在户主个人禀赋中，年龄、婚姻与政治面貌亦会对农户借贷行为产生一定程度的影响。户主的性别对借贷行为无显著影响，而户主的年龄增长会显著抑制借贷行为，这可能是因为年纪越大的户主抗风险能力越差、思想观念越保守，越不会轻易做出借贷决策，他们更关注未来可能需要的花销，如医疗、养老等，这会使其在日常生活中更注重资金的积累，尽量不发生借贷行为。已婚的户主发生借贷行为的概率更大，这可能是因为已婚人士获得借贷的可能性更高。正规借贷机构更偏好已婚家庭，除了因为其家庭成员可代借款人偿债，还因为正规借贷机构普遍认为已婚人士相对更负责任、更有使命感。而非正规渠道借贷则更关注除了借贷人以外是否还有关系亲近的人愿意为其偿还资金。因此，已婚对农户借贷行为的发生具有促进作用。在农村，中共党员的思想较为先进，其个人的思想、习惯、作风等代表着党组织的面貌。户主政治面貌为中共党员或预备党员的农户在日常生活中会对自己严格要求，也更注重发挥先锋模范作用与带头作用。因此，该类户主往往会在深思熟虑后做出重要决策，对借贷行为亦是如此，故户主政治面貌为中共党员或预备党员会显著抑制农户借贷行为。

2. 全样本稳健性检验

为了有效避免遗漏变量的存在对前述实证结果造成干扰，拟选用固定效应模型或随机效应模型来检验方程构建中是否存在内生性问题。据此，利用Hausman检验做出具体的模型选择。经回归分析发现Hausman检验呈现拒绝原假设的估计结果，即拒绝使用随机效应模型进行回归估计，故选择固定效应模型进行检验，以确保估计结果的准确性。同时，为了证实指标、模型选取的稳健性与合理性，亦选取Logit模型与Probit模型进行结果对比，以进一步检验实证结果的有效性，具体结果见表4–46。

表4–46 农户借贷行为影响因素稳健性检验全样本回归结果

	Probit模型	固定效应模型	Logit模型
HC	0.605*** （0.046）	0.074*** （0.022）	0.993*** （0.075）
EC	–0.216*** （–0.057）	–0.072*** （–0.027）	–0.348*** （–0.094）
SC	0.091*** （0.017）	0.044*** （0.007）	0.153*** （0.028）
MC	–0.633*** （0.118）	–0.357*** （–0.065）	–1.023*** （–0.192）
户主个人禀赋			
性别	–0.024 （–0.016）	–0.002 （–0.006）	–0.037 （–0.026）
年龄	–0.024*** （–0.001）	–0.004*** （–0.000）	–0.040*** （–0.001）
婚姻	0.151*** （0.023）	0.021*** （0.017）	0.254*** （0.039）
政治面貌	–0.054** （–0.024）	–0.008 （–0.014）	–0.086** （–0.039）
区域特征			
中部地区	0.304*** （0.017）	– –	0.504*** （0.028）
西部地区	0.319*** （0.018）	– –	0.528*** （0.029）
常量	1.272*** （0.121）	0.936*** （0.084）	2.045*** （0.198）
观测值	34315	34315	34315
R^2	0.063	0.059	0.062

注：①括号内数值为标准误差；②*、**、***分别表示在10%、5%、1%的统计水平上显著。

经对比回归结果发现：Probit模型与固定效应模型、Logit模型中的关键解释变量，即人力资本、经济资本、社会资本与物质资本，均在1%的统计水平上显著且方向一致，仅在边际效应影响程度上存在差异。同时，在控制变量户主个人禀赋方面，除户主政治面貌的显著性发生变化外，其他变量的回归结果在三种模型中也是一致的。因此，指标、模型的选取较为合理，不存在内生性问题且估计结果较为稳健。

（四）分样本实证结果与异质性分析

1. 时间异质性分析

基于家庭禀赋视角，构建农户借贷行为影响因素指标体系，经筛选三轮微观调查数据，最终获得2015年农户有效样本11032户、2017年农户有效样本11564户、2019年农户有效样本11719户。通过采用Probit模型，运用StataSE 15.0软件，分时间样本对我国农户借贷行为影响因素进行回归，结果如表4-47所示。

表4-47　农户借贷行为影响因素时间异质性分析分样本回归结果

	2015年	2017年	2019年
HC	1.827*** （0.180）	0.945*** （0.074）	0.121* （0.066）
EC	-0.359*** （-0.071）	-0.113 （-0.151）	-0.416*** （-0.130）
SC	0.286*** （0.042）	0.169*** （0.034）	0.333*** （0.034）
MC	-0.312 （-0.463）	-0.653*** （-0.169）	-1.200*** （-0.188）
观测值	11032	11564	11719
R^2	0.057	0.080	0.073

注：①括号内数值为标准误差；②*、**、***分别表示在10%、5%、1%的统计水平上显著；③回归中其他控制变量的显著性均与全样本回归相同，限于篇幅未予报告。

观察回归结果可发现：2015年，物质资本对农户借贷行为无显著影响，其他3种资本的影响效应均与全样本回归结果一致；2017年，经济资本对农户借贷行为无显著影响，其他3种资本的影响效应均与全样本回归结果一致；2019年，4种资本均对农户借贷行为产生一定影响，其结果与全样本回归结果基本一致。这可能是因为2015年我国农村地区发展相对缓慢，青海、甘肃、宁夏等西北地区与东部发达地区发展差异较大，相对落后地区的农户物质资本存量较低，对农户借贷行为影响不显著，致使分样本估计结果与全样本估计结果存在一定差异。而2017年与2019年随着我国各项政策的落实与完善，尤其在2017年乡村振兴战略提出之后，我国农村地区得到了较好发展，加之互联网金融对农村经济起到了良好的带动作用，促使农村地区居民物质资本存量变多，有效地缓解了家庭资金的周转问题，进而呈现对农户借贷行为的抑制作用。2017年分样本回归结果显示经济资本对农户借贷行为无显著影响，原因可能是农户的总收入、消费性支出增速与权重不协调。根据《中国农村统计年鉴（2018）》中农户人均可支配收入和人均消费性支出数据，经计算可得2017年二者增长速度分别为17.871%和20.843%，由此可知，2017年农户的消费性支出增长速率相对较快，而经济资本中总收入权重较高、消费性支出权重较低，因此，可能呈现两两相抵消的情形，进而呈现经济资本影响不显著的情况。2019年，分样本回归结果与全样本回归结果基本一致，此处不再过多赘述。

2. 空间异质性分析

在时间样本的基础上，继续开展农户借贷行为影响因素的异质性分析。接下来，从空间层面进行分析，基于家庭禀赋视角，构建农户借贷行为影响因素指标体系，经筛选三轮微观调查数据，最终获得东部地区农户样本12393户、中部地区农户样本11448户、西部地区农户样本10474户。采用Probit模型，运用StataSE 15.0软件，对我国东部、中部、西部地区的农户借贷行为影响因素进行回归，结果如表4–48所示。

表4–48　农户借贷行为影响因素空间异质性分析分样本回归结果

	东部地区	中部地区	西部地区
HC	0.616^{***} （0.080）	0.580^{***} （0.080）	0.608^{***} （0.078）
EC	-0.326^{***} （-0.093）	-0.138 （-0.101）	-0.166^{*} （-0.114）

续表

	东部地区	中部地区	西部地区
SC	0.066** （0.030）	0.123*** （0.029）	0.085*** （0.029）
MC	–0.903*** （–0.178）	–0.364 （–0.224）	–0.501** （–0.220）
观测值	12393	11448	10474
R^2	0.044	0.052	0.065

注：①括号内数值为标准误差；②*、**、***分别表示在10%、5%、1%的统计水平上显著；③除地区变量外，回归中其他控制变量的显著性均与全样本回归相同，限于篇幅未予报告。

观察回归结果可发现：对东部、西部地区的农户而言，4种资本均显著影响其借贷行为；而对中部地区的农户而言，人力资本、社会资本显著影响其借贷行为。东部、西部地区的农户借贷行为影响因素的实证结果相似，即人力资本、社会资本显著促进农户借贷行为，经济资本、物质资本显著抑制农户借贷行为。

东部地区是我国最早实行沿海开放政策的地区。改革开放初期，国家发展重点落在东部沿海地区，东部地区迅速抓住机遇，将沿海开放政策等优惠政策与自身的地理优势相结合，实现了经济水平的快速提高。这不仅使东部地区的城镇变化巨大，也使农村地区发生了翻天覆地的变化。东部地区的农村通过快速推进工业化促进经济发展，其中，江苏南部地区的村社集体兴办工业模式、浙江的个体私营企业兴办工业模式与珠三角地区的“三来一补”工业化模式均带动了大中型城市周边农村地区经济的飞速发展。对外开放等政策的落实促使东部地区的农村迅速发展，农村居民的人口素质、金融素养逐步提高，提前消费意识逐步形成，加上逐步构建起的相对完善的金融体系，东部地区的农户积累了各类资本，农户家庭资本存量发生变化，进而对其借贷行为产生显著影响。

西部地区的回归结果与东部地区相似，但究其原因却大不相同。东部、西部地区的农村经济发展水平、地理位置等均存在显著差异，东部、西部地区之间的发展不平衡，东部、西部地区农村家庭之间的差距较大。

西部地区占地面积更大，但因其经济发展水平、区位优势相对落后，城镇发展受到一定制约，城镇周围的农村地区资源短缺、发展滞后。另外，西部农村地区的低教育水平、劳动力外流现象严重，加之农村老龄化社会加剧、非健康群体占比增大，使农村发展“雪上加霜”。同时，农户务农收入较低，贫困户更是如此，因此农户往往会通过借贷行为来缓解家庭资金的不足。尽管西安、成都等部分西部地区的城市发展良好，但并未形成如“长三角”“京津冀”那样的城市群与经济圈，中心城市带动周边农村地区经济发展的辐射作用较弱，从而导致西部地区农户在经济发展相对缓慢与资源相对短缺的基础上通过借贷融入资金，因此4种资本对农户借贷行为呈现显著性影响。

中部地区与东部、西部地区的实证结果不同，农户通常会受人力资本和社会资本影响发生借贷行为。这可能是由于中部地区与东部地区的经济发展水平虽存在一定差距，但与西部地区相比，中部地区在农业、交通等方面具有一定优势。中部地区的城市以农业发展为主，农业产业占比较大，但农户人均受教育水平以小学为主，金融业发展落后。同时，农村中大量相对优秀的青年群体、中年群体离乡发展，农村出现人才留不住、优质劳动力外流与剩余劳动力质量差并存的现象。此时，人力资本与社会资本就成为农户借贷的重要影响因素，中部地区的农户可能会因为要提高下一代教育质量、疏通人际关系而发生借贷行为。

四　农户借贷行为对其幸福感的影响实证与结果分析

（一）农户幸福感指数测度

1. 客观幸福感

利用主观、客观相结合的方式衡量农户幸福感，有助于提高测度结果的精准性与科学性。客观幸福感作为主观幸福感的“社会根基”，可以用来衡量农户在客观条件下的幸福程度。因此，本小节参考国民幸福指数与中国民生发展指数的指标体系，综合相关学者研究，将农户客观幸福感分为5个方面，即设置村民生活、生存保障、社会安定、健康教育与生态环境5个一级指标，全面覆盖了农户的日常生活生存保障与社会、环境舒适保障。在5个一级指标下继续细化，分设17个二级指标。村民生活层面包括收入分配、消费水平、农业生产指标；生存保障层面包括住房、低保、老年生存、设施指标；社会安定层面包括就业、婚姻、卫生安全、生产安全、食品安全指标；健康教育层面包括教育、医疗指标；生态环境层面包括人居环境、水资源、厕所指标。同时，在17个二级指标下分设27个三级指标，并为每个指标赋予客观权重，具体指标体系如表4–49所示。

表4–49 农户客观幸福感指标体系

一级指标（权重）	二级指标（权重）	三级指标（权重）	指标方向
村民生活（20%）	收入分配（33.3%）	农村恩格尔系数（3.3%）	–
		农村人均可支配收入（3.3%）	+
	消费水平（33.3%）	农村人均消费支出（3.3%）	+
		农村教育文娱支出（3.3%）	+
	农业生产（33.4%）	农业收入占比（3.3%）	–
		土地生产资料（3.4%）	+
生存保障（20%）	住房（25%）	人均住房面积（5%）	+
	低保（25%）	农村居民最低社会保障支出（5%）	+
	老年生存（25%）	老年抚养比（2.5%）	–
		老龄化占比（2.5%）	–
	设施（25%）	社区综合服务设施覆盖率（5%）	+
社会安定（20%）	就业（20%）	失业率（4%）	–
	婚姻（20%）	离婚率（4%）	–
	卫生安全（20%）	饮用水卫生监测合格率（4%）	+
	生产安全（20%）	农产品质量合格率（4%）	+
	食品安全（20%）	食品监测合格率（4%）	+
健康教育（20%）	教育（50%）	文化站（3.3%）	+
		乡村教育机构（3.3%）	+
		小学及以下水平户主文化程度占比（3.4%）	–

续表

一级指标（权重）	二级指标（权重）	三级指标（权重）	指标方向
健康教育（20%）	医疗（50%）	基层医疗卫生机构（3.3%）	+
		有医保人数占比（3.4%）	+
		农村卫生费用（3.3%）	+
生态环境（20%）	人居环境（33.3%）	农村绿化面积（3.4%）	+
		乡村环境治理投资规模（3.3%）	+
	水资源（33.3%）	人均水资源量（3.3%）	+
		自来水饮用率占农村人口比（3.4%）	+
	厕所（33.4%）	农村无害化厕所普及率（6.7%）	+

资料来源：主要来源于2015年、2017年、2019年的《中国农村统计年鉴》、《中国统计年鉴》与《中国环境统计年鉴》，以及《2015中国卫生和计划生育统计年鉴》《2017中国卫生和计划生育统计年鉴》《2019中国卫生健康统计年鉴》，部分数据来自新闻、文章等二手数据。

通过查找上述指标的具体数据，并对各个指标加权计算后，得出我国农村地区2015年、2017年、2019年的农户客观幸福感量化值，结果呈现上升趋势。由此可见，随着我国城镇化政策的落实，农村地区的各项资源、服务、设施与保障逐步得到较大改善，农村居民生活水平得到较大提高，农户幸福感逐年上涨。

2. 主观幸福感

主观幸福感是农户主观对自身某一阶段幸福程度的综合评估。由于在大多数农村家庭中户主具有重要的家庭地位，拥有主要话语权，家庭的经济决策一般经由了解家庭经济情况的户主做出，并且CHFS问卷调查将户主定义为家庭经济的主要来源，故将受访户主的主观幸福感视为家庭整体幸福感，这与马晓君等人的研究方式相一致[①]。综上所述，依据调查问卷中“总的来说，您现在觉得幸福吗？”问题的户主的回答，进行一定处理，得到农户主观幸福感量化值。根据李克特五级量表法将农户主观幸福感从低

① 马晓君、张紫嫣、王常欣：《金融风险投资对家庭幸福感影响的研究》，《东南财经大学学报》2021年第1期。

到高分为5个等级，即非常不幸福、不幸福、一般、幸福、非常幸福，并依次赋值1～5。

3.幸福感指数

由于农户主观幸福感可能存在偏颇性，故需要利用客观幸福感进行修正。合理的权重分配有助于科学准确地评估幸福感指数。依据相关研究对主客观幸福感的权重分配比例，本小节选取客观幸福感权重为60%、主观幸福感权重为40%，并通过加权计算得到农户幸福感指数。

（二）变量选取与模型构建

1.变量选取

被解释变量：农户幸福感指数，该指数由农户客观幸福感与主观幸福感加权计算合成。

解释变量：农户借贷行为仅指农户融入资金的行为，其设置方式与前文相同，即农户存在借贷行为设为1，不存在则设为0。

控制变量：农户家庭特征与户主特征是衡量幸福感的重要因素，故将前述农户家庭禀赋与户主个人禀赋纳入模型之中，此处不再赘述。

具体变量设定与说明如表4-50所示。

表4-50 农户幸福感指数变量设定与说明

变量		变量说明
被解释变量	农户幸福感指数（*Happiness*）	农户幸福感指数（主客观幸福感加权值）
解释变量	农户借贷行为（*Loan*）	存在借贷行为设为1，不存在借贷行为设为0
控制变量	人力资本（*HC*）	家庭的人力资本
	经济资本（*EC*）	家庭的经济资本
	社会资本（*SC*）	家庭的社会资本
	物质资本（*MC*）	家庭的物质资本
	性别（*Gender*）	户主性别：男性为1，女性为0
	年龄（*Age*）	户主年龄（周岁）
	婚姻（*Married*）	户主婚姻：已婚为1，其余状况均为0
	政治面貌（*Party*）	户主政治面貌：中共党员或预备党员设为1，其他设为0

2. 模型构建

以农户幸福感指数为被解释变量，以农户借贷行为为解释变量，选取农户家庭禀赋与户主个人禀赋为控制变量，构建农户借贷行为对其幸福感影响的基准方程，具体如公式（4–38）所示：

$$Happiness_i = \beta_0 + \beta_1 Loan + \beta_i NV + \mu_{it} (i = 1, \cdots, n) \qquad \text{公式（4–38）}$$

其中，$Happiness_i$ 为被解释变量农户幸福感指数；β_i为各项变量的待估系数；$Loan$ 为农户借贷行为；NV 为控制变量，包含农户家庭禀赋与户主个人禀赋；μ_{it} 为随机扰动项。

被解释变量农户幸福感指数 $Happiness_i$ 可分为5个等级，其值为离散型次序变量，故采用Probit模型改进版——Ordered Probit模型。当农户幸福感指数 $Happiness^*$ 低于选项R1值时，为该农户 $Happiness$ 赋值1，即非常不幸福，以此类推。如公式（4–39）所示。

$$Happiness_i = \begin{cases} 1, & Happiness^* \leqslant R_1 \\ 2, & R_1 < Happiness^* \leqslant R_2 \\ 3, & R_2 < Happiness^* \leqslant R_3 \\ 4, & R_3 < Happiness^* \leqslant R_4 \\ 5, & R_4 < Happiness^* \leqslant R_5 \end{cases} \qquad \text{公式（4–39）}$$

假设μ_i服从正态分布，X为影响农户幸福感的解释变量与控制变量，β为估计参数，$\varphi()$为累积分布函数，则农户幸福感指数 $Happiness_i$ 可以表示为：

$$P(Happiness_i = 1) = \varphi(R_1 - X\beta) \qquad \text{公式（4–40）}$$

$$P(Happiness_i = 2) = \varphi(R_2 - X\beta) - \varphi(R_1 - X\beta) \qquad \text{公式（4–41）}$$

……

$$P(\text{Happiness}_i = 5) = 1 - \varphi(R_5 - X\beta) \qquad \text{公式（4–42）}$$

（三）全样本实证结果与分析

1. 全样本回归分析

根据上述理论基础，基于农户家庭禀赋视角，构建农户借贷行为对其幸福感影响的指标体系。将CHFS 2015年、2017年、2019年三轮微观调查数据合成面板数据，筛选研究变量，最终获得有效农村居民家庭样本34276户。

以客观幸福感与主观幸福感合成的农户幸福感指数为被解释变量，以农户借贷行为为解释变量，以农户家庭禀赋与户主个人禀赋为控制变量，通过采用Ordered Probit模型构建回归方程，运用StataSE 15.0软件，进行全样本回归估计，具体结果如表4-51所示，回归结果均在1%的水平上显著。

表4-51 农户借贷行为对其幸福感影响全样本回归结果

变量	模型（1）	模型（2）	模型（3）
农户借贷行为	-0.153^{***} （-0.010）	-0.259^{***} （-0.011）	-0.197^{***} （-0.012）
农户家庭禀赋			
人力资本		1.699^{***} （0.032）	1.329^{***} （0.036）
经济资本		-0.635^{***} （-0.043）	-0.722^{***} （-0.044）
社会资本		-1.159^{***} （-0.016）	-1.078^{***} （-0.017）
物质资本		-2.762^{***} （-0.088）	-2.242^{***} （-0.093）
户主个人禀赋			
性别			-1.243^{***} （-0.018）
年龄			0.014^{***} （0.001）
婚姻			0.119^{***} （0.022）
政治面貌			0.096^{***} （0.017）
区域特征			
中部地区	0.036^{***} （0.011）	0.050^{***} （0.011）	0.051^{***} （0.013）
西部地区	0.103^{***} （0.011）	0.052^{***} （0.012）	0.070^{***} （0.013）
观测值	34276	34276	34276
R^2	0.001	0.084	0.143

注：①括号内数值为标准误差；②***表示在1%的统计水平上显著。

从上述结果可看出，模型（1）~模型（3）中关键解释变量农户借贷行为均对其幸福感呈现显著负向作用，这表明农户借贷行为与其幸福感负相关，即与不存在借贷行为相比，存在借贷行为会降低农户幸福感。在农户家庭禀赋方面，4种资本对农户幸福感的作用不尽相同。人力资本显著促进农户幸福感的提升，即人力资本的增多会促使其幸福感大幅提升，可以理解为家庭劳动力人数占比更大、人均受教育程度更高有助于提升农户幸福感。经济资本的增多则会显著降低农户幸福感，经济资本由总收入与消费性支出两个部分组成。尽管总收入权重相对较高，但正如Easterlin悖论所言幸福感不一定随收入的增多而提升①，以农业收入为主的农户亦是如此，这与朱兰兰和蔡银莺的研究结果一致②，并且消费性支出过多带来的还款压力会对农户幸福感提升产生抑制作用。社会资本越多则会越抑制农户幸福感的提升，这可能是因为社会资本中设置的“是否为贫困户”的指标权重最大，社会资本多意味着家庭处于贫困状态的可能性大。根据社会比较理论，人们喜欢与周围或处于同一生活状态的人群进行比较。因此，较为贫困的人可能会产生自卑等心理，受到心理与经济的双重压力，进而致使其幸福感进一步降低。物质资本是家庭经济实力的侧面体现，物质资本越丰厚的农户幸福感提升越缓慢。当今社会，农户通常会因为子女婚姻、“面子”等在城镇购买房、车，资金不足的农户会选择借贷，而大额的借贷使他们的后期偿债压力倍增，导致其幸福感难以提升。而那些资金充足的农户也可能会因为家中的青年人、中年人外出务工，家中仅剩老人、孩童，导致多余的房、车使用感低，致使农户幸福感降低。另外，户主的性别、年龄、婚姻与政治面貌均对农户幸福感有一定的显著影响。

2. 全样本稳健性检验

由于农户幸福感与农户借贷行为同时受到农户家庭禀赋与户主个人禀赋的影响，因此，模型可能会存在样本自选择问题。为验证估计结果中

① Easterlin R. A., “Income and Happiness: Towards a Unified Theory”, *The Economic Journal*, 2001, 111(473): 465-484。

② 朱兰兰、蔡银莺：《耕地保护补偿区农民生活满意度分析》，《华南农业大学学报》（社会科学版）（社会科学版）2014年第1期。

是否存在内生性问题，采用Heckman两阶段模型进行验证。经验证，使用Heckman两阶段模型后各变量VIF值均小于10，故本研究所选取的变量之间不存在多重共线性。同时，为了证实指标、模型选取的稳健性与合理性，亦选取Ordered Logit模型与Ordered Probit模型的结果进行对比分析，以进一步检验估计结果的有效性，具体结果如表4-52所示。

表4-52 农户借贷行为对其幸福感影响的全样本稳健性检验结果

变量	Ordered Probit模型	Heckman两阶段模型	Ordered Logit模型
农户借贷行为	-0.197*** （-0.012）	-0.763*** （-0.167）	-0.341*** （-0.020）
农户家庭禀赋			
人力资本	1.329*** （0.036）	31.522*** （0.834）	2.027*** （0.064）
经济资本	-0.722*** （-0.044）	-8.327*** （-0.676）	-1.172*** （-0.077）
社会资本	-1.078*** （-0.017）	-14.337*** （-0.482）	-2.006*** （-0.031）
物质资本	-2.242*** （-0.093）	-33.034*** （-1.711）	-3.504*** （-0.153）
户主个人禀赋			
性别	1.243*** （0.018）	28.804*** （0.301）	2.368*** （0.035）
年龄	0.014*** （0.001）	0.284*** （0.024）	0.023*** （0.001）
婚姻	-0.119*** （-0.022）	-4.695*** （-0.354）	-0.273*** （-0.043）
政治面貌	0.096*** （0.017）	2.264*** （0.219）	0.170*** （0.027）
区域特征			
中部地区	0.051*** （0.013）	0.749*** （0.174）	0.068*** （0.021）
西部地区	0.070*** （0.013）	0.678*** （0.182）	0.087*** （0.022）
观测值	34276	34276	34276
R方值	0.143	0.622	0.155

注：①括号内数值为标准误差；②***表示在1%的统计水平上显著。

对比回归结果发现，在Ordered Probit模型与Heckman两阶段模型、Ordered Logit模型中，关键解释变量农户借贷行为均对其幸福感具有负向影响且均在1%的统计水平上显著。同时，户主个人禀赋方面的控制变量均与前述估计结果一致。因此，指标、模型的选取较为合理，不存在内生性问题且估计结果较为稳健。

（四）分样本实证结果与异质性分析

1. 时间异质性分析

由于本研究使用的是CHFS 2015年、2017年、2019年三轮调查数据所合成的面板数据，不同年份中农户借贷行为可能对其幸福感的影响效应不同。因此，继续沿用Ordered Probit模型，以农户幸福感指数为被解释变量，以农户借贷行为为解释变量，以农户家庭禀赋与户主个人禀赋为控制变量，分时间样本展开异质性影响研究。伍德里奇曾在《计量经济学导论》（第四版）中注明Ordered Probit模型的结果可能会因被解释变量取值的差异导致其解释变量的边际效应符号发生改变[①]。据此，对于农户借贷行为对其幸福感影响的时间异质性分析，将采用边际效应方式进行回归，以研究不同时间样本下，农户借贷行为对其幸福感影响的边际效应，具体结果如表4-53所示。

表4-53　时间异质性分样本边际效应回归结果

关键解释变量	R1	R2	R3	R4	R5
*Loan*15	0.011*** （0.001）	0.035*** （0.003）	0.061*** （0.005）	–0.047*** （–0.004）	–0.060*** （–0.005）
*Loan*17	0.008*** （0.000）	0.010*** （0.002）	0.045*** （0.005）	–0.008*** （–0.001）	–0.064*** （–0.006）
*Loan*19	0.007*** （0.001）	0.016*** （0.002）	0.052*** （0.005）	0.001*** （0.000）	–0.076*** （–0.007）

注：①括号内数值为标准误差；②***表示在1%的统计水平上显著；③回归中其他控制变量的显著性均与全样本回归相同，限于篇幅未予报告；（4）*Loan*15、*Loan*17与*Loan*19分别代表2015年、2017年与2019年的被解释变量。

① 〔美〕杰弗里·M. 伍德里奇：《计量经济学导论》（第四版），中国人民大学出版社，2010。

2015年农户从不存在借贷行为到存在借贷行为，感到“非常不幸福”“不幸福”“一般”的概率分别显著提升1.1%、3.5%、6.1%，而农户感到“幸福”“非常幸福”的概率则分别降低4.7%、6.0%。2017年农户从不存在借贷行为到存在借贷行为，感到“非常不幸福”“不幸福”“一般”的概率分别显著提升0.8%、1.0%、4.5%，而农户感到“幸福”“非常幸福”的概率则分别降低0.8%、6.4%。2019年农户从不存在借贷行为到存在借贷行为，感到“非常不幸福”“不幸福”“一般”“幸福”的概率分别显著提升0.7%、1.6%、5.2%、0.1%，而农户感到“非常幸福”的概率则降低7.6%。综合来看，与前几年不同的是2019年农户觉得借贷行为让其感到“幸福”的作用正向增强了，即对自评为“幸福”的农户来说，发生借贷行为会显著增强其幸福感。究其原因，可能是人们的消费观念正随着时代的发展发生着改变，借贷行为不再是以往农户避而不谈的事情，而是成为能在一定程度上切实改变农户幸福感的因素之一。由于农户感受到了超前消费的快乐，因此借贷行为促使其幸福感向更高等级提升。

2. 空间异质性分析

前文考虑了时间层面农户借贷行为对其幸福感的异质性。基于此，我们也从空间层面的东部、中部、西部3个地区考察农户借贷行为对其幸福感的影响，变量与模型选择均与前述一致。表4–54显示了农户借贷行为对其幸福感影响的空间异质性分样本回归结果。

表4–54 空间异质性分样本边际效应回归结果

项目	东部地区	中部地区	西部地区
农户借贷行为	–0.197*** （–0.021）	–0.225*** （–0.020）	–0.171*** （–0.021）
观测值	12377	11441	10458

注：①括号内数值为标准误差；②***表示在1%的统计水平上显著；③除地区变量外，回归中其他控制变量的显著性均与全样本回归相同，限于篇幅未予报告。

通过筛选研究变量，东部地区、中部地区与西部地区最终获得的农户样本量分别为12377户、11441户与10458户。从表4–54可以看出，3个地区的农户借贷行为均对其幸福感产生负向影响，即发生借贷行为会显著降低农户幸福感。其中，中部地区的负向影响作用最强，与未发生借贷行为的家庭相比，存在借贷行为的农户幸福感降低22.5%，这可能是因为相较于其他2个地区，中部地区的农户以务农为主，但农户普遍受教育程度较低且重视人情往来，故农户可能愿意投资子女教育，相信读书改变命运，亦愿意打点好与乡里乡亲的社会关系。然而，人力资本与社会资本的投资回报无疑需要一个漫长的等待过程。因此，农户发生借贷行为融入资金会对其当期及后期生活造成一定的心理压力与经济负担，这些因素导致农户幸福感显著降低。

3. 不同借贷因素异质性分析

基于上述结果分析，已得出农户借贷行为会显著降低其幸福感的重要结论。为了从更多角度考察农户借贷行为对其幸福感的影响，接下来将进一步了解不同借贷因素对农户幸福感的影响机制。为此，仍选取Ordered Probit模型进行回归，从农户年龄、借贷渠道、借贷规模与借贷资金用途4个借贷因素出发分群样本进行分析。

（1）按农户年龄分群样本分析

对于已发生借贷行为的农户来说，在不同年龄阶段发生借贷可能会对其幸福感产生不同的影响作用。因此，按照联合国世界卫生组织对年龄段的3个层次划分，即44岁及以下人群为青年、45～59岁为中年、60岁及以上为老年，分析分样本农户借贷行为对其幸福感的影响。

表4-55 按农户年龄分群样本回归结果

	2015年	2017年	2019年
44岁及以下	−0.227*** （−0.050）	−0.179*** （−0.058）	−0.264*** （−0.061）
45～59岁	−0.231*** （−0.033）	−0.219*** （−0.032）	−0.264*** （−0.061）
60岁及以上	−0.348*** （−0.040）	−0.275*** （−0.036）	−0.293*** （−0.037）

注：***表示在1%的统计水平上显著。

根据表4–55的估计结果，对于3个年龄段的借贷农户来说，无论哪个年龄段，农户借贷行为均会对其幸福感产生显著负向影响。由此，我们可得出结论，对任一年龄阶段的农户来说，借贷行为的发生均会对其造成一定的心理压力与经济负担，而这种压力和负担的增大会直接降低农户对生活的满意度，进而降低其幸福感。

（2）按借贷渠道分群样本分析

对于农户来说，借贷渠道的选择会直接影响农户资金的获取额度与人际交往关系。本部分将农户借贷渠道分为通过银行等金融机构的正规借贷和通过亲朋好友、民间借贷机构的非正规借贷，以及两者兼有型借贷，进而探究不同借贷渠道对农户幸福感的影响作用机制。

表4–56 按借贷渠道分群样本回归结果

借贷渠道	2015年	2017年	2019年
正规借贷	0.135*** （0.069）	0.088* （0.042）	0.097* （0.050）
非正规借贷	–0.070* （–0.027）	–0.278*** （–0.023）	–0.040* （–0.015）
两者兼有型	0.019 （0.058）	–0.196** （–0.067）	–0.151** （–0.071）

注：*、**、***分别表示在10%、5%、1%的统计水平上显著。

根据表4–56的估计结果，对于选择正规借贷渠道并获得预期借贷金额（不符合预期，会转变为两者兼有型）的农户而言，借贷行为正向增加其幸福感向更高层次转变的可能，这种幸福感的增强可能是因为农户的获得感、信任感与认同感增强，如得到了金融机构的认可，会促使其幸福感提升的概率增大。对于选择非正规借贷渠道并获得预期借贷金额的农户而言，借贷行为会降低其幸福感，这可能是因为借贷行为的发生虽有助于短期内人际交往紧密程度加深，但长期的还款经济压力与因社交关系监督所带来的心理压力会促使农户幸福感下降。对于选择两者兼有型借贷渠道的农户而言，2015年借贷行为对农户幸福感并无影响，而2017年与2019年的借贷行为对农户幸福感产生负向影响，究其原因可能是2015年两者兼有型借贷样本较少，故农户借贷行为对其幸福感影响不明显。2017年与2019年两者兼有型借贷行为对农户幸福感产生负向影响，可能是因为首选正规借贷渠道且未达借贷预期进而选择非正规借贷渠道的农户会因受到借贷排斥而幸福感降低，而对于首选非正规借贷渠道且未达借贷预期进而选择正规借贷渠道的农户而言，则更可能因受到社交伤害而导致其幸福感减弱，进而呈现农户借贷行为会降低其幸福感的结果。

（3）按借贷规模分群样本分析

借贷规模是农户借贷行为所获得的“本体”，因此借贷规模在农户借贷行为中尤为重要。农户的借贷规模主要以3万元及以下金额的小额借贷为主，不同借贷规模对农户幸福感的影响作用可能存在差异。因此，将农户借贷规模分为3万元及以下、3万~10万元、10万元及以上三类，以探究不同借贷规模对农户幸福感的异质性影响。

表4–57　借贷规模分群样本回归结果

借贷规模	2015年	2017年	2019年
3万元及以下	−0.000*** （−0.025）	−0.000*** （−0.025）	−0.000*** （−0.027）
3万~10万元	−0.000*** （−0.034）	−0.000*** （−0.032）	−0.000*** （−0.034）
10万元及以上	−0.000*** （−0.042）	−0.000*** （−0.036）	−0.000*** （−0.037）

注：*、**、***分别表示在10%、5%、1%的统计水平上显著。

根据表4–57的回归结果可发现，无论哪年哪种规模的借贷均对农户幸福感有显著负向作用。3万元及以下的小额借贷占农户借贷规模的绝大多数。由于小额借贷具有易借易还的特点，大多数农户会选择通过非正规借贷渠道发生此类借贷行为，而向关系紧密的亲朋好友进行的借贷通常会让农户受到“难为情”“难张口”等各类情绪因素的困扰，导致其幸福感降低。农户借贷规模在3万元以上的占比较小，由于借贷金额相对较大，农户考虑情况增多，他们可能会选择正规、非正规或两者兼有型的借贷渠道。随着借贷规模的增大，农户后期偿债的经济压力和心理压力亦会加大，从而导致其幸福感呈现降低趋势，选取非正规借贷渠道且达到借贷预期的农户可能还要承受社交压力，从而进一步降低其幸福感。

（4）按借贷资金用途分群样本分析

借贷资金的用途是影响农户发生借贷行为的重要决策因素之一，他们通常会将借贷来的资金用于生活消费或生产投资，故从生活消费与生产投资两个视角出发，将借贷资金用途进一步细化分为房、车、教育、医疗等生活消费，农业或工商业经营等生产投资，以及其他类型，进而研究不同借贷资金用途对农户幸福感的影响。

表4-58 按借贷资金用途分群样本回归结果

借贷资金用途	2015年	2017年	2019年
房	0.058* （0.035）	0.065** （0.033）	–0.079* （–0.036）
车	0.156* （0.081）	0.128* （0.077）	0.154* （0.070）
农业或工商业经营	0.005 （0.037）	–0.021 （–0.032）	0.039 （0.034）
教育	–0.163*** （–0.550）	0.051 （0.048）	0.073 （0.053）
医疗	–0.368*** （–0.041）	–0.327*** （–0.039）	–0.232*** （–0.043）
其他模型	0.035 （0.048）	0.363 （0.355）	–0.109** （–0.034）

注：*、**、***分别表示在10%、5%、1%的统计水平上显著。

通过观察表4-58的回归结果，可概括出以下结论。

第一，2015年、2017年农户因购房或房屋改扩建、装修产生的借贷对其幸福感呈现显著正向影响，而2019年农户因房产生的借贷对其幸福感呈现显著负向影响，该结果与李维源的研究结果一致[①]。房子对于中国人

① 李维源：《居民房贷对主观幸福感的影响研究》，硕士学位论文，山东财经大学，2021。

来说是家庭发展的必然需求，也是居民幸福感的“根基”。随着农村城镇化、城乡一体化的推进，国家对于有在城镇买房或改造农村房屋需求的农户颁布了各项补贴政策，多种政策的倾斜促使越来越多的农村居民选择在城镇买房或改造自家房屋，致使其花销增大，从而易产生借贷行为。因此，之前农户将借贷资金用来购买以房为代表的耐用品会显著增加其幸福感。那么为何近年来，这种因为房产生的借贷行为会降低农户幸福感呢？正如前述分析所言，从长期来看，耐用品带给农户的幸福感提升作用会逐渐减弱。拥有房产虽然仍是农户对未来更美好生活的期待与期盼，但随着房价的增长，农户的偿还压力也逐渐加大，农户因买房所产生的幸福感逐渐减弱。因此，这两种效应的综合会导致农户幸福感降低。

第二，农户借贷资金用于买车会增强其幸福感。农村的生活水平与城市相比仍较为落后，车辆的存在可以成为农户在农村的“身份象征”，即在人际交往频繁的农村，有车可以说是很有“面子”的事情。与购买或修缮房屋不同的是农户买车的资金偿还压力相对较小，而“面子”效应与人际交往频繁又使农户的荣誉感、被认同感倍增。因此，农户将借贷资金用来买车会促使其幸福感增强。

第三，农户将借贷资金用于农业或工商业经营等对农户的幸福感并无显著影响。并非生产投资对农户幸福感无影响，而是投资本身就是一件未知回报的事情，农户幸福感与其投资经营的产业成功与否息息相关。倘若产业取得预期收益或收益高于预期，农户幸福感将得到提升，反之则会降低。同时，投资的效果需要通过长期的经营来判断，因此，用于农业或工商业经营等的借贷资金对农户幸福感影响作用不明显。

第四，教育有助于家庭人力资本的提升，但其效果是缓慢且未知的。2015年农户将借贷资金投资于教育有降低其幸福感的作用，而2017年与2019年则无显著影响。这可能是因为前些年我国农村地区的教育体制不完善，并且农户在不那么重视长远发展的情况下，将借贷资金用于教育投资会造成其经济与心理上的双重负担。然而随着政策的不断推进，我国农村教育事业发展速度明显加快，农村教育体系逐渐完善，故因教育产生的借贷对农户幸福感不再产生显著影响。

第五，农户通常会因为生病住院等产生医疗借贷，而这类借贷会明显降低农户幸福感。同时，观察3个年份的结果可以发现，因医疗产生的借贷行为对农户幸福感影响的估计系数在不断减小，这可能是由于我国农村医疗保障体系正在逐步完善，进而呈现医疗借贷对农户幸福感影响程度减弱的结果。

第六，其他类型的借贷在2015年和2017年对农户幸福感无显著影响，在2019年对农户幸福感有负向显著影响，这可能与当年的农作物价格、人情礼金等因素有关。2018年，大豆、水稻等部分农作物价格低迷，致使种植这些作物的农户收入微薄，加上一直居高不下的农村人情往来支出，促使资金短缺的农户通过借贷行为周转资金，造成2019年农户幸福感降低的情况。

第五章

思考篇

第一节　构建防止大规模返贫的长效机制[1]

一　防范化解规模性返贫风险的战略

全面脱贫后的返贫风险不容忽视，要实现脱贫可持续需强化防止返贫战略。“十四五”规划提出要接续推进脱贫地区发展，健全防止大规模返贫的监测和帮扶机制。过渡期内，脱贫不脱政策和帮扶，原有的扶贫政策仍保持不变，脱贫县转变为乡村振兴重点帮扶县，继续巩固拓展脱贫成果，确保不发生规模性返贫。针对不同地区返贫风险的不同状况、不同返贫标的群体面临的客观冲击，选择不同的防返贫机制，坚持事前预防与事后帮扶相结合、开发式帮扶与保障性措施相结合、政府主导与社会参与相结合和外部帮扶与群众主体相结合的基本原则。

（一）坚持事前预防与事后帮扶相结合

防范化解规模性返贫风险，应坚持事前预防与事后帮扶相结合，努力降低返贫风险，减弱返贫对已脱贫群众的影响。提前发现并识别存在返贫致贫风险的人群，采取有针对性的帮扶措施，防止脱贫人口返贫、边缘人口致贫。一旦出现返贫和新致贫人口，及时为其建档立卡，使其享受到脱贫攻坚相关政策，实施精准帮扶。对规模性返贫风险的事前预防，是指根据可预测的返贫风险的影响因素和影响方式，事先对返贫高风险人群、易导致返贫的事件等，制定预防性措施或方案对其进行防范。

（二）坚持开发式帮扶与保障性措施相结合

因人因户精准施策。对有劳动能力的监测对象，主要采取开发式帮扶措施，支持其发展产业、转移就业，鼓励其通过劳动增收致富。对无劳动

① 本章所指的“贫困”均指“相对贫困”。

能力的监测对象，要进一步强化相应的综合性社会保障措施。采用开发式帮扶措施，帮助返贫高风险人群和返贫人口开发自身的劳动能力与其他资源、提升其自我发展能力，助其实现脱贫致富，这有助于提高帮扶的有效性与持续性。对于丧失劳动能力、无法采用开发式帮扶措施的人群采用保障性措施，利用社会保障发挥兜底作用。

（三）坚持政府主导与社会参与相结合

充分发挥政府、市场和社会的作用，强化政府责任，引导市场、社会协同发力，鼓励先富帮后富、守望相助，形成防止返贫的工作合力。为了有效防范化解规模性返贫风险，需要政府、市场和社会的协同配合，也需要群众发挥主体作用。

（四）坚持外部帮扶与群众主体相结合

处理好外部帮扶与贫困群众自身努力的关系，在完善外部帮扶的同时，还要强化贫困群众勤劳致富的意识导向，注重培养贫困群众和监测对象的艰苦奋斗意识，提升其自我发展能力。

二　防范化解规模性返贫风险的路径

要健全完善防返贫决策领导机制、防返贫监测预警机制、防返贫帮扶机制，从而形成一套完善的防返贫长效机制，从根本上阻断贫困发生的途径，保障脱贫成果的可持续性，筑牢防范返贫风险的安全防线。

（一）健全完善防返贫决策领导机制

1. 提高对防返贫的重视程度，落实领导责任

各级党委和政府的相关组织和人员要提高对防范化解规模性返贫风险工作长期性和重要性的认识，把有效防范化解规模性返贫风险工作摆在巩固脱贫攻坚成果、全面推进乡村振兴工作的最优先位置，健全防返贫机制，加大防范返贫风险、帮扶返贫人口的工作力度，优先保障该项工作所

需要的人员、经费等。

国务院扶贫开发领导小组各成员单位要加强工作指导，督促责任的落实。各省（自治区、直辖市）负总责，制定实施办法，抓好组织实施和监督检查。市县乡落实主体责任，做好调查核实、信息录入、精准帮扶、动态管理等工作。乡村两级定期开展走访摸排，严格执行认定程序，做好帮扶政策的实施工作。各级扶贫、卫生健康、应急管理、残联等相关部门要加强对数据的共享和比对分析，及时通报支出骤增或收入骤减家庭的预警信息。

各地要实时监测水旱灾害、气象灾害、地震灾害、地质灾害、生物灾害、火灾、疫情等各类重大突发公共事件给群众带来的影响，全力防范大宗农副产品价格持续大幅下跌、农村劳动力失业率明显上升、乡村产业项目失败、大中型易地扶贫搬迁集中安置区搬迁人口就业和社区融入等方面的风险隐患，发现并解决因工作、责任、政策落实不到位造成的返贫问题，及时排查和预警区域性、规模性返贫风险，提前制定防范措施，落实帮扶举措，坚决守住防止规模性返贫的底线。

2. 区域之间加强合作，形成合力

建立多方参与和配合的协同工作机制，以形成防范化解规模性返贫风险的合力。通过东西协作和对口支援保障就业，进一步重视和优化对返贫风险较大家庭的培训，为其提供因地制宜、因户制宜的培训内容，重视培训课程设置。做好在就业渠道上的帮扶，积极收集就业信息，拓宽群众筹资渠道，帮务工者找到工作岗位，帮创业者寻求创业资金，引导劳动力融入市场大潮，助其在市场中成长壮大。加大对中西部地区尤其是中西部农村地区的财政投入，进一步夯实农村地区基础设施建设，鼓励农民进行规模化生产，完善“三农”保险政策，促进农村地区经济快速发展，进而促进农民增收，缩小东中西部地区发展差距。各地区各部门要因地制宜进行探索和创新，及时总结推广好经验、好做法，及时发现和解决在防返贫监测和帮扶机制实施过程中出现的苗头性、倾向性问题，在实践中不断完善机制、改进工作、提高成效。

（二）健全完善防返贫监测预警机制

进行监测预警是有效防范化解返贫风险的基础性工作。要进一步明确和动态调整防返贫监测的对象和标准，优化监测预警程序，细化和规范监测数据来源和质量控制，探索有用的防返贫监测预警机制，明确和完善监测结果的报告机制。全面脱贫后巩固拓展脱贫成果，重在抓好落实防返贫工作，关键要提前研判脱贫家庭的各类脆弱性因素，动态监测这些因素可能带来的负向冲击，并及时进行介入干预，通过早发现、早治理将监测对象的返贫风险控制在萌芽状态。

1. 明确防返贫监测原则

推进防返贫工作需要做到监测与预警并重。在监测的基础上进行预警，运用具有一定准确性和高效性的防返贫监测预警工具，及时针对不同的返贫风险采取相应措施，降低返贫治理的成本，提高防返贫工作的整体效率，及早消除脱贫户返贫风险。防返贫监测预警需延续脱贫工作的“精准”理念。无论是对于监测对象的识别，还是对于返贫风险类型的判断，抑或是对于返贫风险的应对和治理，都应当精准。鼓励农户进行资产与能力建设，降低农户自身的脆弱性。关注贫困地区和群体所拥有的资源和优势，发掘贫困地区既有的长处及潜能，通过对贫困地区资产的重新发现和利用，将各种资本和资产转化为市场价值。增强应急管理能力，减少外部风险对农户的冲击。政府要增强对于自然灾害、疫情、市场价格波动等突发重大公共事件的预警能力和应对能力。

2. 确定监测对象及监测范围

监测对象主要包括脱贫不稳定户；边缘易贫户；因病、因灾、因意外事故等刚性支出较大或收入大幅度缩减，基本生活出现严重困难的农户。需要重点监测建档立卡已脱贫但不稳定的农户和收入略高于建档立卡贫困户的边缘易贫户。同时将人均可支配收入低于国家扶贫标准1.5倍左右的家庭，以及因病、因残、因灾等刚性支出明显超过上年度收入或收入大幅缩减的家庭，作为返贫监测的对象，这样可以做到基本覆盖返贫风险较高人群。

在预防与监测中加强对规模性返贫风险重点人群、重点领域和重点环节的关注，采取切实措施进行有针对性的安排。要特别关注：一是丧失劳动能力的老年人口和残疾人口、患重病大病人口、子女上大学等支出大幅增加人口等重点人群；二是脱贫人口规模较大、受短期政策性收益影响较大的易地搬迁脱贫、产业脱贫、就业脱贫、健康脱贫等重点领域；三是突发自然灾害、规模性失业、其他意外事故等重点事件。

综合考虑贫困的复杂性，建立多维度的巩固脱贫攻坚成果考核体系。现有考核指标主要是居民收入水平，建议综合考虑其他维度，建立科学的巩固脱贫攻坚成果考核体系。在脱贫户中有一定比例的人口收入水平较低，面临着一定的返贫风险。居民收入水平与返贫风险之间关系密切，确实可以作为防返贫监测预警重要参考指标，但除此之外，也要细致分析和判断脱贫群体的其他重要特征，可增加包括个体、家庭、社区等微观和中观层面的指标，以及宏观层面的指标。应尽可能缩短指标数据收集周期，除了对年度指标数据进行收集以便于加强跨年度分析进而提升预警的准确性，也应尽可能收集季度和月度指标数据以便于增强防返贫监测预警工作的时效性和动态性。

3. 应用大数据构建监测预警机制

建立多维贫困大数据库，为构建国家层面的多维贫困指数提供可靠的数据支撑。数据驱动的科学决策能力在乡村全面振兴背景下的防返贫治理中越来越重要。通过加强对防返贫监测大数据的融合研究，能够有效建立以数据融合为核心的防返贫治理科学决策体系。大数据驱动的防返贫模式可以为巩固拓展脱贫攻坚成果同乡村振兴有效衔接提供助力。

大数据系统有助于对瞄准对象进行识别与预警、对精准帮扶策略进行设计、对防返贫帮扶措施进行评估。另外，大数据可以对监测对象的脱贫与动态退出情况进行评估，能较好地刻画出帮扶措施对返贫家庭所产生的时间效果，提醒监测家庭在脱贫后及时动态退出，有助于避免“泛福利化”和社会资源的浪费。

（三）健全完善防返贫帮扶机制

1. 强化产业帮扶，增加监测对象收入

乡村振兴以产业振兴为基础，产业兴旺是乡村振兴的核心环节和根本出路。扶助特色产业发展是促进脱贫户稳收入的重要保障，也是强化贫困或返贫地区内生发展能力的重要路径。乡村产业振兴可以有效防止返贫，稳定脱贫人群收入来源。对具备产业发展条件的监测对象，加强生产经营技能培训，提供扶贫小额信贷支持；动员龙头企业、专业合作社、贫困村创业致富带头人等带动其发展生产。大力发展乡村数字经济，充分利用数字经济发展契机，持续引导脱贫农户开展电商就业创业、利用互联网将小市场链接大市场，畅通城乡和内外资源双向流通。

对有劳动能力的监测对象加强劳动技能培训，通过劳务扶贫协作、扶贫车间建设等，帮助其转移就业。统筹利用公益岗位，多渠道积极安置监测对象。鼓励监测对象参与农村项目建设。引导监测对象通过生产和就业脱贫致富，对于自强不息、稳定脱贫致富的监测对象，探索给予其物质奖励和精神激励的可能性和实施办法。开展乡风文明建设，发挥村规民约的积极作用，倡导民众赡养老人、扶养残疾人。鼓励各地创新帮扶手段，多渠道筹措社会帮扶资金，为监测对象购买保险，及时化解其生活生产风险。广泛动员社会力量参与扶贫助困。

2. 完善医疗保障制度，防范因病返贫风险

以统筹地区为单位，分类建立覆盖农村低收入人口和脱贫人口的参保台账，加强医疗救助与其他渠道资助的有效衔接。落实医保帮扶政策，逐步实现从集中资源支持脱贫攻坚向基本医保、大病医保、医疗救助三重制度综合保障机制平稳运行的转变。确保应保尽保，守牢不发生规模性返贫底线，保证各地农村低收入人口和脱贫人口医保参保率不低于90%，做好分类资助参保工作。健全完善防范化解因病致贫返贫监测预警机制。以统筹地区为单位，分人群合理设定高额医疗费用负担监测预警标准。做好对监测预警人员的综合帮扶常态化工作，利用医疗保障制度合理保障脱贫户就医，防范化解其因病致贫返贫风险。

3. 发挥保险作用，降低返贫风险冲击

保险在扶贫防贫中发挥了重要作用。在脱贫攻坚期间，有些地方通过政府为扶贫对象购买农业保险的方式防止风险冲击，并在实践中探索出以保险为核心、以产业扶贫和社会帮扶为配套措施的防返贫机制，即“防贫保”模式。要推动建立保险防返贫长效机制，应引导社会多元主体参与，运用数字科技赋能防返贫监测预警，加强对防返贫项目的监管考核，拓展保险防返贫功能，创新保险防返贫的可持续发展模式，积极探索市场化的减贫举措，鼓励商业保险发展，进一步提高返贫保障水平[①]。

4. 保障生态环境治理，提高脱贫人口生计质量

对于生态脆弱区的脱贫人口而言，其生存环境资源分布不均，生计活动对自然灾害、人为干扰等因素具有较强敏感性，这容易造成其生计质量下降，进而产生返贫现象。因此，要实现保障生态环境治理目标，应结合当地特色生态资源探索多元生态产业并行的发展路径，重点考虑区域功能定位，以及生态消纳能力、资源承载力等约束条件，提升脱贫地区绿色可持续发展能力。建立防返贫生态环境预警机制，及时分析和处理生态环境问题对脱贫人口产生的影响。

5. 提高脱贫人口自身发展内生动力

脱贫人口返贫的本质是脱贫成效不稳固，根源在于外部帮扶嵌入和内生能力成效未有效转化及对接，脱贫人口应对负向风险冲击的能力不足，防返贫的脆弱性较强，故而防返贫的关键在于提升脱贫人口的自身发展能力。对于具有能力提升潜力的返贫高风险人群，要因人因户制定能力建设措施，进行预防返贫干预。重点要根据脱贫人口的家庭条件选择产业帮扶、就业帮扶等生产性帮扶措施提高其发展能力。比如，对于缺乏技能的农户，通过提供技术培训、支持其参加职业教育等方式，提高其从业技能；对于生产经营效率低、面对较大市场风险的产业帮扶户，引入农业龙头企业、专业合作组织对其进行帮扶；对于就业不稳定人员，要提高其就业能力和就业稳定性。此外，要继续加强农村教育基础设施建设，改善农村办学条件和教学环境，提升乡村教师待遇，缩小城乡教育差距。

6. 落实返贫高风险人群社会保障

脱贫攻坚战胜利以后，大部分返贫问题可以通过加强社会救助的方式

① 黄锐、王飞、章安琦等：《民族地区防返贫机制研究——基于多维返贫视角》，《中央民族大学学报》（哲学社会科学版）2022年第1期。

来解决。同时要适应脱贫攻坚结束后返贫风险的变化和防范化解返贫风险的需要，完善对返贫高风险人群的社会救助，防止其返贫。坚持重点保障与综合保障相结合。对于因丧失劳动能力而返贫的人口，要强化对其的低保、医疗保险、养老保险和特困人员救助供养等综合性社会保障，确保应保尽保。对于因病、因残、因灾等意外变故返贫致贫家庭，及时落实健康扶贫和残疾人救助、灾害救助、临时救助等政策，保障其基本生活。加强社会保障工作，发挥社会保障的兜底作用，综合运用好社会保险、社会救助、社会福利等多种手段。加大对村级公办幼儿园的投入力度，鼓励私人资本投资学前教育。加强村级卫生院建设，巩固好家庭医生签约制度，提高基层公共卫生服务水平。

7. 健全数字普惠金融体系，助力防返贫机制构建

助力多层次乡村数字普惠金融扶贫与防返贫体系的构建与完善，加强顶层设计与政策支持，拓展数字普惠金融的发展与内容框架。一是以掌握数字普惠金融特点为前提，重点关注数字普惠金融助力防返贫机制构建的能力，不断丰富数字普惠金融助力防返贫的路径，进一步拓展数字普惠金融的防返贫功能；二是要推进数字普惠金融的治理能力及体系现代化并保持其可持续性。加强普惠金融数字化生态机制建设，优化其发展环境。增加金融主体数量，加大金融机构支农力度。加强对数字普惠金融的监管力度和法治体系建设。

加快构建多方参与的数字普惠金融场景，推进防返贫金融产品与服务创新。推动移动支付的发展，加大金融机构以手机银行、惠农支付等方式提供支付服务的力度，积极发挥移动支付方便快捷的作用。构建县域统一的综合性数字金融服务平台。完善数字普惠金融防返贫精准识别与风险补偿机制，提升防返贫的效率与针对性。提前判断低收入群体的返贫态势，对贫困边缘群体及已脱贫贫困户进行深度、持续地追踪，健全返贫识别、监测、预警机制，构建风险分担与补偿机制，推进数字普惠金融发展的可持续性。促进乡村普惠金融数字化发展与防返贫有机结合，推动各相关主体建立紧密的利益联结机制。

第二节　构建绿色减贫的长效机制

立足于贫困地区的可持续发展，在前文对宁夏不同尺度绿色减贫效应的测度分析和综合评估基础上，结合区域内部存在的绿色减贫发展问题，本节将继续从省级尺度、市级尺度、县级尺度出发，为进一步提升绿色减贫在解决区域相对贫困、巩固拓展脱贫攻坚成果中的作用提出相应的治理路径。

一　省级尺度路径探讨

（一）增强绿色发展意识

由于民族地区经济发展缓慢、教育水平相对落后，人们对绿色发展的认识较为有限。为了实现民族地区经济社会可持续发展和防止脱贫人口返贫，必须增强人们的绿色发展意识。因此，要重点从文化资源着手，建立文化资源对贫困主体发挥作用的能动机制。如图5-1所示，一方面从文化资源的基本属性入手，让贫困主体认识到减贫的真正意义之所在，提高其脱贫积极性，增强其脱贫主动性。该机制可以利用文化资源的基本属性将绿色减贫理念通过文化教育、外界宣传等手段在贫困群体中进行推广，逐步实现人们从传统的优先快速发展经济的思想向经济、社会、生态等全方位协同发展的减贫思想转变，使人们走出发展观念困境、传播文化资源价值。另一方面，由于绿色减贫的不同维度均包含着社会发展能力的提升，因此要从文化资源的精神价值入手，完善贫困地区基础设施及提高当地文化教育水平，增强贫困人口的发展能力，提高贫困人口的生活质量。贫困人口生活质量的改善可以进一步加大文化的渗透力度，文化资源输出和文化服务建设有助于人们从追求温饱转向追求多层面精神领域发展，增强贫困主体对绿色减贫的认同感。在当前国际环境背景下，经济上的竞争愈发激烈，对劳动力素质的要求也越来越高，重点提升贫困地区劳动力人口素质是绿色减贫工作的主要任务之一，也是提高一个地区减贫脱贫成效的关键因素。

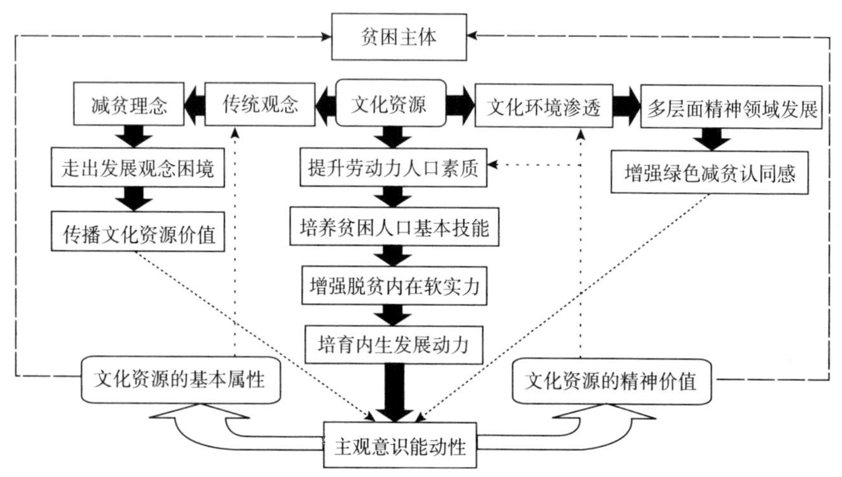

图5-1 文化资源对贫困主体发挥作用的能动机制

（二）健全绿色减贫机制

民族地区的绿色减贫机制仍旧不健全，仅仅依靠目前的生态环境保护制度很难带动贫困群众实现共同富裕。为此，必须创新工作模式，提高绿色减贫成效，在探索构建绿色减贫机制时应着重考虑以下三点。一是建立绿色减贫制度体系。不同部门之间应加强区域协作与沟通，定期召开有关绿色减贫机制的会议，制定绿色发展规划并完善常规考核机制，使绿色减贫工作实施细则合理化，监督各贫困区域根据自身资源禀赋情况发展与之相匹配的绿色产业，努力构建区域绿色产业发展体系。二是规划并实施绿色减贫工程。宁夏各级政府之间要相互协作、相互支持，在绿色减贫工程的实践中加大对贫困区域的资金投入力度，尤其是在基础设施建设、教育文化、医疗卫生等领域要加大投入，尽可能改善贫困群众的生存环境，提高贫困群众的生活质量。针对贫困群众在绿色减贫中遇到的难题积极采取相关措施予以解决，使绿色减贫成为巩固脱贫攻坚成果不可或缺的重要组成部分，更好地带领贫困群众走可持续发展的绿色减贫道路。三是创新绿色减贫监管机制。基于现代科学技术的飞速进步和网络资源的强大影响力，要综合利用第三方互联网平台发挥绿色发展对减贫的作用。绿色减贫是一种多领域协同发展的可持续发展模式，因此在各类资源的整合、相关数据的收集、专业信息的联结和各部门的协调等方面都需要通过辅助运用科技手段来提高工作效率。要继续加大绿色减贫机制的信息和数据支撑力度，为避免冲突，各级政府部门之间要努力做好内部政策协调工作，加速实现绿色减贫机制的现代化和推广。

（三）完善生态补偿机制

生态补偿机制是政府针对农民因保护生态环境或提供生态服务而产生的损失进行经济弥补的一种机制，这种机制会对农户产生直接的积极影响，是实现生态环境保护由外部化向内部化转变的有效方法。在生态环境脆弱的贫困地区，实施生态补偿机制是促进农民增收和实现减贫的一种有效方式。当前宁夏对偏远贫困地区的生态补偿力度仍然不足，导致在退耕过程中对土地依赖性较强的农民很难实现心理平衡，这就使得生态补偿的激励作用受到限制。对于本就经济落后且收入水平较低的偏远贫困地区来说，地理环境的特殊性增加了农户的耕作风险和耕作难度系数，退耕补偿能有效增强农户收入的稳定性，弥补农户因减少种植作物或参与农耕项目造成的经济损失。由于贫困地区受到各方面条件的制约，农民的自我造血能力有限，通过生态补偿可以提高农户的生产积极性，激发其内生动力，使其主动参与生态环境保护。在生态补偿过程中，政府和市场扮演着不同的职能角色，二者应该互为补充、相互协作，应积极探索多元化的资金补偿方式，以更好地发挥生态补偿的激励作用，让农民真正受益，并推动生态补偿机制的不断完善。

（四）激发贫困人口内生动力

激发内生性发展动力是绿色减贫的目标之一。绿色减贫注重生态环境保护，将绿水青山视为良好的优势资源，同时也鼓励在生态环境保护的基础上进行适度开发利用，实现经济发展和生态环境保护的有机统一，以创造一种可持续的良性循环发展模式。由于地理位置偏僻、外部资金和物质援助能力有限、基础设施和教育水平相对落后，民族地区的大部分贫困区域的贫困人口存在严重的内生动力不足现象。一方面，由于国家对贫困地区人口实施补贴政策，大部分人存在“等、靠、要”的思想，“贫困老赖”现象突出，部分贫困人口缺乏脱贫的主观意愿。另一方面，地理位置、自然条件、生态环境等因素导致贫困地区生产要素匮乏，使得贫困人口不能通过绿色减贫来促进社会再生产和激发内生动力。由于贫困区域的生产生活条件和物质资金水平相对落后，要想实现经济发展方式的转变，相关政府部门必须创造足够好的外部条件，如通过加快完善基础设施、提高教育卫生和公共服务水平等更好地推动贫困地区的生态资本向经济资本和产业资本转化。因此，绿色减贫工作要致力于提供良好的社会公共服务，进一步改善贫困人口生活质量，提高贫困人口生活水平。一是对基础设施落后的偏远贫困区域加大投资力度，尤其要加强交通网络设施建设，便利贫困地区与周边发达地区的沟通交流，实现区域经济协同发展。二是积极宣传周边地区的脱贫成功典范，引导贫困户参考身边人脱贫致富的路子，找到适合自己“发家致富”的道路，鼓励贫困户走出“舒适圈”，不断增强自身的“造血”功能，正确引领贫困户积极投身绿色减贫实践，变被动为主动。只有真正让贫困户品尝到摆脱贫困的甘甜果实，才能从根本上激发贫困人口的内生动力。

（五）加大环境保护力度

民族地区工业的快速发展在一定程度上加剧了环境污染，其中以工业废水问题最为突出，同时高耗能产业集中导致固体废物产生量日渐增多，使得环境污染问题愈发严重。为了加强民族地区生态文明建设，应重点从以下几个方面进行环境保护。首先，将绿水青山视为生存发展的基础，努力保护好人们赖以生存的自然环境，加快生态环境保护体系的构建，促进生态环境保护制度的完善。以宁夏为例，应立足于全境引黄灌溉优势，重视对黄河水资源的保护，加强对本流域内水资源的综合性与系统性治理。其次，在改善生态环境的过程中，针对民族地区不同区域的生态多样性问题，结合当地实际情况因地制宜采取治理措施，杜绝“一刀切”式的治理思维。提高绿色减贫效率，避免生态环境遭受破坏，同时加强对生态环境的治理与修复，进一步维持生态系统稳定、提高生态功能效益。最后，立足于绿色发展目标，健全完善生态环境保护机制，加快构建绿色发展长效治理机制，对重点污染领域加强监管与约束，细化精化绿色产业发展评估标准，引导更多资金投入节能减排领域，培养绿色发展理念。

二 市级尺度路径探讨

对民族地区而言，地理位置的空间差异性对区域间绿色减贫效果的差异性影响十分显著。本小节以宁夏的3个地级市为例，即位于宁夏东部的吴忠市、宁夏西部的中卫市以及宁夏南部的固原市，这3个地级市因空间分布不同而呈现不同的绿色减贫效果。本小节针对这3个地级市绿色减贫工作中出现的问题，提出合理有效的解决路径。

（一）东部区域的路径选择

1.加大污染治理力度，支持绿色发展

宁东基地是我国重要的煤化工产业基地和煤炭生产基地，一直以来都在宁夏的经济快速发展道路上扮演着极其重要的角色。宁东基地必须对既有项目加大技术改进力度，紧跟国内、国际先进技术水平，降低单位能耗，降低环境污染程度；统筹考虑环境承载力，加大对环境保护基础设施的投资力度，健全对废水、废气和固体废弃物的量化治理体系，尤其要加强对工业废水的集中处理，合理规划利用水资源；加快推进减排工程，严格制定工厂主要大气污染物排放标准，推进燃煤电厂超低排放和节能改造，实现源头减量；转变治理方式，加快推进清洁生产，增大清洁生产审核力度，降低大气污染程度；合理规划整合废弃资源，对危险废物、工业废渣、工业固体污染物等实行集中预处理，对它们加快进行科学分类和综合利用；制定生态环境综合治理实施方案，加快建设生态企业，实现区域循环化改造。

2. 推进节能环保改造，实现区域绿色低碳发展

在全市范围内传播绿色健康知识，推广绿色发展理念，倡导绿色低碳生活方式，开展绿色发展精神层面的宣传。在学校、社区、企业等积极传播绿色低碳知识，让人们认识到可持续发展的必要性以及绿色减贫对巩固脱贫攻坚成果的重要性。培养人们良好的生活习惯，改变人们固有的传统发展观念，让绿色减贫理念深入人心。在传播理念的同时，在行动上也必须抓紧推动区域绿色低碳发展，加快推进区域节能环保改造。2018年，吴忠市为了进一步加强区域绿色低碳循环体系的构建，积极组织企业联合创办绿色工厂，带领企业实施重点行业综合节能改造，督促环境污染严重的工厂进行环保技术改造。对发展落后的产能实施淘汰机制，2018年，吴忠市多家企业的产能遭到淘汰，淘汰总量达117.6万吨，为全市的绿色工业发展腾出较大空间。

3. 推动科学技术创新，引领农业绿色发展

必须加快实现农产品的技术创新，让创新带来的丰硕果实被更多人品尝到。一直以来，吴忠市都非常注重发展绿色农业。吴忠市在推进农业标准化生产和保障农产品绿色安全方面都达到了较为先进的水平，这与吴忠市长期注重将农业发展与脱贫致富相结合有重要关系。优质的农产品品种和丰富的农产品数量，是吴忠市大力引进科技人才、加快落实科技项目、帮扶农业增产增收、助力农民脱贫致富的成果。例如，吴忠市利通区为提升小麦品质、提高小麦产量，从土壤、施肥、防治等方面积极推行绿色防控技术，提高了小麦的抗逆性。

（二）西部区域的路径选择

1. 发挥特色产业优势，开辟产业融合渠道

实际上，绿色资源具有多种属性，其中生态属性是大众最熟悉的属性，除此之外，绿色资源还具备一定的实用属性和精神属性。实用属性表现为两方面：一是为加快农业与第二、第三产业交叉融合，优化资源跨界配置，形成农村经济新增长点奠定了基础。二是为实现就业岗位增加和居民收入的可持续增长提供了客观条件。就中卫市枸杞资源的实用

属性而言，枸杞产业链向深加工和销售延伸，有助于提升枸杞产业经济效益、带动当地居民稳定就业、增加其经济收入。宁夏作为全国枸杞主产区之一，长期以来坚持从区域资源优势出发，大力发展枸杞产业，因地制宜将枸杞产业发展成为特色生态产业，枸杞产业的经济效益和生态效益显著提升。截至2018年底，宁夏的枸杞种植面积达666.7平方千米，综合产值达上百亿元，枸杞产业经营主体分布在枸杞生产、加工、包装、销售等各个环节。中宁枸杞的经济辐射效应带动了中宁县周边区域经济的快速发展，中宁枸杞的品牌效应和生产优势逐渐让中宁县成为全国枸杞的核心生产区。就枸杞的精神属性而言，中卫市结合地理条件、生态环境、枸杞发源地、消费需求等因素，创新探索枸杞种植与旅游业交叉融合的新模式，不仅激发了农户的种植热情，增加了贫困人口经济收入，还推动了宁夏枸杞文化资源的输出。

2. 扶持特色林产品，推动林业经济增长

宁夏的西部区域拥有良好的林业资源，应深度发掘其市场潜力和增长潜力，加大对林业产业的投资力度，构建区域特色林下经济体系。发挥枸杞、葡萄两大主导产业优势，培育苹果、红枣等特色林果产业，带动生态旅游等新兴产业发展，提高林业产业经济效益和市场潜力，努力形成区域绿色经济增长极。同时，为了加快实现区域绿色经济可持续增长和贫困户减贫脱贫，必须坚持产业化和规模化经营理念，合理规划区域布局，选择最具发展竞争力的优势品种，进行资金扶持和政策引导，提高科学技术服务水平，加快推进区域特色林业经济高质量快速发展。

3. 加强区域联动，创新减贫融资模式

贫困地区的经济发展模式大多趋同，但其内部治理模式存在差异。要主动加强与周边地区的联系与合作，通过学习先进科学技术、借鉴环境治理成果、吸取失败教训、搭建互帮互助桥梁、加强区域沟通协作等，加快环境治理、促进区域发展进步。中卫市经济发展水平较低，可以就近选择银川市和石嘴山市作为合作城市，这两个城市经济发展水平较高，中卫市可以利用其城市经济优势带动区域中的相对贫困人口减贫。除依靠外界力量帮扶以外，贫困地区对区域内部发展薄弱环节也要进行重点改善，要加强基础设施建设，提高公共服务管理水平。贫困地区大多地形复杂、交通不畅，因此，要根据各个区域具体情况修建符合各地地貌特征的道路。同时，为了创造更好的区域旅游环境、提供更优质的区域旅游服务，仅提高硬实力还不够，软实力也必须跟上发展步伐。要加强对人才综合素质及能力的培养，让人们自主投身于绿色减贫工作之中，加快提升区域减贫成效。减贫工作不能单纯依靠外界资金、物质帮助，应积极创新减贫融资模式，通过制订多方扶贫计划、创办绿色减贫基金、申请国际绿色项目等渠道为贫困地区争取更多支援，加快区域绿色减贫脚步。

（三）南部区域的路径选择

1.加快生态产业发展，带动农民增收致富

在生态环境脆弱的贫困地区，生态环境成为制约地区社会经济发展的重大问题。要想促进林业产业稳步发展，必须转换产业发展思路，实现产业结构优化升级，构建特色林业产业体系。固原市加快推进林果产业和苗木产业基地建设，累计建成面积分别达到240.0平方千米和209.3平方千米，同时加快创新林业产业融合发展模式，建成30多个林下经济示范点，进一步实现了农民增收致富，坚持把林业产业做优做精。截至2018年，固原市林业总产值达20.48亿元。固原市积极践行“绿水青山就是金山银山”理念，坚持走绿水青山与金山银山双赢的可持续发展路线，大力实施“四个一”林草产业试验示范工程，筛选最优质且经济效益最好的林木品种，在提高区域植被覆盖率和森林覆盖率的同时，进一步优化林草产业结构，提升了林草产品的市场占有率和竞争力。为了将生态建设与富民战略紧密结合，政府积极扶持农户庭院型经济，对栽种成活率在85%以上的农户进行整地费用全部兑换，所有农户的地膜和苗木全部由相关部门统一提供并由其负责对农户栽种过程进行指导监督；创新保险模式，对全部林果进行投保，让果农吃下增收“定心丸”，提高了农户种植积极性。

2.推进生态工程建设，加速实现减贫

宁南山区是贫困问题与生态脆弱问题高度重叠的重点区域，要想巩固其脱贫攻坚成果必须将生态建设与减贫相结合，加大对贫困地区生态

建设的资金投入和扶持力度，让更多贫困户能享受到生态资源带来的经济效益，加速贫困地区人口增收。加强生态工程建设对贫困地区的减贫具有重要作用。一方面，通过加大生态环境保护力度、建立相关环境保护机制等，引导贫困群众积极参与生态工程建设，可以将改善生态环境带来的福利与贫困人口减贫相结合，增加贫困人口收入，提升贫困人口生活质量。另一方面，生态工程建设能在一定程度上改变贫困地区群众原有的生产生活方式，对贫困地区产业结构的优化调整起到一定促进作用。这些改变又会进一步增加贫困人口收入，推动生态环境的可持续发展。固原市在生态工程建设中，创新打造了多种综合治理模式，其中，退耕还林还草工程的效果在该地区最显著，该工程有效弥补了农户在退耕过程中的经济损失，保障了贫困人口的切身利益。

3. 大力发展林草产业，拓宽农户增收渠道

固原市原州区坚持将农民增收致富与林草产业相结合，在林业发展进程中优先雇用贫困地区劳动力，有效吸纳了农村大部分劳动力资源，在解决就业的同时，拓宽了农民收入渠道，提高了农民收入水平。原州区具备一定劳动能力的贫困户可以根据自身意愿选择是否从事生态护林员工作，政府会对生态护林员给予10000元/年的劳务补助，这在很大程度上解决了当地建档立卡户的就业问题。2018年，原州区庭院经济林种植面积达1.18平方千米，使林草资源得到保护，同时贫困户也因为有了额外收入而提高了生产积极性。为了实现农业生产结构优化调整、探索农业产业全面协调发展模式，近年来，原州区结合乡村振兴战略，实施了“四个一”林草产业试验示范工程，宣传推广适宜在本区域生存发展的优质经济林树种，扶持贫困农户发展庭院经济林，使得原州区的经济林产业逐渐成为农民增收的重要途径。

三　县级尺度路径探讨

为了更好地推动民族地区绿色减贫、巩固区域脱贫攻坚成果，应遵循因地制宜原则，根据不同区域的自然条件和经济发展水平，提出合理的路径优化对策。在生态条件较好的高水平地区遵循以生态治理为主的绿色减贫发展路径，在生态条件具有多样性的中等水平地区遵循以因地制宜为主的绿色减贫发展路径，在生态条件较差的低水平地区遵循以生态补偿为主的绿色减贫发展路径。基于前文对宁夏8个县（区）发展水平的类别划分和绿色减贫综合效果的评价，本小节有针对性地提出了3个类别地区的绿色减贫发展路径。

（一）高水平地区以“绿色导向，加强生态治理”为绿色减贫的科学路径

1.推进资源高效利用，促进低碳、绿色发展

在全区域内推进节约用水，实现水资源高效利用。制定严格的水资源管理制度，细化精化用水管控细则，提高水资源利用效率，在农业领域实施全面节水灌溉工程，支持节水技术研发工作，加快推进农业节水技术的推广使用。根据节能减排要求，对高耗能产业进行重点调整，促使其改进技术，从源头控制排放量，降低能源消费总量，发展和利用新能源。推广使用最新节能产品，加快淘汰落后产能，对严重耗能企业进行强制性重点监测。推进交通节能减排，鼓励民众使用新能源电动汽车。推广高效节能照明设施在公共设施、商场、宾馆等区域的使用和普及。

2.完善生态保护体系，加强生态产业建设

牢固树立生态保护优先思想，坚持向生态要效益，切实落实生态保护责任追究制度，严守生态保护红线，健全完善生态补偿政策，加大生态保护与建设力度，将盐池县打造成为生态文明建设示范区。加强生态保护体系建设，着力保护和建设好森林、草原、湿地等生态系统，加强对生态移民区的修复治理，构建布局科学、结构合理、功能完善、效益显著的生态保护体系。“十三五”期间，盐池县累计退耕还林133.3平方千米、退耕还草45.3平方千米、荒山造林66.6平方千米。加强生态产业建设，围绕特色经济林产业基地、牧草加工和养殖基地、柠条转饲利用基地、沙漠公园、美丽乡村建设，做活、做强、做大关系生态、关乎民生的特色林业产业，增加农民收入。

3.加强环境污染防治，合理规划利用资源

牢固树立绿色环保理念，综合治理各类环境污染，实现环境保护与经济增长协调发展。首先是大气污染防治，加强环保治理设施的升级改造，推动油气化工及供热企业除尘、脱硫设施改造，对县城建成区及工业园区小锅炉实施淘汰工程，从源头上解决环境污染问题。其次是水污染防治，加强城乡污水处理系统改造升级，加强对工业废水、采油区的水污染的综合治理以及对水源地的保护治理，改善城乡环境质量。启动实施县城污水处理厂改造和工业园区废水综合治理及回用工程，加强对高沙窝镇、惠安堡镇等乡镇污水资源的循环利用。再次是固体废物污染防治，注重发展循环清洁经济，同时加强对生活垃圾处理设施的建设，新建县城垃圾填埋场，新建、扩建各乡（镇）生活垃圾填埋场。最后是土壤污染防治，建立健全土壤污染风险评价和治理机制。加大对采煤塌陷区、非煤矿开采区以及青山石膏工业园区的环境治理和综合整治，改善区域生态环境。

（二）中等水平地区以“因地制宜，发挥资源优势”为绿色减贫的重要路径

1.发挥生态资源优势，实现经济发展与绿色减贫相统一

同心县、海原县、西吉县、隆德县、彭阳县和原州区，要立足于本地区的生态资源优势，实现经济发展与绿色减贫相统一。贫困地区虽然经济发展水平落后，但由于其生态资源具备独特性与稀缺性特征，在发展上具有一定的优势和竞争力，这些地区可以依据其生态资源禀赋和经济发展能力分阶段开展绿色减贫工作。中等水平地区可以从当地生态资源出发，重点挖掘区域现有特色资源，推广绿色产品，打造品牌优势，提升市场竞争力，因地制宜发展生态产业；同时，推广绿色旅游，促进周边区域旅游资源的集聚发展，进一步增强绿色减贫的辐射带动效应，突出生态资源的竞争力优势，实现发展方式从外源向内源的转变。生态资源优势的有效发挥有助于解决贫困人口的就业问题，提高贫困人口的生产生活积极性，从而实现县域经济发展与绿色减贫的有机统一。

2. 立足本土资源特色，构建绿色生态产业体系

统筹经济、生态、社会协调发展，加快民族地区减贫步伐。首先，在发展区域特色产业过程中，要尽可能把地域生态环境的特殊性纳入考虑范畴，在区域现有发展水平和生态情况基础上深度发掘具有鲜明特色的优势产业，利用招商引资等形式加大投资力度，宣传本地资源优势。其次，在可持续发展背景下，转变经济发展方式，注重创新绿色产业发展模式，构建绿色生态产业体系，促进贫困地区生态资源与农业、林业、旅游业的融合发展。由于前述6个县（区）之间的资源禀赋存在差异，因此各地要依据自身资源特点，按照因地制宜的发展原则，创新发展具有不同特点的绿色产业。最后，借助第三方互联网大数据平台，运用科学技术手段和信息化的强大力量对贫困地区现有绿色资源进行积极开发，以发掘其更大的市场潜力，发挥贫困地区走绿色发展道路的后发优势。

3. 鼓励群众积极参与，提升贫困人口减贫能力

提升贫困地区可持续脱贫成效的关键在于增强贫困人口减贫能力，从这一点来说，在绿色减贫工作中应重点加强对贫困人口的赋能，提高贫困人口参与减贫的积极性。前述6个县（区）由于经济发展水平和贫困程度不同，要在充分考虑地域文化差异性与特殊性的基础上有针对性地培养贫困人口劳动技能，增强贫困人口快速适应环境需求的能力。

加快完善培训机制，尤其要加强对贫困人口的生存技能培训，为其提供具有真正实际用途的培训项目。在选择扶贫项目、实施扶贫计划过程中，完善贫困人口参与机制，鼓励引导贫困群众自觉参与其中，激发贫困人口内生发展动力，逐步提升绿色减贫工程的大众认可程度，推进巩固脱贫攻坚成果。

（三）低水平地区以“生态补偿，增强公平性”为绿色减贫的有效路径

1. 完善生态补偿机制，加大生态补偿力度

针对绿色减贫综合水平较低的泾源县来说，一方面，政府要在生态补偿过程中积极响应群众需求，增强生态补偿对改善贫困人口生活的积极

影响。泾源县生态环境的脆弱性导致贫困人口越来越难以依靠现有资源维持自身发展，政府应充分发挥政策导向作用，同时号召各级部门、企业投融资主体、社会力量等共同筹集资金，补偿农户因保护生态环境而遭受的经济损失，在此过程中能让一部分农民实现脱贫。另一方面，不断发掘生态资源优势，健全资源环境要素市场化配置体系，同时积极拓展资金补偿渠道，吸引更多社会资金，将外部力量作为推动市场补偿多元化发展的动力，实现当地的资源优势向经济优势和产业优势转变。

2.增强农户自我发展能力，保障农户生计

为了解决相对贫困问题，必须增强农户的自我发展能力，并且激发地区发展的内生动力。一方面，泾源县人均耕地面积少，贫困人口依靠种地来大幅提高经济收入的可能性不大，必须着力提高农民务工能力，增强其就业稳定性。可以对具有劳动能力的人进行职业技能培训，重点培养其实际操作能力，使其具备真正的专业能力，同时要避免形式化的培训工程。中国东部地区经济发展水平高、就业岗位丰富、劳动力需求较大，泾源县政府可以通过引导、教育的方式改变贫困人口的固有思维，促进本区域劳动人口向发达地区转移，这样可以扩大贫困人口发展领域，增加贫困人口就业机会，提高贫困人口工资收入。政府可以为务工人员提供最新的就业动态及更多的岗位信息，鼓励劳动力资源跨区域流动。同时针对特殊困难群体，尽可能创造更多的就业岗位，提供更多的就业机会，以满足不同群众的发展需求。另一方面，应该立足于区域发展优势，发展特色产业，增强本地就业服务能力。加大对基础设施建设的投资力度，改善区域硬件条件，对拥有资源开发价值的区域加大旅游推广宣传力度，挖掘旅游市场潜力。发展区域生态产业，延长农产品价值链，提升农产品深加工能力，不断提高农产品质量，实现生态效益的最大化，使生态资源价值得到实现的同时也为贫困人口提供更多的就业机会。

3.完善公共服务体系，提升公共服务能力

要想巩固贫困地区脱贫攻坚成果，不能单纯追求贫困人口的经济收入增长，还要让贫困人口在基本生存发展得到保障、生活质量得到改善的基础上享受到优质的公共服务。为此，必须加快泾源县的基础设施和公共服务设施建设，通过建立内外区域联系通道、提高区域间信息通畅度，助力开展跨区域协作，推进基础设施项目建设；推进区域饮用水安全工程建设，实现农户健康饮水，保障农户安全用水；加大对农村医疗、教育、卫生等方面的投资改造力度，保障农户基本生活需求；完善水利工程建设，对重点区域进行节流改造；加快实现农村电网全覆盖，更换落后电网设施，保障农户基本用电安全。通过这些方面的不断完善，可以提升泾源县的基本公共服务能力。

第三节　构建健康防贫的长效机制

一　基于共同富裕的健康帮扶政策优化思路

（一）从治病向健康帮扶转移

根据2013年世界卫生组织发布的《2013年世界卫生报告：全民健康覆盖研究》，所有人都应当享有健康促进、预防、治疗和康复等医疗卫生服务，且个人和家庭都不会因使用这些医疗卫生服务而出现经济困难。中国的健康扶贫政策以治病为中心，并通过减轻贫困人员治病的经济负担实现扶贫目标。健康是促进人的全面发展的必然要求，是经济社会发展的基础条件，全民健康是实现全面小康的一个重要前提，是推动卫生健康领域共同富裕的必由之路。随着脱贫攻坚战的胜利，健康帮扶政策应从“以治病为中心”转向“以健康为中心”，将健康放在优先发展的战略地位，立足于居民的全生命周期，为居民提供公平可及、系统连续和有质量的健康服务。健康帮扶政策要落脚在提升贫困人口的健康可行能力上，更要关注医疗卫生资源供给的均衡性和健康资源配置的公正性问题，致力于解决人民日益增长的健康需要与医疗卫生资源不均衡的矛盾，推动健康促进型社会的建设。

（二）从“医疗帮扶”扩展到“疾病预防”

习近平总书记在全国脱贫攻坚总结表彰大会上指出，要调动广大贫困群众积极性、主动性和创造性，激发脱贫内生动力[①]。目前的健康帮扶政策更多强调的是事后补救，包括对贫困群体患病之后进行治疗、发生灾难性医疗支出后进行救助等医疗帮扶行为，较少关注贫困群体的疾病预防和健康管理。医疗帮扶重点解决贫困患者的经济脆弱性问题，让贫困群众“看得起病”是健康帮扶的“兜底线”；而疾病预防和健康管理能够直接缓解贫困人口的健康脆弱性，让贫困群众“少生病”是健康帮扶的“预防针”。在健康帮扶政策中，政府的事后兜底责任是必要的。而事前的疾病预防和政策干预，不仅可以直接降低因病致贫返贫这一风险事故发生的可能性，还能减轻事后救助的财政支出压力，促进健康帮扶措施的可持续。所以，健康帮扶措施必须从“医疗帮扶”扩展到“疾病预防”，推动个人由被动接受帮扶变为主动积极干预，注重个人脱贫能力的提高，把疾病防治的主体职责下放到个人和家庭，调动其自身对健康管理的主动性，并推动贫困地区医疗卫生服务水平的提高。

（三）从“最少受惠者”扩展到“次少受惠者”

健康帮扶政策自实施以来，始终集中力量帮助社会中最弱势、最困难的因病致贫返贫群体，这正是对罗尔斯“差别原则”的实践。在健康帮扶实践中，贫困人口享受的医疗保障福利明显高于非贫困人口，比如较低的付费水准、较高的报销比例，医保政策在两类群体中间产生了明显的“悬崖效应”。在社会共同富裕的条件下，政府健康帮扶政策措施除了要注重扶持“最少受惠者”，还要关注那些收入较低但尚不足以达到救助标准的边缘户，即“次少受惠者”。所以，健康帮扶需要明确识别并重视社会中的“次少受惠者”，同时灵活调整政策措施以防出现较低收入与中低收入群体向下流动的现象。

---

① 习近平：《在全国脱贫攻坚总结表彰大会上的讲话》，人民出版社，2021。

二 西部地区抑制脱贫人口返贫的政策分析

共同富裕的实质是促进经济的全面发展，满足人民对美好生活的追求。共同富裕的衡量标准必须兼顾基本公共服务水平与人的健康水平。健康帮扶制度涉及基本社会保障、医疗服务和基本公共卫生服务等方面的具体内容，涵盖了我国基本公共服务制度改革的一部分重点项目，完善健康帮扶制度有助于提升我国总体的福利程度与共同富裕水平。

同时，健康帮扶政策通过疾病预防和健康管理可以提高贫困群体的健康水平，增加贫困群体的人力资本，进而提高贫困群体的发展能力，有利于促进共同富裕目标的实现。享有基本的健康保障是国民的基本权利，国家应当保障社会成员不因健康保障机会的丧失而陷入健康贫困。

因此，健康帮扶政策需要基于疾病风险进行整体性治理，既要重视疾病的治疗，又要重视疾病的预防，满足贫困群体的健康保障需要，充分发挥其反贫困和健康促进的作用。基于这样的理解，健康帮扶政策应当具有三重任务：一是加强对贫困地区、贫困人口和贫困边缘群体的健康管理和健康促进，从根本上减少健康贫困的发生，实现更高水平的全民健康；二是提高贫困人口医疗服务可及性和贫困地区医疗卫生服务水平，保障低收入群体、弱势群体可以稳定获取健康资源；三是减轻贫困人口看病的经济负担，防范其灾难性医疗支出，防止其因病致贫返贫。因此，西部民族地区的健康帮扶政策要实现以下几个方面的转变。

（一）加强贫困地区公共卫生和疾病预防控制

贫困地区应加深对健康帮扶目标和理念的理解。不仅要减轻贫困人口就医的经济负担，还要加强贫困地区的公共卫生和疾病防控工作，切断贫困人口因病致贫返贫的源头，稳步实现帮扶目标。

一是加大对贫困地区公共卫生建设的投入。需要改变一些贫困地区投入大量资金用于灾后补偿的机制，要加大对贫困地区疾病防控工作的投入力度，从增进健康的角度，用更多的资金改善贫困地区的公共卫生水平。

二是提升贫困人口健康管理体系的执行效果和服务质量，让贫困地区不再停留在健康管理体系的形式建设上，而是让其起到实实在在的作用。例如，对贫困人员的病情做出正确的认识、分级和管理，做好对重大慢性病和地方病的防治与管理，建立慢性疾病家庭医生签约服务。转变贫困人口的卫生认识，利用广告牌、海报等手段，做好针对贫困地区人口的卫生教育工作，增强其健康意识，改变贫困人口的不良生活习惯，使其形成健康的生活方式。另外，可以探索生活习惯与薪酬之间的关系，鼓励贫困人口的健康行为。

（二）合理确定健康帮扶保障水平

贫困地区的医疗保障水平不应过低，否则会影响健康帮扶目标的顺利实现，但也不应太高，太高会导致过度医疗，增加政府经济压力，激化社会矛盾。这就要求贫困地区在保证健康帮扶质量的前提下，适当提高贫困人口的医疗保障水平。

一方面，贫困地区要正确理解健康帮扶的内涵，明确基本医疗服务是保“基本”，大幅降低贫困地区的医疗费用并不意味贫困人员可以不花钱。要确定合理的健康帮扶给付比例，不仅要满足健康帮扶目标的实现，还要防止道德风险带来的危害。

另一方面，贫困地区要理性对待健康帮扶，按照“两不愁、三保障”的工作要求，达到“保障贫困人口基本医疗需求”的标准，即通过健康帮扶让群众看得起一般疾病、常见病，同时对大病和慢性病患病群体要进行合理的救助。切实避免各级地方政府部门对健康帮扶目标“加码加价”，以实现健康帮扶政策和资金的可持续，向共同富裕迈进。

（三）重视基层医务人员培训

部分健康帮扶政策的实施利用率低，主要是因为基层医务人员缺乏，可扶助的贫困人口有限，一些健康帮扶政策在实施过程中失效。应该在控制和保障标准的前提下，通过人才培养和机制创新，有效实施健康帮扶政策。

一方面，贫困地区要加强医疗人才建设，尤其要高度重视乡村两级医疗人才的培养工作，吸引优秀的医疗人才到基层医疗单位工作。通过工作奖励、晋升激励留住基层医疗人才，可以保障健康帮扶政策的顺利实施，也有助于提高健康帮扶政策的利用效率。

另一方面，贫困地区应加强对健康帮扶政策的宣传力度，让更多贫困人口了解健康帮扶政策的内容和报销流程，提高贫困人口的政策知晓率。对于能力相对薄弱的贫困群众，可以让村干部和党员等帮助其申请报销医疗费用，提升帮扶措施的效益。实施多元化支持方式也是提升政策利用效率的有效措施。目前，健康帮扶发展的关键是让更多的贫困人口获益。

（四）加强监管，防止过度医疗

通过基本医疗保险、大病保险、农村医疗救助、中小企业扶持等保障措施，可以减少政府对贫困人口的医疗支出。不过，部分贫困地区的综合性医疗机构并不实行多重医疗保险制度，而医疗工作者的收入又与处方价格直接相关，导致很容易出现大处方、大检查等过度治疗问题。政府应该引导医疗机构降低对经济困难人员的医疗收费。

完善对医疗机构的监管政策机制，能够在一定程度上遏制医疗机构的过度诊疗情况。贵州某县在开展健康帮扶的过程中，通过对医疗机构提供资金帮扶，有效克服了公立医院的过度诊疗问题，取得了积极的健康帮扶效果。另外，在对贫困地区开展健康帮扶的过程中，要强化对医疗机构的监管，可以通过加强对医师处方、患者治疗计划和非处方药的审核，规范医院诊疗行为，防止医疗机构过度治疗，提高健康帮扶的实施效率和效果。

（五）完善部门联动机制

部门之间、政策之间缺乏交流和协同，不仅会造成健康帮扶资源的浪费，而且会影响健康帮扶政策的利用效率和实施效果。要加强卫生部门与帮扶部门之间的联系，包括跨系统和跨管理部门的联系。加强制度衔接，包括基本医疗保险与城乡居民医疗救助的衔接、基本医疗保险与城乡居民商业保险的衔接、医疗保健与基本医疗保险的衔接，避免重复保护和保护盲区。此外，应该建立一站式服务体系。

一方面，搭建起统一、多层次的健康帮扶公共信息网络平台，推进信息的有效沟通和资源共享。准确的标识、备案和信息确认，是有效开展健康帮扶工作的关键。而实现健康帮扶各单位间的数据交换，将有助于提升健康帮扶的效率。另一方面，要在贫困地区建立一站式治疗流程，提高帮扶人员的看病效率，减少帮扶人员的看病间接成本，提高医疗帮扶的效益和实施成效。

（六）激发群众内生动力

加强对脱贫人员的思想教育。社会已经充分认识到，扶贫的首要任务是使贫困人口在思想上发生改变，但目前对脱贫人员的思想再教育和道德教育仍处于初级阶段。今后，要充分激发脱贫人员在后续帮扶工作中的内生动力和自我发展能力，帮助脱贫人员积极工作和生活，让脱贫人员树立科学的消费观，加强脱贫人员再教育，有效避免脱贫人员在思想层面上回归贫困。

生动地宣传扶贫成果有助于增强脱贫人员增收的信心。一方面，可以让一部分脱贫人员先富起来，先富起来的人可以作为脱贫典型，带动其他人共同努力发家致富。通过对致富经验和典型人物的宣传与推广，使全社会都能够充分感受到国家治理贫困的政治决心与政治毅力，并通过宣传营造致富光荣和脱贫光荣的社会氛围。另一方面，给予收入大幅增长的脱贫人员一定的奖励，使其他的低收入者可以在奖励的激励下努力增加收入，确保他们不再陷入贫困。促进西部民族地区摆脱旧规矩和坏习惯，避免落后的思想观念阻碍贫困地区的贫困人口脱贫。

针对健康冲击对家庭消费的影响路径进行精准施策，可以从以下几个方面入手。

第一，政府应在实施健康中国战略的过程中，着力解决社会、经济以及历史遗留等因素导致的健康资源不可及、健康不均等问题。注重统筹健康中国战略与西部大开发战略、乡村振兴战略的协调推进，以西部大开发战略为纽带，完善西部地区的社区医疗卫生服务体系，以乡村振兴战略为基础，缩小城乡医疗资源和服务的差距，协调推进三大战略的有效衔接，积极探索三大战略的内在联系。政府应在继续提高现阶段医疗保险的报销比例和扩大医疗保险对基本药物的覆盖范围的同时，积极推动商业医疗保险和大病保险的发展，用商业医疗保险作为补充来解决基本医疗保险制度保障水平较低和区域统筹不均等弊端，用大病保险来避免城乡居民发生灾难性医疗支出的情况。

第二，政府与社会福利组织在对遭受健康冲击的家庭进行救济补贴时，应将家庭的衣着支出、教育支出和娱乐支出考虑在内。健康中国建设不仅指民众身体无病，还包括民众具有完整的生理、心理状态和社会适应能力[①]。在2020年全面建成小康社会以后，健康中国的政策理念应从基础的生命维持向追求自由、美好、全面的生命质量转变。在控辍保学工作中，学校与教育部门要对遭到健康冲击的家庭保持高度警觉，严防其因健康冲击产生子女辍学现象，提高其成员向上流动的能力。

第三，重视防范健康冲击对家庭人力资本的破坏。从目前我国的医疗保障体系来看，医疗保障的着力点主要在于缩减家庭的自付医疗费用，然而无论是基本医疗保险还是商业医疗保险都无法解决疾病、意外、年老等健康风险导致的失业、半失业问题或者是长期照护所导致的资金问题。虽然一部分地区对长期照护险进行了一定的研究，但是在实际应用层面仍处于探索与试点阶段，无法对家庭劳动力患病所造成的家庭收入来源匮乏和收入水平降低产生有效的防护作用。因此政府和学界亟须针对健康冲击对家庭消费的影响路径进行进一步的探索和研究，相关商业保险也可以在此方面进行一定的创新和发展。

---

① 翟绍果、王昭茜：《公共健康治理的历史逻辑、机制框架与实现策略》，《山东社会科学》2018年第7期。

第四节　构建教育防贫的长效机制

要实现全体人民共同富裕的目标，就必须加大力度巩固脱贫攻坚成果，防止发生规模性返贫，建立解决相对贫困的长效机制。教育在此过程中具有立德育人、强国富民的特殊效应，有助于巩固脱贫攻坚成果和实现共同富裕。特别是对生态环境脆弱且社会经济发展滞后的西部地区来说，教育帮扶对巩固脱贫攻坚成果有深远的意义。中国特色社会主义进入新时期以后，教育帮扶要实现向教育防贫的转变。构建教育防贫的长效机制，有助于进一步发挥教育的社会功能和民生功能。

一　促进优质教育资源共享，弥补教育数字鸿沟

要想建立防止贫困发生的长期机制，应当鼓励优质教育资源的分享。需要加快贫困地区的教育发展，完善公共教育资源分配，改进学校定位和强化教师队伍建设，提升教学效率。与此同时，贫困地区的学校也可以同省重点高校建立结对帮扶伙伴关系，发展互联网教育，促进优质教育资源的获取。

教育帮扶有两方面重要工作。一是进行经济上的、物质的帮助，二是进行学习上的精神援助。新媒体在技术上的优势在于可以打破地理上和时间上的限制，随时随地被用来提升培训人员的学习和专业技能，方便使用者获取优质教育资源。信息技术和教育相结合可以有效解决农村缺乏教育机会和缺乏专业人员的问题。

依据相关教育政策，国家实施了中小学现代远程教育工程并出台了《教育信息化2.0行动计划》。教育决策者必须针对新媒体对教育的影响做出准确预测和迅速反应。毕竟，今后的教师将会逐渐减少重复性的工作，其工作目标也会随技术的进步而发生变化，他们需要提高自主学习、终身学习的能力。教育管理者要及时更新培养教育人才的方案，将现代教育和互联网教育相结合，最终获得高素质、多样化、新媒体化的教育人才。

实施“互联网+教育精准帮扶”战略能够打破低质量教育的循环。与此同时，可以通过进行信息化的教研、教学、评估和管理，为学生和教师提供个性化服务。教师的个人教学水平不同，但通过实施“互联网+教育精准帮扶”战略可以减少教师间的教学差距。信息技术是教育现代化的基石之一，可以弥补东西部教育差距、改变贫困地区的教育生态，使“每个孩子都能享有公平而有质量的教育”的目标成为现实。

二 发挥政府主导作用，构建多元主体协同参与格局

建立教育防贫长效机制，有助于为贫困家庭的孩子提供教育和就业机会，有利于推进工业化和城市化进程，切断贫困代际传递。开发专业技能人员的社区培训方案，培训贫困人口并为其提供额外的一年时间使其为进入劳动市场做准备，给予其与培训成绩相关联的贷款方案。同时，鼓励企业创造新的就业岗位，实现贫困人口的稳定就业。国家和就业地在落户、住房保障、社会保障等政策上也可以给予贫困人口一定的照顾。单一主体的教育帮扶通常不能保证帮扶工作的实效性与精准性、长期性。因此，要实现精准的教育帮扶必须建立一种新的教育机制，让多元主体以不同的方式交织在一起，使政府、学校、社会和市场共同发力。一是加强政府的综合规划作用。政府要在教育防贫的长效机制构建中发挥主导作用。政府有必要将有助于减贫的所有方法纳入主流体系。二是建立社会力量的整合机制，发展具有参与性、合作性和协调性的模式。社会力量在教育帮扶中发挥着重要作用。我们需要在不同的社会行动者之间建立一个合作机制，让专门负责贫困人口教育的非政府组织、社会团体和实体共同参与到教育帮扶中。

三 构建教育防贫长效机制，巩固教育帮扶成果

为了保障贫困偏远地区教育优先发展、巩固脱贫攻坚成果、防止各种致贫返贫现象出现，除要推动教育经费持续精准投入和政府自上而下出台

一系列倾斜惠贫政策之外，还要将教育帮扶责任落细、落实。

（一）提升贫困地区教师数量和质量，加强人才培养

国家通过增加教师数量、进行存量人才培训、开展定向师资培养、滚动推进项目，以及为教师的工作待遇和工作环境提供双重保障，使得贫困地区的教师素质得到了持续提升。其中，“特岗计划”项目的招聘规模逐年扩大，目前全国共有28万名农村特岗教师活跃在中西部地区的3万多所农村学校（村小、教学点），在基层切实发挥着人才培养和教育普及作用。2022年，“特岗计划”项目招聘仍然面向中西部省份实施，且重点向“三区三州”、国家乡村振兴重点帮扶县、民族地区等倾斜；重点为偏远乡村的学校补充特岗教师，持续优化教师人才队伍结构，进一步加强补充思想政治、体育、音乐、美术、外语、心理健康、信息技术、特殊教育等紧缺薄弱学科教师。2018～2020年，银龄讲学计划招募了1万名优秀退休校长、教研员、特级教师、高级教师等到偏远地区普及教学，提升偏远地区的基础教育质量。2022年，银龄讲学计划又针对义务教育阶段教学招募了5000名讲学教师。在“三区三州”开展教育脱贫攻坚，是从中央和地方两个层面提出的一项倡议，旨在进一步深入消除极度贫困地区的贫困。教育帮扶是防止贫困代际传递的有效手段，长期以来也是贫困人口得以接受教育的重要途径之一。“三区三州”是主要的深度贫困、教育贫困地区。随着中央和地方两个层面的政策倾斜，“三区三州”的教育帮扶成效有了极大的提高，但是该地区的教育发展并未取得突破性成果。为了解决这个现实问题，必须进一步扩大教师团体的规模，从各个方面进行革新。例如，为“三区三州”教师设立全国奖励基金，让工作15年及以上的教师可以获得一次性工作津贴。对农村教师的行政管理和职业发展、津贴、养老保障和培训等方面的问题，要及时根据现实情况进行政策调整，改善教师生活与工作条件。每个乡村学校都应该设有教师公共厨房、教师公寓、电视、网络等。新时期，教师要通过不断进修来增强学校和自身的长期竞争力。新教师要探索将通信、互联网与教育相结合，通过远程教育工程来弥补本地课程的不足，使高质量的教育资源得到全面公平公正的分享。通过

革新教育资源、教育模式和方法、教育培训方式，促进政府、企业、社会团体重视农村教育的发展，以农村教育促进职业培训发展，形成本土化教育特色和办学风格，培养一批扎根乡村教育的专家。

（二）提升贫困地区人才待遇，让学生学有所用，回报家乡

从2012年开始，国家通过实施重点高校招收农村和贫困地区学生专项计划，面向农村和偏远、贫困、民族地区累计招收了近60万学生，这不仅增加了贫困地区、偏远地区学子接受高等教育的机会，还初步建立起保障贫困地区学生上重点大学的长效机制。国家通过针对西部深度贫困地区加大人才培养力度，为脱贫攻坚、防止返贫工作提供素质稳定的人才资源库。有关数据显示，自党的十八大以来，我国不断改善招生计划分配方式，使得城乡地区的入学机会更加平等。未来要持续实施支援中西部地区的招生计划，每年从全国统一招生计划增量中专门安排部分名额面向中西部地区招生；要持续实施重点高校招收农村和贫困地区学生专项计划，形成保障农村和贫困地区学生能够进入重点高校的长效机制。

除了对贫困地区的学生实施教育资源倾斜政策，还要及时出台人才回流、引才服务等相关政策，激发贫困地区人才内生性力量，持续助力构建教育防贫长效机制。

第一，改善服务，优化人才引进环境。①在地方政府的带领下建立人才与领导的直线联系，让领导定期与高级专业人员和各类人才会面。对年轻专业人员的住房和生活给予一定的政策倾斜。创造有利于人才创新的环境。支持企业设立企业课程，培养员工的责任感和归属感，加强员工的思想道德建设。②及时总结人才工作成果，适时召开座谈会、表彰会等，每年评选和表彰一批有突出贡献的专家、拔尖人才，由党委、政府授予其荣誉称号并给予奖励，对人才做出的贡献给予最大程度的认同。③通过各类新闻媒体对先进典型进行全方位宣传，努力营造尊重人才的社会氛围，激发人才创业、干事的积极性。

第二，完善人才信息，规范人才管理。要建立人才信息平台，加快建立紧缺人才供需信息库，加强对紧缺人才的供需预测，畅通信息发布渠

道，为用人单位和人才双向选择搭建良好的沟通平台，实现人才引进现代化、人才资源配置最优化。要建立人才的动态管理制度。根据引进人才的特点，建立由工作时效、业绩、智力输出、工作成果等因素组成的评价指标体系，引导用人单位加强对人才的管理和考核，并根据评价指标体系建立相应的奖惩制度。

第三，引教结合，培养本土人才。处理好引进人才与培养本土人才的关系，既重视引进人才，也重视培养本土人才。建立人才“传帮带”工作机制，将引进人才与培养本土人才有机结合，切实发挥引进人才的辐射和带动作用，并不断优化本土人才的能力和知识结构，促进本土人才队伍成长壮大。

第五节　构建巩固脱贫攻坚成果同乡村振兴有效衔接的长效机制

一　构建有效衔接的长效机制的基本原则

在构建巩固脱贫攻坚成果同乡村振兴有效衔接的长效机制过程中，要重点把握构建原则的特定要求，兼顾有效性和科学性。所以，我们应该遵循持续性和创新性相统一、兼顾性和常态性相统一、灵活性和规范性相统一、实践性和前瞻性相统一的原则，为实现西部民族地区的更好发展提供助力。

（一）持续性和创新性相统一

持续性指的是在过渡期构建有效衔接的长效机制过程中，应该对过往的各种脱贫攻坚方法和措施进行延续。一方面，持续性原则有助于保证扶贫措施的稳定性。在全面脱贫之后，脱贫攻坚时期的一些措施、方法并未过时和失效。而且，我们只有保证这些措施、方法的持续性，才能够顺利推动贫困治理从绝对贫困治理转向相对贫困治理，这也在一定程度上体现了我们对于贫困问题的认识不断深化。另一方面，在脱贫攻坚时期，党中央实行的精准扶贫、激发内生动力机制等效果良好的做法，都能够在乡村振兴背景下得到转化运用。脱贫攻坚和乡村振兴有着共同之处，二者的关注焦点都在贫困人口的生活和发展问题上。前者是为了满足贫困人口基本生活需要，后者的目标在于实现乡村振兴、实现共同富裕。所以说，脱贫攻坚的有效措施也一定会促进乡村振兴。

创新性就是指对于现有机制进行调整，去更好地适应过渡期有效衔接的长效机制，脱贫攻坚与乡村振兴的衔接有以下几个特点。第一,二者之间是包含关系。前者被包含在乡村振兴战略框架之中，是后者的必要组成部分。第二,二者的实施背景与现实环境有重大变化。脱贫攻坚是第一个百年奋斗目标下的实践活动，乡村振兴是第二个百年奋斗目标下的实践活动。第三,二者的有效衔接要有创新性和持续性。二者会随着“三农”工作的变化而发生改变，这可能会导致二者衔接的期限变长。根据以上几点，有效衔接的长效机制一定要坚持创新，在动态中不断发展。

（二）兼顾性和常态性相统一

常态性是指在构建有效衔接的长效机制过程中，要始终保持衔接的稳定性，确保实现有效衔接。任何一项政策和措施的落实都要坚持常态化的原则，在过渡期，为了保证政策和措施的常态性，需要构建稳定的衔接机制。如果有效衔接的长效机制的常态化被打破，会导致衔接中断，进而严重影响有效衔接的进程。因此，必须始终保持常态性。

兼顾性指的是在过渡期要兼顾不同情况下的衔接目标和要求，保证制度构建的科学性。在过渡期，不仅要立足于乡村振兴战略的要求，而且要兼顾巩固和拓展脱贫攻坚成果的要求，尽管二者在基本理念上是一致的，但是在具体构建中往往会侧重于从乡村振兴的角度去展开，由此会导致机制构建的片面性。虽然目前脱贫攻坚战取得了全面胜利，但还是存在再次返贫的可能性，所以在构建长效机制过程中，要密切关注脱贫人口的生活状况。同时，在构建有效衔接的长效机制中，不能只专注于全国农村普遍情况而没有把握好特惠性照顾。总之，在构建有效衔接的长效机制时，一方面要关注特殊贫困群体，另一方面要立足于普遍性的农村人口，把握好兼顾性和常态性的统一。

（三）灵活性和规范性相统一

灵活性指的是在遵循一般性原则的同时，也要兼顾深度贫困地区和农村的具体情况，在机制构建过程中，要做到灵活改变思维和及时修改相关措施，努力做到符合实际情况，提高政策效率。坚持灵活性更多地表现为要建立巩固脱贫攻坚成果和乡村振兴的协同机制，比如在乡村振兴的背景下，要实现从绝对贫困治理到相对贫困治理的转变，治理目标也要从特定贫困治理转向“产业兴旺、生态宜居、乡风文明、治理有效、生活富裕”。构建的长效机制能够灵活转变是确保实现有效衔接的重要保证。

规范性指的是在过渡期巩固脱贫攻坚成果和乡村振兴有效衔接要按照“三农”的战略部署严格执行，在总体规划、政策法规上要保持方向的一致性。在法治层面，国家制定、实施了《中华人民共和国乡村振兴促进法》，这确保了巩固脱贫攻坚成果和乡村振兴的衔接有法可依。针对过渡期衔接模式单一、资金运用不当等情况，要在相关法规的基础上明确衔接主体的义务和责任，从而减少衔接过程中因为主观因素影响所产生的各种问题。

（四）实践性和前瞻性相统一

实践性指的是长效机制的构建要始终以问题为导向，根据乡村振兴的新情况、新形势、新挑战，提出促进巩固脱贫攻坚成果与乡村振兴有效衔接的新思路和新方法。

前瞻性指的是在已经取得脱贫攻坚战胜利的前提之下，要用深谋远虑的眼光来把握全局的发展势头，对未来可能遇到的机遇和挑战做好准备，科学研制在全面建成小康社会之后推进乡村振兴的工作方法。对此，一要深刻了解脱贫攻坚的不足之处，比如短期效应与长期目标的冲突问题。二是要能够想到未来可能遇到的挑战和风险，做到未雨绸缪。

二 构建有效衔接的长效机制的措施建议

构建巩固脱贫攻坚成果同乡村振兴有效衔接的长效机制，体现了我国当前正处于重要的战略对接阶段。第一，精准脱贫和乡村振兴的战略对接。第二，巩固脱贫攻坚成果和全面建成小康社会的战略对接。第三，巩固脱贫攻坚成果与全面建设社会主义现代化国家的战略对接。在2020年3月的决战决胜脱贫攻坚座谈会上，习近平总书记明确指出："要针对主要矛盾的变化，理清工作思路，推动减贫战略和工作体系平稳转型，统筹纳入乡村振兴战略。"[①]前文提出了构建有效衔接的长效机制的基本原则，而关键之处在于如何把有效衔接的长效机制建立起来，下面将对其进行系统全面的论述。

（一）加强政策扶持和乡村建设，通过区域统筹衔接协调发展

在总体安排上做好规划，建立健全系统化的衔接机制。要着重做好脱贫地区与非贫困地区的乡村振兴税务规划，巩固和拓展脱贫攻坚成果要做到精准。同时要盯住"两不愁、三保障"的基本要求，根据各个地区推进乡村振兴的差异程度进行分梯度和分层次的有效衔接。第一，继续在政策层面扶持脱贫地区，防止其返贫，同时要提升其发展能力，确保脱贫地区向乡村振兴平稳过渡。第二，改善西部贫困地区的生产生活条件，努力缩小其与非贫困地区的差距，提升乡村建设水平。

在乡村建设上要做好衔接工作，建立健全脱贫地区与非贫困地区有效衔接的良好机制。要找准脱贫区域的短板，特别是"三农"领域的突出问题，在一定程度上加大对脱贫地区的政策倾斜力度。比如，加强西部民族地区的基础设施建设，改善农村地区的交通设施，满足农村居民对美好生活的现实需要。在乡村振兴过程中，因地制宜推进西部民族地

① 《关于乡村振兴，总书记这样强调》，求是网，2021年3月11日，http：//www.qstheory.cn/laigao/ycjx/2021-03/c_1127198193.htm。

区的垃圾和污水处理，改善人居环境，除此之外，还要加强城乡之间各种要素的自由流动、平等交换，通过城乡统筹有效解决乡村建设资源供给问题[①]。

（二）大力提高可持续发展能力，为有效衔接提供坚实支撑

首先，要在各个方面做好有效衔接，建立健全产业发展机制。产业发展是有效衔接的基础，也是有效衔接的前提。所以要继续补齐脱贫地区产业发展的短板，实现产业联动，促进产业升级。比如在西部民族地区大力发展特色产业，促进形成“一村一品”和“一县一业”，并建立稳定的产业链和供应链。除此之外，还要培育壮大龙头企业，形成产业化和集约化效应，进而使其在促进巩固脱贫攻坚成果同乡村振兴有效衔接的过程中发挥基础作用。

其次，对于农村人才方面的衔接也要持续推进。人才是构建长效机制的重要抓手，要通过制定合理的政策，吸引大学生和退休人员等积极参与乡村振兴。除了吸引人才，培养人才也很重要。要加大农业人才培训力度，提升农业人口技术素养，增强其适应现代化农业发展的能力。

最后，要加强应对风险挑战方面的有效衔接，建立健全农业和农村的风险防范机制，积极面对自然风险和市场风险以及突发的公共卫生风险等。对于非传统风险也需要予以注意，具体来说，一是要建立健全风险预防机制，做好对各项风险的评估，从而达到早发现早解决的目标。二是要大力完善和落实责任机制，强化责任意识，做好对风险问题的评估，确保对风险的提前预防和提前解决[②]。

（三）强化乡村治理的组织领导和机制建设，为有效衔接提供保障

第一，为了构建有效衔接的长效机制，需要建立健全农村基层治理

---

① 彭明唱、王凤羽：《巩固拓展脱贫攻坚成果与乡村振兴有效衔接的路径研究——以江苏省徐州市为例》，《老区建设》2022年第1期。

② 彭明唱、王凤羽：《巩固拓展脱贫攻坚成果与乡村振兴有效衔接的路径研究——以江苏省徐州市为例》，《老区建设》2022年第1期。

机制。一是要加强脱贫地区的基层党组织队伍建设，充分发挥党组织的领导作用，进一步加快构建党组织领导治理体系，提高基层党组织的服务能力，从而促使资源能够在脱贫地区得到有效分配。二是要提高基层党组织的服务意识，构建有效衔接的长效机制，促进共同富裕和贯彻落实全心全意为人民服务的宗旨。所以，始终要把人民利益放在首位，保障人民群众的参与权、知情权、监督权和决策权。三是要健全基层治理体系，在法治、自治以及德治的基础上，进一步运用现代治理模式，建立人人参与的治理体系。四是要利用好互联网的媒介功能，通过将互联网与西部民族地区的乡村治理相结合，促进资源在不同区域之间流动，进一步提高乡村治理的水平和效率。

第二，有效衔接的领导机制也是必不可少的。落实五级书记抓乡村振兴的工作机制，有效建立健全巩固脱贫攻坚成果同乡村振兴有效衔接的长效机制，比如通过设立专项小组为二者的有效衔接提供强有力的保障。各级党委、政府要努力发挥在衔接中的领导作用，实现统一决策。除此之外，也要做好相关组织机构的衔接工作。比如当前扶贫机构已经全面改组为乡村振兴机构，可以为有效衔接过程中出现的各种问题提供组织保障①。

① 马桂花：《巩固拓展新疆脱贫攻坚成果同乡村振兴有效衔接的路径探析》，《西部学刊》2021年第13期。

参考文献

中共中央马克思恩格斯列宁斯大林著作编译局编译:《马克思恩格斯文集(第一卷)》,人民出版社,2009。

中共中央马克思恩格斯列宁斯大林著作编译局编译:《马克思恩格斯文集(第二卷)》,人民出版社,2009。

中共中央马克思恩格斯列宁斯大林著作编译局编译:《马克思恩格斯文集(第四卷)》,人民出版社,2009。

中共中央马克思恩格斯列宁斯大林著作编译局编译:《马克思恩格斯文集(第四卷)》,人民出版社,2009。

中共中央马成思恩格斯列宁斯大林著作编译局编译《马克思恩格斯选集(第三卷)》,人民出版社,2012。

中共中央马克思恩格斯列宁斯大林著作编译局编译《列宁专题文集:论社会主义》,人民出版社,2009。

《毛泽东选集(第三卷)》,人民出版社,1991。

中共中央文献研究室编《毛泽东文集(第6卷)》,人民出版社,1999。

习近平:《习近平谈治国理政(第二卷)》,外文出版社,2017。

习近平:《携手消除贫困 促进共同发展——在2015减贫与发展高层论坛的主旨演讲》,人民出版社,2015。

习近平:《在庆祝中国共产党成立100周年大会上的讲话》,人民出版社,2021。

习近平:《高举中国特色社会主义伟大旗帜 为全面建设社会主义现代化国家而团结奋斗——在中国共产党第二十次全国代表大会上的报告》,人民出版社,2022。

习近平：《把握新发展阶段，贯彻新发展理念，构建新发展格局》，《求是》2021年第9期。

习近平：《扎实推动共同富裕》，《求是》2021年第20期。

中共中央党史和文献研究院编《习近平扶贫论述摘编》，中央文献出版社，2018。

中共中央文献研究室编《习近平关于社会主义经济建设论述摘编》，中央文献出版社，2017。

中共中央文献研究室编《十二大以来重要文献选编（中）》，人民出版社，1986。

中共中央文献研究室编《建国以来重要文献选编》，中央文献出版社，1993。

邓小平：《邓小平文选（第三卷）》，人民出版社，1993。

邓小平：《邓小平文选（第二卷）》，人民出版社，1983。

陈独秀：《陈独秀文集（第二卷）》，人民出版社，2013。

国家统计局住户调查办公室编《中国农村贫困监测报告（2011）》，中国统计出版社，2012。

华中师范大学、中国国际扶贫中心：《中国反贫困发展报告（2012）》，华中科技大学出版社，2013。

国家统计局住户调查办公室编《中国农村贫困监测报告（2015）》，中国统计出版社，2015。

国家统计局住户调查办公室编《中国农村贫困监测报告（2020）》，中国统计出版社，2020。

国务院扶贫开发领导小组办公室、国家发展和改革委员会：《六盘山片区区域发展与扶贫攻坚规划（2011-2020年）》，2012。

〔美〕杰弗里·M. 伍德里奇：《计量经济学导论（第四版）》，中国人民大学出版社，2010。

陈晓萍、徐淑英、樊景立主编《组织与管理研究的实证方法（第二版）》，北京大学出版社，2012。

谭壮：《新时代扎实推动共同富裕的逻辑阐释、科学内涵和实践路径》，《甘肃理论学刊》2022年第2期。

李毅：《理解共同富裕的丰富内涵和目标任务》，《人民日报》2021年11月11日。

吴忠民：《论“共同富裕社会”的主要依据及内涵》，《马克思主义研究》2021年第6期。

马丽、金梁：《新时代共同富裕的生发逻辑、理论内涵、实践路径》，《湖北社会科学》2023年第5期。

姜珊：《新时代推进共同富裕的内涵与路径》，《党政论坛》2023年第1期。

王介勇、戴纯、刘正佳、李裕瑞：《巩固脱贫攻坚成果，推动乡村振兴的政策思考及建议》，《中国科学院院刊》2020年第10期。

党一：《六盘山连片特困地区农村脱贫攻坚调研与分析——以定西市安定区为例》，《甘肃农业》2018年第9期。

王平：《六盘山集中连片特困区跨域精准扶贫研究》，硕士学位论文，宁夏大学，2018。

杨玉锋：《宁夏六盘山集中连片特困地区绿色扶贫路径研究》，硕士学位论文，宁夏大学，2015。

王福生、马廷旭、董积生主编《中国西北发展报告（2018）》，社会科学文献出版社，2018。

刘苏荣：《深度贫困地区教育扶贫面临的问题及政策建议——基于云南省怒江州的565份调查问卷》，《西南民族大学学报》（人文社会科学版）2020年第2期。

李聪、高博发、李树茁：《易地扶贫搬迁对农户贫困脆弱性影响的性别差异分析——来自陕南地区的证据》，《统计与信息论坛》2019年第12期。

甘犁、刘国恩、马双：《基本医疗保险对促进家庭消费的影响》，《经济研究》2010年第S1期。

翟绍果、王昭茜：《公共健康治理的历史逻辑、机制框架与实现策略》，《山东社会科学》2018年第7期。

黄潇：《什么引致了农村居民贫困风险——来自贫困脆弱性测度和分

解的证据》,《贵州财经大学学报》2018年第1期。

黄潇:《健康在多大程度上引致贫困脆弱性——基于CHNS农村数据的经验分析》,《统计与信息论坛》2013年第9期。

刘明月、冯晓龙、汪三贵:《易地扶贫搬迁农户的贫困脆弱性研究》,《农村经济》2019年第3期。

王治和、王丹、张强:《贫困对象精准识别的演化博弈分析》,《统计与决策》2018年第7期。

伍再华、李敬、郭新华:《健康冲击、新农合与农村家庭借贷行为》,《财经科学》2018年第5期。

孙昂、姚洋:《劳动力的大病对家庭教育投资行为的影响——中国农村的研究》,《世界经济文汇》2006年第1期。

刘琪、何韶华、李飞飞等:《城乡统筹医保能促进农村老年人消费吗?——来自CHARLS的证据》,《湖南农业大学学报》(社会科学版)2021年第4期。

周钦、刘国恩:《健康冲击:现行医疗保险制度究竟发挥了什么作用?》,《经济评论》2014年第6期。

石安其琛、周新发:《健康冲击、医疗保险与家庭消费》,《统计与决策》2021年第19期。

周晔馨、叶静怡:《社会资本在减轻农村贫困中的作用:文献述评与研究展望》,《南方经济》2014年第7期。

周广肃、樊纲、申广军:《收入差距、社会资本与健康水平——基于中国家庭追踪调查(CFPS)的实证分析》,《管理世界》2014年第7期。

章元、黄露露:《社会网络、风险分担与家庭储蓄率——来自中国城镇居民的证据》,《经济学》(季刊)2022年第1期。

杨龙、汪三贵:《贫困地区农户脆弱性及其影响因素分析》,《中国人口·资源与环境》2015年第10期。

杨继生、邹建文:《人口老龄化、老年人消费及其结构异质性——基于时变消费效用的分析》,《经济学动态》2021年第11期。

刘七军、刘树梁、李昭楠:《普惠金融对农村家庭稳定脱贫影响效应——基于2017CHFS数据实证分析》,《中国农业资源与区划》2021年第10期。

温忠麟、叶宝娟:《有调节的中介模型检验方法:竞争还是替补?》,《心理学报》2014年第5期。

孙颖、林万龙:《市场化进程中社会资本对农户融资的影响——来自CHIPS的证据》,《农业技术经济》2013年第4期。

乐章、梁航:《社会资本对农村老人健康的影响》,《华南农业大学学报》(社会科学版)2020年第6期。

温忠麟、侯杰泰、张雷:《调节效应与中介效应的比较和应用》,《心理学报》2005年第2期。

朱铭来、于新亮、王美娇等:《中国家庭灾难性医疗支出与大病保险补偿模式评价研究》,《经济研究》2017年第9期。

陈屹立:《家庭债务是否降低了幸福感?——来自中国综合社会调查的经验证据》,《世界经济文汇》2017年第4期。

马晓君、张紫嫣、王常欣:《金融风险投资对家庭幸福感影响的研究》,《东北财经大学学报》2021年第1期。

朱兰兰、蔡银莺:《耕地保护补偿区农民生活满意度分析》,《华南农业大学学报》(社会科学版)2014年第1期。

李维源:《居民房贷对主观幸福感的影响研究》,硕士学位论文,山东财经大学,2021。

黄锐、王飞、章安琦等:《民族地区防返贫机制研究——基于多维返贫视角》,《中央民族大学学报》(哲学社会科学版)2022年第1期。

谭华:《实现脱贫攻坚成果与乡村振兴战略有效衔接的路径研究》,《北方经济》2022年第2期。

彭明唱、王凤羽:《巩固拓展脱贫攻坚成果与乡村振兴有效衔接的路径研究——以江苏省徐州市为例》,《老区建设》2022年第1期。

马桂花:《巩固拓展新疆脱贫攻坚成果同乡村振兴有效衔接的路径探析》,《西部学刊》2021年第13期。

Burt R. S. , *Structural Holes: The Social Structure of Competition,*

Cambridge: Harvard University Press, 2010。

Hayes A. F. , *Introduction to Mediation, Moderation, and Conditional Process Analysis: A Regression-based Approach*, New York: The Guilford Press, 2013。

Ye D. , Ng Y. K. , Lian Y. , "Culture and Happiness", *Social Indicators Research*, 2015, 123(2): 519–547。

Ettner S. L. , "New Evidence on the Relationship between Income and Health", *Journal of Health Economics*, 1996, 15(1): 67–85。

Himmelstein, "Illness and Injury as Contributors to Bankruptcy: Even Universal Coverage Could Leave Many Americans Vulnerable to Bankruptcy Unless Such Coverage Was More Comprehensive than Many Current Policies", *Health Affairs*, 2005, 24(1): 63–73。

Bian Y. J. , "Bringing Strong Ties Back In: Indirect Ties, Network Bridges, and Job Searches in China", *American Sociological Review*, 1997, 62(3): 366–385。

Woolcock M. , "The Rise and Routinization of Social Capital, 1988–2008", *Annual Review of Political Science*, 2010, 13(1): 469–487。

Liu K. , "Insuring Against Health Shocks: Health Insurance and Household Choices", *Journal of Health Economics*, 2016(2):16–32。

Fu Q. , Qu S. , "The Effect of Health Shocks on Chinese Urban Household Assets Portfolio Behavior", *International Conference on Management Science & Engineering*, IEEE, 2014。

Baron R. M. , Kenny D. A. , "The Moderator-mediator Variable Distinction in Social Psychological Research: Conceptual, Strategic, and Statistical Considerations", *J Pers Soc Psychol*, 1986, 51(6): 1173–1182。

Zhao X. , Jr J. G. L. , Chen Q. , "Reconsidering Baron and Kenny: Myths and Truths about Mediation Analysis", *Journal of Consumer Research*, 2010 (2): 197–206。

Mackinnon D. P. , Krull J. L. , Lockwood C. M. , “Equivalence of the Mediation, Confounding and Suppression Effect”, *Prevention Science*, 2000, 1(4): 173–181。

Preacher K. J. , Rucker D. D. , Hayes A. F. , “Addressing Moderated Mediation Hypotheses: Theory, Mthods, and Prescriptions”, *Multivariate Behavioral Research*, 2007(1): 185–227。

Fafchamps M. , Gubert F. , “The Formation of Risk Sharing Networks”, *Journal of Development Economics*, 2007(2): 326–350。

Munshi, Kaivan, Rosenzweig, et al. , “Traditional Institutions Meet the Modern World: Caste, Gender, and Schooling Choice in a Globalizing Economy”, *American Economic Review*, 2006(4): 1225–1252。

Easterlin R. A. , “Income and Happiness: Towards a Unified Theory”, *The Economic Journal*, 2001, 111(473): 465–484。

后 记

共同富裕是中国特色社会主义的本质要求，也是中国式现代化的重要特征。中国式现代化是全体人民共同富裕的现代化。习近平总书记深刻指出："我们推动经济社会发展，归根结底是要实现全体人民共同富裕。"[①]"国之称富者，在乎丰民。"现在，我们已经到了扎实推动共同富裕的历史阶段。习近平总书记进一步作出部署，要在推动高质量发展、做好做大"蛋糕"的同时，进一步分好"蛋糕"，着力解决好就业、分配、教育、医疗、住房、养老、托幼等民生问题，规范财富积累机制，依法引导和规范资本健康发展，逐步扩大中等收入群体、缩小收入分配差距，让现代化建设成果更多更公平惠及全体人民，坚决防止两极分化。[②]

党的十八大以来，以习近平同志为核心的党中央把脱贫攻坚摆在更加突出的位置，全党全国上下同心、顽强奋战，取得了打赢脱贫攻坚战的伟大成就。党的二十大报告指出，"完成脱贫攻坚、全面建成小康社会的历史任务，实现第一个百年奋斗目标"是新时代十年对党和人民事业具有重大现实意义和深远历史意义的三件大事之一。在以习近平同志为核心的党中央坚强领导下，我国打赢了人类历史上规模最大的脱贫攻坚战，历史性地解决了绝对贫困问题，创造了彪炳史册的人间奇迹。脱贫攻坚战的胜利，为实现共同富裕的宏伟目标奠定了坚实的基础。巩固来之不易的脱贫攻坚成果，特别是对西部地区、民族地区脱贫成果的巩固，直接关系到共同富裕目标的实现，也关系到乡村振兴的全面推进。因此，本书基于推动

① 《中共中央关于制定国民经济和社会发展第十四个五年规划和二〇三五年远景目标的建议》，人民出版社，2020。

② 习近平：《中国式现代化是强国建设、民族复兴的康庄大道》，《求是》2023年第16期。

实现共同富裕目标这一背景，以西部地区及典型民族地区宁夏为例，对巩固脱贫攻坚成果问题进行了实证研究。

全书共分为绪论篇、成就篇、实践篇、挑战篇、思考篇五大部分。其中，绪论篇对本书的研究背景、意义、理论基础以及巩固脱贫攻坚成果与共同富裕的内在关联进行概述；成就篇对党的十八大以来我国脱贫攻坚的伟大成就、六盘山片区脱贫攻坚的巨大成就以及我国取得脱贫攻坚伟大胜利的历史意义进行系统梳理与总结；实践篇从绿色减贫效应、金融减贫效应、金融素养提升对农户家庭收入的影响、数字普惠金融缓解相对贫困效应方面对脱贫攻坚的伟大实践进行阐释；挑战篇选取典型脱贫片区，从返贫风险、健康冲击、乡村振兴现状、农户幸福感方面就巩固脱贫攻坚成果面临的挑战进行解析；思考篇分别从构建防止大规模返贫的长效机制、绿色减贫的长效机制、健康防贫的长效机制、教育防贫的长效机制以及巩固脱贫攻坚成果同乡村振兴有效衔接的长效机制方面进行巩固脱贫攻坚成果的常态化机制构建研究。

本书共370千字，刘七军、李昭楠各承担一半的写作任务。

图书在版编目（CIP）数据

共同富裕目标下巩固脱贫攻坚成果研究 / 刘七军，李昭楠著. -- 北京：社会科学文献出版社，2024.8
ISBN 978-7-5228-3416-0

Ⅰ. ①共… Ⅱ. ①刘… ②李 Ⅲ. ①共同富裕－研究－中国 ②扶贫－研究－中国 Ⅳ. ①F124.7 ②F126

中国国家版本馆 CIP 数据核字（2024）第 060507 号

共同富裕目标下巩固脱贫攻坚成果研究

著　　者 / 刘七军　李昭楠

出 版 人 / 冀祥德
组稿编辑 / 任文武
责任编辑 / 张丽丽
责任印制 / 王京美

出　　版 / 社会科学文献出版社·生态文明分社（010）59367143
地址：北京市北三环中路甲 29 号院华龙大厦　邮编：100029
网址：www.ssap.com.cn
发　　行 / 社会科学文献出版社（010）59367028
印　　装 / 三河市尚艺印装有限公司

规　　格 / 开 本：787mm × 1092mm　1/16
印 张：24.5　　字 数：370 千字
版　　次 / 2024 年 8 月第 1 版　2024 年 8 月第 1 次印刷
书　　号 / ISBN 978-7-5228-3416-0
定　　价 / 98.00 元

读者服务电话：4008918866
版权所有 翻印必究